MBA MPAcc 专用教材

企业并购与重组

崔永梅　张秋生　袁　欣　编著

内容简介

本书是一本适用于MBA、MPAcc以及其他硕士研究生的教材。本书结合丰富的实务案例，详细介绍和讨论了企业并购与重组的基本理论和实务问题，内容包括并购概述、并购史、并购动因与战略、并购交易管理、并购估值、并购融资与支付、并购后整合、并购法律环境、并购会计与税务和公司重组等十章。

图书在版编目(CIP)数据

企业并购与重组 / 崔永梅，张秋生，袁欣编著. —大连：大连出版社，2013.3
ISBN 978-7-5505-0413-4

Ⅰ.①企… Ⅱ.①崔… ②张… ③袁… Ⅲ.①企业合并—研究生—教材
Ⅳ.①F271

中国版本图书馆CIP数据核字(2012)第307144号

出 版 人：刘明辉
策划编辑：毕华书
责任编辑：姚 兰 张丽娜
责任校对：李玉芝
封面设计：张 金
版式设计：毕华书
责任印制：徐丽红

出版发行者：大连出版社
地址：大连市西岗区长白街12号
邮编：116011
电话：(0411)83620416/83627430
传真：(0411)83610391/83620941
网址：http://www.dlmpm.com
电子信箱：hjj@dlmpm.com
印 刷 者：大连美跃彩色印刷有限公司
经 销 者：各地新华书店

幅面尺寸：185mm×260mm
印 张：20
字 数：483千字

出版时间：2013年3月第1版
印刷时间：2013年3月第1次印刷
书 号：ISBN 978-7-5505-0413-4
定 价：40.00元

如有印装质量问题，请与我社营销部联系
购书热线电话：(0411)83620416/83627430

前　言

并购重组是实现资源优化配置的重要投资手段。随着经济的全球化以及受次贷危机引发的全球经济危机影响,近年来全球并购交易活动一直保持着较高的活跃度,我国企业并购重组市场交易规模整体上也呈增长趋势。不可否认,并购重组在促进经济发展与转型、产业结构调整以及企业成长等方面将发挥越来越重要、不可替代的作用。

本书重点介绍和讨论了企业并购与重组的基本理论和实务问题, 力图将并购重组的理论与实务密切结合、国际经验与中国特色密切结合,以期给读者提供更多并购重组规律与知识。

作为一本 MBA、MPAcc 以及其他硕士研究生的教材,本书的语言表达尽可能深入浅出,方便学生自学。本书的特色主要表现在:在理论上,尽可能将并购重组领域所涉及的最新学术成果融进来,提高学生的学术和理论水平。在实务上,尽可能丰富各种案例,以经典和中国近期发生的案例为主,提升学生的实践和实战能力。在结构上,章前设有学习目标、章后附有本章小结,方便学生了解本章的学习内容和进行总结归纳;开篇设有导引段,旨在提高读者的阅读兴趣、快速捕捉每一章的核心内容与问题;章后设有思考与作业,便于教师和学生之间互动活动的开展,开拓学生创新性思维和视野。

本书是团队成员集体的结晶。全书共分十章,第一章、第二章、第三章和第七章由崔永梅编写;第四章、第六章和第八章由张秋生、袁欣编写;第五章由周绍妮编写;第九章由潘峰编写,第十章由林俊荣编写。感谢北京交通大学中国企业兼并重组研究中心的孙越、付康、王希、谭胜男、张怡菲、张洪瑞、陆桂芬、肖颖、赵妍、刘源、刘蕾、张柳、徐必连、朱梦洁以及企业界同行翟祥辉先生、丁士勇先生、衡虹女士、刘立军先生对本书资料的搜集、校对和整理工作所付出的辛苦。

新经济形势下不断涌现的诸如跨国并购、产业整合、并购基金等新现象和新问题以及并购重组自身理论的复杂性注定了本书的完成是一个痛苦的过程,总是感觉有很多更新的知识和案例需要补充进来,因此本书也只是一个暂时结束的工作,还有很多新理论、新问题需要我们去发现、总结和提炼,我们也会持续跟踪、持续关注并适时修订本书。

本书在编写的过程中,参考和引用了大量的国内外学者的研究成果以及报纸、杂志与网络等各种媒体的有关资料,尽管我们尽力在脚注和参考文献中加以注明,但仍有可能有所遗漏,在此特别说明并致谢!

由于时间仓促,加之作者水平有限,书中错误和不足之处在所难免,真诚地期待广大读者提出中肯批评和宝贵建议,邮件请发至:ymcui@ bjtu. edu. cn。

崔永梅

2012 年 9 月 12 日于北京

目　录

第一章　并购概述

第二章　并购史

第三章　并购动因与战略

第四章　并购交易管理

第五章　并购估值

第六章　并购融资与支付

第七章　并购后整合

第八章　并购法律环境

第九章　并购会计与税务

第十章　公司重组

第一章　并购概述

学习目标

◇ 深刻理解和掌握并购及其相关概念；
◇ 掌握并购的特征；
◇ 熟悉并且能够识别按照不同标准划分的不同类型的并购方式；
◇ 熟悉并购活动各阶段的基本流程；
◇ 了解并购交易的风险控制点与影响并购成败的关键要素。

引言:并购——科学与艺术的结合

一个企业要实现成长和长远发展,必须要具备长远的战略视野,具有强大的竞争力,而并购无疑是加速实现这些目标的手段。企业在并购之后,须建立和完善公司法人治理结构,开发、挖掘新产品,不断提高公司业绩,提升公司竞争力,实现资本的良性发展,最终将并购交易的协同效应发挥到极致。同时,并购无疑有利于行业整合和企业在国内做大做强。并购是一门科学,也是一门艺术。并购就像烹饪河豚肉,既考验人的胆量,也需要高超的技术,否则美味也会变成毒药。而企业需要像一位高超的厨师,用精湛的技术将河豚有毒的骨髓与血液剔除,留下安全美味的部分,最终使其成为一道可口的大餐。这就需要企业在并购的时候准确评估风险与收益,结合其发展环境进行综合评价,而盲目乐观或过分谨慎都有可能阻碍并购的顺利进行。

第一节　基本概念与术语

并购是“兼并”与“收购”的简称,而在法律上,兼并与收购属于不同的经济活动,因而对其有了不同的定义。

一、什么是并购

“并购”在国际上通常被称为“Mergers & Acquisitions”,简称“M & A”。并购是指一家企业购买其他企业的全部或部分资产或股权,从而影响或控制其他企业的经营管理,使其他企业保留或者失去法人资格。这个术语包含两个概念,一个是“Mergers”,即兼并或合并;另一个是“Acquisitions”,即收购。二者结合在一起使用,简称“并购”。

(一)兼并

《大不列颠百科全书》对“兼并(Merger)”一词的解释是:“两家或更多独立的企业、公司合并组成一家企业,通常由一家占优势的公司吸收一家或更多的公司”。在中国,兼并一般可分为吸收合并和新设合并两种形式。

吸收合并是指一家企业合并另外一家或几家企业，被吸收企业的法人地位消失，吸收企业则存续。用公式表示是：A + B = A(B)。

【案例 1－1】

东航合并上航

2009 年 7 月 13 日，ST 东航(600115)与 * ST 上航(600591)双双公布了重组方案并复牌。根据双方的公告，双方同意对参与换股的上海航空股份有限公司(以下简称上航)股东的风险补偿，在实施换股时将给予上航约 25% 的风险溢价。由此，上航与东方航空股份有限公司(以下简称东航)的换股比例为 1∶1.3，即每 1 股上航股份可以换取 1.3 股东航股份。东航合并上航后，原上航的资产、负债、业务和人员将全部进入东航的全资子公司上海航空有限责任公司。上航的品牌将会被保留，以保持其业务的延续经营。

资料来源：新浪财经，2009 年 7 月 13 日。

新设合并是指两家或两家以上公司合并，另外成立一家新公司，成为新的法人实体，原有两家公司都不再继续保留其法人地位。这种情况可以用公式“A + B = C”来表示。通过兼并，双方可以获得优势资源。

【案例 1－2】

济钢、莱钢合并为山钢

2010 年 2 月 24 日，济南钢铁股份有限公司(以下简称济南钢铁)、莱芜钢铁股份有限公司(以下简称莱钢股份)分别发布公告，公布了《济南钢铁换股吸收合并、发行股份购买资产暨关联交易预案》，拉开了“两钢”重组合并的序幕。根据这一预案，济南钢铁拟以换股方式吸收合并莱钢股份，交易完成后，莱钢股份将注销法人资格，其全部资产、负债、权益、业务和人员将并入济南钢铁；通过重组，山东钢铁集团有限公司(以下简称山钢集团)将以济南钢铁为平台，实现其主营业务的整体上市；重组完成后，济南钢铁作为山钢集团下属唯一的钢铁主业上市公司，将变更公司名称。

2010 年 12 月 13 日，济南钢铁、莱钢股份第二次公布重组方案。2011 年 1 月 3 日，莱钢股份发布公告称，公司于 2010 年 12 月 31 日召开的 2010 年第一次临时股东大会否决了《关于济南钢铁实施换股吸收合并莱钢股份暨关联交易的议案》和《关于与济南钢铁签订有关吸收合并协议的议案》等议案。

2011 年 4 月 12 日，济南钢铁和莱钢股份又分别发布公告，第三次公布重组方案。按照这一重组方案，济南钢铁以换股方式吸收合并莱钢股份，莱钢股份股东手里的股份每股可换取 2.43 股济南钢铁的股份；吸收合并完成后，莱钢股份将终止上市并注销法人资格，济南钢铁作为合并完成后的存续公司，将承继莱钢股份的全部资产、负债、业务、人员及其他一切权利与义务；济南钢铁向济钢集团发行 33 739.71 万股股份购买评估值为 133 271.85万元的资产；济南钢铁向莱钢集团发行 62 479.46 万股股份购买评估值为 236 714.41万元的资产。济南钢铁、莱钢股份的重组方案至此通过。同时，济南钢铁公告也提到，审议通过了《关于公司更名为山东钢铁股份有限公司的议案》，济南钢铁变身山东钢铁,这或许意味着山钢集团的整合步伐将进一步加快。

资料来源:新浪财经,2011 年 5 月 20 日。

【想一想】 ①下面两个大众媒体的用语适合描述哪一类合并?

- 大鱼吃小鱼
- 强强联合

②在我国会计准则中,“合并”的含义是什么?

(二)收购

收购(Acquisition)是指一家企业通过产权交易取得其他企业一定程度的控制权,以实现一定经济目标的经济行为。收购是企业资本经营的一种形式,它是指一家企业的经营控制权易手,原来的投资者丧失了对该企业的经营控制权,实质是收购者取得控制权。

收购按标的性质的不同分为两种形式:资产收购和股权收购。

资产收购是指买方企业购买卖方企业的部分或全部资产以达到控制该企业的目的的经济行为。

【案例 1-3】

友达光电收购索尼子公司 FET 部分资产

1 月 20 日消息,友达光电股份有限公司(以下简称友达光电)今日宣布与索尼持股 39.8% 的 Field Emission Technologies Inc.(以下简称 FET)及 FET Japan Inc. 签署资产收购技术移转协议,收购 FET 的场发射显示器(FED)技术及材料的专利、技术、发明,以及相关设备等资产。友达光电收购此技术后,有望成为全球少数拥有商品化量产 FED 能力的公司之一。

此资产收购协议内容包括相关专利、技术(Know-how)、发明及设备。友达光电执行长陈来助表示,友达光电长期关注各项显示技术,希望能为更多客户提供解决方案。面对高阶市场如医疗与广播用荧幕的需求,FED 这项技术十分合适,此次与索尼结合将促使友达光电提高商品化 FED 的量产能力。

据友达光电介绍,此次收购案为友达光电多年来布局先进显示相关核心技术的策略,公司经济部技术处全力支持台湾厂商取得关键技术的协调及努力,在此展现成效。历经过去两次产业的合并,友达光电除了在产能上拥有了一定的规模外,还在公司技术层面加快脚步,转型成为技术的先驱者。

资料来源:中顾法律网,2010 年 1 月 22 日。

股权收购是指买方企业直接或者间接购买卖方企业部分或者全部股票,并根据持股比例与其他股东共同分享卖方企业的所有权与承担其义务的经济行为。

【案例 1-4】

吉利收购沃尔沃

经历了几个月的猜测和等待之后,2010 年 8 月 2 日,中国发展最快的汽车制造商之一浙江吉利控股集团有限公司(以下简称吉利)宣布已经完成对福特汽车公司旗下沃尔沃轿车公司(以下简称沃尔沃)的全部股权收购。吉利以18亿美元的价格获得了沃尔沃100%的股权和相关的资产。中国民营汽车企业吉利对著名豪华汽车品牌沃尔沃的收购,终于尘埃落定。

为完成收购沃尔沃,吉利在当日开出了2亿票据并支付了13亿美元现金,收购资金来自吉利、中资机构以及国际资本市场。其最终交易价格是根据收购协议针对养老金义务和运营资本等因素做出调整的结果。其余未付的3亿美元会根据下半年的养老金等相关数据最终做出调整,但是总价不超过18亿美元。

资料来源:新浪财经,2010年8月2日。

(三)并购

收购与兼并的主要区别是,兼并强调两家企业合并在一起,而收购则强调一方对另一方的控制。实际上,兼并和收购往往交织在一起,统称为"并购"。将两者结合起来使用,就形成了"并购"一词,也就是使兼并和收购的法律意义和经济意义结合起来:从经济意义上讲,是指一家企业经营控制权易手,落在收购者手里,从而原控制者丧失了对该企业的经营控制权;从法律意义上讲,其含义是指购买被收购企业的股权和资产。因而对"并购"一词可作如下表述:企业为获取目标企业的控制权(全部或部分),而运用自身可控制的资产(现金、证券及实物资产)去购买目标企业的控制权(股权或实物资产),并因此使目标企业法人地位丧失或引起控制权改变的行为。也可以表述为:在市场机制作用下,企业为了获得其他企业的实际控制权而进行的产权交易活动。所谓的实际控制权,是指企业的控制者对企业的资源配置具有控制性影响的权利。

张秋生(2004)认为,并购是以商务控制权为标的的交易。第一,并购是一种交易活动。交易属于微观经济活动,作为一项交易,至少需要买方、卖方、标的及价格四个基本要素。并购符合交易基本要素的规定。第二,并购是一种复杂的交易活动,且交易对象独特。并购作为一项交易,有别于其他贸易活动。其他贸易活动交易的标的是单一要素资源,例如产品、劳务、资源、技术或资本等,交易场所为产品市场或者要素市场;而并购交易对象则为商务控制权(商务控制权是对要素资源集合的控制权)。商务控制权可能以目标方的资产、能力或者二者的结合为目标,但是能力不脱离资产单独存在。资产可以直接交易,能力交易通过资产交易实现。资产要素活性低,因而交易效果的杠杆程度低,风险程度也低;能力要素活性高,交易效果的杠杆程度高,风险也高。第三,并购活动是企业外部发展方式之一,是新建投资、联盟等战略活动的替代。并购通常被理解为企业扩张的一种战略,但从并购市场的交易主体角度看,一家企业通过并购来扩张,必然对应着一家企业通过售出(Sell - offs)来收缩(Downsizing)。在并购研究中,除非另有界定,都是以收购方(投资方)作为主体开展研究的。

二、相关概念

在日常生活中,我们还会经常看到以下几个相关概念,为了便于读者理解,在此进行简要介绍。

(一)合并

合并(Consolidation)泛指两家或两家以上公司组成一个公司的行为,原公司的权利与义务由存续(或新设)公司承担,即前述吸收合并和新设合并,是合并方合成新的公司控制权的交易。本书认为,兼并与合并在立法上是作同一规范的,没有必要专门对二者进行区分。

（二）接管

接管(Takeover)是指某公司原具有控股地位的股东由于出售或转让股权,或者股权持有量被他人超过而控股地位旁落的情形。通常,接管有四种形式:收购、合并、投票权/代表权争夺(即上市公司股东通过征集、收购其他股东的投票权等方式来改变公司董事会的组成人选,以达到控制该上市公司的目的)以及上市公司转化为非上市公司等。

（三）重组

重组(Reconstruction)广义上是指包括企业的所有权、资产、负债、人员、业务等要素的重新组合和配置;狭义上是指企业以资本保值增值为目标,运用资产重组、债务重组和产权重组等方式,优化企业资产结构、负债结构和产权结构,以充分利用现有资源,实现资源优化配置。从经济学角度看,企业重组是一个稀缺资源的优化配置过程。企业重组对资源的优化配置主要体现在企业自身和社会经济整体两个层面上。

对企业自身拥有的各种要素资源的再调整和再组合,一方面,对企业自身来说,可以提高企业自身运行效率,另一方面,可以同时实现社会资源在不同企业间优势互补的优化组合,提高经济整体运行效率。从法律角度看,公司是为降低交易成本而构建的一系列契约的联结体。在市场经济条件下,这些契约关系以法律的形式体现,因此企业重组在现实的运作中又表现为这些法律关系的调整。

【案例1-5】

中国钢铁产业重组不停歇

钢铁产业作为国民经济重要的基础产业和支柱产业,淘汰落后、联合重组是其结构调整的重点。业内专家对记者说,税收分配等问题是企业重组面临的最大困难,随着下半年钢铁行业"十二五"规划和加快钢铁企业联合重组指导意见等文件陆续公布,对一些重点问题予以明确和解答,行业重组的步伐将会加快,也会带来新的投资机会。自2000年开始,我国钢铁企业兼并重组事件开始逐渐增多,特别是2005年7月国家发改委发布《钢铁产业发展政策》后,兼并重组步伐更是飞快。

今年以来,钢铁产业的兼并重组处于持续推进状态,与前些年相比,兼并重组事件无论在形式还是内容上都更加丰富,跨区域企业重组、同一区域内企业重组同步发展。6月15日,国家工信部正式函复福建省政府和鞍钢集团,原则上同意鞍钢集团与福建三钢集团联合重组方案。

同样在6月,中原地带的钢铁企业也分别采用了区域内和跨地区的方式,拉开了重组大幕。6月26日,安阳钢铁集团有限公司重组三家民营钢厂。6月30日,江苏沙钢集团旗下的安阳永兴钢铁公司牵手三家企业,组建了河南沙钢联合钢铁集团。而在7月13日,由天津市国资委出资,由天津钢管集团、天津钢铁集团、天津天铁冶金集团等四家国有钢铁企业联合组建的国有独资公司渤海钢铁集团有限公司正式成立,天津地区由此出现了粗钢年产量上千万吨级的钢铁企业。与此同时,河北民营钢铁企业也在重组路上迈出了步伐。邯郸七家民营钢铁企业——宝信钢铁、合信钢铁、鹏鑫钢铁、恒丰顺铸管、荣喜钢铁、新方铸造和鸿泰铸造通过自主联合，组建了河北宝信钢铁集团，联合重组后将形成“焦化—炼铁—炼钢—钢材—铸造”的集约型产业链，有利于提高企业抵御市场风险的能力，加速产品结构调整。

资料来源：新华网，2011年8月3日。

（四）联盟

联盟是指两家或两家以上的企业为了一定的目的，通过一定的方式组成联合体的行为。

并购最大的特点是实现了所有权与控制权的转移，在并购目标企业后，企业可以根据自己的战略意图，对目标企业进行整合，企业在实现战略目标上有较大的主动性和控制权。而对于联盟来说，其所有行为却要受到联盟参与者的牵制和配合。

【案例1-6】

丰田与通用汽车的联盟

20世纪80年代初，美国汽车行业正陷入极为严重的衰退期，能源价格居高不下和消费者偏好的改变导致了对高质省油的小型车的巨大需求。通用汽车公司（以下简称通用汽车）为适应全球竞争的需要，加大了在研究与开发方面的投入，但收效甚微。丰田汽车公司（以下简称丰田）是当时世界上汽车行业中最具成本竞争力的生产者，又拥有生产小型车的经验，并有首创的丰田管理模式。然而，由于日本汽车的对美出口受到出口限额的限制，要争取巨大的美国市场，需要丰田将生产基地向美国转移。如果双方进行合作，通用汽车希望能够在合资企业中直接观察日本汽车厂的生产方式，以从丰田获得小型车生产技术、改善车间管理的经验以及稳定的供销关系等，而丰田则希望可以成功地打破汽车行业的贸易壁垒，通过合资企业学习如何在美洲地区直接管理一家工厂，积累在美国的海外运作经验等。

于是，1984年，通用汽车与丰田共同组建了新联合汽车公司。组建新联合汽车公司是为了管理通用汽车先前在加利福尼亚州弗里蒙特的一个工厂。该工厂始建于1963年，由于紧张的劳资关系和较低的生产能力，于1982年关闭。

尽管新联合汽车公司工厂的自动化程度没有通用汽车在美国的其他工厂高，雇用的员工也主要是弗里蒙特工厂以前的员工，但是，新联合汽车公司很快就获得了比通用汽车在美其他工厂更高的生产水平。同时，产品质量得到了显著提高，在弗里蒙特工厂组装的雪佛兰诺瓦车，质量与丰田在日本生产的“姐妹车”丰田花冠一样可靠。新联合汽车公司之所以能够取得如此巨大的成功，缘于生产工艺和管理方法从丰田向合资企业的转移。

随着联盟的建立，通用汽车建立了转移新技能的工作过程。按照通用汽车工厂内流行的行话来说，就是“新联合”。通用汽车将一些高层管理人员派往新联合汽车公司，与来自日本的管理人员进行为期三年的共同工作。新联合汽车公司内设立了一个联合办公室，以便传递从通用汽车公司（通过录像、数据库、文件记录、工厂参观等方式）获得的各种信息，并将其中的一部分方法移植到位于田纳西的“土星（Saturn）”工厂。

跨国公司在积极地参与世界范围竞争的同时，也在利用各种有利条件，避免一些局部的过度竞争。跨国公司有时无法应对全球范围的全面竞争，于是为了集中力量占领某一特定市场，而在其他市场，则采取联盟合作的方式避免过度竞争，或者说避免同时与多家巨头竞争。丰田与通用汽车的合作就在一定程度上缓解了丰田在加利福尼亚及其附近地区和通用汽车的正面竞争。这种合作方式，体现了现在跨国公司的既合作又竞争的格局。合作与竞争并不矛盾，在某些方面和范围内合作，又在其他方面展开竞争，这正是现代跨国公司面临的竞争形势，也是汽车业跨国公司必须面对的。双方的局部合作，不仅可以一定程度上避免双方的竞争，而且对于非联盟方有更强的竞争优势。联盟的合作关系，使得双方能够互补长短和互通有无，使得产品更加具有竞争力，这样可以达到共赢的效果。

资料来源：《北京青年报》，2004 年 3 月 11 日。

综上所述，并购的实质是在企业控制权运动过程中，各权利主体依据企业产权有关制度安排而进行的一种权利让渡行为。并购活动是在一定的财产权利制度和企业制度条件下进行的，在并购过程中，某一或某一部分权利主体通过出让所拥有的对企业的控制权而获得相应的收益，另一或另一部分权利主体则通过付出一定代价而获取这部分控制权。企业并购的过程实质上是企业权利主体不断变换的过程。了解并购的相关概念，有助于更好地学习并购这一体系。

总之，并购的特征如下：

第一，并购是企业控制权的交易。并购是在一定的财产权利制度和企业制度条件下进行的，在并购过程中，某一或某一部分权利主体通过出让所拥有的对企业的控制权而获得相应的收益，另一或另一部分权利主体则通过付出一定代价而获取这部分控制权。企业并购的过程实质上是控制权交易的过程。第二，并购是一种投资行为。企业作为一个资本组织，必然谋求资本的最大增值，企业并购作为一种重要的投资活动，产生的动力主要来源于追求资本最大增值的动机以及竞争压力等因素。在证券市场中，从理论上讲公司的股票市价总额应当等同于公司的实际价值，但是由于环境的影响、信息不对称和未来的不确定性等方面的影响，上市公司的价值经常被低估。如果某企业认为自己可以比原来的经营者做得更好，那么该企业可以收购这家公司，通过对其经营获取更多的收益；该企业也可以将目标公司收购后重新出售，从而在短期内获得巨额收益。第三，并购是一种战略行为。并购的动因之一是购买未来的发展机会，当一家企业决定扩大其在某一特定行业的经营或者转入一个新的领域时，一个重要方式是并购那个行业中的现有企业，而不是依靠自身内部发展。企业通过并购活动收购的不仅是资产，而且获得了目标企业的人力资源、管理资源、技术资源、销售资源等。这些都有助于企业整体竞争力的根本提升，对公司战略的实现有重大意义。第四，并购是法律行为。投资者对上市公司进行收购，可以采用要约收购、协议收购和证券交易所的集中竞价交易等多种方式进行，允许依法使用可转让证券和其他合法支付手段作为上市公司收购的对价。并且从法律角度看，上市公司收购是一种民事法律行为，其法律关系主体是法人、自然人和其他经济组织。第五，并购是公司的重大决策。成功的并购可以为企业获取战略机会、发挥协调效应、提高管理效率以及获得规模效益，而失败的并购往往会给企业带来重创，甚至导致企业的毁灭。

第二节　并购的主要类型

并购活动的表现形式多种多样,如股权转让、资产重组、回购分立等等。根据并购的不同功能或涉及的产业组织特征,我们可以将这些规模各异、形态不一的并购活动分为几个类别,从而更深刻地了解并购。

一、按照并购双方所在行业的性质分类

按照并购双方所在行业的性质,可将并购分为横向并购、纵向并购和混合并购。

(一)横向并购

横向并购(Horizontal Combinations)又称水平兼并,是指两个或两个以上生产和销售相同或相似产品,或者生产工艺相近的企业之间的并购,实质是指存在竞争关系的企业之间的并购。其目的在于消除竞争、扩大市场份额、增加兼并企业的垄断实力或形成规模效应。横向并购是常见的并购方式,其优点是企业可以获取自己不具备的优势资产、削减成本、扩大市场份额、形成规模效益;缺点是容易破坏自由竞争,形成垄断的局面。

【案例 1-7】

中国联合水泥并购徐州海螺

2006 年 6 月 27 日,中国建材股份有限公司(HK 3323,以下简称中国建材)旗下中国联合水泥集团有限公司(以下简称中联水泥)与徐州海螺水泥有限公司(以下简称徐州海螺)原股东——安徽海螺创业投资公司(73.76%)及上海爱建信托投资公司(26.24%)签署股权转让协议,以支付现金 9.6 亿元,并为徐州海螺约 2.3 亿元的银行借款作担保,完成对徐州海螺全部股权的收购。

徐州海螺成立于 2002 年 12 月 25 日,主要从事水泥及熟料的生产、贮存、销售及提供售后服务,现于江苏徐州拥有一条日产熟料 1 万吨的生产线,熟料的年产能为 310 万吨,水泥的年产能则为 150 万吨。

通过并购徐州海螺,中联水泥大幅提高了其在淮海经济区的水泥产能,同时也巩固和强化了在淮海经济区的优势地位,增强了竞争力。中联水泥在并购徐州海螺后,有望通过协同效应提升生产效益及更有效降低生产成本,同时可以将淮海区域间的公司联系起来,使得公司在淮海地区的行业地位得到大幅的提升。

之后,中国建材集团以淮海区域为核心市场,先后在周边区域联合重组了泰山水泥集团有限公司、德州中联大坝水泥有限公司、中联港源水泥有限公司、河南淅川中联水泥有限公司、内蒙古乌兰中联水泥有限公司等近 40 家水泥企业,产能规模得到了大幅的提升。同时,中国建材集团不断完善区域市场和产业布局,实现了战略区域内资源与市场的合理有效配置,区域市场影响力、控制力和竞争力显著增强。

资料来源:中国建材汇报材料,2010 年。

横向并购的经典案例还有波音公司与麦道公司的并购,双方利用它们各自在民用客

机和军用飞机领域的技术优势,联合起来对付强大的对手空中客车公司,从而在竞争中占据主动。

【案例1－8】

我国钢铁产业利用横向并购做大做强

我国钢铁产业初期总体状况是大而不强,表现为总体规模庞大,单个企业规模偏小,产业集中度低。要实现钢铁产业由大变强,首先要有几个世界级的钢铁企业。近年来,我国钢铁行业涌现出一轮又一轮的并购整合,特别是一些国有大型钢铁企业,不断地发生并购重组事件。例如:2010年11月,河北钢铁集团以"渐进式股权融合"的模式参股河北省内的五家民营钢铁企业;2010年5月,鞍山钢铁集团公司并购攀钢集团有限公司;2009年3月,宝钢集团有限公司从杭州钢铁集团公司手中收购宁波钢铁有限公司56.15%的股权,成为该公司第一大股东;2008年3月,山东省国资委将下属的三家省内钢铁公司,通过产权划转的方式成立山东钢铁集团等等。

我国钢铁产业通过横向并购呈现出良好的发展趋势。钢铁企业横向并购的社会效果体现在三个方面:横向并购是优化钢铁产业组织结构的最基本手段,也是优势钢铁企业做大做强、实现规模经济效益的发展需要,如相邻钢铁企业的横向重组能够形成一定的区域优势,并产生集聚效应;横向并购的优点是有利于优势企业迅速地扩大市场份额,提高企业的市场竞争地位,并有利于各种市场资源向优势企业集中;成功的横向并购,有利于打破现有钢铁市场资源的分布格局,实现钢铁企业间"同质"资源的共享、"异质"资源的互补与融合,避免对已有资源的浪费和可获得资源方面的重复建设,在此基础上强化和凸显企业的核心竞争力,保证企业能够获取新的、更独特的竞争优势,赢得更优越、更持久的竞争地位。

横向并购中的企业在基本业务流程中存在着相似性、同质性,有利于并购企业在较短的时间内完成各项业务流程的整合再造。但这种相似性,使得双方企业只有实现资源整合、建立较为高效的集团管控体系,才能实现资源共享与互补。如果企业之间不能实现深层次资源整合,那么横向并购只能是数量上的简单相加。

资料来源:中国钢铁新闻网,2011年8月9日。

(二)纵向并购

纵向并购(Vertical Combinations)又称垂直兼并,是指与企业的供应商或客户的合并,或者是处于同一产品不同生产阶段的企业间的并购,即优势企业将同本企业生产紧密相关的生产、营销企业并购过来,以形成纵向生产一体化。其实质是处于同一产品不同生产阶段的企业间的并购,并购双方往往是原材料供应者或产成品购买者。其优点是将交易行为内部化,易形成生产规模,节约通用设备和费用等;可以加强生产过程和各环节的配合,有利于协作化生产;可以加速生产流程,缩短生产周期,节省运输和仓储费用,节约资源和能源等;有助于降低市场风险;可以节省交易费用,同时易于设置进入壁垒。其缺点是容易形成连锁反应。

此外,对于纵向并购,应优先考虑使用收购方式而非兼并方式。因为通过收购方式购买部分股权,可以以更少的投入和更低的风险取得对目标企业的控制权,达到同样的降低交易费用及纵向风险的效果。

【案例1-9】

科研院所并入国机集团

1999年3月,原国家经贸委管理的242家科研院所进行了管理体制改革,正式揭开了科研院所体制改革工作的序幕。就全国来说,这242家科研院所里,先后有原机械工业部的26家一类科研院所被并入了国机集团,涉及机械工业众多行业和产业领域。国机集团通过兼并科研院所完善了自身产业链,获得了较大的发展。如在冶金装备领域,国机集团以并入的着力研发连铸连轧设备的中国重型机械研究院为平台,发展重型机械行业;在石化装备领域,以并入的兰州石油机械研究院为平台,大力发展石化技术装备;在工程机械领域,依靠并入的天津工程机械研究所,加强技术研发与产业化;在农用机械领域,以并入的一拖集团有限公司、中国农机院为主体,加大企业研发投入与竞争力的提升等等。国机集团已经成为了中国机械工业覆盖面最广、业务链最完善、研发能力最强的企业集团。

国机集团对于科研院所的并入做了以下几个方面的工作:第一,用集团其他方面的收入来源"反哺"科技,给予科研院所资金上的支持,支持科研院所的发展及科技创新的投入。第二就是走产业化道路。科研院所面临技术和产业脱节的问题。国机集团这几年通过产业化迅速地把科技成果转化成生产力,同时给科技企业带来了非常可观的经济效益,它反过来将产生的这些经济效益、这部分利润投入科技创新,使得科技创新和产业化形成一个良性互动的局面。第三,国机集团对科研院所大力实施人才激励的举措。国机集团通过奖励个人、奖励院所优秀成果等措施为科技人才创造了更好的成长空间。这些举措有力地支持、鼓励了科研院所的发展,有力地激发了这些人才创新的活力和主动性。

资料来源:人民网,2010年5月28日。

(三)混合并购

混合并购,是指分属于不同产业领域、工艺上不存在关联关系、产品也完全不相同的企业间的并购。并购的目的通常是扩大经营范围,进行多元化经营,以增强企业的应变能力。混合并购有利于企业降低长期在一个行业里经营所带来的风险,完善自身的产业结构和技术结构,进入更具增长潜力和利润率较高的领域,还可以产生协同效应,有效突破垄断的壁垒限制。在面临激烈竞争的情况下,我国各行各业的企业都不同程度地想到多元化,混合并购就是多元化的一个重要方法,为企业进入其他行业提供了有力、便捷、低风险的途径。和企业进行直接投资进行多元化经营相比,通过混合并购方式实现多元化经营无疑是最简单、最直接、最快捷和投资最少的方式。然而,正所谓有利亦有弊,高收益总伴随着高风险,混合并购就像一把"双刃剑",使用得当会使企业加速发展;使用失误,则可能因此使企业走向失败。

【案例1-10】

高盛收购双汇

双汇集团(以下简称双汇)是漯河市政府全资控股企业,国内最大的肉类加工企业。

下属上市公司河南双汇投资发展股份有限公司(以下简称双汇发展),由漯河市政府、双汇集团(35.72%)、漯河海宇投资有限公司(25%)共同持股。

2006年12月,商务部批复,同意漯河市国资委将其持有的双汇集团100%的股权以20.1亿元人民币的价格转让给香港罗特克斯有限公司(高盛集团持股51%,鼎晖国际投资公司持股49%),双汇发展至此变更为外商投资股份有限公司;同意海宇投资有限公司将其持有的双汇发展25%股权以每股5.62元的价格转让给罗特克斯有限公司。这样,罗特克斯有限公司即持有双汇发展60.72%的股份。

高盛集团早在收购前就已持有中国雨润食品集团有限公司(双汇在中国的最大竞争对手)13%的股权,高盛集团将这两个企业整合后,将在中国肉类加工业稳居主导地位。

资料来源:新浪财经,2006年5月18日。

【想一想】 以下并购按产业关联属于哪种类型的并购?

- 三元收购三鹿
- 微软收购雅虎
- 中国铝业收购力拓

二、按照对目标企业进行并购的态度分类

按照对目标企业进行并购的态度,可将并购分为善意并购和敌意并购。

(一)善意并购

新世纪以来,伴随着中国市场经济体制改革的不断推进和产业结构调整的日益深入,国内企业收购与兼并的活动日渐活跃。相对于上世纪80年代到90年代的企业并购而言,目前中国境内,企业实施善意并购的表现十分突出,并购行为成功概率迅速加大,堪称近期收购兼并活动中的亮点。

善意并购又称友好并购,是指目标企业同意并购企业的并购条件并承诺给予协助,双方高层管理者通过协商达成双方都可以接受的并购协议,并经双方董事会批准,股东会以特别决议的形式通过的并购活动。在善意并购的方式下,双方当事人均有意愿合并,且其彼此较为熟悉,故此类并购成功率较高。

【案例1-11】

CVC善意收购珠海中富29%股权,低调进入中国市场

2007年9月28日,商务部原则上同意珠海中富工业集团有限公司以16.5亿元的总价,向亚洲瓶业(香港)有限公司转让珠海中富实业股份有限公司(以下简称珠海中富)29%的股权,外资所持公司A股股份自协议转让完成后3年内不得转让。珠海中富此前发布的公告称:珠海中富工业集团有限公司为本公司第一大股东,持有本公司限售条件流通股份24 000万股,占公司总股份的34.87%。亚洲瓶业(香港)有限公司是一家专门为参与本次收购而根据国际惯例在香港注册成立的项目公司,授权资本1万港元。该公司的最终股东为CVC资本合伙人亚太Ⅱ基金和CVC资本合伙人亚太Ⅱ平行基金。与凯雷亚洲投资公司收购徐工集团工程机械股份有限公司、高盛集团收购美的电器的曲折相比,CVC收购珠海中富可谓相当顺利。这不仅因为珠海中富并不那么令人关注,更得益于

CVC 的温和善意。CVC 亚太地区董事总经理何志杰表示:我们也在不断地考察中国的公司,希望能够有机会成为这些公司的战略伙伴,但是收购都是善意的,意图都是希望能够提升企业自身的竞争力。

资料来源:经济观察网,2007 年 10 月 13 日。

(二)敌意并购

敌意并购又称恶意并购,是指并购企业在未经目标企业董事会允许,不管对方是否同意的情况下所进行的并购活动。在此类并购中,并购企业往往采取突然的并购手段,以要约收购方式为主,后者在得知并购企业的并购意图后,通常会采取一系列的反并购措施。

双方强烈的对抗性是敌意并购的基本特点。除非目标企业的股票流通量高并且容易在市场上吸纳,否则想完成并购比较困难。

【案例 1－12】

中钢集团的强势海外并购

2008 年年初,继中国铝业股份有限公司成为国际矿业巨头力拓(Rio Tinto)的最大单一股东后,中钢集团也将展开强势海外并购。这是中国企业首次对澳大利亚铁矿石企业直接发起收购。3 月,中钢集团正式对澳大利亚铁矿石公司中西部公司(Midwest Corp.)提出了价值 12 亿澳元(约合 11 亿美元)的敌意收购,此前中钢集团的收购提议曾遭中西部公司董事会反对。

中钢集团在递交给澳大利亚证券交易所的公告中称,将通过其全资子公司中钢大洋资本有限公司(Sinosteel Ocean Capital Pty Limited),以每股 5.60 澳元现金收购中西部公司全部普通股。此要约对中西部公司的估值为 12 亿澳元。根据公告,中国进出口银行将为中钢集团此次收购提供融资安排,摩根大通担任中钢集团财务顾问。如能成功达成交易,中钢集团的此次收购将成为中国海外金属资源的最大收购案。中钢集团表示,对中西部公司的收购已获得了澳大利亚外国投资审查委员会(FIRB)批准,但须获得中西部公司股东至少 50.1% 的股份才能取得控制权,还要取得中国监管部门的批准。中钢集团已持有中西部公司 19.89% 的股份,只要再获得 30.21% 的股份即可控股。

2007 年年底,中钢集团曾向中西部公司提议以每股 5.60 澳元(约合 4.91 美元)现金收购其全部股份,当时的收购价格就比中西部公司的股价高 16%。但当时这一收购提议立刻遭到中西部公司大股东、董事戴维·劳(David Law)的拒绝。2008 年 2 月 20 日,中西部公司董事会表示,每股 5.60 澳元的价格低估了中西部公司的价值和前景。中钢集团并没有放弃中西部公司,开始试图在没有 David Law 和中西部公司董事会支持的情况下强行收购。虽然中钢集团此次没有提高报价,但相对于 3 月 13 日中西部公司每股 4.10 澳元的股价,溢价仍然高达 34.9%。

资料来源:新浪财经,2008 年 3 月 17 日。

【案例 1－13】

盛大收购新浪始末

新浪是目前中国最具影响力的门户网站,盛大(SNDA)是目前中国最大的网络游戏运营商，两家公司都注册于英属开曼群岛，均于美国纳斯达克(NASDAQ)市场上市。盛大力图打造一个跨媒体、全方位的娱乐工业帝国，收购新浪是其中重要的一步。收购新浪之前的一年时间里，新浪股票已经在纳斯达克下跌了46%。业内普遍认为，新浪股权分散，加之盈利预期没有达到，新浪股票在市场上表现不佳。而盛大，当时网络游戏业务被整顿的可能性比较大，那么它未来的业务肯定会放在一个更踏实的落脚点上，必须收购实在的资产。盛大收购新浪的过程如下：

2005年2月18日，纳斯达克上市公司盛大发布公开信息，称已向美国证券交易委员会(SEC)正式提交13-D备案表格，并披露与关联方Skyline Media Limited一起通过二级市场公开购入新浪19.5%的股票。

2005年2月19日，盛大称截至2月10日，已经通过公开交易市场购买新浪19.5%的股权，成为新浪最大股东，并根据美国相关法律规定，向美国证券交易委员会提交了受益股权声明13-D文件。盛大在13-D表格中明确表示，此次购买新浪股票是一次战略性投资，可能进一步“通过公开市场交易，以及私下交易或者正式要约收购和交换收购方式”增持新浪股票，并“寻求获得或者影响新浪控制权，可能手段包括派驻董事会代表”。

按照上报给美国证券交易委员会的报告，盛大等在1月12日至2月10日之间，交易的股票数额已经达到2.304亿美元。这意味着，盛大是从30元左右的新浪股价开始收购，一直到2月10日28元左右。按新浪已发行的5 047.8万股计算，盛大这次收购19.5%的股权，即983.3万股，每股收购价约23.43美元。此次收购，盛大采用了现金加股票置换的方式。盛大收购19.5%的股票后，向新浪董事会发出明确信号——股权之争开始了。

针对盛大的敌意收购，新浪急聘摩根斯坦利为财务顾问，并迅速制订了购股期权计划(俗称“毒丸计划”)的技术细节。

新浪宣布启动“毒丸计划”：对于2005年3月7日记录在册的新浪股东，他所持每一股股票，都能获得一份购股期权。如果盛大继续增持新浪股票致使比例超过20%或有某个股东持股超过100%，购股期权将被触发，而此前，购股期权依附于每股普通股票，不能单独交易。

一旦购股期权被触发，除盛大以外的股东们就可以凭手中的购股期权以半价购买新浪增发的股票。这个购股期权行使额度是150亿美元。也就是说，如果触发这个购股期权计划，除盛大之外，一旦新浪董事会确定购股价格，每一份购股期权就能以半价购买价值150美元的新浪股票。

假设按3月7日每股32美元计算，一半价格就是16美元，新浪股东可以购买9.375股(150/16)。新浪目前总股本为5 047.8万股，除盛大持有的19.5%(983.3万股)外，能获得购股期权的股数为4 064.5万股。一旦触发购股期权计划，那么新浪的总股本将变成43 152万股(4 064.5万股×9.375+4 064.5万股+983.3万股)。这样。盛大持有983.3万股，原占总股本的19.5%，一经稀释，就降低为2.28%。由此，“毒丸”稀释股权作用得到充分的显现。

时隔一年多，不管盛大做出何种努力，始终被新浪“挡在门外”，无奈之下，盛大选择了放弃。2006年11月7日，盛大对外宣布，将出售新浪约370万股股票。虽然出售后盛大还持有新浪11.4%的股份，仍是新浪的第一大股东，但分析人士认为，此举意味着盛大入主新浪的战略计划已经宣告失败。

资料来源：辛苑薇.2006－11－08.盛大出售部分新浪股份[N].京华时报(36).

三、按照是否通过证券交易所公开交易分类

按照是否通过证券交易所公开交易划分，可将收购分为要约收购和协议收购。

(一)要约收购

要约收购是指通过证券交易所的买卖交易，当收购者持有目标企业股份达到法定比例(《证券法》规定该比例为30%)时，若继续增持股份，必须依法直接向目标企业所有股东发出公开要约，在一定时期内以特定的价格收购他们所持有的该企业全部或部分股份，以获得在该企业的控股地位的行为。

【案例1－14】

迪康集团要约收购成商集团股份

依照《中华人民共和国证券法》和《上市公司收购管理办法》，由于四川迪康产业控股集团股份有限公司(以下简称迪康集团)协议收购成商集团股份有限公司(以下简称成商集团)超过其已发行股份的30%，应当以要约收购方式向成商集团除成都国资公司外的所有股东发出收购其所持有的全部股份的要约。因此，迪康集团决定依法履行全面要约收购义务，向成商集团除成都国资公司外的所有股东发出全面收购要约。迪康集团本次要约收购的目的是履行向非国有股股东发出收购其所持有全部股份的要约之义务，不以终止成商集团的股票上市交易为目的。

此次要约收购成商集团股份的要约期间为2003年8月4日至2003年9月2日，要约价格确定为社会法人股每股2.31元，流通股每股7.04元；要约股份比例为社会法人股占9.47%，流通股占25.15%。从股权比例上看，由于成商集团非流通股比例为74.85%，因此，收购要约期限届满，如果预售要约流通股比例超过0.15%，则成商集团将因股份分布不符合法律规定，上市资格要受到影响，而这绝非收购方的本意。收购人承诺：在要约收购期限届满6个月后的1个月内，在符合有关法律和规则的前提下，将通过市场竞价交易、大宗交易或其他合法方式出售全部超比例(指超过成商集团已发行股份的0.15%)持有的流通股份，使成商集团的股份分布重新符合上市条件。

资料来源：中顾法律网，2010年7月29日。

(二)协议收购

协议收购是指收购者在证券交易所之外以协商的方式与目标企业的股东签订收购其股份的协议，从而达到控制该上市公司的目的的行为。收购人可依照法律、行政法规的规定同目标企业的股东以协议方式进行股权转让。

相对于要约收购，协议收购的环节较少，操作程序比较简单，收购方的收购成本也比较低，是更市场化的收购方式。而一般情况下，要约收购都是实质性资产重组，非市场化因素被尽可能淡化，重组的水分极少，有利于改善资产重组的整体质量，促进重组行为的规范化和市场化运作。要约收购是各国证券市场最主要的收购形式，在所有股东平等获取信息的基础上由股东自主选择，被视为完全市场化的规范收购模式。但是由于我国上市公司股权结构的特殊性，我国上市公司收购中主要采用的是协议收购方式。

【案例1－15】

中国重汽集团收购山东小鸭电器

2003年12月18日，中国证监会正式批准中国重型汽车集团有限公司（以下简称中国重汽集团）收购山东小鸭电器有限公司（以下简称小鸭电器）方案，中国重汽集团开始进入资本市场。2004年2月12日，经深圳证券交易所核准，山东小鸭电器股份有限公司变更为“中国重型汽车集团济南卡车股份有限公司”，简称由“小鸭电器”变更为“中国重汽”。

小鸭电器是由山东小鸭集团有限责任公司（以下简称小鸭集团）为主发起人组建的股份有限公司。小鸭电器于1999年9月1日向社会公开发行人民币普通股9 000万股，每股面值1元，发行价格每股3.76元，1999年11月25日公司股票在深圳证券交易所上市。2003年9月22日，小鸭电器与中国重汽集团签署《资产置换协议》。根据协议，小鸭电器以其合法拥有的完整资产（含全部资产和大部分负债），与中国重汽集团整车生产及销售有关的资产进行置换。根据2003年9月22日中国重汽集团与小鸭集团、中信信托投资有限责任公司（以下简称中信投资）签订的《股份转让协议》规定，小鸭集团将其持有的小鸭电器47.48%的股份（计12 059万股）、中信投资将其持有的小鸭电器16.30%的股份（计4 141万股）转让给中国重汽集团，股权转让完成后，中国重汽集团持有小鸭电器股权63.78%（共计16 200万股）。

中国重汽集团拟将其重型卡车生产、营销等资产置入小鸭电器，小鸭电器原有的家电资产则将置出并由原大股东小鸭集团回购。据悉，置入资产将包括中国重汽集团所属的卡车公司的车身厂、车架厂、总装配厂等优质资产，具有较强的盈利能力，小鸭电器主业也将因此转向重型卡车制造业。

资料显示，中国重汽集团是我国最早生产重型汽车的企业，2001年1月经山东省人民政府批准改制为国有独资公司。中国重汽集团目前拥有卡车公司、商用车公司、客车公司、发动机厂等主要经营资产，并设有物业管理、房地产和财务公司等经营性二级公司。2002年，中国重汽集团生产销售各种车辆17 000辆，实现销售收入100亿元。

资料来源：中华商务网，2003年9月24日。

四、按照出资方式分类

按照出资方式，可将并购分为现金购买资产式并购、现金购买股票式并购、股票换取资产式并购、股票互换式并购。

（一）现金购买资产式并购

现金购买资产式并购，是指并购企业使用现金购买目标企业全部或者绝大部分资产以实现对目标企业的控制。使用现金支付，要求并购者具有较强的资金实力或者融资能力。

【案例 1 - 16】

上海汽车收购南汽集团

2007 年 12 月 26 日，上海汽车股份有限公司（SH600104，以下简称上海汽车）发出公告称，其控股股东上海汽车工业（集团）总公司以 20.95 亿元现金和上海汽车 3.2 亿股股份的代价收购南京汽车集团有限公司控股股东跃进汽车集团公司旗下的全部汽车业务，交易总金额超过 100 亿元。国内最大的汽车企业诞生了，国有汽车资产重组序幕也由此拉开。

资料来源：和讯股票，2007 年 12 月 27 日。

（二）现金购买股票式并购

现金购买股票式并购，是指并购企业使用现金购买目标企业的部分股票，以实现控制后者资产和经营权的目的。出资购买股票既可以在一级市场进行，也可以在二级市场进行。由于在二级市场收购有信息披露的要求，收购成本会较高。在股权分置时代，大量的股权转让是通过非公开的协议收购进行的，通常会支付较低的并购成本。

【案例 1 - 17】

上汽集团收购上柴股份 50.32% 的股份

2008 年 1 月 2 日，上海汽车集团股份有限公司（SH600104）公告称与上海电气（集团）股份有限公司（HK2727，以下简称上海电气）签订协议，以 9.2342 亿元收购上海电气所全部持有的上海柴油机股份有限公司（SH600841，以下简称上柴股份）50.32% 的股份。上柴股份 2007 年第三季报显示，其总资产为 31.58 亿元，收入 25.78 亿元，净利润 1 468 万元。本次交易价格以上柴股份 2007 年 9 月 30 日的净资产为基础，综合考虑净资产收益率、市盈率以及相关期间的损益和资产调整造成的可能损失等因素，最终确定为人民币 9.2342 亿元。

资料来源：和讯股票，2008 年 1 月 3 日。

（三）股票换取资产式并购

以股票换取资产式并购，是指并购企业向目标企业发行自己的股票以交换目标企业的大部分资产。一般情况下，并购企业同意承担目标企业的债务责任，但双方亦可以作出特殊约定，如并购企业有选择地承担目标企业的部分债务责任。

【案例 1 - 18】

巴士股份获得上汽集团旗下独立供应汽车零部件业务

2008 年 8 月 15 日，上海巴士实业（集团）股份有限公司（以下简称巴士股份）正式公布《重大资产出售及发行股份购买资产暨关联交易报告书》。巴士股份将向上海汽车工业（集团）总公司（以下简称上汽集团）发行股份，购买上汽集团所拥有的独立供应汽车零部件业务相关的资产及负债，计划发行股份总额为 11.11 亿股，发行价格为每股 7.67 元，购买资产评估作价约 85.19 亿元。

交易完成后,巴士股份将拥有上汽集团旗下的独立供应汽车零部件业务,覆盖内外饰件、功能性总成件和热加工三大业务板块,成为A股规模最大的独立供应汽车零部件上市公司。

资料来源:新浪汽车,2008年12月31日。

(四)股票互换式并购

股票互换式并购,是指并购企业直接向目标企业股东发行并购企业的股票,以交换目标企业的大部分股票。一般而言,交换的股票数应至少达到并购企业能控制目标企业的最低表决权数量。进入第五次并购浪潮后,国际上的大规模并购交易多数都采用换股的方式。

【案例1-19】

TCL集团公司合并TCL通讯

TCL通讯(000542)的控股股东TCL集团股份有限公司(以下简称TCL集团公司)2003年9月30日发布公告,公司以吸收合并方式合并TCL通讯,双方于9月29日签署了合并协议。合并完成后,TCL集团公司为存续公司,TCL通讯注销独立法人地位。根据《公司法》规定,这些股票连同TCL集团公司现已持有的TCL通讯31.7%股票在本次合并换股时一并予以注销。TCL集团公司本次公开发行的股票及向TCL通讯流通股股东发行的全部流通股股票将在深圳交易所上市交易,TCL集团公司与TCL通讯董事会协商确定的TCL通讯流通股股票换股价格为每股21.15元。TCL集团公司股票换取TCL通讯股票的比率等于TCL集团公司首次公开发行股票的价格与TCL通讯流通股股票的换股价格之间的比率。本次合并为我国证券市场首例换股合并案。

资料来源:《南方周末》,2004年2月5日。

五、并购的特殊类型

并购还有一些特殊类型,如委托书收购以及杠杆收购等。

(一)委托书收购(代表权争夺)

委托书收购(Solicitation of Proxy),是指收购者以大量征集股东委托书的方式,取得表决权,在代理股东出席股东大会时,集中行使这些表决权,以便于通过改变经营策略、改选公司董事会等股东大会决议,从而实际控制上市公司经营权的公司收购的特殊方式。委托书收购的核心在于收购者可以借助第三方力量以低成本取得对目标企业的实际控制权。其本质是收购者(股权征集人)在授权范围内,代理股东行使表决权的行为,产生的是委托代理关系。其优点是成本较低,程序简单,有利于提高股东大会的效率。但是由于该行为所产生的后果可能与股权式收购一样,导致上市公司控制权的转移,同样也涉及公司、股东及债权人利益的保护问题,不予以严格的规范很可能导致委托书收购的功能被严重扭曲。因此,法律要将其作为特殊的收购行为予以特别规范。

【案例1-20】

通胜股权之争

2000年3月25日,广州市通百惠服务有限公司(以下简称通百惠)作为上市公司山东胜利股份有限公司(以下简称胜利股份)的第二大股东,为争夺公司的控制权,向胜利股份全体社会公众股股东公开征集股东大会投票代理权。在这之前,胜利股份第一大股东山东胜邦企业有限公司(以下简称胜邦企业)持有胜利股份17.35%的股份,通百惠则持股16.67%,二者持股相差0.68%。公开征集得到了社会公众股股东的热烈响应,通百惠共征集到授权委托书1 500份,约3 200万股,其中有效委托2 625.7781万股,占公司总股本的10.96%。由于胜邦企业及其关联股东所持股份为29.16%,仍比通百惠自有股份及受托股份多,因此在3月30日的股东大会上,通百惠所提名的董事、监事均未当选,其通过公开征集投票代理权以控制上市公司的目的也以失败而告终。这是我国证券市场首次出现的大规模公开征集投票权的案例,开创了我国委托书收购制度的先河。

资料来源:宁永忠,张申琴.2001.从"通胜之争"看委托书收购[J].中外管理(3).

(二)杠杆收购

杠杆收购(Leveraged Buyout,LBO)是指以少量的自有资金,以目标企业的资产和将来的收益能力作抵押,筹集部分资金用于收购的一种并购活动。当企业全部资产收益率大于借入资本的平均成本时,企业净收益和普通股收益都会增加。这其实是一种混合融资形式,其优点是收购企业不必拥有巨额资金,只需要少量现金就可以完成收购行为;缺点是财务风险较高。

【案例1-21】

第一上海出让吉奥比股权

2005年12月13日,第一上海投资有限公司(以下简称第一上海)宣布出让持有的吉奥比国际公司(Geoby International,以下简称吉奥比)股权。吉奥比是江苏好孩子集团的海外持股公司,第一上海则是吉奥比的控股股东。根据此协议,第一上海会同其他几家机构投资人将其在好孩子集团中持有的全部股权转让给由PAG控制的名为G-baby的持股公司。这也是国内首例真正意义上的杠杆收购案例:由外资金融机构以好孩子集团的资产作为抵押,以负债形式筹措收购所需部分资金,并且由外资银行提供杠杆支持。

资料来源:新浪财经,2006年2月18日。

我国的企业并购是从20世纪80年代开始的,逐步向规范化、成熟化发展。世界范围内的并购活动日趋频繁,中国企业也应把握良机,根据市场前景、行业态势以及自身发展,切实开展适合企业自身的并购活动。

【想一想】 除上述类型之外,并购还可以做哪些分类?

第三节 并购交易的六阶段模型

并购是一个复杂的系统工程,从研究准备到方案设计,再到谈判、签约成交到并购后整合,整个过程是由一系列活动有机结合而成的。一项成功的并购活动应该在各个环节上都力求缜密并相互照应,不能忽略任何一个细节问题。我们将并购分为以下六个阶段:

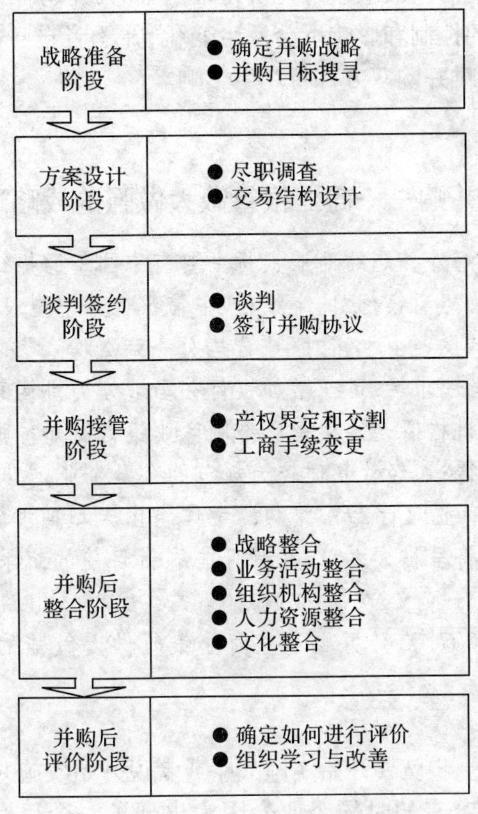

图1－1　并购流程图

一、战略准备阶段

战略准备阶段是并购活动的开始，为整个并购活动提供指导。战略准备阶段包括确定并购战略以及并购目标搜寻。

（一）确定并购战略

并购战略是企业整体战略的一个重要组成部分，制定清晰的并购战略是成功并购的第一步，也是规避并购战略风险的基础。公司应谨慎分析各种可能的价值增长战略的选择，依靠自己或通过与财务顾问合作，根据企业和行业状况、自身资源、能力状况以及企业发展战略确定自身的定位，进而制定并购战略。并购战略的内容包括企业并购需求分析、并购目标的特征、并购支付方式以及资金来源的规划等。

战略选择，会在后续的价值评估中产生一系列的效应。其中，获得协同效应是企业实施并购的主要目的，当协同效应大于零的时候，企业才有并购的必要。协同效应就是指企业生产、营销、管理的不同环节、不同阶段、不同方面共同利用同一资源而产生的整体效应，即并购后竞争力增强，净现金流量超过两家公司预期现金流量之和，或者合并后公司业绩比两家公司独立存在时的预期业绩高。协同效应的大小是并购成败的关键，对协同效应评价不当是并购中常见的问题。有些并购者对并购过于乐观，支付了很高的溢价，最终却导致并购的失败。对协同效应进行评价是很困难的,并购者并购目标企业后,不仅目标企业的价值在并购者的控制和影响下会发生变化,并购者自身的价值也会由于并购行为而产生变化,协同效应对并购双方都将产生影响。

【案例1-22】

海外并购——商业银行做大做强的战略选择

长期以来,我国从事海外并购的商业银行主要有中国工商银行、中国银行与中国建设银行。近年来,交通银行、招商银行、民生银行、中信银行等中型股份制商业银行也纷纷加快了国际化战略的推进步伐。由于相对于"代表处—海外分行"的运作模式,海外并购能使商业银行更快地适应当地市场,迅速增加银行在当地分支机构的数量,同时节约开办成本,因此将成为目前海外机构匮乏的中型股份制商业银行海外扩张的首选。海外市场中,规模适中、分支机构分布得当、经营管理较为规范的金融企业尤其具有吸引力。因此可以预见,未来3~5年我国商业银行海外并购的主体将由大型商业银行扩展到中型商业银行,单笔并购业务的金额将呈扩大之势,并有可能刷新目前的纪录,从而扩大我国商业银行海外并购的总规模。

资料来源:张信琼. 2007. 海外并购——商业银行做大做强的战略选择[J]. 银行家(12).

(二)并购目标搜寻

制定了并购战略,下一步就要开始实施战略或者说开始实施并购行为。这时,首先遇到的问题就是:要并购谁?有的时候企业会因为出现了一个目标才开始有并购的愿望(如碰到一家企业因亏损而低价出售),但很多时候还没有具体目标,为了能以较高的效率找到合适的并购目标,就需要给出一定的标准。并购战略制定的一个重要内容就是确定搜寻潜在目标标准,目的是明确并购的方向,告诉实施并购的人员如何去寻找潜在的并购目标。

【案例1-23】

银河科技收购长征电器

北海银河高科技产业股份有限公司(000806,以下简称银河科技)2003年3月的公告称,经公司董事会批准,公司控股子公司北海银河科技电气有限公司(以下简称银河电气)作为广西银河集团有限公司(公司第一大股东,以下简称银河集团公司)的一致行动人,收购遵义市国有资产投资经营有限公司持有的贵州长征电器股份有限公司(600112,以下简称长征电器)22.19%的股权。经协商一致,本次收购的价格为经审计的每股净资产值,即每股1.63元。基于合同的规定,银河电气拟收购遵义市国有资产投资经营有限公司持有的长征电器的38 162 960股(所占比例为22.19%),交易总金额为62 205 624.80元;银河集团公司拟收购遵义市国有资产投资经营有限公司持有的长征电器的46 440 000股(所占比例为27%),交易总金额为75 697 200元。股份转让合同已于2003年3月10日在贵州省遵义市签订。

银河科技为何要选择长征电器作为收购对象呢？银河科技考虑到，第一，长征电器满足银河科技收购的动机要求，即获得并购后的避税利益、扩大市场份额以及进入新市场。第二，长征电器位于贵州省遵义市，地处西南中心位置，是西南最大的机械电器及器材生产基地，当地认同度高，并购后获得发展的余地和机会较大。第三，双方在管理能力、技术能力、生产能力、市场营销能力、人才资源等方面各有优势和劣势，并购后双方能够取长补短，迅速提高内部经营管理能力，提高市场竞争力。第四，长征电器经营业绩较差，但由于其在当地电器行业中的地位，成为企业优先并购对象，同时有当地政府支持，这些都会使主并企业大大降低搜寻信息成本、谈判成本、资产交易成本、反收购成本等并购前成本；且双方有较强的产业、经营以及财务协同效应，在业务、文化、管理等方面容易进行整合，从而使得后期整合成本较低。

银河科技表示，鉴于长征电器具备品牌优势和生产、技术、市场基础，本次交易完成后，通过重组和资源整合，将进一步扩大公司电力产品的配套和生产能力，提升整体经营规模和业绩水平，本次收购符合公司低成本扩张、规模化发展的战略，为公司长远、健康发展提供了较大的上升空间。

资料来源：全景网，2003 年 3 月 13 日。

二、方案设计阶段

并购的第二阶段是方案设计阶段，包括尽职调查以及交易结构设计。

（一）尽职调查

在企业并购中，特别是在善意并购中，尽职调查往往不能受到应有的重视。但是，作为能够核实目标企业资产状况的一个重要途径和有利机会，尽职调查应当为并购方所重视，并由各中介机构采取积极的态度和措施加以落实，以便在并购开始前尽可能地了解更多的事实情况，避免对收购方的利益造成损害。尽职调查的目的，在于使买方尽可能地发现有关他们要购买的股份或资产的全部情况，发现风险并判断风险的性质、程度以及对并购活动的影响和后果。因而，并购方在调查中需要慎防卖方欺诈，关注可能的风险，如财务报告风险、资产风险、或有债务风险、环境责任风险、劳动责任风险、诉讼风险等。

尽职调查的内容包括四个方面：一是目标企业的基本情况，如主体资格、治理结构、主要产品、技术和服务等；二是目标企业的经营成果，包括公司的资产和产权以及贷款和担保情况；三是目标企业的发展前景，对其所处市场进行分析，并结合其商业模式做出一定的预测；四是目标企业的潜在亏损，调查目标企业在环境保护、人力资源以及诉讼等方面是否存在着潜在风险或者或有损失（见图 1－2）。

尽职调查的各项内容之间存在着一定的递进关系。主体资格和治理结构、主要产品、技术和服务等共同形成了目标企业的基本情况，在此基础上，进一步对潜在的盈利或亏损因素进行分析，可以更准确地预测目标企业的未来价值，这对决策也是十分有意义的。并购方可以通过调查商业模式、分析市场来把握企业的未来盈利情况，关注目标企业的环境保护、人力资源和诉讼情况，分析目标企业是否存在潜在的亏损因素，以避免遭受重大的损失。

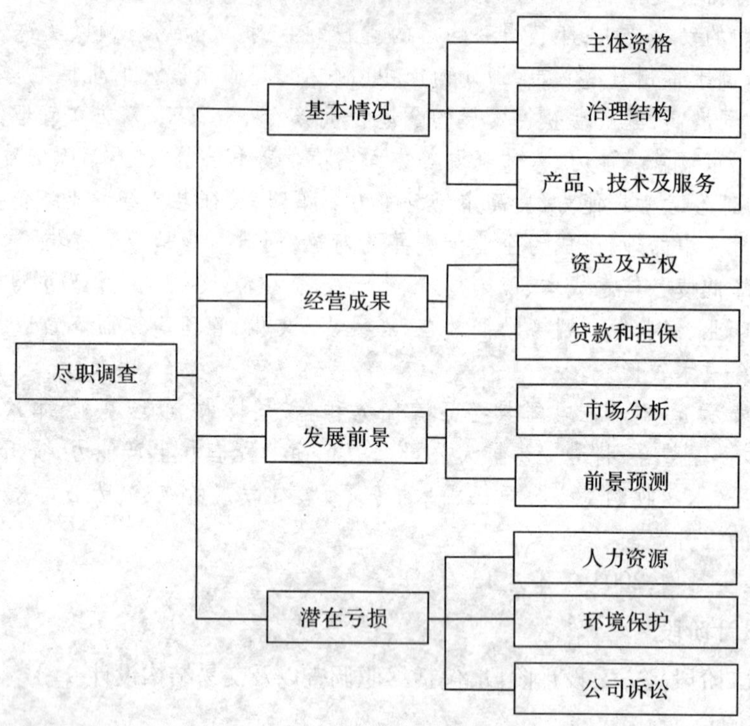

图 1－2　尽职调查的内容

（二）交易结构设计

1. 估值

市场经济环境下，企业的一切经济行为都受利益驱动，其根本目的是提高企业的价值，实现股东财富最大化。并购行为的目的也是股东财富最大化，并购双方都希望通过并购增加自己的收益。并购交易的标的是目标企业。并购估值就是并购交易双方确定目标企业的最终产权转让价格的过程，它是并购财务决策中最关键的问题，直接关系到并购双方的利益。本书将目标企业的最终产权转让价格统称为“交易价格”。

目标企业价值评估是企业并购估值的基础。因为企业作为一个复杂的有机体，有多种价值，表面的、内在的、现在的、未来的、战略的和战术的等等，不能用简单的方法得到，所以采用资产评估的方法综合估计企业的价值，已成为市场经济社会的共识。我国的企业并购活动，也越来越多地要求并购双方采用资产评估公司的评估报告作为确定企业价格的基础。

并购估值不合理是导致企业并购失败的重要原因。资产评估报告是并购价格制定的基础。如果价值评估偏高，易导致并购企业在交易中支付较高的价格，使并购企业背上沉重的负担；如果资产评估结果偏低，又使得并购企业支付的价格较低，损害目标企业的利益。所以采用合适的、为并购双方和市场所共同认可的资产评估方法，对并购活动的顺利进行起着非常关键的作用。

正如所有商品交易一样,价值是价格的基础,但价格一般并不等于价值。在并购交易中,这个商品是目标企业。一般情况下,交易价格与资产评估结果不一致。资产评估只是提供了形成交易价格的基础,但交易价格还受其他多方面因素的影响,如并购双方谈判能力、并购双方在市场中的地位、交易价格的确定方法等等。

2. 融资方式的选择

能否及时、足额、低成本地筹措到并购所需资金,并将其合理支付给有关方面,从而完成并购的法律程序,是决定并购能否成功的关键所在。

并购融资可以根据不同的标准划分为不同的类型,根据是否通过中介可以分为直接融资和间接融资,根据资金的来源不同可以分为内部融资和外部融资。另外,在20世纪80年代,杠杆融资曾风靡一时。在杠杆融资方式下,投资者主要使用借来的资金(通常是占购买价的90%或者更多)购买目标企业并将其转为己有,而借来的资金通常是以目标企业的资产作为担保的。

3. 支付方式的选择

支付是完成并购的一个环节,也是一宗并购交易能否成功的重要因素之一。在实践中,企业并购的主要支付方式有现金支付、股票支付、综合证券支付以及承债支付和卖方融资等。

在选择支付方式的过程之中,需要考虑多方面的因素。

(1)并购企业的实际情况

主要包括公司是否上市,公司的财务结构和现金流量水平,融资能力等。

(2)税收

能否合理有效地节税是影响公司选择支付方式的重要因素之一。西方在20世纪的杠杆收购就是通过对资产的重新估价取得了更大的折旧避税利益。另外,还可以利用利息避税。

(3)支付金额和所需融资额的大小

并购支付方式和额度的大小具有直接关系。如果整个并购涉及的额度不大,采用股票和证券综合融资是不经济的;如果涉及金额较大,则采用这两种方式较为有利。因为筹集巨额现金可能会给公司带来巨大的财务压力,并且可能会影响并购后公司整合以及运营的资金需求与运用,而采用股票和证券支付方式,由于规模经济等效应的影响,会更加经济,相对而言,也较容易得到有关监管当局的批准。

【案例1-24】

铜都铜业:以非公开发行+承债+现金方式向母公司收购资产

2007年8月22日,安徽铜都铜业股份有限公司(以下简称铜都铜业)发出公告,向铜陵有色金属(集团)公司(以下简称有色集团)发行股份购买其持有的金隆铜业61.40%股权,凤凰山铜矿、铜山铜矿、金口岭铜矿以及硫产品销售分公司、国贸分公司、信息公司的与铜主业相关的资产。本次重大资产购买的收购价款按照下面公式及规定计算:收购价款 = 基准价款+价款调整数。其中:基准价款是指以2006年6月30日为评估基准日,经中华财务会计咨询有限公司出具《资产评估报告》确定的收购标的的资产净值

383 667.55万元;价款调整数 = 收购标的于专项审计日的经审计的账面净资产值 - 收购标的于评估基准日的经审计的账面净资产值 - 收购标的自评估基准日至专项审计日期间资产评估增减值所引起的折旧、摊销及其他差异。

铜都铜业对此次收购价款的支付选择采用以下三种方式相结合:(1)向有色集团定向非公开发行4.3亿新股(本次公司董事会前20个交易日的算术平均价的100.8%,即5.8元/股),合计24.94亿元;(2)通过受让债务的方式,承接有色集团13亿元的债务;(3)以上(1)、(2)两项支付不足的余额部分以现金支付。

在交割完成后3日内铜都铜业应当向中国证券登记结算有限责任公司深圳分公司申请股份登记,以增加有色集团持有的铜都铜业股份。自交割日起,铜都铜业承担有色集团13亿元债务,并承担债务自交割日起所产生的利息。因交易差价所需交付的现金,在资产交割日支付。

资料来源:和讯网,2007年8月。

三、谈判签约阶段

谈判签约阶段包括谈判以及签订并购协议。

(一)谈判

并购交易谈判的焦点问题是并购价格和并购条件,包括并购的总价格、支付方式、支付期限、交易保护(排他协商条款、保密条款、锁定条款、费用分担条款、终止条款等)、损害赔偿、并购后的人事安排、税负等等。双方通过谈判,就主要方面取得一致意见后,一般会签订一份并购意向书(或称"备忘录")。并购意向书大致包含以下内容:并购方式、并购价格、是否需要卖方股东会批准、卖方希望买方采用的支付方式、是否需要政府的行政许可、并购履行的主要条件等等。此外,双方还会在并购意向书中约定意向书的效力,一般包括如下条款:排他协商条款(未经买方同意,卖方不得与第三方再行协商并购事项)、提供资料及信息条款(买方要求卖方进一步提供相关信息资料,卖方要求买方合理使用其所提供资料)、保密条款(并购的任何一方不得公开与并购事项相关的信息)、锁定条款(买方按照约定价格购买目标企业的部分股份、资产,以保证目标公司继续与并购企业谈判)、费用分担条款(并购成功或者不成功所引起的费用的分担方式)、终止条款(意向书失效的条件)等。

【案例1-25】

中海油跨国竞购美国优尼科的谈判技巧

中国第三大石油公司——中国海洋石油股份有限公司(CNOOC,以下简称中海油)在2005年6月23日宣布向美国优尼科公司(以下简称优尼科)发出要约,以每股67美元的价格全现金方式并购优尼科。此要约价相当于优尼科股本总价值约185亿美元。从6月22日晚上拍板决定竞购到8月2日决定撤出的42天中,在一片赞美、惊呼和质疑声中,中海油进行了中国公司成本最高也最惊心动魄的轰动全球的一次海外收购大演习,最终,中海油铩羽而归……

在中海油决定收购优尼科之前,美国雪佛龙公司(以下简称雪佛龙)也曾表示欲收购优尼科。中海油称,以6月21日雪佛龙收市价计算,中海油的要约价比雪佛龙此前提出的收购价格高出约15亿美元。

在此次并购优尼科的过程中,中海油遇到了超乎想象的政治干扰,来自美国国会及媒体的强烈政治质疑使此次并购变得错综复杂,令中海油并购之路阻力重重。

6月28日,中海油代表团赴美与优尼科展开谈判。一到美国,代表团首先参加了财政部为此次收购案举行的外国投资审查委员会会议。提前听取外国投资者的汇报,这在美国是史无前例的,因为中海油只是报了一个价,并购双方还没有达成协议。这是中海油通过公关公司自己争取的,为的是获得主动权。但由于外部压力太大,听证会无果而终。

接下来,中海油代表团马不停蹄地与优尼科开始谈判。然而,当初曾经主动向中海油示好的优尼科,此时却显得犹疑起来。优尼科表示,中海油的报价虽然比雪佛龙高,但是存在很大的不确定性。最大的不确定性来自中国政府的态度和美国的《埃克松—弗洛里奥修正案》。该修正案以是否危害国家安全为标准衡量外国投资,若答案肯定,则监管机构有权终止一切投资活动。

除了优尼科董事会对不确定性的担忧外,由于雪佛龙报价在先,中海油在谈判中一开始就处在被动地位。经过近一周的艰苦谈判,双方就包括以下主要问题在内的兼并协议达成了一致:(1)在中海油违约不进行交割的情况下,法院判决如何执行的问题(因为中海油在美国没有可供执行的财产,所以双方约定中海油要在美国一家银行的专用账户中存入20亿美元);(2)为获得《埃克松—弗洛里奥修正案》的批准,资产的处理问题;(3)如果因为中海油的加入导致雪佛龙与优尼科的谈判破裂,中海油需要向雪佛龙支付"分手费"(5亿美元);(4)在兼并完成前,油价的保值问题。

7月14日,优尼科董事会召开会议,要求雪佛龙和中海油加价,并宣称如果双方都不加价,拟另觅买家。7月15号,优尼科董事长威廉姆斯给中海油董事长傅成玉打电话,第二次要求中海油加价。7月16号傅成玉回复对方说,可以加到69美元,但有三个条件:第一,优尼科付5亿美元"分手费";第二,优尼科要站在中海油的立场游说政府国会;第三,承诺雪佛龙出局。在这个过程中,中海油并没有把交易价一下提上去,而是分阶段地进行。其间在雪佛龙开始竞价的时候,傅成玉说:"董事会给我授权最高出价是69美元,以为我一定会报69美元,我报67美元连董事会都出乎意外。我的考虑是,如果需要再加价,我手里还有两美元的余地。"其实这就是一种谈判的技巧。后来,优尼科董事会召开会议,要求雪佛龙和中海油加价,并宣称如果双方都不加价,拟另觅买家。优尼科董事长威廉姆斯给傅成玉打电话,第二次要求中海油加价。傅成玉答应但是还是提出了一定的附加条件,但是优尼科并不同意,双方于是僵持不下。

在中海油5天坚持不涨价的情况下,7月19日,雪佛龙被迫加价,报价改为40%的现金、60%的股票,测算下来合每股63.1美元。在雪佛龙加价后,中海油的价格优势已经基本丧失。8月2日,中海油宣布撤回对优尼科的收购要约。但是经过此次事件,中海油的股价以及信誉有了很大的提高。

资料来源:天健网,2005年9月5日。

(二)签订并购协议

并购协议应规定所有并购条件和当事人的陈述担保。并购协议的谈判是一个漫长的过程，通常是收购方的律师在双方谈判的基础上拿出一套协议草案，然后双方律师在此基础上经过多次磋商、反复修改，最后才能定稿。并购协议至少应包括以下条款：

1. 并购价款和支付方式。

2. 陈述与保证条款。陈述与保证条款通常是并购协议中的最长条款，内容也极其繁琐。该条款是约束目标公司的条款，也是保障收购方权利的主要条款。目标公司应保证有关的公司文件、会计账册、营业与资产状况的报表与资料的真实性。

3. 并购协议的生效条件、交割条件和支付条件。并购协议经双方签字后，可能需要等待政府有关部门的核准，或者需要并购双方履行法律规定的一系列义务（如债务公告、信息披露等等），或者并购方还需要做进一步审查后才最后确认，所以并购协议不一定马上发生预期的法律效力。并购双方往往会在协议中约定并购协议的生效条件，当所附条件具备时，并购协议才对双方当事人发生法律约束力。为了促成并购协议的生效，在并购协议中往往还需要约定在协议签订后生效前双方应该履行的义务及其期限，比如，双方应该在约定期限内取得一切有权第三方的同意、授权、核准等等。

4. 并购协议的履行条件。履行条件往往与并购对价的支付方式联系在一起，双方一般会约定当卖方履行何种义务后，买方支付多少比例的对价。

5. 资产交割后的步骤和程序。

6. 违约赔偿条款。

7. 税负、并购费用等其他条款。

四、并购接管阶段

并购接管阶段是指并购协议签订后到并购交易的实施，其明确的阶段标志为并购工商变更手续的完成。该阶段包括产权界定和交割、工商手续变更等。

（一）产权界定和交割

产权是财产所有权和与之相关的其他各种经济权利的总称，包括所有权及其衍生的占有权、使用权、收益权和处置权等权利。产权界定是指国家依法划分财产所有权和经营权等产权归属，明确各类产权主体行使权利的财产范围以及管理权限的一种法律行为。产权的界定主要涉及以下几个方面：

1. 所有权的界定

所有权是指对于有体物的所有权，即所有人在法律规定的范围内独占性地支配其所有财产的权利。所有权具体可以表现为对某项财产的占有、使用、收益、处分四项权利，即所有权人可以占有该项财产，使用该项财产，通过投资、出租等形式从该项财产获得收益，自由处分该项财产。在现实生活中，经常有所有权人将其财产的部分权利（如占有权、使用权等）转移给别人的情况，这并不影响所有权的效力。

2. 经营权的归属

经营权是指企业的经营者对企业法人财产占有、使用和依法处置的权利。一般来说，经营权是指企业对经营者授予的对财产占有、使用和依法处分的权利。企业的经营者只有在拥有了企业法人财产的经营权之后，才能根据市场的需要独立做出企业的经营决策，自主地开展生产经营活动，及时调整经营行为，适应市场的变化。通常情况下，经营权属于所有者本人，但也可根据法律、行政命令和依照所有者的意志转移给他人，这种转移是合法的,应受到国家法律的保护。经营权事实上包含了企业的义务和责任,是权、责、利相结合的统一体。经营权的这一特点也决定了它必须具有独立性和排他性,否则就难以实现其目的,企业就难以进行正常的生产经营。因此,只有确立了企业的经营权,才能进一步确认企业相对独立的商品生产者和经营者的地位,从法律上赋予企业以经济实体的法人资格。通过管理委员会或董事会把国有财产的所有权具体落实到企业,把投资权、分配权等重大生产经营决策权集中到管理委员会和董事会,是维护国有资产的组织保证,是现代社会化大生产普遍适用的管理方式。

3. 知识产权的归属

知识产权又称为"智力成果权"、"无形财产权",主要包括由发明专利、商标以及工业品外观设计等方面组成的工业产权和著作权两类。知识产权是企业最重要的一种无形资产,在并购中主要涉及商标和专利。知识产权对企业来讲是很重要的一笔资产,会影响企业将来的经营以及收益。

【案例 1-26】

韩国三星收购香雪海

香雪海电冰箱厂(以下简称香雪海)曾经是中国很有名的冰箱制造厂商,"香雪海"属于国家驰名品牌,曾获得国家免检产品称号。1995 年,香雪海与韩国三星集团(以下简称三星)合资。在当时的合资热潮中,这是一个非常诱人的外资项目。但是,在谈判中,三星提出的一个合资条件却给了正处于上升时期的香雪海致命一击:自合资起 3 年内,公司不能生产"香雪海"品牌的冰箱。据专业人士估计,合资时的"香雪海"品牌价值在 1 亿元以上。这就意味着,中方在合资一开始就放弃了价值 1 亿元的无形资产。后来由于经营不善,香雪海被拍卖,被别人收购,"香雪海"品牌就此消失。因此,在并购的时候,必须注意保护自己的商标等无形资产,这将关系到企业的合法权益和未来的发展。

资料来源:新浪网,2010 年 4 月 15 日。

在产权界定后,并购工作组应及时办理产权交割和过户手续。产权交割涉及的内容包括:(1)双方签署相关的交接法律文件;(2)交付有关的证明和资料;(3)按并购协议支付对价或进行资金结算;(4)办理所有权转移手续。

并购中的产权交割分为两种类型:资产并购中的产权交割和股权并购中的产权交割。

资产并购自交割日所有权转移;股权并购自交割日权利义务转移。并购工作组应及时将交割和过户的相关法律文件、资金结算清单、产权过户证明等文件妥善保管。

(二)工商手续变更

按照《中华人民共和国公司法》(以下简称《公司法》)的相关规定,股权转让应当将股东记载于股东名册;《中华人民共和国公司登记管理条例》也规定股权转让应当到工商登记部门办理变更登记手续。

公司变更登记应申请变更股东登记,再由公司登记部门依照《公司法》及公司章程规定进行审核。若符合要求,公司登记部门应同意变更并办理变更登记手续;反之,公司登记部门有权拒绝办理变更手续。

并购工作组以及董事会应该依据经严格批准的产权界定文件、验资报告及其他政府审批文件到工商管理部门进行相关变更登记。应强调的是,新公司名称的选择应符合新公司未来发展计划并得到原公司员工的普遍认同。

【案例1-27】

安凯客车增持江淮客车股权完成工商变更

安凯汽车(000868)2009年12月19日发布公告称,公司于2009年9月12日披露《关于增持安徽江淮客车有限公司股权的公告》,以安徽江淮客车有限公司(以下简称江淮客车)截至2008年12月31日经审计的净资产值为依据,按照每股1.1214元收购江淮客车职工持股会持有的江淮客车股权。收购总股数不超过21 411 534股,总金额不超过24 010 894.23元。

截至目前,江淮客车职工持股会持有的18 825 660股(占江淮客车总股本的19.61%,转让总金额为21 111 095元)的股权过户手续已办理完毕,并完成了工商变更登记手续。

安凯汽车目前共持有江淮客车58 185 660股股权,占江淮客车总股本的60.61%,为江淮客车的控股股东。

资料来源:财讯网,2009年12月21日。

企业完成接管程序之后,将有新的企业产生,主要包括企业性质发生变化,或者产生新的法人,注册资金的变化,以及董事、高级管理人员的变化等。所以,新的企业还要在这个阶段办理各种手续,主要包括变更组织机构代码证、税务登记证、基本账户和纳税账户,税种核定,缴纳印花税,纳税人认定,办税员认定,发票认购手续等。

五、并购后整合阶段

交易的完成并不是并购的终点,要达到并购的目标、实现价值增值的目的,必须进行有效的整合。并购后整合是指当并购企业获得目标企业的资产所有权、股权或经营控制权之后进行的资产、人员等企业要素的整体系统性安排,从而使并购后的企业按照一定的并购目标、方针和战略有效运营。并购后整合阶段一般包括战略整合、业务活动整合、组织机构整合、人力资源整合与文化整合等内容。

(一)战略整合

战略整合包括战略决策组织的一体化及各子系统战略目标、手段、步骤的一体化。它是指并购企业在综合分析目标企业情况后,将目标企业纳入其发展战略,使目标企业的总资产服从并购企业的总体战略目标及相关安排与调整,从而取得一种战略上的协同效应。企业的活动能力与其外部环境两者都是不断发展的,企业并购后又有诸多因素发生变化,因此战略要寻机利用状况的不确定性,从而使这种战略本身的协同处于一种动态平衡的状态。

战略整合要达到的目的有:(1)并购后的企业能够适应、利用甚至影响环境的变化;(2)将并购双方看作一个整体来加以整合,提高并购企业整体优化程度;(3)要求企业高层管理者决策,而且也需要中层、基层管理者和全体员工的参与和支持;(4)不断根据新的信息对战略进行反馈修正,以确保战略的可行性。

【案例1－28】

国机集团对福马集团的战略整合

在中国机械工业集团公司(以下简称国机集团)对中国福马机械集团有限公司(以下简称福马集团)进行联合重组时,在战略整合中,国机集团分析认为,虽然自身与福马集团在相互充分了解的基础上,互相认同对方既定的战略发展思路,且双方在大的战略思路与目标方向上相一致,但重组后,由于相互之间资源、业务等的结合会给双方带来巨大的变化,必须通过战略调整,实现国机集团整体发展战略与重组后的企业要求一致,实现国机集团与福马集团母子公司发展战略的统一和协调。国机集团具体计划如下:

首先,国机集团根据福马集团等相关制造企业新加入国机集团后带来的国机集团整体资源结构和业务组成的变化,加强了对自身整体战略的研究与调整,重新考虑确定出了更符合未来发展要求的战略思路和重点,即:国机集团未来发展战略将突出机械装备研发与制造业务在国机集团战略中的主导地位,原有"一体两翼"中的"一体",由"工程承包"调整为"机械装备研发与制造","两翼"将由"进出口贸易和机电产品高新技术研发与产业化"调整为"工程承包与进出口贸易"。战略主业重点的调整,将使未来的国机集团对福马集团等装备研发制造企业的资金投入、资源布局以及业务支持的重点更加突出,对福马集团战略发展既有良好的指导作用,确保国机集团与福马集团母子公司之间的目标、方向的一致,也将更有利于福马集团重组后获得更好的资源支持和更大的发展空间。

国机集团还提出,福马集团将保持既定的整体战略思路不变,同时将根据重组后可能从国机集团获得的资源情况,以及国机集团对福马集团业务布局的要求,在充分考虑双方业务和资源的协同效应的基础上,以有利于福马集团更快发展为目标,适当对战略计划进行局部性调整,以使其在战略实施上加强与国机集团整体战略的协同。

在国机集团的指导下,福马集团还编制了《2008～2012年发展战略规划》,以加强与集团整体战略的协同。战略整合计划实施后,通过双方优势资源的结合,国机集团真正形成了综合实力更强的,集研发、制造、贸易功能于一体的业务板块。

资料来源:中国机械工业集团公司汇报材料,2010年。

(二)业务活动整合

业务活动整合是指联合、调整和协调包括采购、产品开发、生产、营销、财务等在内的各项职能活动。并购后的企业可以将一些业务活动合并,包括相同的生产线、研究开发活动、分销渠道、促销活动等,同时放弃一些多余的业务活动,如多余的生产、服务活动,并协调各种业务活动。从企业并购的动因分析可以看出,并购双方产销活动整合后产生的经营优势和规模效应也是并购企业追求的目的之一。因此,并购完成后的业务活动整合就成为并购成功与否的关键。

企业是拥有一定资源要素的经济组织,由于资源要素都具有自身的价值含量,因此,企业也是拥有一定价值量的经济组织。在企业中,价值量是通过财务、资产和债务等方式来表现的。企业并购从广义上说是对资源的并购和整合,必然也要求对财务、资产和债务等资源价值形态进行整合。它与其他整合的不同点在于,各种资源要素的单项整合,最终都要借助财务、资产和债务的整合来实现,都要通过财务、资产和债务的状况与质量的变化来体现并购整合的成果。

【案例 1－29】

强生与考迪斯的整合

考迪斯公司是一家生产医疗器械的公司，主要生产用于心脏疾病手术的产品。该公司是美国生产该类产品的厂家中规模最大的厂家之一。用这种医疗器械来做外科手术，越来越受到人们的欢迎，因为它可用来预防心脏病的发作。强生公司也是一家生产医疗产品的公司，它并不生产这种治疗心脏疾病的外科手术产品。但是，它生产一种叫"紧缩机"的产品。这种产品是一个微型的台架，可用来在手术结束之后避免动脉重新闭合。对强生公司来说，考迪斯公司的产品与自己公司的产品存在明显的协同效应。强生公司为了能成为心绞痛手术市场中的支配者，打算把它收在自己公司的旗下，于是在 1996 年以 18 亿美元的价格收购了考迪斯公司。

资料来源：新浪财经，2000 年 3 月。

（三）组织机构整合

组织机构整合就是根据战略目标的需要，通过重新设计新企业的组织结构，改变原有的经营管理模式，在有效分工的基础上实现各职位、部门和层次的协调运转。并购后企业首先要进行战略整合，战略的变化必然要求组织机构做出相应的变化。不同的战略要求开展不同的业务和管理部门的设计，战略重点的改变也会引起组织业务活动重心的转移和核心职能的改变，从而使各部门、各职位在组织中的相对位置发生变化，相应地要求对各管理职位以及部门之间的关系做出调整。另外，并购也会导致企业面临的环境发生变化，企业的规模和成长阶段也会有所改变，这些都要求组织机构做出相应的改变。

组织机构整合的目标取决于并购方的经营目标和总体战略。从总体上看，并购后组织机构整合的内容主要包括：1. 企业内各机构部门的增设和削减、权责的重新分配；2. 机构部门之间有效的纵向联系、横向沟通所涉及的调整；3. 直接从事生产经营活动的车间、班组的划分及力量的合理配置等。由于并购本身所具有的扩张性特征，在组织机构整合中应体现统一指挥、分级管理、权责利对等，以及专职管理部门合理分工、密切协作的要求，使并购后的企业成为一个有秩序和高效率的经营组织体。

（四）人力资源整合

企业中的员工特别是目标企业中的员工会因并购而产生较大的心理震荡并对行为产生相应的影响。对一个刚被并购企业的员工而言，他最关心的不是并购后的庆功会，而是自己是否还有工作，或者职位是否升降。因此，想要充分利用组织中的人力资源，就要对其进行相应的整合。

并购对员工产生的心理压力常常是导致员工行为与企业目标发展偏离的关键因素。并购交易完成后，人力资源整合中要注意帮助员工减缓心理压力，全力留住优秀人才，选好和用好目标企业主管人员，妥善安置一般员工并加强沟通。

【案例 1 -30】

思科收购 Cerent

2000 年 3 月 24 日，美国纳斯达克股票交易所传来一则最新消息：当天收盘时，思科公司（以下简称思科）股票市值一举超过微软公司，成为世界第一大公司。此消息一发布，即引起多家媒体争相报道，称之为几乎是一夜之间抢了比尔·盖茨微软公司的"头把交椅"。思科何以取得今日的辉煌？其中自然有很多原因，包括顺应网络时代的潮流、对网络发展方向的正确判断和出色的公司管理等，而其与众不同的并购之道则起了很大的作用，或者说其崛起很大程度上得益于并购。

全球企业并购热可谓如火如荼，但实际上许多并购都是以失败而收场的，而思科的大多数并购都相当成功。我们从思科一宗典型并购案就可以看出这家原来并不大的公司是怎样通过并购快速、低成本地扩张起来的。

1999 年，思科收购了一家生产光纤设备的公司 Cerent，收购价格是 63 亿美元。这是当时思科最大的一起并购行动，而谈判只花了三天零两个半小时，而且思科很快就把目标企业同化到自己公司中来。在思科收购的众多公司中，Cerent 是比较大也比较成熟的公司，因此两者的合并是一场挑战。思科并购的秘诀，就在于并购以前就动手做了大量准备工作。当时，公司组织了一个 SWAT 小组来专门研究同化工作的每一个细节，并在各个小组组织了三十几个思科的管理、营销与技术专家，全力投入指导新来者适应新环境的工作。思科正式接管两个月后，每个 Cerent 的员工都有工作，有头衔，都知道奖励办法和保健待遇，并直接与思科内部的网站相联系。他们中的大多数在合并后，除了发现有新的股票收入外，很难找到什么明显的变化。

1998 年 8 月 25 日，Cerent 的员工聚集在一个饭店的舞厅中。他们中间大多数人以为要宣布公司发展计划的新消息，但首席执行官鲁索向他的员工宣布的是思科收购了 Cerent。这令员工目瞪口呆，会场一片沉静。这时思科的并购专家吉哥格斯工作小组立即开始工作。吉哥格斯和两个助手发给 Cerent 员工每人一个文件夹，其中有思科的基本资料，加上 7 个思科负责人的电话号码和电子邮件地址，以及共有 8 页的 Cerent 和思科两个公司的假期、医疗、退休等待遇的对照表。比如，思科每年发放一副眼镜或隐形眼镜，而 Cerent 是两年发放一次。

几天之后，思科组织了几次对话会。鲁索告诉员工，没有他的同意，他们中没有任何人会被解雇或者工作有重大变更。Cerent 原有 266 个员工，包括一支制造队伍和一支销售队伍，再加上产品和客户，在宣布并购后的 6 个星期内还有 100 多名其他员工进入思科。

9 月 25 日，思科 23 人的合并班子与 Cerent 的各位负责人第一次聚会，做出了一些有关 Cerent 前途的重大决定：Cerent 将继续在一个以前不是为思科服务的工厂内生产它的产品，销售力量保持独立；Cerent 的销售人员仍然保留他们的账号，尽管思科自己的销售人员已同意在公司的同一账号上。这样做是为了避免重蹈 1996 年收购 StrataCom 时的失策之处，那是思科最大的也是最麻烦的收购之一。并购几个月后，大约有三分之一的 StrataCom 的销售人员辞职，因为他们的账号并入思科销售人员的账号，还因为改变了他们的佣金方案。这次思科再不会那样做了。

不到10月份,思科就完成了对Cerent员工的安排,大多数人保持了工作和职位。销售人员的收入平均增长了15%到20%,从而与思科的销售人员的收入差不多。大约有30名员工重新分配了工作,原因是思科已经有人在干相同的工作。有8名员工同意调到有90英里远的思科总部工作。

从11月1日星期一开始,思科正式接管Cerent,变化开始加快。那天早上,Cerent的人员为了新的ID卡而排队照相。星期三,大多数人都领到了新的工作卡。到周末,40位思科的技术专家为使Cerent的电脑调整成思科的电脑而忙了一整天,他们安装新的软件,取消了Cerent与互联网的连接,而转到通过思科内部的网络与互联网相连,即令有声邮件也连接到了思科上。使Cerent一班人马感到惊奇的是,思科的一切方法都非常奏效。"公司现在越来越像一家企业了。"鲁索说道。

并购以后,直到几个月后,Cerent原来员工中只有四个人离开了新公司,而新公司的经营越来越兴旺,销售额已经增了一倍。从今天来看这次收购也是便宜的,因为光纤行业越来越被看好,而在宣布并购时,业内人士都认为价格高得惊人,并预计此并购不会成功。而事实却是相反。

资料来源:新浪科技,2006年8月21日。

(五)文化整合

所谓文化整合,即不同的文化经过相互吸收、融化、调和而形成一种新的文化。在企业并购过程中,目标企业原有的企业文化不可能像更新设备、转换产品那样容易改变,它们往往会在很长一个时期内继续在原有群体中发挥作用,并与并购企业的文化发生各种冲突和摩擦。如果并购重组后的企业不能快速、成功地完成文化整合,就会导致企业内的矛盾与冲突。由文化冲突引发的问题,不仅有可能导致并购达不到预期效果,还有可能影响企业运行,甚至可能拖垮并购后的新企业。

【案例1-31】

海尔的文化整合

20世纪末,青岛海尔集团(以下简称海尔)先后在全国收购16家企业,在兼并这些企业的过程中,海尔高度重视企业文化的作用,选择那些硬件不错、软件不好的企业为并购目标,将海尔的管理和文化模式注入被兼并企业中去。海尔对被兼并企业的改造,首先就是"克隆"海尔管理模式,使海尔的企业文化在被兼并企业中扎下根来。在兼并原青岛红星电器厂时,对于这家兼并前拥有3 500名职工、负债率高达144%、严重资不抵债的曾是全国三大洗衣机厂的企业,海尔只派去了3名企业文化中心管理人员,通过输入海尔管理模式和文化模式,仅3个月就使红星电器厂扭亏为盈,半年盈利50多万元,显示出"无形资产盘活有形资产"的巨大力量。

资料来源:水泥工艺网,2009年4月8日。

六、并购后评价阶段

任何事物都需要衡量,并购活动也一样。通过评价,可以衡量并购的目标是否达到,监控并购交易完成后公司的经营活动,从而保障并购价值的实现。并购后评价阶段包括确定如何评价以及组织学习与改善。

(一)确定如何进行评价

并购后评价应从健全性、合规性、有效性和适用性四个方面进行:

(1)并购过程中的风险是否已被充分识别,控制制度是否考虑了所有相关风险;

(2)并购过程和风险的控制措施是否遵循相关要求、得到明确规定并得以实施和保持;

(3)并购内部控制措施是否有效;

(4)控制措施是否适用。

对于并购活动各个阶段都应从以下五方面内容进行评价:

(1)控制目标

任何一项活动都应当有明确的目标。决策者必须首先确定各阶段的控制目标,才能够在此基础上确定为实现目标应采取的方法、选用的人员。对于并购各阶段的内部控制活动,都应当以目标为导向进行后续的控制活动。没有目标的控制活动是盲目的控制活动,是无法取得良好的控制效果的。

(2)执行主体

评价内部控制体系要评价其是否具有明确的执行主体。内部控制活动可能涉及很多部门与人员,这些人员应有明确的领导者与分工。领导不明确或者多头领导,会影响内部控制活动的有效性。分工不明确、责任无法落实到个人,往往造成责任推卸,最终导致并购内部控制活动失效。

(3)监督主体

是否有明确的监督主体往往是影响内部控制实施效果的重要因素。实行有效的监督才能够保证内部控制的有效进行。

(4)控制内容

并购内部控制体系中对于并购各阶段活动的控制应当有明确的控制内容。明确的控制内容构成了控制活动。控制活动是保证管理目标得以实现而建立的政策和程序的综合,能够对企业目标完成过程中的风险采取必要的行动。

(5)控制方法

确定了并购内部控制体系的控制内容,就应当选取一定的控制方法对其实施具体的控制。对特定的内容应当采取特定的方法,控制方法的选取是否得当直接影响到能否对控制内容进行有效的控制。

进行评价活动前,应当制定明确的评价程序,从而确保评价活动的有效进行。并购后评价程序主要有以下几个阶段:

(1)准备阶段

①组成评价组。评价组人员的选定应考虑组成人员的背景和胜任能力。必要时,可聘请业务或管理方面的专家。

②制订评价实施方案。实施方案应明确本次评价的目的、范围、准则、时间安排和相应的资源配置等等。

③准备必要的工作文件。主要包括评价问卷、抽样计划、本次并购过程中内部控制体系文件及相关记录等。

(2)实施阶段

评价组应按照既定的评价方案实施评价。在评价实施中应就评价组内部以及评价组与并购双方组织机构之间的沟通做出正式安排,通过适当的方法收集和评价目的、范围和准则有关的信息,根据评价方案对本次并购活动进行测试,对有关数据进行确认和分析,并予以记录。

(3)报告形成

评价人员应根据健全性测试及复合性测试中发现的问题,在充分分析的基础上与高级管理人员沟通,然后提出进一步加强和完善内部控制的具体措施,并将其传达给管理人员。评价人员应当起草一份书面材料,形成内部控制评价报告。报告中应当阐明本次并购控制制度中主要存在的问题,应当如何改进。

(4)评价反馈

对并购内部控制制度综合评价后,应与并购方管理层进行沟通,以核对数据,确认事实,并就评价中的问题征求意见。反馈阶段是评价的重要阶段,评价的目的在于改善控制制度,而不在于评价本身,所以不能单纯为了评价而评价。在企业内部控制评价结束后,进行一定的反馈才能达到提高内部控制工作效率和效果、提高企业并购的实施能力、提高并购绩效的目的。

(二)组织学习与改善

并购经验对并购是有帮助的。对于并购方而言,第一次并购是最困难的,随着以后每次并购的实施,并购方会对并购理解更加深刻。经验可以指出哪些是可取的,哪些是不可取的,这样并购方才会通过不断的学习过程,将并购交易做得越来越好。因此,实时记录并购数据,进行经验总结是十分必要的。

实时记录并购整合的过程数据,记录并购中正在经历的事情应当由双方共同完成,在并购结束后让所有的整合团队成员一起对最终记录数据进行分析,进而确定哪些措施应当贯彻执行下去,哪些则应暂停或终止。

在此评价之上,企业可以发现并购过程中存在哪些缺陷和薄弱环节,从薄弱环节入手,迅速、有效地明确评价重点和方向,为下一次并购活动积累经验。通过并购后评价结果,企业可以更加详细地评价并购活动实施的效果及效率,促进并购的进一步实施,做到有的放矢。综上所述,并购后评价是企业不断完善并购体系的关键步骤。

第四节　并购成功要素

并购的成功并非一朝一夕的事,而是一个长期积累的过程。并购成功与否,受很多方面因素的影响,诸如战略提出、方案设计、谈判签约、成交整合等阶段都需要我们深入了解和掌握。

一、并购风险

所有的并购交易都存在风险,了解和避免各式各样的风险是研究并购成功要素的重要步骤。因此,我们先从了解并购交易的风险出发。

(一)经营风险

企业合并常会造成企业花太多时间进行并购的执行,而忽略了企业的经营。企业合并后,应积极制定策略,才能强化合并后的经营绩效。

近一步探究,合并造成收益下降的原因主要有三点①:

(1)客源流失。有3%至18%的收益率可能受到影响。以银行业为例,企业合并将关闭一些地点相近的分行,造成顾客使用不便,同时银行在系统整合时期容易出现服务质量不佳的问题,或是顾客纯粹不喜欢银行被合并等心理因素,这些都可能造成客源流失。

(2)成长气势削弱。当企业的管理层都专心致力于实施合并,就相对无暇注意企业成长,竞争者也通常在此时利用员工对未来的不安全感积极挖墙脚,对收益率造成1%至15%的冲击。

(3)缺乏适应能力。企业规划多种策略,但却因为企业本身缺乏相关能力而无法付诸实施。这些因素将可能减少7%至35%的收益率,其中不能善用交叉销售机会,还将额外提高损坏收益比例达5%至15%。

【案例1-32】

中国车企"出海"遇阻 经营风险缺乏考虑

虽然中国汽车产业国际化的路程并不漫长,但走出国门遭遇到的各种困难超乎想象,用"一言难尽"形容并不过分。不论是上汽与双龙、奇瑞与克莱斯勒,还是当初的南汽与罗孚之间,从现在的结果看来,海外拓展都尚未产生1+1>2的效应。其中,上汽集团在海外设有整车生产企业,分别为生产名爵(MG)的长桥工厂和生产双龙的平泽工厂。而奇瑞、吉利都以组装件加工的形式在海外设厂。

从目前情况看,上述三家企业在海外拓展之路都不顺利。最先实现"走出去"的是上汽集团。2004年10月28日,上汽集团和韩国双龙债券银行正式签署了股权转让合同,以约合5亿美元的价格收购双龙。收购完成后4年来,双龙除2007年实现盈利(2.1亿元)外,2005年、2006年、2008年(预计)累计亏损为28.58亿元。

除了并购双龙外,2008年4月上汽还完成了对南汽合并重组,而这之前是上汽、南汽因为英国的罗孚汽车而进行的另一番角力。两家汽车企业于2005年完成对英国罗孚的并购案,此后迅速实现了产品的技术消化和恢复生产。但从"名爵"和"荣威"两款车的销量来看,上述两个品牌并未跻身一流品牌之列。其中,南汽的名爵,去年月销量长期维持在300辆左右;而另一品牌"荣威",月销量不足3 000辆,与上汽对此的投入相比,依然不成比例。

此外,从奇瑞和吉利两家汽车企业来看,由于海外市场的变化,2008年的出口也出现

① 彭司恺. 2006-06-10. 成功并购的五大关键因素[N]. 工商时报.

下降。其中,2008 年奇瑞出口量增幅下挫,公司不得不将原定 18 万辆的出口计划下调到 14 万辆;而吉利由原先的 6 万辆下调到 4 万辆。

急于“走出去”的中国汽车企业在海外并购战略方面有其特点,中国企业境外并购的目标多为国外公司面临亏损的业务;相比而言,跨国公司在中国并购的目标通常是国内的领先企业。而且开展境外并购活动时,中国企业对并购后的经营风险缺乏考虑,而往往强调并购可能对其国际化进程带来的好处。

资料来源:搜狐,2009 年 1 月 5 日。

(二)财务风险

财务风险是指由被并购企业财务报表的真实性以及并购后企业在资金融通、经营状况等方面可能产生的风险。财务报表是并购中进行评估和确定交易价格的重要依据,其真实性对整个并购交易至关重要。虚假的报表美化目标企业的财务与经营状况,甚至把濒临倒闭的企业包装得完美无缺。转轨时期企业的财务报表普遍存在一定程度的水分,财务报表风险现实存在。此外,企业由于并购可能面临资金短缺、利润率下降等风险,对企业的发展造成不利影响。因此,财务风险是并购中必须充分考虑的风险。

【案例 1 -33】

新华传媒并购财务风险

上海新华传媒股份有限公司(以下简称新华传媒)是一家综合性传媒类上市公司。它通过向解放日报报业集团和上海中润广告有限公司(以下简称中润广告)发行股票购买资产,使上海中润解放传媒有限公司(以下简称中润解放)成为该公司的全资子公司。中润解放凭借其在平面媒体广告代理业务上的竞争优势,成为公司拓展跨区域、跨行业广告代理业务,打造第三方广告代理公司的整合平台。上海嘉美信息广告有限公司(以下简称嘉美广告)和上海杨航文化传媒有限公司(以下简称杨航传媒)作为上海地区领先的平面媒体广告代理商,具有丰富的广告代理经验和专业的经营优势,经营团队亦与中润解放具有互补性。因此,新华传媒募集资金计 15 425.38 万元人民币对中润解放增资,其中 11 200 万元人民币用于收购嘉美广告 100% 股权,3 360 万元人民币用于收购杨航传媒 70% 股权,其余 865.38 万元人民币用于补充流动资金。实施上述增资和收购有助于为中润解放提供充裕的发展资金和实现快速扩展、整合区域平面媒体广告代理市场的目标。

并购中财务风险的影响因素来自并购过程的各个方面,是系统因素综合导致的价值偏离,是各种并购风险在价值量上的反映。由于并购过程及未来结果的不确定性,新华传媒并购财务风险可能有以下几种类型:

1. 融资风险

并购的融资风险主要是指如何在短期内筹集到所需的资金使并购活动顺利进行,故企业必须综合考虑各种融资渠道。新华传媒通过增发新股募集资金净额 60 038.45 万元人民币,用其中募集资金计 15 425.38 万元人民币,作为对全资子公司中润解放的增资,以其中的 11 200 万元人民币收购嘉美广告 100% 股权,以 3 360 万元人民币收购杨航传媒 70% 股权,其余资金 865.38 万元人民币用于补充流动资金。发行股票募集资金的资本成本很高,而新华传媒又采用现金方式进行股权收购,两者都需要占用大量的流动资金,若届时安排不当,就会陷入财务危机。

2. 流动性风险

流动性风险是指企业并购后由于债务负担过重,导致支付困难的可能性。并购活动占用了企业大量的流动资金,从而降低了企业对外部环境变化的快速反应和调节能力,增加了企业的经营风险。本例中,由于新华传媒采用现金支付的方式,占用了公司大量的流动性资金,流动比率大幅度下降,债务负担加重,很容易给并购方带来资金流动性压力。此时如果并购后新公司的流动资产或速动资产质量不高,变现能力不强,就会产生资金流动性风险。

3. 支付风险

支付风险主要是指与资金流动性和股权稀释有关的并购资金使用风险。影响企业并购支付财务风险的因素主要有两方面:一是现金支付,若预期现金净流量的增量现值之和小于现金支付额,则这部分损失就落在并购方股东的身上;二是杠杆支付,在杠杆支付方式下,由于债务风险放大,偿债风险增大,同时带来股权稀释风险。

综上所述,新华传媒会面临因采用现金支付而产生的流动性风险;股票增发扩大了股东的基数,将导致并购当年或数年后的每股收益下降;如果整合后嘉美广告和杨航传媒没有稳定、足额的现金流量,就会引发偿债风险。

资料来源:李守强,丛菡.2009.浅析企业并购财务风险及防范——新华传媒并购案例研究[J].中国管理信息化,12(23).

(三)人事风险

企业并购完成后,目标企业从宣布并购到正式被接收,通常都会经过一段时间,而这期间往往是企业内部传言四起之时。企业越快公布人事方案,就能越早消灭可能产生的谣言。两家企业合并,势必会发生同一职位有两位员工的窘境,怎样做出最公平且恰当的职务安排,便是经营者所要面临的首要难题。这个问题并没有统一的答案,需视双方企业的具体情况而定,要考虑未来的发展方向以及业务重叠性的高低,并不一定完全由买方企业来全权主导。在确定职位时,首先要比较双方同一部门的现况,由表现较好的一方来主导,但应尽量避免同一部门都是原有的工作人员,也要适度地吸纳另一方的人员,才能真正达到融合的目的。在职务安排的过程中,公平是最重要的原则,千万不能让员工觉得人事安排上有所偏袒,以工作业绩来调整职务,才能让纷争减到最小。

【案例1-34】

海信收购科龙 高管纷纷离职

2005年9月9日,海信集团(以下简称海信)出资9亿元购买科龙电器股份有限公司(以下简称科龙)26.43%的股份,成为科龙电器第一大股东,接下来,海信忙着在科龙的人事布局。海信入主科龙后,立即派了汤业国、苏玉涛、张明、肖建林和石永昌等五人赶赴顺德,先由汤业国任海信科龙总裁。后汤业国于2006年6月27日辞去总裁职务,任海信科龙电器董事长,总裁则由此前主管技术的副总裁苏玉涛出任,石永昌出任海信科龙营销公司总经理。然而,苏玉涛和石永昌并没有给海信科龙带来生机。2006年11月,王士磊接替苏玉涛出任海信科龙总裁,而杨云铎则接替石永昌职位。在经历了2007年业绩的短暂回升后,2008 年海信科龙再度陷入利润增长乏力的状态。2008 年 12 月 3 日,两年前接替苏玉涛出任海信科龙总裁的王士磊提交辞呈。12 月 5 日,年初从西门子离职的周小天接替王士磊,出任海信科龙总裁。这已经是海信接管科龙后短短三年时间的第四任总裁。同日,海信科龙主管空调业务的副总裁苏玉涛也被免职,其职位由海信空调的变频空调技术专家、苏玉涛原副手刘文中接任。

从苏玉涛、石永昌、杨云铎离职,直到王士磊"下野",一切就已经结束。其实,不光是海信"空降"科龙的高管纷纷离开,据知情人士透露,科龙原高管走得更加频繁。今年 8 月,随着原科龙董事会秘书钟亮辞职,科龙原高管几乎都离开了海信科龙。按照常理,如果海信"空降"科龙的高管离职,科龙原高管就会留下来;科龙原高管走了,海信"空降"科龙的高管就会留下来。但现在事实却是海信"空降"高管走了,科龙原高管也走了。高管换血能否换来海信科龙的重生? 自 2005 年 9 月海信从顾雏军手上接管科龙后,更名后的海信科龙,在新老板手中公司高层震荡不断。但从目前的情况看,频繁更换的几任总裁,以及海信系的其他高层并没能从业务上提升科龙,而只是把这种高管换血的剧不断演绎下去。

资料来源:东方财富网,2008 年 12 月 18 日。

(四)文化冲突风险

在企业并购过程中发生的纷繁复杂的文化冲突是并购企业面临的主要风险之一。文化冲突对并购后新企业的经营过程及经济效益将产生不可估量的影响,制约企业经营的整体效益和企业的顺利发展。因此,在企业并购过程中,如何正确评估所面临的文化冲突,探寻文化冲突的原因,提出科学有效的解决办法,是并购企业必须面对的一个重要现实问题。文化是一个群体在价值观念、信仰、态度、行为准则、风俗习惯等方面表现出来的区别于另一个群体的显著特征。正是这种文化在群体上的差异性导致了企业并购时所面临的文化冲突。文化冲突的原因是多种多样的,并购双方只有认真研究两家企业不同的文化特质,进行文化整合,才能为企业并购成功提供有力保证。

【案例 1 - 35】

上汽并购双龙汽车

2004 年年底,中国上海汽车工业(集团)总公司(以下简称上汽)斥资约 5 亿美元,收购了经营状况岌岌可危的韩国双龙汽车(以下简称双龙汽车) 48.92% 的股权;次年,通过证券市场交易,增持双龙汽车股份至 51.33%,成为绝对控股的大股东。

双龙汽车是韩国第五大汽车制造商,主要生产大型 SUV 和高档豪华轿车,既有 20 万辆的产能,又有研发工程能力。

上汽实施海外兼并的目的,一是通过区域性兼并,尝试构筑全球经营体系;二是双龙的 SUV 以及柴油发动机与上汽的产品体系有较强的互补性,重组后,可以发挥双方在产品设计及开发、零部件采购和营销网络方面的协同效应,提升核心竞争力。

然而事与愿违。上汽入主双龙汽车后,才知晓中韩汽车企业文化的沟壑有多深。

一方面,韩国社会商业贿赂成风,经济犯罪成本极低,造成原管理层能力低下,且供应商与管理层和员工之间多有利益关系。但是董事会罢免了原社长后,中方没有一个国际收购的整体团队支撑双龙汽车的运作。相比之下,美国通用汽车公司收购韩国大宇集团后,马上从通用全球机构中抽调50人的经营团队整体接管,并有500人的后方支持。这凸显了上汽在国际经营人才体系及人才培养方面的缺失。

另一方面,韩国工会势力强大,动辄以罢工相要挟,要求分享管理层的利益。"斗争成果"累积下来,双龙汽车的单车人工成本占到20%,远高于韩国汽车业8%的平均水平。工会之强势,令人瞠目:百余工会专职干部不参与生产劳动,还配有专车;管理层经营决策须经过工会许可;每年伴以罢工的劳资谈判,给企业带来巨额损失。2006年的"玉碎"罢工,就造成当年亏损1 960亿韩元。源于自有的岛国文化,韩国人抱团,有强烈的民族自尊感,但也有其狭隘的弊端。为了摊销开发成本,小型越野车S100打算继续在韩国生产的同时,也在国内组装,既可增加销量,又能扩大双龙全散装件(CKD)出口,却被双龙汽车工会指为"技术和就业岗位流出"而引发拼死抗争,甚至举报司法部门,由检察部门对中方管理人员进行限制出境的高强度传唤。

2009年1月9日,双龙汽车申请法院接管,上汽正式放弃对双龙汽车的经营权。2009年2月6日,韩国法院批准双龙汽车的破产保护申请,正式启动双龙汽车"回生"程序,这在一定程度上意味着上汽对双龙汽车的并购失败。

资料来源:新浪财经,2009年2月28日。

二、影响并购成败的关键因素

从并购的步骤、目标和方法等方面来看,以下几个方面是决定一个并购成功与否的关键所在。

(一)战略上是否匹配

并购不是一个独立的事件。许多并购从一开始就注定要失败,因为并购没有和企业的战略发展联系在一起,或者说企业不知道为什么而并购。不过更多的情况是最初的战略出发点在并购过程中被扭曲了或遗忘了。并购活动可以帮助企业改善它的能力和绩效,但有时也有可能把企业拖离原来的方向,所以并购活动必须在企业的整体战略下进行。战略规划是建立在对企业环境、企业资源和应对环境能力的评估分析基础之上的。企业战略也应在并购过程中不断明确,并探索出适合企业发展的长期战略规划。并购作为扩张战略的一种,相比于稳定的内部增长,具有快速提升企业能力、扩大产品市场的速度优势。

【案例1-36】

中石油收购新加坡石油

中国石油天然气集团公司(以下简称中石油)宣布,已于截止期限2009年9月4日获得新加坡石油公司(SPC,以下简称新加坡石油)超过96%的股权,并将强制收购新加坡石油余下股份及申请撤销新加坡石油的新加坡上市地位。中石油有关人士表示,中石油完全收购新加坡石油,将成为中石油国际贸易战略的新平台。公告显示,截至9月4日下午5时30分,中石油全资附属公司已收购目标公司2.62亿股股份,约占2009年9月4日该公司股份总数的50.7%。在此之前,中石油通过其全资附属公司中国石油国际事业新加坡公司已经在6月21日完成收购新加坡石油45.51%股份。两项合计,中石油已经持有新加坡石油96%的股权。中石油表示,公司有权并有意强制收购其尚未根据收购要约接纳的所有相关股份,并申请撤销目标公司在新加坡证券交易所的上市地位。新加坡石油是新加坡一家上下游一体化的大型石油公司,公司年产油气当量为311万桶,下游产品总量为7 420万桶,原油加工量为4 970万桶,油品销售量为3 300万桶,是新加坡三大炼油企业之一。中石油副董事长兼总裁周吉平表示,收购新加坡石油将成为中石油发展下游业务的重要标志。公司未来将会加大海外下游业务的收购,令其对公司的盈利贡献持续增大。中石油有关人士向记者表示,新加坡是世界重要的石化产地和贸易地之一,其成品油价格是国际定价体系的重要组成部分。中石油收购新加坡石油,将提升中石油成品油价格的影响力。

资料来源:林喆.2009-09-07.中石油成功收购新加坡石油[N].中国证券报.

(二)尽职调查是否充分

信息的不对称造成了“买的没有卖的精”现象,因此一份准确详尽的尽职调查至关重要。尽职调查需要涵盖企业经营的各个方面,不但包括资产状况,还应当包括管理因素。或有责任,如担保经常是被忽视的,有的企业在并购完成后经过很长的时间才发现自己身处担保陷阱中,所以对这些潜在的法律责任必须明确。通过尽职调查,可以确认公司是否具有产品改进或提升的潜能,业务的各个主要方面也需要考虑。公司并购必须能弥补企业管理能力的差距并能起到扩展的作用,公司的资源应当被扩展到多个方面。

进行充分的尽职调查,就要做好对并购双方的匹配性分析。匹配性分析的目的是判断双方是否适宜并购。匹配性分析的结果如果是否定的,则表明并购存在较大的风险,应仔细权衡,谨慎考虑。匹配性分析的一个关键问题是确定匹配标准。明确了匹配标准,就可以据此来判断并购是应继续实施还是立即终止。并购匹配性分析主要包括战略匹配性分析、文化匹配性分析、业务匹配性分析、财务匹配性分析等。尽职调查,还要对并购目标的战略、文化、业务、财务、法律遵循等方面进行潜在风险分析判断,尽可能发现并购目标的潜在风险与机遇,包括并购目标的潜亏因素、未来发展前景、潜在协同效应、行业管制、人员状况、未决诉讼、担保、整合难易程度等。并购交易牵头部门可以将尽职调查工作委托给外部中介机构进行,但应当密切关注和控制调查的进展,并根据中介机构的专业意见编制尽职调查报告。尽职调查报告应当由并购交易牵头部门及时会同财务、人力以及法律等部门审核,最终提交经营管理层审议。

(三)估值的溢价水平是否合理

在并购谈判过程中,公司价值和交易条件是买卖双方最关切的问题,只有双方能对交易标的合理地评估,交易才容易成交;反之,则很可能徒劳无功。因此,一份缜密的价值评估对于整个并购过程是非常重要的。

有许多方法被应用于并购中的企业价值评估,如比较常用的现金流量折现法、可比公司分析法、可比交易分析法、账面价值法、清算价值法等方法。现金流量折现法具有较强的理论基础,所以应用比较多。可比公司分析法主要用来对私有企业进行评估。可比交易分析法通常用来对上市公司进行评估。一般情况下,评估企业价值会同时采用多种方法,然后对这些结果进行综合评价或者加权评估。企业评估价值与实际交易价格往往有一定的差距,同一个目标企业对不同的收购方可能具有不同的价值,所以评估价值往往是参考价值。

(四)并购后整合的规划与管理是否科学、合理、有效

大多数失败的并购案例显示,并购失败的根源更多在于交易后的整合缺乏良好的规划和管理。企业并购可以有三种方案:分立、同化和兼收并蓄。选择何种方案要根据看企业的并购动机和目标企业的具体情况而定。企业并购后整合涉及很多内容,主要包括战略整合、组织机构整合、人力资源整合、业务活动整合、文化整合等几个方面。

【案例1-37】

鲁冠球成功规避风险

鲁冠球缓慢的整合节奏,不仅成功地规避了并购带来的风险,而且获得了与TCL李东生、海信周厚健这些产权改革先锋一样的效果。依靠扎实的产业提供并购所需资金、精心挑选收购目标之后,鲁冠球谨慎的操作风格,决定了外界喜闻乐见的那些所谓的“金融创新”与其绝缘。即使是那个后来他因此被尊为“收购师傅”的传奇故事——2002年收购美国纳斯达克上市公司UAI,人们更多津津乐道的是他与UAI原股东制定了一系列规避并购风险的条款,他妙手剪裁、取己所需并成功将收购价款由1 936万美元降至42万美元的事实,反而因为没有其他案例以资佐证,往往被人们忽视。平淡的并购操作之后,真正考验鲁冠球智慧的是整合。这是一个公认的复杂过程,美国专家列举并购失败的原因,其中直接与整合有关的占50%,远超其他任何因素。但这同样是一个没有太多故事的过程。往往在鲁冠球的“导演”下,历时数年的整合,就像是一部冗长的戏,观众看得昏昏欲睡之时,才猛然发现片尾曲已经奏响——当然那是欢快的。并购后,依控制权的获得与否,整合分为分立型整合与同化型整合。这是两种截然不同的整合,鲁冠球都有精彩表演。

资料来源:致信网,2011年1月10日。

(五)是否拥有强有力的并购专业团队

在整个并购过程之中,整合工作纷繁复杂,同时具有很大的不确定性,因此在整合工作正式开始之前就需要建立一支强有力的整合团队。整合经理是整合团队的领导者。一个合格的整合经理必须具备很强的协调能力和应变能力,具备比较全面的知识,擅长项目管理,善于激励团队成员开展工作。在实际整合过程中,时常会遇到与设想不同的突发情况,而且很少有过往的经验可以参考,这就要求整合经理能够带领团队开展创造性工作,摸索出一套适合特定并购整合项目的方法。因此,整合经理的选择必须慎之又慎,人员选择的正确性,是整合项目顺利进行的必要条件。

中介机构也是在企业并购中不可或缺的角色。中介机构是指在企业并购过程中为并购双方提供融资、咨询、信息等服务并收取一定费用的第三方当事人,主要包括商业银行、投资银行等金融机构和会计师事务所、律师事务所和兼并事务所等非金融机构。并购过程涉及信息收集、资产评估、融资和法律确认等方方面面的工作,专业性极强,作为并购主体的企业,一般不可能同时具备上述所有能力。因此,只有依靠相关的中介机构,并购才能顺利、成功完成。此外,并购过程中,并购企业和目标企业之间存在的严重信息不对称

给并购后企业进行成功整合带来了很大的不确定性,同时也给企业带来了不可忽视的信息不对称成本。为了减少这种信息不对称成本,中介机构也是不可或缺的。

【案例 1 – 38】

百特公司和侨光公司的整合团队建设

在百特侨光合资项目正式开始之前,百特公司和侨光公司分别从公司内部各职能部门中抽调出具有丰富项目运作经验、熟悉企业文化、精通本专业技能的专家,组成了整合团队。事实证明,经验丰富的整合团队能够合理处理并购整合过程中的突发情况,提高整合效率,从而最终达到并购企业增值的目标。

资料来源:徐凌. 2007. 浅析中外合资企业并购整合过程中的成功关键因素——试析百特侨光合资项目的整合过程[J]. 湘潮(5).

本章小结

本章从并购的基本概念与术语、主要类型、六阶段模型以及并购成功的关键要素对并购的基础知识进行了阐述,结合具体实例说明了并购、合并、重组、联盟以及并购不同类型的具体含义,提出了并购交易的六阶段模型,即战略准备阶段、方案设计阶段、谈判签约阶段、并购接管阶段、并购后整合阶段以及并购后评价阶段,分析了并购中的经营、财务、人事、文化冲突风险以及影响并购成败的关键因素。我国企业的并购活动越来越丰富,随着各方面环境的不断改善,并购形式、手段也将会更加丰富和规范。

关键术语

兼并　纵向并购　现金购买股票式并购　尽职调查　收购　混合并购　现金购买资产式并购　并购定价　并购　善意并购　股票换取资产式并购　并购融资　接管　敌意并购　股票互换式并购　六阶段模型　重组　要约收购　委托书收购　并购风险　横向并购　协议收购　杠杆收购　并购战略

思考题

※ 一项并购活动对并购企业与目标企业的影响和意义有哪些?

※ 如何理解并购交易的六阶段模型?

※ 如何对影响并购成败的关键因素进行风险控制?

课后作业

请从网络或电子文献数据库中查找一个近两年发生的较为著名的并购案例,画出这项交易的结构图,图中请显示如下要素:买方、卖方、标的、交易价格、交易时间等。

第二章　并购史

学习目标

◇ 掌握中国、美国企业并购发展的过程以及各阶段特点；

◇ 理解并购发展的推动因素；

◇ 了解其他国家的并购发展过程。

引言:并购——不可阻挡之势

公司并购是企业之间的收购或兼并,其实质是社会资源的重新配置。并购浪潮是在企业主观意愿与客观需求共同作用下发生的。从世界角度看,最早的公司并购发生在美国,到现在已有100多年历史。中国公司并购,特别是上市公司的并购只是近年来才兴起。并购浪潮往往起于经济复苏期,在此时期预期收益大于预期成本,所以企业愿意用并购的方式扩大生产能力。从历史上看,公司并购具有周期性,即每隔若干年会出现一次大规模的并购高峰。随着经济的发展,公司并购作为一项实现企业战略、促进资源优化配置的方法及措施,其内容、方式越来越丰富,如何使其在中国经济发展中发挥积极作用是一件值得思考的事情。而认真总结历史经验,清楚地了解历史上的并购情况,对我国公司并购各方面的改进与完善有重要的启示作用。随着经济全球化的发展,并购将在企业发展中发挥更大的作用。

第一节　美国五次并购浪潮

以美国为代表的西方国家自19世纪末至今经历了五次并购浪潮。前四次浪潮分别发生在19世纪末、20世纪20年代第一次世界大战之后、五六十年代第二次世界大战之后以及七八十年代美元危机和石油危机之后,第五次并购浪潮开始于20世纪90年代中期。美国的五次并购浪潮都或多或少地由某一特定类型的并购活动占主导地位,所有的并购活动都发生在经济处于持续增长时期,这是因为在高速增长时期商业前景看好,并购可以使企业快速有效地获取资源。美国是全世界工业化最为发达的国家之一,资本和生产高度集中,而导致生产和资本高度集中的主要途径就是兼并和收购。所以,可以说,美国工业发展史实际上就是一部企业兼并收购的发展史。

一、第一次并购浪潮

19世纪末,科学技术取得巨大进步,大大促进了社会生产力的发展、生产技术的革新以及基础设施的完善,这为以铁路、冶金、石化、机械等为代表的行业大规模并购创造了条件,各个行业中的许多企业通过资本集中组成了规模巨大的垄断企业集团。

（一）第一次并购浪潮的基本情况

美国的第一次并购浪潮发生在1893年美国第一次经济危机之后的复苏阶段，自1895年开始到1904年结束。其中，1898～1903年企业并购活动几乎达到了顶峰。1895～1899年被并购企业总数达到3 010家，兼并的资产总额达到69亿美元。第一次并购浪潮几乎波及了美国所有的行业。美国的钢铁、石油、烟草、冶炼及造船业垄断形势逐渐形成。在这次并购浪潮中，美国钢铁公司、美国烟草公司、杜邦公司、通用电气公司等大公司相继涌现。为避免垄断的愈演愈烈，联邦最高法院要求并购不得违反《谢尔曼法》（Sherman Act），该法禁止以垄断为目的的合并，并购浪潮开始降温。

第一次并购浪潮以横向并购为主，并购的目标主要发生在基础设施领域；并购的主要目的是扩大企业规模、提高市场占有率、实现规模效益、改善公司业绩，这就导致了企业数量的急剧减少和单个企业规模的迅速膨胀，同时也迅速产生了一大批垄断性企业。并购增大了某些企业的规模以及对市场份额的控制，也使其获得了巨额的垄断利润。第一次并购浪潮使得美国工业的集中度明显提高。

（二）第一次并购浪潮的推动因素

金融资本是这次并购浪潮的催化剂，金融机构特别是投资银行在企业兼并收购中既提供资金，又充当经纪人，促进了企业并购活动的发展；同时，工业股票的大量上市，为企业并购打开了方便之门。证券化使企业兼并收购更为方便，使得公司在进行并购时更容易筹集到必要的资金，在这次企业兼并收购浪潮中，60%的交易是在纽约证券交易所完成的。

韦斯顿曾经把企业兼并收购活动与联邦储备委员会（FRB）的道琼斯工业股票价格指数进行了相关分析，发现股票的价格指数与企业兼并收购活动密切相关，每年目标企业数与道琼斯指数的相关系数平均高达0.676。之后，美国经济由自由竞争阶段进入垄断阶段，形成了金融资本的统治。因此，金融资本是这次兼并收购浪潮的主要驱动因素。另外，有观点认为，在这一时期，兼并的专业推销人和承销商对并购浪潮也起了推波助澜的作用。

【案例2－1】

美国钢铁公司系列并购案

1898年，美西战争爆发，为了满足铁路、军火工业发展的需要，美国钢铁需求量猛增。当时控制全美铁路的大银行家摩根意识到美国已步入需要大量钢铁的时代，发展钢铁业前途无量，因而开始把目光投向钢铁行业。他首先利用融资手段获得了伊利诺伊钢铁公司和明尼苏达钢铁公司的实权。同年，摩根又合并了美国中西部的一系列中小钢铁公司，成立了联邦钢铁公司，同时拉拢了国家钢管公司和美国钢网公司。随后，摩根开始向在钢铁市场上占有巨大份额的卡内基钢铁公司（以下简称卡内基）发起进攻。最终，卡内基同意合并，但条件是不要合并后新公司的股票，而要具有黄金保障的新公司的债券，并且要以1∶1.5的比率兑换，即市值1美元卡内基钢铁公司的股票兑换1.5美元新公司的债券，从而使卡内基的资产从2亿多美元一下子增加到了近4亿美元。

1901年3月3日，摩根发表了一份震惊华尔街的声明，告知联邦钢铁公司、全国钢铁公司、全国钢管公司、美国钢铁和金属线公司、美国马口铁公司以及美国钢板公司的股东们,公司所公开发行并出售的证券都将归新成立的美国钢铁公司所有,新公司将以证券偿还被合并公司的股东,而且给以重偿。这样,摩根用换股的形式成功地收购了全美3/5的钢铁业,从而组建了美国钢铁公司。

资料来源:朱宝宪.2006.公司并购与重组[M].北京:清华大学出版社.

二、第二次并购浪潮

与第一次并购浪潮相似,第二次并购浪潮也始于商业循环的持续增长期,结束于1929年严重的经济衰退初期。这次并购的范围更加广泛,大约60%的并购发生在食品加工、化学和采矿部门,公用事业与银行业的并购也十分活跃。那些在第一次并购浪潮中形成的大型企业持续其并购的迅猛势头,进一步增强经济实力,巩固在市场的垄断地位。

(一)第二次并购浪潮的基本情况

第二次并购浪潮发生于1916～1930年,是在美国反托拉斯法逐步严厉的情况下出现的。1919～1930年约有12 000家企业被兼并收购,1928～1929年达到高潮,每年进行并购交易的企业数目分别达到1 058家和1 245家,涉及公用事业、银行业、采矿业和制造业。并购的主要动机是促进上下游企业之间的整合。第二次并购浪潮最终被美国历史上最严重的1929年经济大危机打断。第一次并购浪潮产生的是大量的垄断企业,而第二次并购浪潮产生的是占据更大市场份额的寡头企业,美国有许多仍活跃至今的著名大公司就是在此期间通过并购形成的,如福特汽车公司、IBM公司和联合碳化物公司。

这一时期并购的典型特征是以纵向并购为主,即把一个部门的各个生产环节统一在一个企业联合体内,形成纵向托拉斯组织,行业结构转向寡头垄断。纵向并购可以综合利用并合理分配企业的各项资源,极大地促进了生产力的整合和发展,大大提高了效率。第二次并购浪潮中有85%的企业并购属于纵向并购。通过这些并购,主要经济部门的市场被一家或几家企业垄断,重工业部门在经济中的地位和作用日益加强。

(二)第二次并购浪潮的推动因素

法律和投资银行是最主要的推动因素。由于美国反托拉斯法的不断完善,特别是1914年国会通过《克莱顿法案》,对行业垄断的约束和监管更加严格,反垄断措施的制定更加具体,执行更加有效。投资银行在这次兼并浪潮中起到了非常重要的作用,这是因为在第二次并购浪潮中很多并购是通过融资实现的,而融资往往需要以投资银行作中介。投资银行在企业并购过程中为并购方代理发行证券,筹措并购资金,提供资金支持和信用支持。

【案例2－2】

美国通用汽车系列并购案

通用汽车公司(GM,以下简称通用汽车)是由美国企业家威廉·杜兰特于1908年9月以他拥有的别克汽车公司为基础组建的。杜兰特开展了大规模的收购活动,其主要对象是同行业的整车汽车厂和各种生产汽车零部件的厂家。为此,他收购了生产车身的巴迪公司、生产车轴承的韦斯顿—莫特公司,并与人合资创办了生产火花塞的公司;以300万美元的价格收购了奥兹汽车公司,有了第二条生产线;通过长期努力以475万美元的价格收购了凯迪拉克汽车公司。由于过度收购,公司的财务出现危机,1910 年时他失去了公司董事长的职位。之后他创建了切夫罗利公司,几经努力,到 1916 年他终于获得了通用汽车 54.5% 的股份,重新控制公司。同年,杜兰特和拉斯科布等人发起创立了联合汽车公司。该公司由五个下属制造商组成,包括阿尔弗莱德·P. 斯隆(Alfred P. Sloan)领导的海厄特滚珠轴承公司(Hyatt Roller Bearing)和查尔斯·F. 凯特林(Charles F. Kettering)的代顿工程技术实验室(Dayton Engineering Laboratories)。斯隆被任命为联合汽车公司的总裁。同年,通用汽车还购买了加拿大的雪佛兰汽车公司和加拿大的别克汽车生产厂家麦克劳林汽车公司的资产,购买了两家拖拉机制造公司,并增购了斯克里普斯车座公司的股票。1918 年,通用汽车通过换股和支付现金两种方式,兼并了联合汽车公司。到 1918 年,通用汽车已成为美国最大的汽车公司。为了稳定他在通用汽车的地位,杜兰特引入了杜邦财团的资本。1919 年,通用汽车在底特律建起了当时世界上最大的办公大楼,同时又继续收购了几家汽车零配件生产厂家以及瓜地亚冷冻机公司,并且组建了一家通用汽车票据承兑公司。这一年,通用汽车还出资 2 800 万美元购买了当时美国最大的制造汽车车身的生产厂家——费希尔公司 60% 的股份,并以股权委托的形式与费希尔兄弟共同分享对这家公司的控制权。1920 年,通用汽车的财务再次由于过度收购而出现危机,大批成品汽车堆积在库房里,占用的资金额高达 8 490 万美元。通用汽车股价由此大幅下跌,当年 7 月暴跌到每股 20.5 美元的新低点。曾允诺负责稳定该公司股价的摩根公司此时却没有履行用 1 000 万美元来稳定股价的诺言,仅让它领导的银行辛迪加投入 200 万美元,因而未能阻止公司股价的下跌趋势。为了维持股价,杜兰特将所有能够获得的资金全部用来收购抛向市场的公司股票。当资金耗尽时,他就以自己持有的公司股票为抵押向银行贷款,但最终仍未能制止住公司股票下跌,杜兰特本人反而因此陷入濒临破产的境地。到 1920 年 11 月,他已欠下了近 3 000 万美元的贷款债务。1921 年 11 月 18 日,由于筹集不到第二天股市开盘前急需的 94 万美元,杜兰特被迫通知公司两家最大的股东——摩根公司和杜邦公司,要求摩根公司按照当天股市的收盘价,即每股 12 美元的价格,收购自己持有的 110 万股通用汽车股票。但是,最终收购价格仅为每股 9.5 美元,远低于当时的市价。在杜邦公司和摩根公司的合作安排下,摩根公司发行了 3 500 万美元的债务,以此买下了杜兰特拥有的通用汽车的全部股份和债务,从而使杜邦公司拥有的通用汽车的股份达到了该公司全部普通股的 35.8%。杜兰特从此永远地离开了他创办的通用汽车。1920 年 12 月,皮埃尔·杜邦就任通用汽车董事长兼总经理,此后他依靠斯隆(1924 年,斯隆接替杜邦担任通用汽车总裁职务,直到 1956 年退休)等一批年轻的管理人员对通用汽车的管理方式和管理机构进行了深入的改革。通用汽车由此也进入了一个大规模重组的时代。斯隆首先分析了通用汽车的根本性弊病,指出它的管理机构非常不健全,领导决策权完全集中在少数高层管理者手中,他们事无巨细,大包大揽,终日陷于事务堆中,无暇考虑大政方针,并且限制了各级工作人员的积极性和主动性,以致公司各部门失控。斯隆认为,通用汽车应采取"分散经营,协调控制"的组织管理体制。

1921 年 1 月,斯隆改组通用汽车的计划开始推行。斯隆这项计划的具体内容是:把公司的任务分成两类——决策与执行,决策由公司董事会担任,执行则由具体的部门去实施。与此同时,公司还注意了产品的序列化,从最高档的凯迪拉克牌,往下到别克牌、奥克兰牌、奥尔兹莫比尔牌，最后到雪佛兰牌。这样，公司的产品就有了五种不同的档次，人们可以根据自己的消费能力，购买不同档次的汽车。斯隆当权后，不仅落实了新的管理理念与制度，还进一步展开了公司的并购活动。1925 年，通用汽车将其卡车生产部门的资产转移到了一个新组建的厂家——黄色卡车长途公共汽车制造公司中，以便集中公司的力量从事小轿车的生产。1925 年，通用汽车分别以 257.3 万美元和 333.6 万美元的价格收购了英国的伏克斯豪尔公司和德国亚当·奥佩尔公司。1926 年，通用汽车又以换股的方式购买了费希尔公司其余 40% 的股份，从而将该公司全部股份收购到手。到 1927 年，通用汽车的销售额和盈利均超过福特汽车公司，成为美国最大的汽车企业。从 1931 年起，它在小轿车生产领域开始居于领先地位。

资料来源：朱宝宪. 2006. 公司并购与重组[M]. 北京：清华大学出版社.

三、第三次并购浪潮

第三次并购浪潮发生于美国经济的黄金时期，持续高涨的经济使人们充满信心，也刺激了并购交易的快速增长。

(一)第三次并购浪潮的基本情况

第三次并购浪潮发生在第二次世界大战后经济快速发展的 20 世纪五六十年代，其中以 60 年代后期为最高峰。1967～1969 年，企业兼并收购活动达到了 10 858 起，其中，大型企业兼并收购活动相当引人注目，1 000 万美元以上的大型企业兼并数只占 3.3%，但资产量却达到了 42.6%。第三次并购浪潮的规模、速度均超过了前两次并购浪潮，超大型企业迅速成长。

第三次并购以混合并购为主要形式且主要是大垄断公司之间的并购。并购成为企业“产权经营”的手段，银行并购加剧，跨国并购异军突起。由于全球经济一体化萌芽的形成，大企业经营的空间分布开始出现多样化发展的趋势，但同时也给专业化的中小企业发展留下了一定空间。多样化经营有助于公司保持平稳的业绩，也有助于公司抵御各种风险的冲击，获得竞争能力以及长久生存的能力，减少市场需求波动对企业的影响。

(二)第三次并购浪潮的推动因素

法律的管制和公司管理层的积极主动是第三次并购浪潮的主要推动因素。1950 年通过的《塞勒—凯弗维尔法》使得美国反托拉斯、反垄断更加严厉，这也使得横向与纵向并购的数量受到限制。在这次浪潮中，并购动力主要来自并购公司的管理层而不再是外部金融家。有些公司还设置了专岗，目的是寻找并购机会。管理层在并购中制订计划，与律师事务所、投资经纪人等一同参与各种并购事务，这在很大程度上推动了并购的发展。

【案例 2－3】

LTV 公司的系列收购

LTV 公司在 20 世纪 60 年代末大企业并购时期野心勃勃，和泰克、利顿、海湾西方石油公司以及 ITT 公司一样，开始了一系列的收购、转让和融资活动，使财务金融分析家们摸不着头脑。LTV 公司在 1968 年用 4.65 亿美元收购琼斯—劳林钢铁公司，却造成了整个企业长时间的衰落，最后在 18 年后破产。

1947 年,詹姆士·林恩凭借 2 000 美元的资本以及他的销售能力和电器知识创建了林恩电器公司。1961 年,林恩取得了美国重要的飞机和导弹制造厂——著名的休斯·福特有限公司 40% 的股权,公司更名为林恩·迪姆阿·福特股份有限公司,也就是震惊美国华尔街的著名的 LTV 公司。到了 20 世纪 60 年代中期,林恩开始收购其他大型混合企业。1966 年,LTV 公司收购威尔逊公司可谓获利匪浅。到 1968 年,LTV 公司收购了拥有保险公司、布拉尼夫航空公司和国家汽车出租公司的大美公司。直至林恩出资 4.65 亿美元现金购买琼斯—劳林钢铁公司 65% 的产权,LTV 公司债务的压力达到了顶点,最后成为政府反对联合企业并购的头号靶子。后来因在收购过程中与政府出现争端,林恩出售了布拉尼夫航空公司和经营铜和金属线的奥克尼特公司,并保证 10 年内不再进行大宗交易,这才解决了争端。

到 1970 年,收购琼斯—劳林钢铁公司的交易使得整个 LTV 公司垮掉。公司宣布 1969 年亏损 3 800 万美元(上一年度亏损 2 900 万美元),公司的股票价格也降到每股 10 美元的水平。在董事会的要求下,林恩辞职。尔后,在首席执行官(CEO)泰尔的领导下,公司几乎将所有的资产剥离,只留下钢铁企业,同时又收购了几家钢铁公司。泰尔的继任者又在 1984 年收购了共和国钢铁公司。LTV 公司由于身负巨债,终于 1986 年提出破产申请。

资料来源:整理自《大手笔:美国历史上 50 起顶级并购交易》[(美)克雷格著,海丛等译,华夏出版社,2005 年]。

四、第四次并购浪潮

20 世纪 70 年代,由于美国两次石油危机对国家经济产生了较大的冲击,所以,并购活动几乎始终处于低潮,直到 1981 年后才有所好转。

(一)第四次并购浪潮的基本情况

第四次并购浪潮发生在 20 世纪 70 年代中期至 90 年代初(1975 ~ 1992 年)。其中,1980 ~ 1988 年间企业并购总数达到 20 000 起,1985 年达到顶峰。单项企业兼并规模巨大,企业兼并资产达到了空前规模。兼并活动集中在服务业,特别是金融服务业。1981 ~ 1989 年是产生大宗交易的 10 年,最大的 10 笔交易如表 2 - 1 所示。

表 2 - 1　　1981 ~ 1989 年间公布的最大交易

买方	卖方	交易价值(单位:10 亿美元)	公布年份
科尔伯格—克拉维斯—罗伯茨公司	雷诺兹—纳贝斯克公司	27.5	1988
必成集团	史克必成公司	16.1	1989
雪佛龙公司	海湾公司	13.2	1984
菲利普莫里斯公司	卡夫公司	13.1	1988
百时美公司	施贵宝公司	12.0	1989
时代公司	华纳电信公司	11.7	1989
德士古公司	盖蒂石油公司	10.1	1984

续表

买方	卖方	交易价值（单位:10 亿美元）	公布年份
杜邦公司	大陆石油公司	8.0	1981
英国石油公司	标准石油(俄亥俄州)公司	7.8	1987
美国钢铁公司	马拉松石油公司	6.6	1981

资料来源:Mergerstat Review,1981～1989 年转引自威思通《接管、重组与公司治理》。

第四次并购浪潮中出现了新的并购方式——“垃圾债券”杠杆收购,其收购的目的就是在将来以更高的价格出售所收购企业,以赚取差价以及并购交易的咨询服务费用。垄断巨头间的吞并在此次并购浪潮中愈演愈烈,出现了特大企业并购案。分拆与剥离在所有并购活动中占到了较大比例。整个 80 年代,资产剥离占全部并购交易的 35% 以上,企业更注重明确核心业务并着重企业发展的长远利益。而且在这次并购浪潮中,出现了大量的小企业并购大企业的现象。并购企业所属的行业范围涉及各行各业,并购对象则包括了上市公司、子公司以及公司的营业部门。跨国并购所占比重迅速上升,企业并购活动逐渐扩展到国际市场。

(二)第四次并购浪潮的推动因素

以高风险、高收益为特征的“垃圾债券”由迈克·米尔肯于 20 世纪 70 年代一推出,部分投资银行便开始说服客户从事并购并为他们提供融资服务,于是通过“垃圾债券”进行的杠杆收购渐成市场。另外,主业回归的理念逐渐深入人心,60 年代被并购的企业很多由于不能被有效地整合导致业绩下降,所以,自 70 年代开始,出售子公司等资产剥离活动就日益频繁,由此推动了第四次并购浪潮的形成。

【案例 2-4】

杠杆收购:KKR VS 雷诺兹—纳贝斯克

美国雷诺兹—纳贝斯克公司(RJR Nabisco)收购案被称为“世纪大收购”的交易,它以 250 亿美元的收购价震动世界,成为历史上规模最大的一笔杠杆收购,而使后来的各桩收购交易望尘莫及。这场收购令盛极一时的雷诺兹—纳贝斯克公司元气大伤,至今仍难以复原。

19 世纪初期,雷诺兹公司借“骆驼”牌香烟的崛起,成为美国第一大卷烟企业。其灵魂人物雷诺兹死后,公司开始变得陈腐落后,不得不于 1985 年寻求与美国的食品业托拉斯企业纳贝斯克公司合并。两家巨头公司联姻后,表面上很强大,但在经营策略、管理体制和企业文化等方面存在巨大漏洞,这为以后的融资并购失败埋下了伏笔。1988 年,公司首席执行官罗斯·约翰逊(Ross Johnson)决意卖掉公司,虽然他并不拥有公司大部分股份,但是他想尽办法说服董事会,并在华尔街放出风声,希望把事情变复杂,然后从中渔利。

当时直接参加这场“战役”的有四大主力:第一竞标方是“管理集团”,包括雷诺兹—

纳贝斯克公司的部分管理层、美国运通公司、希尔森—莱曼—赫顿公司、所罗门兄弟公司和公共关系顾问公司；第二竞标方是KKR公司、兰伯特公司、摩根斯坦利、沃塞斯顿—佩雷拉公司；第三竞标方是福斯特曼—利特尔联合公司、高盛公司；第四竞标方是第一波士顿公司。

尽管当时所有人都看好那些鼎鼎大名的华尔街投资银行，但是在经历了一系列复杂的交易后，最终得手的却是KKR公司。这个1976年由科尔伯格、克拉维斯与罗伯茨三人共同成立的公司（K、K、R即三人名字的第一个字母），利用混战后雷诺兹—纳贝斯克公司股价跌至45美元的机会，以不可思议的每股109美元的高价杠杆收购了雷诺兹—纳贝斯克公司，一举击败所有的对手，不仅完成了这场美国20世纪最著名的恶意收购，而且公司自身也一跃成为拥有顶级财经法律专家、专业进行杠杆收购的世界顶级公司。

在收购中，KKR公司付出的代价极小。由于公司发行了大量垃圾债券进行融资，并承诺在未来用出售目标企业资产的办法来偿还债务，因此这次收购资金的规模虽然超过250亿美元，但其实使用的现金还不到20亿美元。

不少专业人士事后分析，这桩交易是在合法基础上的骗局。因为KKR公司用的杠杆收购手法不仅不需要现金，也不需要看见现金，甚至也没有人知道钱从哪里来，整个过程根本就是个圈套。而KKR公司那些高层，以及交易过程中的那些华尔街人士，由于表现出了前所未有的贪婪和狡猾的技巧，也被冠以“野蛮人”的称号。

至于雷诺兹—纳贝斯克公司，则在收购完成后一蹶不振。当它用烟草带来的现金清偿垃圾债券时，其竞争对手却把利润用于再投资。而KKR公司遗留下来的问题不仅仅是少得可怜的资金回报，还在于引进的其他行业领导人的失败。在业绩持续下滑后，1995年年初，KKR公司不得不又剥离了雷诺兹—纳贝斯克公司的剩余股权，雷诺兹烟草控股公司再次成为一家独立公司，而纳贝斯克公司也成为一家独立的食品生产企业。经过一番明争暗斗，雷诺兹公司和纳贝斯克公司又回到了各自的起点。在2003年上半年，雷诺兹公司的销售额比前一年下降了18%，仅为26亿美元，而营业利润下降了59%，为2.75亿美元。

资料来源：中华管理网，2008年1月16日。

五、第五次并购浪潮

进入20世纪90年代以来，随着经济全球化、一体化发展日益深入以及国家经济的复苏，美国掀起了第五次并购浪潮。

（一）第五次并购浪潮的基本情况

第五次并购浪潮开始于20世纪90年代中期。其中，1992年美国有2 574起收购交易，其平均价格大约是1亿美元。1998年的银行界合并，突破了美国30年代大萧条以来对商业银行不得兼营保险服务和证券投资业务的禁令。第五次并购浪潮在并购主体、动机、方式以及产业分布等方面表现出了一系列特征，对全球竞争格局产生了深远的影响。

第五次并购浪潮中跨国兼并收购日益增多，80年代以来，美国对外投资的形式由海外直接投资办厂向大量兼并收购海外企业转变，1992年跨国兼并有167起，其他年度平均有100～200起。相当一部分并购发生在巨型跨国公司之间，出现了明显的强强联合趋势。金融业并购明显加剧，第三产业，如信息产业、大众传媒、医疗保健等行业成为并购的新热点。大多数企业在这次并购浪潮中放弃了杠杆收购式的风险投机行为，改以投资银行为主操作。这次并购浪潮在整体规模上创造了历史纪录，且连续8年呈现递增态势。

（二）第五次并购浪潮的推动因素

在全球经济一体化这一背景下，资本的高度集中有利于资产规模的迅速扩张和资本增值，在全球范围内推动了产业结构的优化和升级，推进了跨国并购的进行。政府管制的放松促使一批巨型、超巨型和跨国大公司的产生和发展，并使其完成资产规模的迅速扩张和资本增值，推动产业结构和资产结构在全球范围内的优化配置，建立起一体化国际生产网络，从而促进传统产业和新兴产业相互融合。企业并购动机多元化，除了获取规模经济外，还包括寻求新市场、提高市场进入效率和控制力、增强协同效应、获得融资便利、拓展所有权优势等。另外，美国股票市场的持续繁荣也是第五次并购浪潮的推动因素之一。

【案例2-5】

沃达丰收购曼尼斯曼

2000年2月3日，在英国无线运营商沃达丰(Vodafone Airtouch Plc)持续不懈的强劲攻势之下，顽强抵御了三个多月之久的德国最大电信公司曼尼斯曼(Mannesmann AG)终于放下武器，俯首称臣，从而使这场历史上最大的恶性收购拉锯战锤声落地。号称合并价值高达2 160亿美元的这一并购，将极大加强沃达丰的欧洲势力，使其顺利跃入全球超级无线运营商的行列。

据分析家称，这场并购将影响全球无线市场格局，迫使其他竞争对手通过并购或结盟方式增强竞争能力，进一步加剧了业内的并购和扩张风潮，同时也使无线市场打破了疆域界限，更趋全球化，过去那种划地而治的美国服务商或欧洲服务商的模式将日趋式微，取而代之的将是信马天下的全球服务商的出现。

收购曼尼斯曼是沃达丰进入全球移动电话市场的关键一招，其原因不外乎是看中了后者对其全球无线战略尤其是欧洲无线发展战略的有力支撑，特别是曼尼斯曼从香港和记黄埔(Hutchison Whampoa)集团将Orange公司收归麾下，成为欧洲头号无线运营公司之后，更加招致了沃达丰的垂涎。去年，沃达丰以600亿美元收购Airtouch公司成为世界最大无线运营商之后，旋即开始紧锣密鼓地筹划对曼尼斯曼的收购，以实现无线霸业的梦想。

收购曼尼斯曼之后，沃达丰将成为坐拥15个欧洲国家的2 900万用户的欧洲头号电话公司；在美国，通过与贝尔大西洋的合资，沃达丰也将是拥有900万用户的最大移动电话供应商；此外，沃达丰还在日本、澳大利亚、新西兰及韩国等国拥有400万用户。这些总计4 200万的用户，将使沃达丰能够控制全球10%的移动通信市场，并有能力在美国面对AT&T公司、在日本面对NTT公司等竞争者的挑战，3 700亿美元的市值不但使其足堪与英特尔并驾齐驱，还将超过AT&T公司的两倍，其无线霸主地位已稳若磐石。

而对沃达丰而言，收购曼尼斯曼仍未使其胃口得到充分满足，首席执行官甘特在一次电话会议上称，这家英国公司还将继续寻机收购其他移动电话运营服务商，并将与众多意欲向其用户提供互联网(Internet)及媒体服务的公司接洽合作事宜。沃达丰的下一猎物是西班牙第二大电信运营商Airtel。

其实,主导全球移动电话市场只是沃达丰的近期目标,其长远战略则是瞄准了迅猛发展的无线互联网接入。无线技术与互联网的融合,不仅为无线通信业带来了巨大的市场潜力,也将带动整个有线架构的重整。沃达丰实施并购后,将有能力并可望在以个人电脑(PC)为主网络应用的所谓无线互联网服务领域占据支配地位。

获取尽可能多的用户并为之提供尽可能多的服务,以谋取最大利益正成为当今电讯业心照不宣的游戏规则。强大的规模优势不但可以节约运营成本,增强业务竞争能力,也将成为沃达丰向爱立信、诺基亚等产品供应商订购设备时讨价还价的资本;而两倍于美国在线的用户群体又使公司奇货可居。据 IDC 预计,2003 年全球移动电话用户数量将从 2002 年的 4 亿多猛增至 10 亿,2003 年,这些用户将产生 5 200 亿美元的收益。因此,沃达丰在无线互联网领域的市场潜力将极为巨大,在稳坐全球最大移动服务商宝座的同时,还有望攀上世界互联网服务商的头把交椅。

资料来源:马云飞. 2000. 全球无线格局大重组:沃达丰收购曼尼斯曼[J]. 中国计算机报(10).

【案例 2-6】

举世瞩目的银行兼并

2000 年 9 月 13 日,大通曼哈顿公司(以下简称大通)正式宣布与摩根公司(以下简称摩根)达成了兼并协议。双方交易的条件是:大通将按照 9 月 12 日的收盘价,以 3.7 股去交换摩根的 1 股,交易价值高达 360 亿美元。12 月 11 日,美联储理事会以全票通过批准了这项兼并计划,并发表声明:“美联储认为,在竞争及资源集中方面,该项兼并对与大通和 J. P. 摩根直接竞争的银行业市场或其他相关的银行业市场而言,都不会造成重大不利影响。”12 月 22 日,双方股东大会顺利通过了兼并计划。12 月 31 日,兼并正式完成。新组成的公司取名为“J. P. 摩根大通公司(J. P. Morgan Chase & Co.)”,新公司的股票已于 2001 年 1 月 2 日在纽约股票交易所开始交易。大通银行和摩根银行分别成立于 1799 年和 1838 年,1999 年的营业额分别为 222 亿美元和 89 亿美元。目前,大通主要经营信用卡、发放购买房屋和汽车贷款等业务,摩根主要从事股票承销业务。两家银行合并后,业务可以互补,而且可以减少重复开支。

据测算,新公司的收入将超过 520 亿美元,利润高达 75 亿美元,拥有 9 万员工,6 600 亿美元总资产,成为位于花旗集团、美洲银行公司之后的全美第三大银行集团。这笔交易还使其位列全球投资银行前列,与摩根斯坦利添惠、高盛和瑞士信贷第一波士顿并驾齐驱。新公司的总部仍将设在先前两家公司共同的所在地纽约市。原摩根总裁兼首席执行官道格拉斯 · 沃纳将出任新公司的总裁,而原大通总裁威廉 · 哈里森(Willam Harrison)则成为银行行长兼首席执行官。新公司的业务除了包括原摩根擅长的金融咨询、商业贸易以及债券发行外,银行抵押贷款、保险销售等方面的业务则是大通的强项。沃纳表示,两家银行的大规模合并是旨在组建一个全球范围的银行集团,这将有利于双方在业务上实现互补,预计新组建的公司将有很好的发展前景。

近年来,大通已连续进行了几次具有轰动效应的并购:1995 年收购了化学银行,并在接下来几年建立并发展了自己的投资银行业务;1999 年买下了西海岸的投资银行

Hambrecht & Quist——一家专门为高科技公司提供首次发行股票(IPO)服务的公司;2000年4月,收购了英国的投资银行罗伯特—弗莱明集团(Robert Fleming);5月,又购买了Beacom集团;9月,宣布兼并摩根,交易金额为大通并购中最大的一笔。

资料来源:人民网,2000年9月14日。

【想一想】 美国五次并购浪潮给我们带来什么启示?

第二节　中国并购发展历程

改革开放之后的中国企业并购,产生于20世纪80年代中期,伴随着社会主义市场经济的发展,融入全球并购浪潮之中。中国并购市场,无论是交易数量还是交易金额,都呈现出总体攀升的趋势,逐步向规范化、成熟化发展。

一、中国企业并购的发展历程

我国企业的并购活动起步较晚,第一起并购事件发生在1984年,然而并购在我国的发展速度却是很快的,可以将其大致分为三个阶段。

(一)并购起步阶段

并购起步阶段(1984~1991年)是我国企业并购发展历程的第一阶段,它与国家经济改革紧密相关。1984年7月,河北保定纺织机械厂和保定市锅炉厂以承担债务的方式兼并了连年亏损、濒临停产的保定针织器材厂和保定市鼓风机厂,成为改革开放后我国企业并购第一案。

这一时期的并购大多是在政府主导下进行的。许多老的国有企业正处于亏损状态,国家为了减少亏损,降低失业人口数量,减少破产而进行并购。在这种情况下,政府以所有者身份介入企业并购活动,从而使这一时期的并购具有明显的强制性,被称为"拉郎配",并不是企业自发的、基于某种战略发展需要而进行的并购。在这一时期,并购采取的方式主要是出资购买和承担债务,且主要是国有企业和集团企业的并购,民营企业以及外资企业由于受到限制没有涉足。

(二)转型阶段

1992~2000年为中国企业并购发展的转型阶段。1992年以后,市场经济改革有了明确的方向。伴随着产权市场和股票市场的发育,企业为了自身的发展逐步走向正规的并购,从技术、管理、资金以及资源配置角度开展有利于自身发展的并购活动。1993年9月,深圳宝安集团在上海证券交易所通过股票市场持有上海延中实业股份有限公司发行在外的普通股超过5%,成为中国证券市场上第一宗收购案例,它是实行社会主义市场经济后以公司形态为特征的企业并购。

在这一阶段,我国逐步出现了横向并购、纵向并购以及多元化并购。跨国并购开始出现,外资收购进入中国市场。上市公司的并购在这一阶段成为焦点。并购方式除承担债务式、出资购买式、无偿划转式外,还出现了控股等方式。企业在规模、专业化程度等方面都有了明显的进步,企业并购活动的数量也有了大幅度的增长。

【案例 2－7】

宝安集团收购延中实业

1993 年 9 月 30 日，深圳宝安（集团）上海公司（以下简称宝安上海）向中国证监会、上海证券交易所等报告并公告，声明已经持有上海延中实业股份有限公司［以下简称延中实业，现为方正科技(600601)］发行在外普通股 5% 以上的股份。这是中国证券市场上的首次并购案例，开创了我国上市公司兼并收购的新纪元。

深圳市宝安集团股份有限公司（以下简称宝安集团）成立于 1983 年 7 月，是我国首家股份制国有企业，同时也是新中国最早明晰产权关系的企业，其股票于 1991 年 6 月 25 日在深圳证券交易所上市。当时的股权结构为深圳市宝安县财政部门持股 20%，其余 80% 股份由其他企业和个人持有。延中实业成立于 1985 年，是上海第二家股份制企业，其股票于 1990 年 12 月 19 日在上海证券交易所上市。

早在 1992 年年末，宝安集团就已开始为加速集团发展而谋划收购活动。在众多的上市公司中，经过审慎的分析挑选，最终将延中实业划作目标公司。目标确定之后，宝安集团便安排下属的三家企业——宝安上海公司、宝安华东保健用品公司和深圳龙岗宝灵电子灯饰公司担任此次收购的主角。三家公司均小心谨慎，并严格控制消息。在此期间，宝安集团一直在慎重考虑，进一步等待时机成熟。1993 年 9 月 3 日，上海开放机构入市，这对宝安集团收购延中实业来说简直是天赐良机。宝安集团当机立断，调集资金，准备在该月中旬大规模收购延中实业股票。从 9 月 14 日起，宝安集团的上述三家下属公司便开始神不知鬼不觉地大量吃进延中实业的股票，在这期间，延中实业的股价也开始连日走高。9 月 24 日，延中实业股价飙升至每股 11.88 元，成交量达 5 057 900 股，创短期内新高。延中实业股票的走强，引起了所有投资者的关注，大批炒手和机构也开始大举入市将价位不断拉升，29 日收盘价为 12.05 元。截至 9 月 29 日，宝安上海已持有延中实业股票的 4.56%，宝安华阳保健用品公司和深圳龙岗宝灵电子灯饰公司已分别持有延中实业股票达 4.52% 和 1.657%，合计 10.6%，早已超出 5%。但是此时宝安集团并未暂停收购并对外公告，而是命令三家下属公司于 9 月 30 日下单扫盘，而此时延中实业还沉浸在一片平和之中，像被偷袭前的珍珠港，毫无防备。9 月 30 日，宝安集团计划下单扫盘。由于在此之前，宝安上海持有延中实业股票数为 4.56%，再购入 15 万股即可超过 5%。宝安上海在集合竞价以及后来的短短几小时内便购进延中实业股票 342 万股，于是宝安上海合计持有延中实业股票数已达 479 万余股，其中包括宝安上海关联企业宝安华阳保健用品公司和深圳龙岗宝灵电子灯饰公司通过上海证券交易所的股票交易系统卖给宝安上海的 114.7 万股，至此宝安上海已拥有延中实业股票的 15.98%。9 月 30 日上午 11 时 15 分左右，延中实业股票突然被停牌，上海证券交易所有关人士向场内交易员宣布了停牌原因：因目前有机构持延中实业股票已超过 5% 却不上报，情况未明，根据《股票发行与交易管理暂行条例》第四十七条规定，暂停延中实业股票交易。上午收市后，宝安上海终于发出公告，称"本公司于本日已拥有延中实业股份有限公司发行在外的 5% 以上"，至此，宝安上海正式宣布收购延中实业。

资料来源：人民网，1993 年 10 月。

(三)逐步成熟阶段

我国企业并购发展的逐步成熟阶段自2001年至今。我国加入WTO以后,经济逐步呈现全球化的发展趋势,企业并购活动跨入了新的阶段,逐步与国际接轨,出现了许多"战略性并购"、"强强联合"等成功的企业并购案例。

中国证监会继2001年出台文件规范和遏制上市公司在并购过程中出现的问题后,又于2002年出台了《上市公司收购管理办法》以及《上市公司股东持股变动信息披露管理办法》,全面规范上市公司的收购行为,积极引导和鼓励上市公司收购活动有序、规范进行,这对于我国企业通过证券市场进行并购重组具有里程碑的意义。上市公司并购重组进入有法可依的发展阶段。在这一时期,上市公司并购形式开始多样化,出现了协议收购、要约收购、反向收购、定向增发收购等许多方式,出现了现金、股票、债券、权证等多种形式的支付手段。在全球化这一背景下,中国企业开始成为外资公司并购的目标。同时,随着我国企业实力的增强,顺应世界经济发展的需要,我国企业也逐步走出国门,在全球范围内寻求并购资源,越来越频繁地进行海外收购。

【案例2-8】

宝钢举牌邯钢

宝钢系企业自2006年1月开始通过证券交易所集中竞价交易收购G邯钢流通股,买入价格在2.81元至4.22元之间。截至5月31日,宝钢集团持有G邯钢流通股46 261 548股;宝钢集团下属全资子公司上海宝钢工程技术有限公司(以下简称宝钢工程)、上海宝钢工业检测公司(以下简称宝钢设备)分别持有G邯钢流通股67 946 016股和23 989 082股。

而在二级市场举牌前,宝钢系企业已通过购入邯钢认购权证(邯钢JTB1)获得了数量可观的潜在股权。据上海证券交易所统计数据,截至2006年5月30日,邯钢JTB1可流通数量为108 670.5299万份,宝钢集团、宝钢设备持有的邯钢JTB1均达到或超过了可流通数量的5%,即至少各自持有5 433.5265万份。

由于每份邯钢JTB1持有人可以在2007年3月29日至4月4日以2.8元的行权价格从G邯钢第一大股东邯郸钢铁集团有限公司获得1股G邯钢股票,所以假如宝钢集团、宝钢设备持有的邯钢JTB1到期行权,则可以增加至少10 867.05万股G邯钢股票。

不仅如此,宝钢工程可能还至少持有3 791.87万份邯钢JTB1。因为股改时,宝钢工程持有G邯钢5 197.8741万股,根据股改对价,宝钢工程可以获得3 791.87万份邯钢JTB1。而邯钢JTB1上市后不久,宝钢集团就开始大肆收购,因此宝钢工程抛售邯钢JTB1的可能性非常小。

上述迹象表明,宝钢系企业在二级市场大量购入G邯钢及邯钢JTB1已经不是简单意义上的证券投资,而是战略性的收购,其现有持股量和潜在持股量合计已经达到了约28 478.58万股,占总股本的比例高达10.3%。

资料来源:新浪财经,2007年4月。

【案例2-9】

中石油收购哈萨克斯坦石油公司

2005年10月26日加拿大卡尔加里地方法庭落下的一声重锤,标志着中国石油天然气集团公司(以下简称中石油)对哈萨克斯坦石油公司(PK公司)41.8亿美元的收购完成了所有的法律程序。紧接着,27日中石油宣布已通过其全资子公司中国石油国际事业有限公司(以下简称中油国际)收购PK公司。至此,这起我国2005年度最大海外并购案圆满落幕。

中石油是根据国务院机构改革方案,于1998年7月在原中国石油天然气总公司的基础上组建的特大型石油石化企业集团,系国家授权投资的机构和国家控股公司。作为中国境内最大的原油、天然气生产、供应商和最大的炼油化工产品生产、供应商,中石油业务涉及石油天然气勘探开发、炼油化工、管道运输、油气炼化产品销售、石油工程技术服务、石油机械加工制造、石油贸易等各个领域,在中国石油、天然气生产、加工和市场中占据主导地位。

哈萨克斯坦石油公司(PK公司)是一家总部位于加拿大卡尔加里,集生产和开发于一体的综合型能源公司,总资产12.69亿美元。其虽在加拿大注册,但拥有的油气田、炼油厂等资产全部在哈萨克斯坦境内,是哈萨克斯坦第三大石油生产商,公司原油日产量为15万桶,旗下炼油厂每天可加工8万桶原油,其2004年的纯收益达到5.007亿美元。仅今年第一季度,该公司净利润就已达1.66亿美元。

这场针对国外油气资产的收购战,历时两个多月,过程一波三折,遭受到了各方的阻挠,可谓强敌环伺,险象环生。首先是在收购之初,中石油就遭遇印度国营石油与天然气公司报价上的有力竞争。然后是遭遇了俄罗斯卢克石油公司"优先购买权"的阻碍。在加拿大卡尔加里法院审查批准的听证会上,俄罗斯卢克石油公司提出,由于其数年前与PK公司以1:1的股比合资成立了"图尔盖石油公司"(Turgai Petroleum),所以该公司享有对PK公司的"优先购买权",据此要求法院对中石油的收购要约发布延期禁令。虽然最后法院并未支持俄罗斯卢克石油公司的要求,但也为此次收购制造了一定的悬念。比起竞争对手的阻挠,更为惊险的是此次收购还有哈萨克斯坦法律的介入。10月,哈萨克斯坦国会上议院一致通过禁止外资转让国家石油资产交易的法案,该法案一旦由哈总统签署生效,将会使收购变得越发棘手。为了顺利通过哈萨克斯坦政府的审查,中石油宣布,哈萨克斯坦国家石油公司将参购PK公司"部分股份",哈萨克斯坦国家石油公司与中石油旗下的中油国际于2005年10月15日签署了《相互谅解备忘录》。根据备忘录,哈萨克斯坦国家石油公司将获得为保持国家对矿产资源开发活动的战略控制所需的PK公司的部分股份,并获得在对等条件下联合管理PK公司奇姆肯特炼厂和成品油的权利。中石油将以14亿美元的价格转售PK公司33%的股权。中石油作出的以上让步是此次收购得以成功的关键一步。

2005年10月18日,PK公司在加拿大召开股东大会,参加投票的股数为46 896 714股,投票赞成率达99.04%,以高票数通过了该项收购。根据交易程序,股东大会的表决结果还须经加拿大地方法院批准。当地时间26日,中石油获得加拿大地方法院不带任何条件的最终裁决,100%收购PK公司。此前以拥有对PK公司优先购买权而要求法院推迟裁决的俄罗斯卢克石油公司没有提出上诉,这标志着中石油最终完成了收购PK公司的全部法律程序。

根据中石油提出的收购条件,中油国际以每股55美元现金要约购买PK公司所有上市股份,这一报价总价值约为41.8亿美元,是迄今为止中国企业最大的海外收购案。至此,中石油海外并购油气资源计划初战告捷,中石油将因此增长1.5%的储量,产能也将有3%的增长。

资料来源:中国并购法律网,2006年4月20日。

二、中国企业并购发展趋势

随着我国社会经济环境的变化以及世界经济环境的不断变迁,我国企业并购活动也将处在不断发展变化之中。

(一)海外并购持续活跃

中国政府大力倡导"走出去"战略,改革开放以来,我国的综合国力大幅增强,经济技术水平显著提高,中国多年的高速增长,为实施"走出去"战略奠定了雄厚的物质基础。经过30年的发展,中国企业在技术、生产、管理、人才等方面都已得到很大的提高,已经拥有一批资本实力雄厚、积累了一定的海外投资经验、具备一定经济技术实力、熟悉国际化经营管理和适应国际市场激烈竞争的企业,具有了一定的竞争优势。海外并购是中国企业实现快速发展、开展全球化经营、提高国际竞争力的手段,也是获得国外企业先进技术、资源、进入海外市场的重要战略工具。中国企业自身国际化的需求为海外并购提供了内在的动力,而国际产业结构调整和金融危机则为中国企业海外并购创造了机会。此外,我国经济发展到今天,工业化、城市化快速推进,资源瓶颈问题凸显,目前中国经济的资源、能源对外依赖程度越来越高。出于国家经济安全战略的考虑,国家也在积极推进海外并购。可以预见,中国企业的海外并购将快速上升,无论是并购的次数还是并购的规模,都将迅速增长。其中资源性行业仍然将是中国企业的主要并购对象,涉及农业制造、生物科技和清洁能源等高技术产业、一般制造业的并购也将有所增长。

中国企业参与跨国并购可以更大限度地分享国际市场,提高国际资本流动速度,吸取技术和管理上的领先优势,绕开关税壁垒。同时,可以利用外商来华进行跨国并购作为扩大利用外资的有效途径,实现利用外资的重要转变。随着外资的注入,全新管理和经营理念、技术以及营销网络也会随之进入我国的企业,从而进一步提升我国企业的存量资产的质量,使我国企业在管理和经营上跨上新的台阶。同时,我们要沉着应对,以免受跨国并购造成垄断、产业渗透、国有经济战略性地位丧失等的不良影响。

【案例2-10】

山东钢铁出手非洲矿业

2010年8月2日,非洲矿业塞拉利昂公司(以下简称非洲矿业)执行总裁弗兰克·蒂米什宣布了一宗外界期待已久的交易:非洲矿业已于1日和中国山东钢铁集团签署总值15亿美元的联合采矿协议。

蒂米什在当天发表的一份新闻公报中说,双方将联合开采塞拉利昂通科利利铁矿,协议确认了开采的规模、范围和加速建设二期工程的方案。

根据协议的规定,山东钢铁集团将向通科利利铁矿投资 15 亿美元,从而获得该矿 25% 的股权。除了直接持股,山东钢铁集团还有权按市价购买通科利利铁矿未来 25% 的产量。在一期开采阶段,山东钢铁集团每年可从该矿购买 200 万吨铁矿石;从第二期开始后的第二年,山东钢铁集团每年可购买 800 万吨铁矿石;从第三期开始,山东钢铁集团每年可购买 1 000 万吨铁矿石。作为投资方,山东钢铁集团购买的铁矿石价格将享受最高 15% 的优惠。

非洲矿业是伦敦另类投资市场(AIM)中市值最大的公司,1996 年进入塞拉利昂,2008 年在距塞拉利昂首都弗里敦以东约 200 千米的通科利利发现世界级铁矿,资源储量估计达 128 亿吨,可供开采 60 年。2009 年,通科利利铁矿的发现以及随后发布的一系列公告,促使非洲矿业股价上涨了逾 15 倍,尽管这座铁矿迄今尚未投产。

山东钢铁集团注资后,通科利利铁矿的总投资额将达到 60 亿美元。非洲矿业强调,该公司将修建从港口到矿区的铁路和其他必要设施,用来将铁矿石装船运至亚洲市场。

非洲矿业预计,中国政府将在今年年底前批准最新交易。

山东钢铁集团是非洲矿业合作过的第二家中国国企。去年,非洲矿业与中国铁路物资总公司(以下简称中铁物资)签署了一项类似的协议。据《经济参考报》报道,当时中铁物资出资 2.8 亿美元取得了非洲矿业 12.5% 的股权,并签订承销协议,约定在 20 年内向非洲矿业持续采购赤铁、磁铁矿石。

资料来源:腾讯财经,2010 年 8 月 4 日。

(二)中央企业重组活跃

尽管中央企业在并购重组上已经取得了一定的效果,但是仍然存在产业集中度低、落后产能需要淘汰等问题,因此亟须通过加快并购重组来进一步深化企业资产整合,完成产业升级。

【案例 2-11】

乐凯集团并入航天科技集团 中央企业兼并重组再落一子

2011 年 9 月 23 日钓鱼台国宾馆 5 号楼,中国乐凯胶片集团公司(以下简称乐凯)整体并入中国航天科技集团公司(以下简称航天科技集团) 重组仪式举行,这是中国中央企业兼并重组的又一重大举措。乐凯由此成为航天科技集团旗下的全资子公司。

在重组仪式上,国资委副主任邵宁说,两家重组是“双赢”,将使航天科技集团发展更厚实,提升产业发展能力,也会使乐凯有一个更好的平台。

“我们积极响应国资委号召,同航天科技集团能重组到一起,有很多偶然因素,但可谓一见钟情、水到渠成。”乐凯总经理张建恒这样形容。

资料显示,到去年年底,乐凯资产总额 54 亿元,主营业务年收入 34 亿元,拥有员工 7 300 余人。乐凯前身是始建于 1958 年的保定电影胶片制造厂,是中国“一五”时期 156 个重点项目之一。乐凯曾自主研发出中国第一代照相软片、黑白彩色电影胶片等,填补多项国内空白。在彩色胶卷时代,乐凯快速转型,掌握多项核心技术,自主研发彩色胶卷和彩色相纸，逼迫柯达、富士降价，一度成为中国民族品牌的骄傲。

然而伴随着数码时代对胶片时代的冲击，从2003年开始，乐凯胶卷销量逐渐下滑，目前，胶卷只占到集团营业收入的约1%。2004年到2005年，乐凯净利润跌幅达到七成，转型已经迫在眉睫。

在对未来平板显示市场发展前景和乐凯核心技术进行分析判断的基础上，乐凯将一直跟踪预研的光学薄膜选定为转型的主攻方向之一，做出了图像信息和印刷材料向数字化转型的决定，并依据乐凯"微粒、成膜、涂层"三大核心技术打造了中国平板显示用大型光学薄膜研发生产基地。

目前，乐凯有膜及涂层材料、印刷材料、图像信息材料、精细化工四大系列100多种产品，图像材料和印刷材料也基本实现了数字化转型，数码相纸全部取代了传统相纸，CTP、柔性树脂版等数字印刷材料占印刷材料总销量的40%。

正是这一转型，奠定了乐凯与航天科技集团重组的基础。2011年1月15日，两家公司签订了战略合作协议，基本奠定了双方重组的基调。1月27日，正式向国资委上报初步方案，随后国资委到双方企业进行调查。9月5日，国资委正式下发了《关于中国航天科技集团公司与中国乐凯胶片集团公司重组的通知》，乐凯整体并入航天科技集团。9月23日，重组仪式在钓鱼台国宾馆举行。

航天科技集团在航天技术发展过程中使用的膜达30多种，而目前一些膜核心技术已经由乐凯自主开发、掌握，预计下一步还将投入研发力量和资金，加大研究和产业链配套工作。

据了解，并入航天科技集团后一定时期内乐凯的基本框架和发展目标将不变，乐凯品牌仍将得到保留。张建恒透露，下一步将会考虑为老百姓开发新的乐凯产品，进一步延续和传承乐凯品牌。

资料来源：《中国日报》，2011年9月23日。

（三）上市公司将成为跨境并购的主力军

随着我国经济和资本市场的快速发展，优势上市公司也开始利用上市平台在全球范围内进行资源配置和整合。从未来趋势看，预计上市公司的海外并购将保持较快的增长速度。主要原因在于，虽然我国的海外并购已经出现了快速发展，但相比于发达国家市场，我国上市公司境外并购规模仍然有较大差距，占比仍较低。2006～2009年上市公司境外并购交易规模，我国排名全球第15位，占全球跨境并购的比例仅为1.4%；同期按上市公司境外并购交易总宗数计，我国排名全球第16位。这与中国经济在世界经济中的地位不相符，未来发展的空间巨大。

（四）外资并购将面临全新的挑战

近年来，随着大量的外国企业并购中国的行业龙头或知名品牌企业，部分行业被外资企业所垄断，引发了中国政府和广大民众对国家安全的担心。尤其是前几年高盛集团并购双汇集团、凯雷基金收购徐工集团工程机械股份有限公司等案件都在当时引发了关于国家安全方面的热烈讨论。2011年2月国务院办公厅发布了《关于建立外国投资者并购境内企业安全审查制度的通知》（以下简称"通知"），从而宣告中国也将像美国、澳大利亚等国家一样，从维护国家安全的角度，对外国投资者并购中国境内企业进行专门审查。

并购交易中的目标企业为下述范围的都要接受审查:军工及军工配套企业和涉及国防安全的企业,关系国家安全的重要农产品、重要能源和资源、重要基础设施、重要运输服务、关键技术、重大装备制造等企业。安全审查将由一个国务院领导下的部际联席会议负责,并由发改委和商务部牵头会同相关部门负责具体工作。如果交易对国家安全造成或可能造成重大影响,则交易会被叫停或必须采取股权和资产转让等措施消除影响。该通知对国家安全没有明确定义。而根据通知,"并购交易对国家经济稳定运行的影响"和"并购交易对社会基本生活秩序的影响"均在并购安全审查内容中,这给外国投资者判断其交易是否应该提交安全审查带来难度。

【案例 2-12】

外资并购——亚马逊卓越并购案

2004 年 8 月 19 日晚 20 点 40 分,美国著名的电子商务网站亚马逊公司(Amazon. com Inc,以下简称亚马逊)宣布,已签署最终协议收购注册于英属维尔京群岛的卓越有限公司。卓越有限公司通过其中国子公司及关联公司运营卓越网站(www. joyo. com 和 www. joyo. com. cn)。这次交易价值约为 7 500 万美元,涉及约 7 200 万美元现金以及员工期权。卓越网将成为亚马逊的第七个全球站点。亚马逊通过卓越网进入中国将使它有机会为中国的 8 000 多万互联网用户提供服务。

亚马逊是名列全球财富五百强的网上购物公司,总部位于美国西雅图。该公司创立于 1995 年,目前已成为全球商品品种最多的网上零售商。

收购卓越网反映了亚马逊急于进入中国的心情。2003 年起,亚马逊开始了海外资本并购及投资的步伐。迄今为止,除了在美国的总部外,亚马逊在加拿大、英国、德国、日本、法国都有了零售网站。而卓越网将成为亚马逊的第七个全球网站。通过收购卓越网,亚马逊将有机会为中国的 8000 多万互联网用户提供服务。

今年早些时候,亚马逊曾先与卓越网的对手当当网谈判,试图以 1.5 亿美元的价格收购当当网,但最终被当当网拒绝。当当网认为,过早成为大公司的中国分公司对当当网的长远发展不利。之后,亚马逊便又转向卓越网。

美国媒体称,随着与雅虎等投资者的竞争日益激烈,亚马逊的这次收购行动是想要在中国的大市场内分一杯羹,因为中国估计有 2 700 多万网上购物者。

资料来源:人民网,2004 年 8 月 23 日。

(五)战略并购成为主流

战略并购是指并购双方以各自核心竞争优势为基础,立足于双方的优势产业,通过优化资源配置的方式,在适度范围内继续强化核心竞争力,并产生产业一体化的协同效应和资源互补效应,创造大于各自独立价值之和的新增价值的并购活动。战略并购必须是以企业发展战略为依据和目标,通过并购达到发展战略所确定的目标或为达到战略目标而选择的路径,它是一种长期的战略考虑。

战略并购的核心是通过并购达到规模效应以实现成本领先战略,或是通过对细分市场的整合强化专一化,或通过产业拓展来提高公司控制成本、强化销售、提供一站式服务的能力,抑或是通过构建新的产业群从而实现公司的差异化战略。总之,成功的战略并购交易不仅是完成目标方向并购方的价值传递,而且是在完成这种价值传递的基础上,通过系统整合进行价值创造,包括提升竞争地位,扩大市场战略,取得协同效应,使1+1>2。所以,战略并购必将成为一种发展趋势。

【案例2-13】

广汽集团并购长丰汽车

2009年5月21日广汽集团和长丰集团在长沙举行了战略合作协议签字仪式。根据协议,广汽集团斥资10.5亿元收购长丰汽车制造股份有限公司(以下简称长丰汽车)29%的股权,成为长丰汽车第一大股东,长丰集团退居第二大股东,日本三菱汽车退至第三大股东。这是"汽车产业振兴规划"出台以来的第一个重大重组项目,是一宗最大规模的"跨界"并购案,跨越了地域,跨越了资本市场,跨越了中外合资企业,跨越了两大企业的所有者属性。

2009年4月至5月19日停牌前,长丰汽车股价飙升,涨了将近60%;5月18日,长丰汽车公告称,因公司控股股东长丰集团拟进行资产重组,公司股票19日起停牌;5月21日,广汽集团与长丰汽车在长沙签署战略合作协议;5月23日,长丰汽车发布公告称,长丰集团将其持有的本公司国有股151 052 703股(占公司总股本的29%)转让给广汽集团,每股转让价格为人民币6.975元,转让总价款为人民币10.5亿元;5月25日,公司股票复牌。

广汽集团与长丰汽车联姻,各方各取所需,各得所愿,优势互补,是企业发展所需,也是中国汽车工业发展的大势所趋。总的来说,这次并购主要有以下三方面原因:

第一是车型、产能的互补性。长丰汽车一直只专注于SUV(运动型多功能车)业务,缺少主流产品轿车车型的生产。单一的产品路线,使得长丰汽车很难取得突破。近3年,长丰汽车主营业务收入增长率分别为1.98%、8.67%、3.23%。这样低的增长率,表明单靠生产SUV、皮卡的长丰汽车确实遇到了发展瓶颈。2008年,长丰汽车净利润同比下降23.44%,销售整车仅仅为2.68万台,产能利用率较低。而广汽集团接手后,长丰汽车将如愿获得新车型,并丰富自己的产品线,解决产能过剩问题,从而打开盈利空间。而对于广汽集团而言,收购长丰汽车不仅仅是丰富了自身的产品线,拥有了SUV优势,并且借力长丰汽车打开自主品牌的知名度。广汽集团的自主品牌尚未面世,但与长丰汽车搭配,广汽集团自主品牌打开市场的难度会大大降低。

第二是地域互补性。广汽集团位于"四小"之列,而不是"四大"之列。"四大"是在全国或者全球兼并整合,国家会给予支持。"四小"更多是在现有地域板块的基础上收购一些离它比较近的企业,形成地域上的集中性,以便于之后整个零部件配套体系的建立,以及形成区域优势。广东、湖南两省毗邻,广州、长沙之间的高速铁路开通之后,仅需3个小时车程。这是广汽集团布局的重要探索。

第三是中国汽车工业发展的大势所趋,国家产业政策的驱动。两个企业在产业政策出台后首先响应,是比较有利的政策先发优势,将来对他们推广自己的品牌或者产品都有益处。

资料来源:袁鑫,王艳艳. 2009. 从广汽集团并购长丰汽车的重组案例看并购策略[J]. 价值工程(9).

【想一想】 公司并购时主要考虑的因素有哪些?

第三节　其他国家并购发展历程

本节主要介绍其他几个国家的并购发展历程。

一、德国

19 世纪末 20 世纪初,德国发生了大规模的企业兼并,推动了工业的进一步发展。德国此次的兼并收购高潮产生了垄断组织卡特尔。到第一次世界大战前,德国已经有各种卡特尔近 600 个,并购直接导致了明显的生产集中。并购还产生了一批著名的大公司,如西门子公司、德国钢铁公司、克虏伯公司、加尔贝公司等。工业资本的集中引起了银行业的并购加速。

20 世纪 20 年代,第一次世界大战后由于割地和赔款使德国经济发生了剧烈波动,投机性垄断组织大量并购中小企业,生产和资本进一步集中;1922 ~ 1930 年,德国卡特尔数目从 1 000 个增加到 2 100 个,而且出现了国家出资控股的国家垄断资本。20 世纪 60 年代,以德国为核心之一的西欧共同体市场的并购也开始加速,1960 ~ 1970 年,被并购企业数目大幅上升,高达 1 850 家,相当于第二次世界大战前的 10 倍以上。20 世纪 80 年代以后,德国的大公司间并购较为普遍,大众汽车公司、联合工业企业股份公司、汉莎航空等大型企业均被兼并。

【案例 2 - 14】

德国汉莎航空公司收购布鲁塞尔航空公司部分股权

欧洲第二大航空公司德国汉莎航空公司(以下简称汉莎航空)2008 年 9 月 15 日向外界表示,公司将以 6 500 万欧元价格收购布鲁塞尔航空公司 45% 的股份,全部收购价格可能高达 2.5 亿欧元。该收购方案还有待双方监事会和欧盟相关机构的批准。根据双方达成的协议,从 2011 年开始,汉莎航空还拥有收购余下 55% 股份的权利。

汉莎航空总裁沃尔夫冈 · 麦尔胡伯表示,欧洲需要通过行业整合应对来自亚洲、中东和北美的强大竞争。汉莎航空除了对布鲁塞尔航空公司的收购之外,还有意参与奥地利政府持有的奥地利航空集团股权的竞标。另外,汉莎航空还将与途易旅游集团和德国通济隆集团进行谈判,探讨与其各自的低成本子公司进行三方合并的可行性。布鲁塞尔航空公司前身为具有悠久历史的比利时 SABENA 航空公司,2006 年收购廉价航空公司维珍快运,更名为"布鲁塞尔航空公司"。该公司目前在欧洲 50 多个城市以及非洲各地共拥有 62 条航线,其中非洲航线被认为是吸引汉莎航空的主要原因。收购布鲁塞尔航空公司将使汉莎航空增加 12 条新航线。

资料来源:搜狐新闻,2008 年 9 月 16 日。

二、英国

英国的企业并购浪潮与美国的并购浪潮基本上处于同一个周期,因此,英国基本上也经历了五次并购浪潮。纵观英国历次并购浪潮,技术因素、宏观经济状况、管制因素变化、效率等都对其起了重要的作用。

19世纪60年代到90年代,许多工业部门中较大的独资或合伙企业纷纷改组为股份公司,并在股份公司的形式下积极进行企业并购活动。这一时期,英国企业的兼并收购速度和规模都落后于美国和德国。20世纪20年代是英国经济长期萧条的时期,企业的并购活动却得到了进一步发展。20世纪60年代,外国企业进入英国市场比较容易,从而加剧了国内的竞争。为了扩大企业规模和提高竞争力,英国企业首选了并购。此外,政府为了鼓励制造部门规模合理化,1966年成立了产业重组公司,进一步推动了企业的并购活动。20世纪70年代,由于英国兼并与垄断委员会认为兼并有损于竞争,因而从严规范,使并购活动一度低落。80年代中期以后,由于兼并与垄断委员会不再将注意力放在一些细节上,而是主要看兼并是否能保证有效竞争,加之欧共体内部成员国企业都在为1992年的大市场做积极准备,英国再次刮起企业并购之风。20世纪90年代至今,跨国并购浪潮风起云涌。

【案例2-15】

英国最大地产并购案尘埃落定

2005年11月下旬,英国最大住宅地产开发商柿子公司(Persimmon Plc)宣布,已经同意以6.43亿英镑现金收购竞争对手维斯特伯利公司(Westbury Plc)。至此,这桩英国迄今最大的住宅地产并购案终于有了结果。此前,英国最大的住宅开发商并购案是泰勒伍德罗公司(Taylor Woodrow Plc)在2001年以6.32亿英镑价格创下的。柿子公司此举将刷新这一纪录。

总部位于英格兰北部约克的柿子公司是英国市值和市场占有率最高的住宅开发商。维斯特伯利是其强有力的竞争对手。此次收购将使柿子公司成为销售额最高的英国住宅开发商。从下月开始,柿子公司将成为富时指数(FTSE)中占最高比例的股票之一,这也是1990年以来第一只进入这一等级的住宅开发商股票。

根据11月24日最终商定的收购协议,柿子公司给出每股5.6英镑的价格现金收购维斯特伯利。这一价格比维斯特伯利宣布将被收购停牌前最后一个交易日(11月11日)的收盘价高出13%。据初步统计,收购总部位于英格兰中部切尔滕纳姆的维斯特伯利,将使柿子公司的销售额增加1/3。消息宣布当天,柿子公司股票上涨了1.5%,收于每股10.735英镑。

资料来源:中国房地产信息网,2005年12月12日。

三、日本

日本企业的并购历史并不长,20世纪50年代为不活跃期,60年代为激增时期,70年代为调整期,而真正意义上的企业并购是进入80年代以后才盛行的。80年代以来,日本企业兼并收购的一个显著特点是跨国并购,这也是日本最为重要的海外投资方式。日本跨国并购以并购美国企业居多,此外日本企业还加大了对澳大利亚、欧洲等国家企业并购的步伐。

伴随着1966年管制放松，日本出现了收购基金。日本对此的初始反应大多是消极的，认为这种基金不会创造任何价值，一直到1999年利普伍德公司（Ripplewood Holdings）收购日本新生银行使日本新生银行复兴，才开始认为收购基金是有积极作用的。由于日本的主银行制度、终身雇佣制、特殊的股权结构以及传统的价值观念，并购一直受到抵制。但是随着金融的自由化、股东积极主义的兴起以及主银行治理机制退化等促使日本公司治理结构发生变革，对日本企业的经营方式和行为方式带来巨大的影响，企业并购有所发展。

【案例2－16】

花王4 400亿日元收购嘉娜宝

日本花王公司2005年12月16日发布公告：花王公司已正式取得嘉娜宝化妆品公司100%的股份。这是日本产权交易中的“最大一笔买卖”，花王将全盘接受嘉娜宝化妆品。而嘉娜宝公司的其他产业，如日用品、食品和药品将由产业再生机构安排其他公司接盘。

花王公司将偿还嘉娜宝化妆品公司所欠债务，约折合127亿美元。花王公司以127亿美元获得嘉娜宝化妆品公司所拥有的知识产权，其中包括专利权、商标权、实用新型权和创意权等。花王公司还将拥有和使用嘉娜宝化妆品公司的全部“嘉娜宝”品牌。

花王公司除了将向产业再生机构支付必要的费用外，还必须回购金融机构所持有的股份，金额为5 000亿日元（约为41.6亿美元）。兼并完成以后，花王公司与资生堂在日本国内化妆品行业形成两强争霸的局面。

资料来源：新浪新闻，2005年12月。

本章小结

本章回顾了美国、中国以及其他主要国家的并购发展历程。从美国企业并购历史上看，共经历了五次大的并购浪潮，每次都有着自身独特的特点以及推动因素。我国企业的并购活动迄今为止经历了起步阶段、转型阶段以及逐步成熟阶段三个阶段。随着经济全球化的发展以及并购法律环境的逐步完善，并购活动也将愈发频繁、规范，我们要在并购的发展历程中总结经验，使并购在中国经济发展中发挥积极作用。

关键术语

垄断　金融资本　寡头垄断　强强联合　卡特尔　垃圾债券　收购基金　跨国并购

思考题

※ 美国五次并购浪潮各阶段有何特点？每个阶段推动发展的因素是什么？

※ 中国企业并购发展历程可以分为哪几个阶段？有何特点？

课后作业

请结合并购史回答，你认为进行公司收购的最好时机是什么？你是否相信是经济活动与股票市场的高涨引发了并购浪潮？

第三章　并购动因与战略

学习目标

◇ 掌握并购的动因及其种类；

◇ 了解并购战略的制定原则、不同类型的并购战略模型及其应该考虑的因素；

◇ 掌握并购战略分析的各类方法；

◇ 掌握如何制定并购战略。

引言：并购是一种理性行为吗？

"大就是好，更大为更好，最大则最好"，这早已不再是真理，过去不曾是真理，将来也肯定不会是真理。不必说过去"大而全"的企业发展模式早已被业内专家学者所诟病，也不必说前几年"德隆系"等泰坦尼克式的企业在快速扩张后面临经营危机所带来的毁灭性打击给人们的震撼，并购作为企业外部扩张的一种有效手段，不仅仅在发达国家控制权市场已经被应用得炉火纯青，我国也已经揭开了并购大潮的序幕。然而，并购后会怎样？合并后的企业是否能够提高经营效率？合并后是否能够增强市场竞争力？显然，这一系列问题，不能在并购后才去考虑，在并购战略之初就应该进行详细的规划和合理的安排。那么，并购是一种理性行为吗？或者说，并购怎样成为一种理性行为？首先应制定一个科学、理性的并购战略。本章将会详细介绍并购战略理论的来源、制定并购战略需要重点考虑的问题以及制定并购战略的主要方法。

第一节　并购动因——基于多学科理论的视角

西方国家每一次并购浪潮都与当时的经济、金融、政治及文化等外在因素的冲击有很大的关系。一般地，并购理论也是围绕并购浪潮，侧重于其动因而展开研究的。

一、经济的视角

从经济学视角看，合并的理论基础主要在于合并对企业的成本及市场势力的影响。降低成本、增强市场能力可以使企业获得更大的收益，获得竞争优势。下面我们将介绍经济学理论下的成本概念以及并购动因。

（一）规模经济

规模经济的产生是由于一定的产量范围内，固定成本可以认为变化不大，那么新增的产品就可以分担更多的固定成本，从而使总成本下降。合并后的企业必然带来生产和销售规模的扩大，意味着合并为企业获得规模经济效应提供了机会。

（二）范围经济

范围经济指由企业的经营范围而非规模带来的经济，也就是当同时生产两种产品的费用低于分别生产每种产品时，就产生了范围经济。只要把两种或更多的产品合并在一起生产比分开来生产的成本低，就会存在范围经济。某些产品可能拥有共同的技术基础，或者可能有着通用资源和能力效用，或者可能拥有共同的管理资源，这些企业都有可能为获得范围经济效应而进行合并。

（三）学习经济

学习经济是指在连续多期的生产中，企业通过学习过程可以降低生产同样产量所需的成本。通过企业合并，可以分享被合并企业积累的知识和经验，获得学习经济效应。

（四）网络经济

网络经济是对目前在世界范围内新兴的经济形态的一个描述，它突出经济运行的基本组织形式，即网络化特征。这里的网络不单纯是指一种技术，而是一种推动经济系统的升级，使生产组织方式、消费结构和经济主体行为特征都发生巨大变化的新力量。对于具有显著网络化特征的产品市场和相关产业，应从网络的视角关注整个经济体：将经济主体视为网络中的节点而将主体之间的经济联系视为网络的链，把经济主体之间的网络交互作用引入模型。虽然网络经济还不是目前的主流经济形态，但不可否认的是它正在迅速地发展。

二、财务的视角

财务视角从企业的利益相关者角度考察并购的动因，其理论基础主要是委托代理理论和公司治理理论，其中公司控制权市场理论最为典型。

目前学术界普遍认可的公司控制权市场定义是：公司控制权市场是一个由各个不同管理团队竞争公司资源管理权的市场。由于公司控制权市场常常是一个通过收集具有控制权地位的股权或者投票代理权来获得对公司控制权的竞争市场，所以，不少人也将其称为“接管市场”。

（一）公司控制权市场理论

公司控制权市场主流理论主要内容包括：

第一，在由公司各种内外部控制机制构成的控制权市场上，无论是公司内部控制机制还是外部控制机制中的代理投票竞争机制，都不能起到应有的作用，只有收购才是其中最为有效的控制机制。

第二，外来者对公司的收购非但不会损害公司股东的利益，实际上还会给收购双方股东带来巨大的财富。

第三，从长期来看，任何干预和限制恶意收购的主张，其结果都可能会削弱公司作为一种企业组织的形式，并导致社会福利的降低。

而公司控制权市场反主流理论认为，整个主流理论体系都构筑于以股东权益为中心的基础上，而对于其他相关利益者却没有予以关注。他们的主要观点如下：

第一，公司并不是股东一家所拥有的公司，股东并不总是唯一的剩余索取者，董事会和管理者应对“相关利益者”全面负责。

第二，没有证据表明以限制股东运用市场控制能力为代价的反收购立法会损害股东的权益。

第三,在代理投票过程中股东的作用得到强化,让反对者能够掌握更充分的信息,从而把代理投票权争夺推上了公司控制权市场的前台。

第四,在恶意收购和反收购之间复杂多变的集团利益斗争中出现了“第三条道路”(这主要是指大量公司逐渐接纳了诸如“金色降落伞”之类的契约),这有助于解决股东和经理在收购问题上的利益冲突,能够促使管理层接受可以为股东带来利益的公司控制权变动以及管理层为抵制这种变动而发生的交易成本。

(二)公司控制权市场的类型

公司控制权市场主要有市场导向型、机构导向型、家族治理型、内部控制人型等。市场导向型公司控制权市场上的公司所有权比较分散,两权分离比较严重,常常依赖高效运行的资本市场来监督和激励企业的经营者,外部市场在公司治理中发挥着主要的作用。由于公司的部分或全部所有权为公众所有,因此,立法常常强调维护公众作为企业所有者的合法权益,特别强调两个原则:充分的信息披露原则和股东待遇平等原则。与此相适应,这种公司控制权市场常常拥有比较发达的证券市场,公司控制权市场发挥着积极的作用。并购活动会对公司内部的经理构成威胁,促使其更加努力地为公司股东服务。

机构导向型公司控制权市场,又称为“组织导向型公司控制权市场”或“内部控制主导型公司控制权市场”。其主要特点是公司的股权集中度比较高,常以内部监控机制为主,通过严密的有形组织结构来制约企业的经营者,法人股东和银行在公司控制中发挥着主导作用,即公司治理更多地依赖于大投资者和银行的作用,而较少依赖于法律保护。由于主银行和大股东与公司管理层之间保持长期稳定的关系有助于达成所有者目标并减少代理问题,因此控制权市场基本无效。

家族治理型公司控制权市场建立在家族为主要控股股东的基础上,在以血缘为纽带的家族成员内进行权利分配,实施制衡机制。家族控制董事会,董事会聘任经理层,家族及其控制的经理层全面主导企业的发展。作为企业与家族的统一体,家族企业具有代理成本低、决策效率高、内部交易成本低等优点,公司控制权市场并不重要。

内部人控制型公司控制权市场主要存在于转轨经济国家中。由于没有一套良好的制度保障,经理层利用计划经济解体后留下的真空,对企业实行强有力的控制,在某种程度上成为实际的企业所有者,从而形成严重的“内部人控制”。在市场环境扭曲、未来前景不确定的情况下,被内部人控制后的公司更多地面临的是被“掠夺”。在公司的财务状况严重恶化的情况下,由于国家对投资者的保护力度比较薄弱,而所有权的高度集中又严重影响了股票市场的流动性,初始的所有权和控制权的变动十分困难,从而造成公司控制权交易极不活跃的状况。

(三)公司控制权市场的作用

首先,从微观层面上讲,通过公司控制权市场可以形成对不良管理者替代的持续性外部威胁,这种外部威胁在美英模式的公司治理体制中发挥着非常重要的作用。Manne(1965)在他的关于公司控制权市场的开创性论文中指出,公司控制权市场的存在大大削弱了所谓的所有权与控制权的分离问题,这个市场把小股东在公司事务中与其拥有的权益相当的权利与应受到的保护移交给他们;Fama (1980)也指出,即使仅仅存在被接管的可能，低股价也会对管理层施加压力，使其改变方式，并且服务于股东利益。

其次，从宏观层面上讲，公司控制权市场是一国调整产业结构、改善行业结构的主要场所。Jensen&Ruback (1983)等人的研究早已表明：基于市场准则的收购兼并有利于资源配置的优化。这一市场运作可以促进存量资本的合理流动和调整，使公司资产可以转移到那些能最有效地运用它们的人的手中去。公司控制权市场可以以三种方式运行：代理投票权竞争、善意兼并和敌意接管。其中，代理投票权竞争一般被认为不能很好地发挥监督约束的功能，而收购（包括善意兼并和敌意接管）则被认为是最为有效的控制机制。以代理投票权竞争、收购为代表的外部公司控制权市场在公司治理中有着重要的作用，正是由于它的存在，才给管理者带来不安和威胁感，使其行为不致偏离公司利益太远，从而在一定程度上缓解了代理问题。

三、管理的视角

管理的视角认为管理层是并购发起、交易结构设计、整合结果的决定性因素。其理论基础是自负假说和风险多样化假说。

（一）自负假说

Roll(1986)提出的自负假说认为，由于经理过分自信，所以在评估并购机会时会犯过于乐观的错误。Roll(1986)提出了这样一个问题："如果兼并根本没有什么价值，那么企业为什么要做出标购？"他指出，某一个特定的标购方或许不会从他过去的错误中吸取教训，或者会自信其估值是正确的，这样并购就有可能是标购方的自负引起的。如果并购确实没有收益，那么，自负可以解释为什么即使过去经验表明标购存在一个正的估值误差经理仍然会做出标购决策。

自负假说在一定程度上与经理主义是相类似的。

（二）风险多样化假说

风险多样化假说认为，管理层倾向于通过并购形成多元化业务格局，从而减少收益波动，并保住职位。

四、组织的视角

组织的视角认为公司内部的决策过程不是完全理性的，而是受到外部政治方面的压力和内部不一致意见的挑战，因此组织动力因素和人为因素决定并购的成败。

（一）决策中的非理性行为

人们在不确定条件下进行决策会出现非理性行为特征。由于公司投融资、收购决策项目涉及面广、信息不完备，公司高层管理者所面临决策条件的不确定性更强，他们在决策中更容易被非理性因素左右。管理者在决策中容易受到下列非理性因素的影响：

第一，框架效应。对于内容一致的备选方案，其描述方式的变化不应改变决策者的判断。但现实中人们常常会因为问题的表达方式不同而有不同的选择。有效减少框架效应的影响的方法有两个：一是采用一个程序，将任何问题的不同方式的表述转换成同一规范的表达；另一种是根据实际情况，而不是心理预期的结果评价选项，为决策方案构建客观的决策框架。

第二，损失厌恶。人们在面对"获得"时倾向于"规避风险"，尽量获得确定性的收益；

而在面对"损失"时则倾向于"追求风险",即为了避免确定的损失而甘愿冒更大的风险。由于损失厌恶,人们不愿意接受一个"100%的损失或浪费"而表现为风险偏好。过程的不确定性给了决策者"赌博"的客观环境,而主观的损失厌恶情绪使他们抱有不遭损失的希望,甘愿做出冒险的"赌博"行为,这可能会使公司在一个项目上一错再错,泥足深陷。

第三,锚定效应。当人们需要对某个对象做出定量估计时,会受某些特定的起始值(像锚一样)的影响。如果这些"锚"定的位置有误,那么估计值就会发生偏差。公司管理者在决策过程中往往不能得到完整的信息,如果他们没有意识到锚定效应的存在,就很容易被已有的信息"锚"住而步入调整不足的误区。而当他们知道锚定效应的存在后,就可以提醒自己下次做决定时注意锚定效应的影响,从而减少因该效应造成的判断偏差。

第四,过度自信。过度自信反映了人们一种认识自我的偏差。公司高层管理者都是事业上的成功人士,更容易产生过度自信。公司高层管理者的过度自信可能使他在决策中选择错误方案,从而给公司造成损失,带来行为成本。只有当管理者列出理由反对所偏好的答案时,才能减少过度自信,增加决策的准确度。同时,如果管理者对某个方案感到极度自信,他也应考虑其他备选方案可能正确的原因,或许这样并不会改变原先的判断,但能有效地减少过度自信造成的影响。

第五,证实偏好。证实偏好是指当人们有一个观点时,就会无意识地寻找证据去证实它。反映在决策上,就是人们往往倾向于过度关注支持自己观点的证据,而忽略那些否定该设想的新信息,从而促成管理者选定自己心目中的方案。当管理者一旦相信某战略,往往会对支持这个项目的信息特别敏感或容易接受,将这种对自己有利的证据视为相关而且可靠的,而视否定证据为偶然因素的结果。管理者要意识到证实偏好是一种陷阱和错误,最好的应对策略是,多采用证伪性的回答来组织问题,即从相反面或反对方分析问题,这样可以得到更为全面和真实的信息。

(二)收购中的股权稀释

运用股票交换和运用权益融资一样会稀释股东对于企业的控制权,而股权稀释的风险高低则是由股权稀释率所决定的。如果发行新股后的股权稀释率小于50%,表示股权稀释的风险较高;反之,则表示股权稀释的风险较低。当主要股东的股权被稀释到无法有效控制并购后的企业而他们不愿放弃这种控制权时,他们可能反对并购,使并购活动无法进行下去。

(三)合并后一体化问题

企业既要获得专业化所导致的规模经营带来的好处,同时也要获得一体化节约市场交易费用的好处。并购不是为了单一追求企业规模的扩大,而是一种高级一体化行为,目的就是降低成本,增强竞争力,抢占市场。我国企业并购一体化存在的问题主要有:

第一,一体化层次低。在我国当前体制下,企业的一体化往往是在一个地方主管政府管辖之内进行,选择的范围是狭窄的,合并的单元往往并未选到专业化层次的最适规模。

第二,效率损失。在市场经济中,竞争性市场对提供某种零部件或工艺服务的企业具有低成本然而坚强有力的约束,而在企业一体化后,市场约束就不存在了。另外,由于不存在外部市场的制约,主管政府下属企业或企业内前后生产阶段之间的确定性风险就会增大,在质量、数量和交货期上缺乏约束,造成生产中的效率损失。

第三,管理费用高昂。一般来说,一体化会降低市场交易费用,但同时也面临承担内部管理交易费用的问题。

【想一想】并购者在决策中容易受到哪些非理性因素的影响?

第二节 并购战略

并购战略指并购的目的及该目的的实现途径,内容包括确定并购目的、选择并购对象等。

【案例3-1】

并购成功要素之并购战略

诺贝尔经济学奖得主乔治·施蒂格勒曾经说过:“所有美国的大企业都是通过某种程度、某种方式的并购成长起来的,几乎没有一家大企业主要是靠内部扩张成长起来的。”然而,国外研究机构的大量研究也表明,企业并购的失败率在50%到70%之间。这就是说,并购既是企业成长壮大必须采取的方式,又是最复杂、风险最大的战略行为。

在一篇对我国知名并购学者康荣平的专访中,康老提到,并购战略必定是中长期的。战略准备在企业并购的过程中具有非常重要的作用,所谓“兵马未动,粮草先行”。很多中国企业在进行海外并购的时候,都缺乏完整的战略。TCL集团在检讨跨国并购受挫的原因时承认,战略准备不足是失败的主要原因。

联想集团(以下简称联想)在并购IBM的PC业务之前,曾经请美国麦肯锡公司做过一个战略规划。麦肯锡公司的建议是多元化,结果这条路走不通,联想被迫裁员,这个时候IBM主动找到联想,希望向其出售PC业务,据说柳传志当时的第一反应是很吃惊,这说明联想在海外并购方面同样缺乏战略。

对联想并购IBM的PC业务,国内研究者没有给以足够关注的是IBM。这件事是IBM主动提出来的,IBM在推动这件事方面下了很大功夫,并且希望并购能够成功,因为这影响到其在中国的利益,成功并购之后,IBM是最大获益者,而这也是联想并购及其后的整合能够比较顺利的重要原因。

我们认为,跨国并购充分的战略准备至少应该体现在以下四个方面:

第一,整体规模和实力层面的战略起点准备。中国化工集团是在蓝星集团和昊华集团等企业基础上组建起来的。在蓝星集团时代,任建新就开始了跨国并购的战略思考,但并没有采取实际行动,主要原因是蓝星集团的整体规模和实力还比较小,任建新决定先把企业规模做大。2004年中国化工集团组建成立之后,总资产达500亿元,年销售收入为400亿元,多项产品位居亚洲领先地位,这就为任建新2005年启动跨国并购做好了战略起点准备。

第二,组织机构设置层面的战略人才准备。任建新在担任蓝星集团总经理时就成立了国际部,国际部汇集了蓝星集团从事国际化经营的优秀人才,这些人后来大多数成为跨国并购团队的主要成员,这为中国化工集团日后的跨国并购做好了战略人才方面的准备。

第三，关于行业动态的战略情报准备。中国化工集团拥有24家科研院所，这些科研院所均在各自领域中掌握着最前沿的战略及竞争情报，为中国化工集团的跨国并购提供了强大的情报服务和研究支持，尤其是在并购目标选择的前期阶段。

第四，关于目标公司及相关人员的战略心理准备。中国化工集团并购的多家目标公司，都是与中国化工集团打过3年以上交道的外国企业。在业务往来过程当中，双方高层人员的频繁接触，不仅增进了相互的了解和认同，而且可以直接获得关于对方的准确信息，这无疑为日后的并购奠定了良好的心理基础。这种战略心理准备也许是无意中形成的，但它的确在其后的并购中发挥了至关重要的作用。人们通常把并购比喻为“婚姻”，“先恋爱，后结婚”的确是婚姻美满的重要法则。中国企业跨国并购的不成功案例，大多都存在对目标公司了解不足，没有与其高管人员打过交道的问题。对于跨国并购而言，双方人员的心理准备无疑是并购成功的重要因素。

资料来源：管理人的网上家园，2010年4月29日。

一、并购战略原则

并购战略的选择是并购成功的关键，因此有必要了解并购战略原则。并购战略原则主要涉及多元化与专业化的选择以及相关并购与非相关并购的选择。

（一）多元化与专业化

多元化与专业化是企业制定战略时的一个重要决策点，同时也是非常困扰企业决策者的一个问题，管理理论界一直对此争论不休。

【案例3－2】

通用电气多元化战略

通用电气公司（GE，以下简称通用电气）是世界上最大的多元化服务性公司，同时也是高质量、高科技工业和消费产品的提供者。从飞机发动机、发电设备到金融服务，从医疗造影、电视节目到工业塑料，通用电气致力于通过多项技术和服务为人们创造更美好的生活。

通用电气的历史可追溯到托马斯·爱迪生于1878年创立的爱迪生电灯公司。1892年，爱迪生电灯公司和汤姆森－休斯敦电气公司合并，成立了通用电气公司。通用电气是道琼斯工业指数1896年设立以来唯一至今仍在指数榜上的公司。1922年，通用电气的年销售量由1892年的1 200万美元增长到24 300万美元。20世纪20年代后期，通用电气拓宽了其家电产品生产线。30年代，通用电气增加了钟表、洗衣机、洗碗机、空调机、收音机等产品。1950年，通用电气已有117座工厂183 000名员工以及19.6亿美元的销售额。1960年，通用电气组建了新的化工发展事业部。1970年，80%的通用电气收入来源于传统的电气和电子制造业。1971年，通用电气的净利润达471 800万美元，销售额达94亿美元。1979年，通用电气成为世界上最大的电气设备制造商，以及电子、核能源、家用电器和航天设备的重要生产商。同年，通用电气的销售额达到196亿美元，净利润达到12.3亿美元，分别比1968年翻了一番和增长了3倍，拥有员工401 000名。

1981年4月，韦尔奇45岁成为通用电气的董事长和首席执行官。20世纪80年代早期，通用电气只有3个事业部——照明、马达和电力系统在市场领先，只有飞机发动机和塑料事业部是全球化的。1983年，韦尔奇放弃通用电气的家电业务。1985年12月，通用电气以62.8亿美元购买了传媒界“巨人”RCA，包括NBC电视网。1985年，通用电气的年销售额从1981年的272.4亿美元增长到282.9亿美元，通用电气成为《财富》“世界五百强”的第十大公司，盈利增长了两个百分点，达23.3亿美元。20世纪80年代，通用电气舍弃了消费电器部(其在美国已成为电视机和录像设备的主要制造商)，外加8亿美元现金交换法国汤姆森公司的医疗设备生产线。由于这笔交易，通用电气在欧洲的医疗设备销售立刻跃居西门子公司和菲力普公司之前，达到8亿美元，1991年猛增至10亿美元。通用电气的其他事业部也以兼并的方法将生产经营拓展到世界各地。1993年，市值大约800亿美元的通用电气有13个事业部，其中有12个在其各自的市场上位居第一或第二。公司的年生产率由1981年的2%增长到4.5%，收入已达606亿美元，净盈利达52亿美元。1996年1月，韦尔奇宣布开展基于六西格玛的行动。1996年，通用电气的金融服务事业盈利40亿美元，NBC盈利9.53亿美元，而当年通用电气的总营业利润为108亿美元。1998年，通用电气实现了1 005亿美元的收入和93亿美元的净盈利，市场价值达3 270亿美元，位居世界第二；其国际业务收入达428亿美元，占其总收入的43%。

资料来源：新浪网，2006年9月7日。

实际上，对绝大多数中国企业来讲，通用电气公司的例子并不能作为实施多元化的理由。一般来说，西方管理界的主流意见倾向专业化。以美国为例，美国公司在20世纪六七十年代也是多元化模式为主导，形成了一些跨越多个行业的大企业集团，但进入八十年代之后，随着集团公司的经营纷纷陷入困境，而专业化经营的公司业绩更为突出，形成了一直持续到现在的专业化为主导的经营模式，比较著名的例外只有通用电气公司。而日本、韩国在经济起飞阶段，获得超级成长的多是一些多元化的企业集团。

企业的规模不一样，其所要求的社会网络也不一样。当企业放大到某个阶段的时候，它必须要具备新阶段所需要的资源调配能力。这印证了一个规律：一个市场发展的初期，多元化是一个普遍的选择。这和初级阶段的市场竞争特征有关系，机会太多，而竞争的模式比较低级，成功更多地取决于资金和机会的结合而不是经营的结果。而企业发展到一定阶段之后，需要提升核心竞争力，从而走一段专业化发展道路。但是当企业规模发展到某个阶段后，其可持续发展不能再只依赖于单一核心竞争力，企业需要具备足以处理更为复杂的资源调配的能力，从而使企业再次进入多元化发展阶段。由此看来，企业多元化与专业化发展的选择应该伴随着企业的螺旋式上升交替进行。下面就企业多元化与专业化的具体概念与各阶段面临的问题进行分析。

1. 多元化

根据Chandler (1977)对美国企业发展历史的分析，最早的企业通常都是单一运营单位，生产一种产品，执行单一经济功能，随着技术和市场的进步，现代多运营单位企业开始出现、成长和成熟。在这个过程中，企业从只生产一种产品转化为生产同一系列的多种产品，到最后生产不同系列的多种产品。从20世纪三四十年代开始，这种现象就引起了社会的广泛关注，同时也引起了管理学和经济学领域学者的浓厚兴趣。他们称这种现象为“企业多元化(Firm Diversification)”，并从各自的研究角度出发对企业多元化的概念加以界定。

多元化通常是指企业从事多种业务的战略行为。从业务的关联性来看，多元化又可以分为相关多元化和无关多元化。相关多元化下，企业各业务间存在产业或资源上的关联性，而无关多元化，企业各业务间不存在明确的关联性。从企业参与业务的程度来看，多元化又可以分为多元化投资和多元化经营。一般所称的多元化是指多元化经营。

协同效应（Synergy）经常被当作多元化收益的一个主要来源。一般而言，当整体效应大于个体效应之和（1 +1 >2）时，就存在协同效应。协同效应于企业多元化而言就意味着多元化企业的整体企业价值组合要大于其业务单位作为独立业务时的价值之和（Campbell & Luchs，1992）。从广义上讲，企业多元化收益主要由协同效应产生，因此，从这个意义上，可以将多元化收益等同于来自协同效应的收益。不过，由于协同效应本身的定义并不清晰，也不容易推断出实际收益的确切来源，因此，经常从如下方面来寻找多元化收益的来源：

（1）市场力量。市场力量（Market Power）理论也称合谋理论（Collusion Theory），认为企业从事多元化可能获得的优势在于它们能够行使聚集力量（Conglomerate Power）。Seth（1990）将市场力量定义为市场参与者或者参与集团控制价格、产品销售数量或者种类从而产生超额利润的能力。很明显，市场力量主要在横向并购情况下起作用，竞争者数量的减少导致通过提价和降低监督成本而产生垄断力量。

聚集力量可以从以下几个方面获得。首先，多元化企业可能通过一种反竞争的方法——交叉补贴来获得力量。企业运用从其一个业务线中获得的收入或者现金流量来支持另一项业务活动（Palepu，1985）。如果企业在不同的行业中经营，它可能用掠夺性定价来驱逐在一个特定行业中的其他企业。因此，大型多元化企业可以运用从其他行业获得的利润来支撑其降价所造成的损失。其次，多元化企业可能通过互惠购买（Reciprocal Buying）来获得力量。大型多元化企业之间的相互关联可以阻碍小竞争者进入市场。最后，多元化企业可能通过竞争者之间的相互忍耐（Mutual Forbearance），谨慎地在每个产业避免太大的竞争（Scot，1982；Bernheim & Winston，1990）。大型多元化企业可能会在多个市场上同竞争者遭遇，因此，它们会意识到大型多元化企业的相互依赖性可能会使竞争变得不那么激烈，因为它们可以采取一种“生存并让人生存”的政策（Live - and - Let - Live Policy）（Grant，1995）。

（2）范围经济。资源观（Resource - Based View）认为，多元化企业拥有过剩的资源和生产能力，并可以很容易地在行业间转移。比如，企业可能用同样的营销或者分配渠道对各种不同的产品或者服务进行营销。同样，企业可能利用其法律和财务人员对不同行业内的各种活动提供服务。这种不同业务之间共享资源带来的好处称为范围经济。但是Teece（1980）指出，范围经济本身并不是多元化的直接解释，如果企业内的不同资产可以在市场上轻易地交易，企业将没有多元化的动机。只有当这些交易是困难的，企业内部治理较好的时候，范围经济才是多元化的解释。

（3）有效率的内部资本市场。多元化收益的另一个表现在于多元化企业的现金流量为企业在内部资本市场上融资提供了可能。一般地，内部市场权益资本融资较外部资本市场融资的成本低，同时避免了公开发行证券的交易成本和发行证券过程中产生的信息不对称问题(Hadlocketal,2001)。而且,相对于外部市场融资,内部市场融资使得企业管理者能够行使更大的项目选择决策权(Alchain,1969;Weston,1970;Williamson,1975)。Stein(1997)对上述观点进行了模型化,其模型表明,企业管理者拥有更多的信息,他们能够在项目选择上做得更好,比如进行胜者挑选(Winner Picking),从而增加企业价值。本质上,一个多元化企业的总部能够将资金从机会有限的业务单位向有增值潜力的业务单位转移。

(4)共同保险效应。Lewellen(1977)指出,多元化企业中现金流量相关度较小的不同业务单位能够产生共同保险效应(Co - Insurance Efect)。企业未来现金流量的风险降低将会有助于提高多元化企业的负债能力,某种程度上,负债能力的提高将增加企业价值,也就是说,多元化经营是企业价值增加的一个源泉。不过,根据权衡理论(Trade - off Theory),债务水平提高同时会带来破产成本和代理成本的增加,从而降低企业价值,因此,在边际税收屏蔽效应等于边际代理成本和破产成本之和时,企业达到其最优财务杠杆水平,此时对应着企业最大价值。

2. 专业化

"专业化经营"与"多元化经营"是相对的一对概念。所谓"专业化经营",是指企业将自己的业务范围限定在一个特定的领域内,集中资源培育企业在该领域的核心竞争能力的战略。

专注于核心业务的发展,是公司成长最基本的战略,也是公司成长的必由之路。信息技术的发展以及技术、业务标准的逐步开放使公司间的信息交换效率大大提高,交易成本大大降低,不同公司间的资源共享性与业务、技术兼容性大大增强。在这种情况下,公司"通吃"价值链各个环节的经营模式已经不能适应现代的公司经营环境。现代公司更多地讲求协作,一批"专吃"的公司通过协作完全可以形成高效的价值链,获得比"通吃"公司更高的资源利用效率和运作效率。实际上,以核心业务为中心的专业化已经成为一种潮流和趋势,这并不以人的意志为转移。上世纪 80 年代,在美国最大的 250 家公司中,仍然通过多元化战略进行扩张的仅占 8.5%,而通过剥离重新回到核心业务的公司则达到 20.4%。美国大公司的这种调整,贯穿了上世纪的最后 20 年,并一直延续至今。电脑行业的演变就是一个很好的例子。上世纪 70 年代,IBM 牢牢掌握着电脑市场,它几乎生产、组装电脑系统的每一个元器件,包括电子元件与软件操作系统。进入 80 年代后,随着个人电脑(PC)的出现和普及,英特尔(Intel)、微软(Microsoft)进入电脑行业,并掌握了硬件、软件的核心技术,之后戴尔(Dell)与捷威(Gateway)又使电脑行业进一步分化,这些公司通过协作共同生产、共同提供服务,电脑产业寡头垄断的局面被打破。到了 90 年代,电脑业更是全面进入按需定制的阶段,无数专业化的公司组成互为相关的网络,进而构成了整个产业链,过去一家公司从头至尾"通吃"的景象一去不复返。当你将一台"联想"电脑搬回家的时候,也许你不曾意识到,这台电脑的中央处理器(CPU)可能来自英特尔,操作系统可能来自微软,显示器可能产自飞利浦,光驱则可能出自东莞的某一家专业工厂,也许只有主板是联想自己设计和生产的。

专业化不仅通过价值链各环节的分工提高了整个行业的效率,同时也提高了单个公司的效率和效益,促进了公司成长。

丰田汽车公司(TOYOTA)、通用汽车公司(General Motors)专注于汽车的设计与生产,通过向消费者提供富有吸引力的汽车取得了成功。更令人称奇的是,高露洁公司(Colgate)仅凭几元钱一支的牙膏和牙刷也能跻身“世界五百强”之列,而专业化正是高露洁成功的关键因素。200年来,高露洁公司始终专注于极为普通的口腔护理产品的研究与生产,始终将公司的全部资源和精力集中于为数不多的几个能够给公司带来高额利润的产品,始终只关注自己最擅长、利润率最高的核心业务。高露洁的专注显然获得了回报,声名卓著的“口腔护理专家”的形象已经在全世界的消费者心目中根深蒂固。

在中国目前的经济及市场形势下,公司专注于现行业、现业务的经营仍有很大的空间,做大核心业务可以有许多种方法,以下是几条可供参考的途径:

在现有业务领域范围内不断升级技术和产品。虽然各行业公司都在大声疾呼行业走向成熟,市场竞争激烈,生意如何难做,但事实上,到目前为止,在中国真正已经步入成熟阶段的行业并不多。彩电行业被公认为是最为成熟、市场化程度最高的行业之一,竞争相当激烈。但即使是在彩电行业,也并非没有进一步专业化发展的机会。首先,中国市场如此之大,还有十分广阔的农村市场亟待开发;另外,彩电企业也可以通过开发新技术、升级产品,对现有市场进一步深度开发,如近年来出现的纯平电视、等离子电视、液晶电视、高清晰电视、平板电视等,使该行业不断涌现新的机会,继续保持着较强的吸引力。

通过出口扩大收入,强化核心业务。中国加入WTO及自由贸易的不断深化,巨大的全球市场一下子敞开在中国公司面前,为中国公司提供了广阔的市场机会。中国作为全球重要的制造基地及产业布局的重要一环,在许多低端行业,如纺织品业、手工加工业、机电制造业等还是具有较强的竞争优势的。

对于专注于某一行业的公司来说,向核心产品、核心技术领域进军,是对做大核心业务最有价值的方式。没有核心技术支撑的核心业务和市场地位是不稳固的,许多公司尽管在行业内做到了一定规模,但它们并没有掌握核心技术,这里面的发展空间十分巨大。在现有行业或业务领域内集中力量开发核心产品和核心技术,不仅可以获得更高的附加值,还可以降低公司受制于人的风险。

(二)相关并购与非相关并购

根据与并购方现有业务的相关性进行分类,并购可区分为相关并购与非相关并购。“相关性”的概念来源于公司多元化研究。Rumelt(1974,1977)从三个维度定义了两家企业的相关性:(1)利用相似的渠道服务于相似的市场;(2)使用相似的生产技术;(3)运用相似的科学研究。Rumelt研究发现,相关多元化战略的业绩总体上优于非相关多元化战略。虽然Rumelt的经验研究未能给出这种差异的原因,但他无疑发现了一个非常有意义的问题。这个问题一经Salter和Weinhold引入并购研究中来,也立即引起了从事并购研究的学者的广泛关注。

Salter & Weinhold(1979)、Shelton(1988)、Singh & Montgomery(1987)等认为,非相关并购给公司带来的好处(如资本成本的降低,管理效率的提高以及由于规模扩大、业务增加而带来的市场势力的增强)同样存在于相关并购中,但是相关并购所创造的来自规模经济和范围经济的协同收益,以及核心技能(Core Skills)在相关产业间的转移却是非相关并购难以实现的,因此相关并购表现出更好的绩效,即并购双方的相关程度越高,并购所创造的价值就越大。

Seth(1990)则认为,与相关并购相比,非相关并购能够使合并后实体获得更多的来源于联合保险(Coinsurance,由于非相关并购中并购双方的收益流相关性较低从而使公司破产风险降低)和财务多元化(Financial Diversification,通过并购非相关业务使得公司的现金流入更加稳定,回报率的波动性降低)的价值增值。Seth(1990)强调不同的并购类型有不同的价值创造来源,仅在理论层面上无法断定哪一种来源所创造的价值更大,因此相关并购是否更优于非相关并购,只能通过实证检验来证实。

Montgomery & Wilson (1986)认为,非相关多元化也是战略规划的工具之一,公司可以通过非相关并购进入新行业,并逐步退出未来发展潜力有限的行业;而相关并购虽然收益潜力大,但实现收益所要付出的努力也更多,整合和管理的难度增加了失败的风险,因此相关并购并不像预期那么成功。

关于相关并购与非相关并购孰优的经验研究并未得出一致的结论。但相关并购在同业和上下游产业链整合中的作用,以及非相关并购在混合并购中的作用,都早已为实践所证实。

【案例3-3】

美国ADP收购上海华业人力资源公司进入中国市场

昨天,美国ADP公司收购上海华业人力资源服务有限公司的大部分股权,宣告其雇主服务部门在中国市场成立实体公司安德普翰商务服务(上海)有限公司,加快进军中国本土市场的步伐。ADP公司总裁及首席执行官加里·巴特勒表示,选择现在进入中国市场,是“为公司五年甚至十年的战略做好准备”。

巴特勒认为,美国和欧洲市场的人力资源外包已经基本成熟,而日本、韩国的企业倾向于公司内部的人力资源管理模式。随着越来越多的大型跨国企业“瞄准”中国市场,中国人力资源和劳动保障的监管环境日益完善,中国市场“极具潜力”。

ADP公司中国地区总经理安穆远强调,此次并购是从公司长远发展的角度出发。安穆远说,现在中国人力资源外包市场市值约有10亿美元,而国际数据调查机构IDC的报告显示,到2010年中国的人力资源外包市场市值将达到15亿美元,而且将以每年20%的比例增长。“虽然现在全球处于金融危机的阴影下,但是我们公司对于这个市场的前景是非常有信心的。”

资料来源:商虎中国网,2009年4月4日。

(三)并购、联盟和内部发展的选择

一家专业化公司如果扩张,可以选择并购、联盟和内部发展等多种手段;一家多元化公司如果收缩,可以选择剥离、分立、股权出售等多种手段。这些手段没有绝对的优劣之分,重要的是能否运用得当。

1. 并购与内部发展

在企业初创期,由于企业规模较小,管理能力较弱,缺乏对外部资源的掌控能力,难以满足并购等外部发展的基本要求,因此中小企业主要采用通过内部积累的方式来求得发展。对于高新技术企业,为了保护自身的技术,或者由于技术的难度无法找到适合的合作者,企业也只能采取内部增长方式。

与内部发展相比,并购可以迅速进入目标市场。不论是在国内还是在国外扩张,并购往往是达到目标最快的方式。不断加剧的市场竞争和不断缩短的产品生命周期使公司不得不增强其对经济环境变化的适应性。同时,当某一家跨国公司在某一地区投资成功后,为防止先行进入的公司独占市场,其他公司会竞相进入同一市场进行投资,此时并购便是最快捷的进入方式。并购之所以具有这一特点,是缘于:首先,它可以大大缩短项目的投资周期,节省建设厂房的时间,使公司很快在目标市场上获取所需的管理和技术人员、生产设备、供应商和营销渠道等。其次,并购可以直接消灭竞争对手,占有目标公司原有的市场份额,可以充分利用原公司的销售渠道、商标和原有的管理制度和人力资源,而且不会有新增生产力,对行业的供求平衡基本不会造成影响,因此短期内行业内部的竞争结构保持不变,引起价格战或报复的可能性会较小。

【案例3-4】

危机下的印度式并购

印度IT服务公司正在抓住市场低潮的机会,大举收购欧美IT咨询和服务公司进入高端市场。

“从营业收入看,我们已经是印度第三大IT服务公司了。”HCL Axon公司亚太、中东及日本地区总经理Brian E. Pereira颇为自豪地说道。

2008年12月15日,在击败了另一家印度IT服务巨头Infosys之后,印度HCL科技有限公司(以下简称HCL)最终以4.4亿英镑的全现金出价收购了英国咨询服务公司Axon,这也是印度IT服务公司历史上最大的一笔交易。

Axon公司最早由德国SAP公司在英国的高级经理创立,在SAP软件的咨询、实施和服务方面有着非常强的实力。收购完成之后,Axon公司仍然会保持独立运营,HCL负责SAP服务的1 800多名咨询顾问也会加入这个部门,从而使得整个SAP业务团队的人数达到4 500人,跃居全球第一,这也严重威胁到了英国Logica、美国德勤、法国凯捷等老牌SAP软件咨询服务公司的地位。

“我们现在的工作重点是加紧研发SAP实施工具、人员培训和测试的方法。当这些东西出来之后,我们相信能够将SAP实施的总体价格拉到一个更加合理的程度。”Brian话中带着机锋。

这是一笔很大的生意:业内人士估计,全球SAP实施市场的规模有270亿美元之巨,其中适合外包的规模至少有73亿美元。这也是一笔利润丰厚的生意:之前在欧美发达国家,每实施1美元SAP软件,用户需要支付的咨询服务费用竟然高达5美元。

金融危机给了以外包为主的印度IT服务公司沉重的打击,印度第四大IT服务公司Satyam的假账风波更是给整个印度外包产业蒙上了阴影。与此同时,金融危机也给了他们很好的机会:他们可以通过收购同样陷入了困境的欧美同行进入利润更加丰厚的高端市场。就在去年7月,HCL还收购了从事业务流程外包(BPO)的英国Liberata公司的人寿和保险金业务部门。通过这扇大门,整个欧洲的高端IT服务市场已经向HCL打开,此前一直在印度居于二线的HCL也获得了与TCS、Infosys等一线大佬平起平坐的机会。更重要的是,这些已经登堂入室的印度公司将会集体向埃森哲、德勤等欧美老牌咨询服务公司发起新的挑战。

因此,要在这场关乎未来的竞争中占据更加有利的位置,收购可能是个不错的选择,现在也是个很好的时机:由于金融危机,欧美资本市场普遍不景气,这个时候卖方的要价也不会太高。去年10月,另一家印度IT服务公司TCS就以5.05亿美元的"合理价格"收购了自顾不暇的花旗集团旗下从事业务流程外包业务的花旗全球服务有限公司。

通过收购Axon公司,HCL也紧随印度前四大IT服务公司的脚步进入了中国市场。HCL Axon大中华区总经理顾旋是位在内地出生的华人,他在Axon美国分公司工作的时候,公司被HCL收购。Axon公司2007年下半年进入中国市场也是通过收购一家名为爵讯软件(JSPC)的SAP软件实施服务公司才实现的。可以预见,未来中国也将成为HCL Axon的重要市场和交付基地。如今,HCL Axon已经在中国的航空维修行业发展了好几个大客户了,还在准备将客户拓展到其他更多的行业之中。当听说联想集团正在花费数十亿元在全球实施SAP ERP系统的时候,顾旋笑称能够帮助联想有效地节约实施成本。当然,他也希望通过与中国本土公司合作,一起来开拓日本市场。

他的中国同行们也在抓紧拓展海外市场。过去几年里,中软国际、文思创新、软通动力、博彦科技等国内领先的外包企业已经通过小规模的海外并购,在国外市场上站稳了脚跟。未来,他们也许还会更加频繁地运用这种手段。越是形势不好的时候,也许越是需要实施大胆的进攻策略的时候。

资料来源:冀勇庆.2009.危机下的印度式并购[J].IT经理世界(7).

2.并购与联盟

并购与联盟均为企业外部发展的方式。外部发展方式通常可以较快地获取外部资源,而这些外部资源如果整合效果理想的话,可以支持企业高速增长,从而突破企业发展的资源瓶颈。

与战略联盟相比,并购最大的特点是实现所有权与控制权转移。对目标企业进行并购后,控制了目标企业的经营权和管理权,并购企业可以根据自己的战略意图,对目标企业进行整合,将市场行为和契约行为变为内部组织管理行为,企业在实现战略目标上有较大的主动性和控制权,而不会像战略联盟那样,所有行为要受到联盟参与者的牵制。

在扩张方式的选择上,企业通常还需要考虑自身的人力资源、财务资源、并购或联盟的经验、法规的限制、利益相关者的反应等因素,三思而后定。

【案例3-5】

京西重工成功收购德尔福

2009年11月3日,首都钢铁公司(以下简称首钢)旗下汽车零部件企业北京京西重工有限公司(以下简称京西重工)收购全球汽配巨头美国德尔福公司(以下简称德尔福)减振和制动业务的交易正式落锤,交易金额近1亿美元。

根据协议,收购标的除了机器设备、知识产权外,还包括德尔福的客户和产品供应合同。这意味着京西重工将接过德尔福在美国、波兰、法国、英国、墨西哥和中国等地的汽车底盘零部件生产加工基地和技术研发中心，继续服务于宝马、奥迪、法拉利和通用汽车等全球知名的汽车生产厂家。京西重工董事长方建一表示，本次收购将使京西重工得以跻身汽车底盘件的高端市场。

资料来源：李舒. 2009－11－04. 京西重工收购德尔福减震制动[N]. 国际金融报(7).

二、并购战略模型

（一）波士顿咨询集团模型——增长—份额矩阵

1. 模型简介

波士顿矩阵（BCG Matrix）又称市场增长率—相对市场份额矩阵、波士顿咨询集团法、四象限分析法、产品系列结构管理法等。

制定公司战略最流行的方法之一就是波士顿矩阵。该方法是由波士顿咨询集团（Boston Consulting Group，BCG）在20世纪70年代初开发的。波士顿矩阵将组织的每一个战略事业单位（SBUs）标在一种二维的矩阵图上，从而显示出哪个战略事业单位提供高额的潜在收益，以及哪个战略事业单位是组织资源的“漏斗”。波士顿矩阵的发明者、波士顿公司的创立者布鲁斯认为，“公司若要取得成功，就必须拥有增长率和市场份额各不相同的产品组合，组合的构成取决于现金流量的平衡”。如此看来，波士顿矩阵的实质是为了通过业务的优化组合实现企业的现金流量平衡。

2. 模型假设

早在还没有提出波士顿矩阵的1960年，波士顿咨询集团的布鲁斯·亨德森（Bruce D. Henderson）首先提出了经验曲线效应（Experience Curve Effect），即生产成本和总累计产量之间存有一致相关性。经验曲线的基本结论是：“经验曲线是由学习、分工、投资和规模的综合效应构成的。”“每当积累的经验翻一番，增值成本就会下降大约20%到30%。”因为规模是学习与分工的函数，所以可以用规模来代表经验曲线中的学习和分工成分。企业某项业务的市场份额越高，体现在这项业务上的经验曲线效应也就越明显，企业就越有成本优势，相应的获利能力就越强。按照波士顿集团的经验，如果一家企业某项业务的市场份额是竞争者该项业务市场份额的两倍，那么这家企业在这项业务上就具有较竞争者20%～30%的成本优势。这就是波士顿矩阵选取市场份额作为一个重要评价指标的原因所在。

3. 模型主要内容

波士顿矩阵区分出四种业务组合。

（1）问题型业务（Question Marks，指高增长、低市场份额业务）。处在这个领域中的是一些投机性产品，带有较大的风险。这些产品可能利润率很高，但占有的市场份额很小。它们往往是一家公司的新业务，为发展问题型业务，公司必须建立工厂，增加设备和人员，以便跟上迅速发展的市场，并超过竞争对手，这意味着大量的资金投入。“问题”非常贴切地描述了公司对待这类业务的态度，因为这时公司必须慎重回答“是否继续投资发展该业务”这个问题。只有那些符合企业发展长远目标、企业具有资源优势、能够增强企业核心竞争力的业务才得到肯定的回答。得到肯定回答的问题型业务适合采用战略框架中的增长战略,目的是扩大战略事业单位的市场份额,甚至不惜放弃近期收入来达到这一目标,因为问题型业务要发展成为明星型业务,其市场份额必须有较大的增长。得到否定回答的问题型业务则适合采用收缩战略。

如何选择问题型业务是用波士顿矩阵制定战略的重中之重,也是难点,这关乎企业未来的发展。对于确定增长战略下各种业务增长方案的优先次序,波士顿矩阵也提供了一种简单的方法:

通过下图(图3-1)权衡选择投资回报率(ROI)相对高而需要投入的资源不太多的方案。

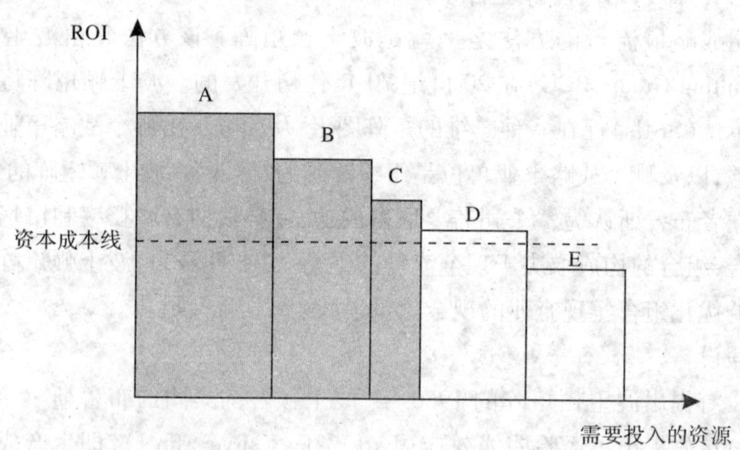

图3-1 波士顿矩阵

(2)明星型业务(Stars,指高增长、高市场份额业务)。处在这个领域中的产品处于快速增长的市场,并且占有支配地位的市场份额,但也并不一定产生现金流量,这取决于新工厂、设备和产品开发对投资的需要量。明星型业务是对问题型业务继续投资发展起来的,可以视为高速成长市场中的“领导者”,它将成为公司未来的“现金牛业务”。但这并不意味着明星型业务一定可以给企业带来源源不断的现金流,因为市场还在高速成长,企业必须继续投资,以保持与市场同步增长,并击退竞争对手。企业如果没有明星型业务,希望就比较渺茫;但群星闪烁也可能会闪花企业高层管理者的眼睛,导致做出错误的决策。这就要求企业高层管理者必须具备识别“行星”和“恒星”的能力,将企业有限的资源投在能够发展成为“现金牛”的“恒星”上。同样地,明星型业务要发展成为现金牛业务适合采用增长战略。

(3)现金牛业务(Cash Cows,指低增长、高市场份额业务)。处在这个领域中的产品产生大量的现金,但未来的增长前景是有限的。这是成熟市场中的“领导者”,它是企业现金的来源。由于市场已经成熟,企业不必大量投资来扩展市场规模,同时作为市场中的

“领导者”,该类业务享有规模经济和高边际利润的优势,因而给企业带来大量现金流。企业往往用现金牛业务来支付账款并支持其他三种需大量现金的业务。现金牛业务适合采用比较稳定的战略,目的是保持战略事业单位的市场份额。

(4)瘦狗型业务(Dogs,指低增长、低市场份额业务)。处在这个领域中的产品既不能产生大量的现金,也不需要投入大量现金,这些产品没有希望改进其绩效。一般情况下,这类业务常常是微利甚至是亏损的。瘦狗型业务存在的原因更多的是由于感情上的因素,虽然一直微利经营,但像人对养了多年的狗一样恋恋不舍而不忍放弃。其实,瘦狗型业务通常要占用很多资源,如资金、管理部门的时间等,多数时候是得不偿失的。瘦狗型业务适合采用战略框架中的收缩战略,目的在于出售或清算业务,以便把资源转移到更有利的领域。

波士顿矩阵的精髓在于把战略规划和资本预算紧密结合起来,把一个复杂的企业行为用两个重要的衡量指标来分为四种类型,用四个相对简单的分析来应对复杂的战略问题。该矩阵帮助多种经营的公司确定哪些产品宜于投资,宜于操纵哪些产品以获取利润,宜于从业务组合中剔除哪些产品,从而使业务组合达到最佳经营成效。

4. 波士顿矩阵在并购中的应用

通过对于波士顿模型的分析可知,公司必须有一个平衡的业务或产品组合,以尽可能地降低风险。公司每一阶段的战略要点都是将资金投入明天的“金牛型”战略事业单位,也就是今天的“问题型”和“明星型”产品,以保证公司未来获得稳定的现金流,从而达到可持续发展。这通常可以通过开发新的“问题型”产品,或是从外部并购新的公司来完成。通常,通过外部并购来完成本公司的产品组合具有快捷、运用资金较少等优点。但是并购其他公司的时候,一般应该遵循下列原则:

(1)尽可能并购相同产业或相关产业的公司,因为公司在进行多元化经营时,与公司原有核心业务离得越远,风险越大。

(2)尽可能进入增长快的行业,因为统计资料表明,不成功的并购大部分集中在那些发展前景不好的产业领域。

(3)不能收购市场占有率太低的公司,因为市场占有率是决定公司盈利能力和净现金流量的最重要的因素,所以,目标公司具有相当大的市场占有率是非常重要的。一般来说,并购活动成功的可能性与目标公司的市场占有率的高低是正相关的。

(二)安索夫(Ansoff)战略模型

波士顿模型有助于辨别公司业务投资组合的长处和不足,对公司业务是该剥离、保留,还是通过追加投资进一步加强等问题提供了指导性意见。而安索夫战略模型结合市场开发战略,进一步描述了两种可供选择的方向。安索夫矩阵是以 2×2 的矩阵代表企业使收入或获利成长的四种选择,其主要的逻辑是企业可以选择四种不同的成长性策略来达成增加收入的目标。如图 3－2 示。

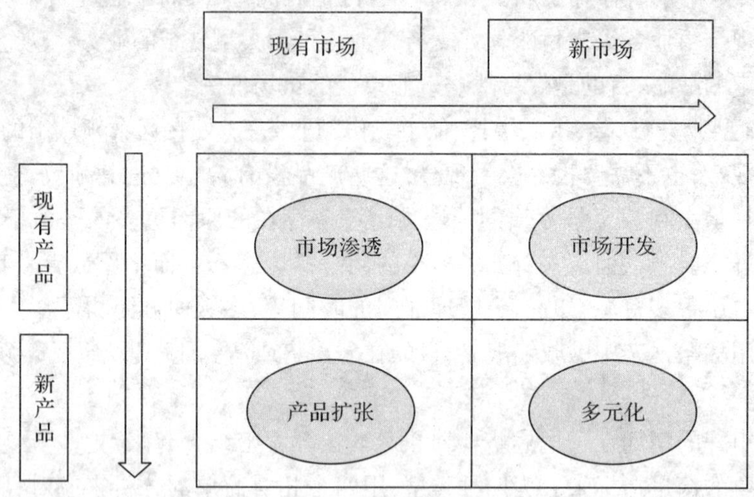

图 3 - 2　安索夫战略模型

市场渗透战略（Market Penetration），以现有的产品面对现有的顾客，以其目前的产品市场组合为发展重点，力求提高产品的市场占有率。采取市场渗透的策略，由促销或是提升服务品质等方式来说服消费者改用不同品牌的产品，或是说服消费者改变使用习惯、增加购买量。

市场开发战略（Market Development），提供现有产品，开拓新市场。企业必须在不同的市场上找到具有相同产品需求的顾客，其中往往产品定位和销售方法会有所调整，但产品本身的核心技术则不必改变。

产品扩张战略（Product Development），推出新产品给现有顾客，采取产品延伸的策略，利用现有的顾客关系来借力使力。通常是以扩大现有产品的深度和广度，推出新一代或是相关的产品给现有的顾客，提高该厂商在市场的占有率。

多元化经营（Diversification），提供新产品给新市场。在这种战略下，由于企业的既有专业知识和能力可能派不上用场，因此是最冒险的多元化策略。其中成功的企业多半能在销售、渠道或产品技术等核心知识（Know - how）上取得某种综效（Synergy），否则多元化的失败概率很高。

安索夫战略模型并不能明确地给出企业的并购战略，但是它可以大概指出企业的并购方向。企业的并购方向选择主要取决于以下因素：公司要进入的市场吸引力的大小，公司自身竞争力以及这种竞争力和市场需求相一致情况下的增值潜力。其中，公司的核心竞争力对公司的战略选择具有决定性影响。

（三）价值链分析模型

价值链分析模型视企业为一系列的输入、转换与输出的活动的序列集合，每项活动都有可能对最终产品产生增值，从而增强企业的竞争力。企业主要通过对关键业务流程的优化实现价值链的最大增值。为了提升企业战略，美国战略管理学家 Porter（1985）第一次提出价值链分析的方法。价值链是一种高层次的物流模式，由原材料作为投入资产开始,直至原材料通过不同渠道出售给顾客为止,其中所有的价值增值活动都可作为价值链的组成部分。价值链的范畴从核心企业内部向前延伸到了供应商,向后延伸到了分销商、服务商和客户。

企业相比于竞争对手更具有竞争优势,是因为企业能够更便宜、更有效地完成那些具有战略意义的价值创造活动。价值链分析的第一步是确定企业价值链的构成,然后通过与外部独立活动对比的方法,确定每一项活动对企业整体价值的贡献。企业通常可以通过从市场上寻找同样活动的交易对象,将自己从事该活动的成本与市场交易价格相对比,如果企业的成本低于市场交易价格,则该项活动就是可以为企业最终价值做出贡献的活动,反之亦然。由此,企业可以将那些对企业最终价值没有贡献的活动予以剥离,转而采取从市场上购入而不是自己从事的方式。这种由本企业价值链与前向顾客的价值链以及后向供应商的价值链组成的系统构成了价值链系统。同样,企业通过对整个价值链系统的分解和分析,找出能给企业带来正价值的业务活动,并通过前向一体化或后向一体化战略进行企业并购。

(四)核心能力分析模型

与价值链分析模型注重价值创造环节的成本比较不同,核心能力分析模型侧重于从构筑企业核心能力的角度出发,通过并购手段,进一步强化企业原有的核心能力。

根据1990年管理科学家哈默尔和普拉哈拉德在《哈佛商业评论》发表的《企业核心能力》一文对核心能力的阐述,企业持续竞争的源泉和基础在于其核心能力。随后,核心能力和企业能力理论在企业发展和企业战略研究方面迅速占据了主导地位,成为指导企业经营和管理的重要理论之一。它的产生代表了一种企业发展的观点:企业的发展由自身所拥有的与众不同的资源决定,企业需要围绕这些资源构建自己的能力体系,以实现自己的竞争优势。根据麦肯锡咨询公司的观点,所谓核心能力,是指某一组织内部一系列互补的技能和知识的结合,它具有使一项或多项业务达到竞争领域一流水平的能力。核心能力由洞察预见能力和前线执行能力构成。洞察预见能力主要来源于科学技术知识、独有的数据、产品的创造性、卓越的分析和推理能力等;前线执行能力产生于这样一种情形,即最终产品或服务的质量会因前线工作人员的工作质量而发生改变。企业核心能力是企业的整体资源,它涉及企业的技术、人才、管理、文化和凝聚力等各方面,是企业各部门和全体员工的共同反应。

核心能力具有三大本质特征,体现在如下方面:

1. 价值特征:创造独特价值

这主要表现在三个方面:

(1)核心能力在企业创造价值和降低成本方面居于核心地位。核心能力应当能显著提高企业的运营效率。

(2)核心能力能实现顾客所特别注重的价值。一项能力之所以是核心的,是因为它给消费者带来的好处是关键的。

(3)核心能力是企业区别于竞争对手的原因,也是企业比竞争对手做得更好的原因。因此,核心能力对企业、顾客具有独特的价值,对企业赢得和保持竞争优势具有特殊的贡献。

2. 资产特征:专用性资产

对企业核心能力的投资是不可还原性投资,因此核心能力可以看作是企业的一种专门资产,具有"资产专用性"的特征。核心能力的专用性还体现在积累的自然属性上,因为核心能力具有历史依存性,是企业积累性学习的结果,也即企业的"管理遗产",它使仿制者处于时间劣势,即使仿制者知道核心能力,也由于资源的积累需要一段时间而无法参与竞争(福斯、哈姆森,1998)。核心能力的资产专用性对外部的潜在进入者构成一种进入壁垒,以保护垄断利润的获得;同时又对企业本身构成了一种退出壁垒,这种退出壁垒对企业产生一种推动作用,激励企业员工为共同的目标而努力。

3. 知识特征:隐性知识

知识可以分为两大类:显性知识和隐性知识。具有信息特征的显性知识很容易被仿制,而具有方法论特征的隐性知识则相对来说较难仿制。如果核心能力必须是异质的,必须是完全不能仿制和替代的,那么核心能力必须以隐性知识为主。正因为隐性知识不公开、内容模糊、无法传授、使用中难以觉察、复杂而又自成体系的缘故(Winter,1987),核心能力才具有"普遍模糊"的特点。所以,"核心能力可以被认为是关于如何协调企业各种资源用途的知识形式"。

核心能力由于具有以上三大本质特征,很难被模仿和替代,从而也成为企业可持续发展的源泉。

因此,除了企业内部积累外,通过并购手段从构筑企业核心能力的角度出发,进一步强化企业原有的核心能力,就成为了一种必要的选择。当然,要想进一步增强企业原有的核心能力,准确而清晰地识别原有的核心能力以弥补不足就是十分必要的了。通常情况下,我们将企业核心能力的识别分为内部核心能力的识别和外部核心能力的识别两个部分。

企业内部核心能力的识别主要从对企业自身的分析入手,包括价值链分析、技能分析、资产分析、知识分析等四个部分。企业外部核心能力的识别从企业外部着手,即从竞争对手和顾客的角度,分析企业之所以具有核心能力,它提供的产品和服务以及对顾客所看重的价值与竞争对手相比有多大的差异;然后,分析为什么会产生这些差异,对重要差异起关键作用的驱动力有哪些。外部核心能力的识别方法有两种:一是核心能力的顾客贡献分析;二是核心能力的竞争差异分析。

我们首先来看内部核心能力的识别。

1. 内部核心能力的识别——价值链分析

价值链分析是一个很有用的工具,它能有效地分析在企业从事的所有活动中哪些活动对企业赢得竞争优势起关键作用,并说明如何将一系列活动组成体系以建立竞争优势(Porter,1997)。价值链分析可以用来识别对企业产品的价值增值起核心作用的活动。真正的核心能力是关键的价值增值活动,这些价值增值活动能以比竞争者更低的成本进行,正是这些独特的持续性活动构成了公司真正的核心能力。

20世纪70年代后期,美国通用电气公司的核心能力是营销和良好的产品形象,而松下公司和无线电设备公司等竞争者对通用电气公司造成了很大的冲击,因为他们培育了增值较多的活动:松下公司是在零配件方面,而无线电设备公司则是在零售方面。尽管他们提供的产品相似,但是在价值链中,他们的核心价值增值活动各不相同。因此,他们的核心能力也各具特色。

2. 内部核心能力的识别——技能分析

从技能角度分析和识别核心能力最容易被企业接受和掌握,而且哈默尔和普拉哈拉德(1995)主要也是从技能着手分析核心能力的。业务单位想成功地施展一种关键业务技能,就必须成功地实施其战略活动。大多数战略活动包括一组关键业务技能,这组关键业务技能中的每一种都能够进一步分解为"部件"和"子部件"。一项业务技能的每种部件都依赖于诀窍。关键性部件中诀窍的质量对整体业绩可以产生巨大影响。在关键性部件方面,公司具有开发某些自己特有的诀窍,以及不能被竞争对手广泛使用的出众能力或知识,通过界定"关键业务技能",精确抓住"关键部件或子部件",可以识别和培育企业核心能力,从而获得竞争优势。

3. 内部核心能力的识别——资产分析

资产专用性越强,可占用性准租金越多,缔约成本将超过纵向一体化的成本,企业更倾向于交易内部化。因此,企业内的专用性投资是取得和维持准租金的源泉。虽然巨额的固定资产投资可以形成进入壁垒,使企业获得超额利润,但这种有形的专用性资产产生的优势容易被模仿,因而难以持久,稳定而持续的竞争优势主要来自对无形资产的专用性投资。

无形资产主要分为四大类:市场资产、人力资产、知识产权资产和基础结构资产(Brooking,1998)。我们看到卓越公司的优势并不是体现在现代化的厂房和先进的机器设备上,而是蕴藏在市场资产、人力资产、知识产权资产、基础结构资产等诸多的无形资产中。

(1)市场资产:产生于公司和其市场或客户的有益关系,包括各种品牌、忠诚客户、销售渠道、专营协议等。

(2)人力资产:体现在企业雇员身上的才能,包括群体技能、创造力、解决问题的能力、领导能力、企业管理技能等。

(3)知识产权资产:受法律保护的一种财产形式,包括技能、商业秘密、版权、专利、商标和各种设计专用权等。

(4)基础结构资产:指企业得以运行的那些技术、工作方式和程序,包括管理哲学、企业文化、管理过程、信息技术系统、网络系统和金融关系等。

4. 内部核心能力的识别——知识分析

正如埃里克森和米克尔森所说的那样,核心能力可以被认为是关于如何协调企业各种资源用途的知识形式。不过,波兰尼(Polanyi)关于显性知识和隐性知识的划分,尽管有助于解释为什么企业核心能力难以被模仿和复制,但对企业进行知识分析则显得粗糙。较权威的对知识的分类来自经济合作与发展组织(OECD)。经济合作与发展组织将知识分为四种类型:知道是什么的知识(Know - what);知道为什么的知识(Know - why);知道怎么做的知识(Know - how);知道是谁的知识(Know - who)。其中,前两类大致属于显性知识,后两类属于隐性知识。企业知识并不是企业个体所有知识的总和,而是指企业能像人一样具有认知能力,把其经历存储于"组织记忆"(Organizatlonal Memory)中,从而拥有知识。

接下来看外部核心能力识别。

1. 外部核心能力的识别——核心能力的顾客贡献分析

顾客贡献分析与价值链分析的主要区别在于,顾客贡献分析是从企业的外部出发,分析带给顾客的价值中哪些是顾客所看重的价值,带给顾客核心价值的能力便是核心能力,而不是从企业内部价值创造的全过程分析。从这个角度看,可以把本田公司在发动机方面的技能看作是核心能力,因为顾客购买本田车,是由于本田车在发动机和传动系统方面的能力确实为顾客提供了如下好处:极省油,易发动,易提速。因此,要识别核心能力,就必须弄清:顾客愿意付钱购买的究竟是什么;顾客为什么愿意为某些产品或服务支付更多的钱;哪些价值因素对顾客最为重要,也因此对实际售价最有贡献。经过如此分析,可以初步识别能真正打动顾客的核心能力。

2. 外部核心能力的识别——核心能力的竞争差异分析

Porter(1997)教授认为,一个企业的竞争优势取决于两个因素:所选择产业的吸引力;既定产业内的战略定位。也就是说,企业要取得竞争优势,一方面要有能够进入具有吸引力的产业的资源和能力,即战略产业要素(Strategic Industrial Factors);另一方面拥有不同于竞争对手且能形成竞争优势的特殊资产,即战略性资产(Strategic Assets)(Amit & Schoemaker,1993)。因此,从与竞争对手的差异性角度分析核心能力有两个步骤:(1)分析企业与竞争对手拥有哪些战略产业要素,各自拥有的战略产业要素有何异同,造成差异的原因何在;(2)分析企业与竞争对手的市场和资产表现差异,特别是企业不同于竞争对手的外在表现,如技术开发和创新速度、产品形象、品牌、声誉、售后服务、顾客忠诚度等,识别哪些是企业具有的战略性资产,根植于战略性资产之中的便是核心能力。在对企业核心能力进行充分识别的基础上,制定合理的并购战略,使得并购活动可以对企业原有的核心能力形成优势互补,以达到企业不断扩充核心能力,在竞争中立于不败之地的目的。

【案例3-6】

WPP集团全球并购战略分析

(一)背景

2008年9月,WPP集团(以下简称WPP)获得欧盟的同意,以11亿英镑收购全球第三大市场研究公司法国索福瑞集团(TNS)。TNS与AGB尼尔森的视听率调查业务形成直接竞争关系,由于欧盟的反垄断条款,WPP决定退出AGB尼尔森,并于11月将其所持的AGB尼尔森公司50%的股份与尼尔森集团其他业务进行交换。收购后的TNS整合于其集团下的Kantar市场调查公司,使得Kantar的规模和实力又上了一个台阶——仅次于A. C. 尼尔森,位居世界第二,WPP的全球营业额也正式超过其对手宏盟(Omnicom),成为全球最大的营销服务广告集团。名次的变化只是其实力的一个佐证,其背后更深层次的变化在于,WPP将为旗下各种客户提供包括视听率、市场占有率、广告收益率等在内的全方位的市场数据服务,从而进一步巩固与客户之间的服务关系。

(二)对外并购战略

从1985年马丁·索雷尔投资于Wire Plastic Product公司开始,这家本来经营非广告业务的公司逐步扩张,到2008年已经成为全球第一的传播集团。WPP的历史可视为WPP的并购史,正是这些不断的并购、联合和投资,促成了WPP的对外扩张与壮大。

1. WPP对外并购的理论动机

WPP通过资本的运作和并购这一手段,成功而迅速地扩大了集团的规模,而WPP采用并购这一手段的理论根源,我们可以利用经济学的效率理论和交易费用做出合理解释。

"效率理论"的基本观点认为,企业并购对整个社会来说具有潜在收益,这主要体现在大企业管理层改进效率或者形成协同效应上。这里所谓的"协同效应",一般指的是两家企业组成一家企业之后,其产出比原先两家企业产出之和还要大的情形。从经济学的观点来看,作为"理性人"的投资者总是以追求效率最大化或者说效用最大化为行动指南,从效率的角度来分析并购的动机和并购的内在机理是基本思路。但是,由于并购事件中具体企业之间的差异性,具体到每一次并购的动机到底起因于或者说对应于何种意义上的协同效应和效率改进,则需要进一步考察和详细描述。因此,经济学研究在效率理论的基础上,还提出了"管理协同效应论"、"运营协同效率论"、"多样化经营论"、"财务协同效应论"、"战略重组以适应环境变化论"和"市场价值低估论"。

其中,运营协同效率论为WPP的并购活动提供理论依据。运营协同效率从生产经营绩效的角度解释了并购产生的运营协同效应。它提出在存在规模经济的市场环境下,某些企业在因经营活动水平达不到实现规模经济的潜在要求前提下,将某家企业与另一家已存在的企业进行合并,可达到规模经济的要求,从而实现生产经营效率最大化。而WPP通过并购等活动,将具有不同特长的传播公司合并起来,相互配合与互补,在短时间内扩大了经营规模,实现了资源优化配置,从而形成前期市场调研、媒体购买甚至是客户的规模效应,提高了运营业绩。

交易费用和内部化的观点认为:因信息不对称,在搜寻、议价等过程中,企业之间的每笔交易都是有成本的,所以很多企业不是选择将所有的业务外包,而是有选择地将其整合起来,进行内部化。所谓的"内部化",是指在企业内部建立市场,尤其是跨国企业,以企业内部市场代替外部市场,从而降低交易费用。因此,建立企业内部市场即通过跨国公司内部形成的公司内市场,能够有效地克服外部市场和市场不完善所造成的风险和损失。而WPP大举并购的一个合理解释是,将企业外部交易内部化,从而减少交易成本,提高业绩。

2. WPP对外并购的现实因素

WPP对外采用并购这一战略手段不仅仅有着自身的理论基础,同时还受整个传播业环境的影响。纵观全球经济史,从19世纪末到现在,全球已经发生了四次并购浪潮,而第五次并购浪潮正在进行中,对WPP的并购战略有直接影响的是第四次和第五次并购浪潮。这一期间,广告主、广告公司、媒体和消费者都发生了巨大的变化,直接影响了WPP的这一战略手段。

(1)广告主——并购并未结束

我们可以看到这几年的世界企业并购的趋势和数量,2008年虽然因为经济危机并购数量有所下降,但是并购并没有结束。在WPP的客户中,宝洁公司并购威娜公司和吉列公司,谷歌公司收购DoubleClick公司,这些并购使得广告主的力量变得更强。

广告主的经营规模的扩大,对广告主与广告公司产生了一系列的影响。首先,广告主的全球化经营要求广告公司在全球化范围内为其服务,必须随之在世界各地设立子公司,扩大其经营范围,取代以前规模较小的办事处或者分公司,以便更好地为客户提供服务。其次,广告主自身综合实力的进一步提升,破坏了之前博弈的力量均衡,使得广告主对广告公司的议价能力大大提高。为了在与广告主的博弈中占据有利地位,广告公司也必须做大做强。这些变化促使广告公司进行并购。

(2)新媒体刺激下的媒体并购

伴随着第五次并购浪潮,媒体并购也不例外。2007 年新闻集团收购道琼斯公司,汤姆森集团收购路透社,都说明媒体的力量也越来越集中。互联网和新技术突飞猛进的发展,刺激了传统媒体和新媒体的融合,也使得深陷在第五次并购浪潮中的媒体并购更加激烈。根据普华永道 2008 年针对美国企业的并购报告,2008 年美国媒体行业并购依然强劲,交易额达 1 508 亿美元,占总体并购量的 18%。促成这一行业并购的一个主要原因是,旧媒体和新技术的结合使得旧媒体和新技术公司不断改造自己,并推动了并购活动的进行。我们可以看到,美国的 283 起媒体并购中,仅互联网领域就超过了 1/3。而新媒体的迅猛发展和媒体并购,对广告公司与媒体的博弈也造成了影响,促使广告公司加强并购,增强自己对媒体的议价能力。

(3)广告公司竞争进一步激化

广告主和媒体两个层面的变化促使广告公司采取行动,增强自身力量,同时,广告公司还面临同行业之间激烈的竞争。WPP 与其他传播集团的竞争主要来自两个方面:业务争夺和资本市场的表现。业务争夺主要表现在各大广告公司通过整合资源,提供全方位的营销传播服务,以博得广告主的青睐。广告集团的收购不仅能够提高业务整合水平,而且能够迅速带来大型客户。WPP 收购智威汤逊集团(JWT)从而获得全球最大广告主宝洁(P&G)就是一个很好的例子。在资本市场方面,大广告集团还必须提高在广大股民心目中的地位,具体表现为该公司股票在股市中的表现。从 20 世纪 80 年代起,WPP 的并购历程与其他几个大的广告集团的并购齐头并进。

在激烈竞争的环境下,WPP 也必须制定和实施自己的并购扩张战略,以维持自身的存在与发展。WPP 通过一系列的收购与兼并,其年收入虽然在 2003 年、2004 年有稍许下挫,但是 2001 ~2008 年的总体收入增长率是四大集团中最高的,从 2001 年的全球第三到 2008 年的全球第一,可以说,WPP 在激烈的竞争中赢得了阶段性的胜利。

(三)并购执行与三大战略目标

WPP 从诞生起就伴随着资本的运作与并购,从一个与营销传播不相关的小公司成长为现在世界顶级的营销传播集团,这一转变的完成,WPP 只用了 25 年的时间。“而在这个过程中,马丁·索雷尔只做了两件事情:寻找有价值的收购对象,然后收购它”。的确,WPP 的成长绝大部分是建立在对外收购上的。如果没有 1987 年收购智威汤逊集团、1989 年收购奥美集团、2002 年收购扬—罗必凯集团和 2005 年收购精信集团这四大收购,WPP 绝对不会扩张到现在的规模,而正是 2008 年对法国 TNS 的收购,使得 WPP 登上了全球第一的宝座。

但是,并购只是一种战略手段,而在并购的前期发现有价值的收购对象,才是对 WPP

更加重要的事情。马丁·索雷尔在2008年年报中写道:"这一系列的并购,将使得我们向战略发展目标前进,那就是:将公司在亚洲、拉丁美洲、非洲、中东的市场占有率提高到1/3,将营销服务的比率提高到2/3,将可量化服务和消费者调查提高到1/2。"战略目标的确定是寻找价值的结果,更是并购执行过程中判断并购对象的价值的标准。

进入21世纪以来,WPP在三大长期目标的指导下,收购地域越来越集中于快速发展的新兴市场,而收购的业务领域也朝着战略目标所说的营销服务方向前进。笔者从WPP网站的所有财务消息中摘出了全部的并购消息,其中新兴市场领域的并购交易共99起,占整个WPP并购交易数量的1/2,可见WPP的并购向新兴市场的倾斜;而在并购的业务方面,营销服务领域并购数量为167起,其中以互联网、电子营销为重点,占整个WPP并购数量的近25%。经过近年来一系列的布局,WPP从亚太、拉丁美洲到中东一直保持着稳健的发展。

2008年WPP区域收入在新兴市场要比同行业高出20亿美元,这也从一个侧面肯定其发展的成果。而在业务领域方面,经过近几年的发展,WPP在营销服务上的营业额比第二名的宏盟集团多20亿美元。特别是在电子营销行业,2007年WPP成立WPP Digital,开始致力于开拓这一行业市场。2008年,WPP在电子营销行业的营业额大大超过同行业竞争对手,具有绝对优势。

同时,WPP积极发展可量化营销服务方面的力量,2008年收购法国TNS就是其中的一大举措。收购TNS,大大提高了WPP在这一领域的竞争力,使得Kantar成为全球第二大信息咨询与市场调查集团,以及全球第四大的信息服务公司。

(四)结语

从WPP的整个发展历程可以看出,WPP之所以能够成为全球最大的传播集团,是因为马丁·索雷尔等努力做到了把握趋势,把握时机,迅速扩张。当许多广告企业沉湎于欧美等发达地区的广告业的鼎盛的时候,WPP在新兴市场开拓出了一片"蓝海"。目前,在欧美市场,WPP的营业额与主要竞争对手宏盟集团持平,但在新兴市场,WPP的营业额远超出宏盟集团。当其他公司沉湎于传统广告的辉煌的时候,WPP认为,非广告的营销服务有更大的空间。在广告与媒体服务方面,WPP的营业额也与宏盟集团相当,但在非广告的其他营销传播服务方面,WPP则更胜一筹。在可量化营销传播服务方面,WPP的表现也极为突出。收购法国TNS,使得WPP的Kantar成为全球第二大信息咨询与市场调查集团以及全球第四大信息服务公司,而在代表未来趋势的电子营销领域,WPP的营业额是其他所有公司的总和。中国的广告业正在进入资本竞争的高峰期,WPP的经验,毫无疑问具有重要的参考和借鉴意义。

资料来源:人民网传媒频道,2009年11月18日。

【想一想】 ①WPP的战略本质上是何种类型的战略?

②发展新业务是否必须关注新业务与主业的关联性?

本章小结

并购是一个受到多种力量制约的过程,这些力量通常相互冲突,我们必须全面分析并购动因,从多学科理论角度科学地解释并购动因。

一项成功的并购项目从酝酿到完成，有 60% ~70% 的时间应用在战略规划的准备上。根据并购战略对并购结果的影响来推断并购决策者的动机，可以发现有的并购为股东创造了价值，有的为企业管理层增加了价值，有的则侵占了利益相关者的利益，虽然仅第一种动机是每一宗并购标榜的理由。

即使真的是为股东创造价值而发起并购，也要考虑并购战略的原则。无论公司寄希望于多元化还是专业化发展，相对于联盟和内部发展的选择，并购都可能是实现快速扩张的手段。相关并购与非相关并购均有成功与失败的案例，它们不过是以并购手段实现战略的具体形式，是否有助于战略的实现全在于运用之妙。

并购战略模型主要有波士顿模型、安索夫战略模型、价值链分析模型和核心能力分析模型等。

关键术语

并购动机　自负假说　专业化　明星型业务　协同效应　市场渗透战略　相关并购　现金牛业务　财务协同　市场开发战略　非相关并购　瘦狗型业务　隐性知识　产品扩张战略　内部发展　安索夫战略模型　显性知识　多元化经营　波士顿矩阵　价值链分析模型　问题型业务　核心能力分析模型

思考题

※ 请列表分析比较各种战略制定方法的利弊。

※ 请列表分析专业化与多元化的利弊。

课后作业

并购活动是否会产生产业集聚效应？请结合一个产业进行详细说明。

第四章　并购交易管理

学习目标

◇ 了解参与并购的投资银行、律师事务所、会计师事务所、资产评估公司等主要中介机构在并购中的作用；

◇ 熟悉掌握尽职调查的概念和作用及其主要内容；

◇ 掌握尽职调查的范围、程度和风险控制；

◇ 掌握交易结构设计的目的、原则、主要内容以及各阶段的风险防范措施；

◇ 了解并购意向书和并购协议的内容构成。

引言:如何看待并购交易管理

企业并购是市场竞争的产物,是现代经济中资本优化配置的最重要方式,是企业实现发展战略而经常选择的一种途径。并购作为资本市场上的一种交易,其内容、形式、过程都较商品市场或资金市场上的交易要复杂得多。一项成功的并购活动,应该在各个环节力求缜密并相互照应,不能忽略任何细节问题,这就对并购交易的管理提出了更为严格的要求。同时,我们也应看到,并购活动是一项具有创造性的活动,企业不能以僵化的思维进行并购交易管理。

第一节　并购与中介机构

中介机构是指在企业并购过程中为并购双方中的一方提供融资、咨询、信息等服务并收取一定费用的第三方当事人。从国内外的做法来看,并购交易整个过程所涉及的中介机构主要包括投资银行等金融机构以及律师事务所、会计师事务所、资产评估公司等非金融机构。

一、投资银行

现代投资银行的核心作用是作为资金需求者和资金提供者结合的中介,以最低成本实现资金所有权与资金使用权的分离。其中包含两层意思:一是为经济体系的增长注入资本的功能;二是为经济结构调整实现资本配置的功能。投资银行在现代社会经济发展中发挥着调节资金需求、构造证券市场、推动企业并购、促进产业集中、优化资源配置等重要作用。在企业并购过程中,投资银行既提供资金又充当经纪人,甚至直接参与企业并购,大大促进了并购活动的发展。

(一)投资银行概述

投资银行是指经营全部资本市场业务的非银行金融机构,从事证券发行、承销与交易代理,为企业提供并购与重组、基金投资与管理、项目融资和投资咨询等业务。投资银行是资本市场最重要的媒介,是市场经济机制的组织者和有机组成部分,是现代金融系统的一个核心要素。

投资银行业务既包括一级市场上的承销业务,也包括二级市场上的经纪业务,涉及公司并购、项目融资、投资咨询和资金管理等诸方面的内容。公司并购是投资银行的一项重要业务,其收入在投资银行总收入中所占比重也逐年提高。投资银行的并购业务是指投资银行为协助企业进行合并与收购而展开的一系列融资服务业务。这种业务可分为两大类:一是并购策划和财务顾问业务。在此类业务中,投资银行不是并购交易的主体,而只是作为中介机构为并购交易的兼并方或目标企业提供策划、咨询及相应的融资服务。这是投资银行传统的并购业务。二是产权投资业务。在此类业务中,投资银行是并购交易的主体,它把产权买卖当作是一种投资行为,先买下产权,然后或者直接整体转让,或者分拆卖出,或者重组经营待价而沽,又或者包装上市,抛售股权套现,其目的是从中赚取买卖差价。项目融资是指以项目的资产、预期收益或权益作抵押从事的一种无追索权或有限追索权的融资或贷款活动。投资咨询是指基于专业知识提供相关投资信息和建议的服务。咨询顾问的任务就是发现客户的问题,并基于对专业的认识和经验,为客户提出解决问题的方案。资金管理是指投资银行根据资金管理合同约定的方式、条件、要求及限制,对客户资金进行经营运作,为客户提供有关投资管理服务的行为。

(二)投资银行在并购中的作用

投资银行在并购中主要起到中介顾问以及融资的作用。

1. 中介顾问的作用

投资银行担任并购方顾问的主要业务包括:利用自身掌握的大量产权交易的信息、并购技巧及经验来协助并购方策划经营战略和发展规划,帮助并购方制定并购战略规划,明确并购目的,拟定并购标准;搜集、调查和评估目标企业,分析并购目标企业的可行性,并做出筛选;根据并购具体情况,制订切实可行的并购计划;评估并购后对买方在财务和经营上的协同作用,以及摊薄影响;防范和制止目标企业的各种反并购措施;积极开展公关活动等。投资银行担任目标公司顾问的主要业务包括:分析潜在并购方,寻找最佳的买方企业;策划出售方案和销售策略;评估出售企业,制定合理的售价;组织并购谈判或出售招标,争取最高售价;鉴定并购协议的合理性并监督协议的执行,至最终完成交易。此外,投资银行还可以向意欲抵御敌意收购的卖方提出反兼并措施。

2. 融资的作用

选择现金方式并购时,对并购最大的制约便是资金,特别是在大规模现金收购中,企业要想在短期内全由自己拿出足够的资金来几乎是不可能的。而投资银行不仅可以通过发行证券及贷款安排等为并购企业寻求外部资金支持,有时还可以提供自有资金。投资银行与企业进行合作,共同发展的成功范例有很多。香港中信银行的市值从 1985 年的 2.5 亿元人民币发展到 1997 年的超千亿港元,除了经营有方外,几次大的筹资活动,其背后都有一家投资银行为其出谋划策。国内投资银行的"第一把交椅"中国国际金融有限公司也为国内十余个大型项目的筹融资活动提供过服务。这些服务主要体现在协助买方设计和组织发行"垃圾债券",以完成杠杆收购。

总之，投资银行参与企业并购，既可以提高并购的效率，加速并购的进程，又可以减少并购中的资源浪费。

【案例4-1】

浙江精工集团收购长江股份

2003年6月，申银万国证券研究所(以下简称申万证券)协助浙江精工钢结构建设集团有限公司(以下简称精工集团)收购安徽长江农业装备股份有限公司(以下简称长江股份)30%的股权，触发证券市场上第五起要约收购案。

精工集团是一家处于行业前列的新型钢结构建筑企业，自成立以来，发展迅速，具有良好的发展前景和成长性。然而，尽管该公司成长性好，但由于发展时间较短，企业规模不大，受规模的限制，集团在扩大产能、完善区域布局、提升品牌影响力上遇到了瓶颈，必须借壳上市。

长江股份(600496)2002年6月5日上市，总股本11 000万股，流通股4 000万股。公司主营拖拉机、联合收割机、配套农机具及其他农机产品的生产和销售。由于所处行业的生产利润率非常低，而且面临着产品单一、市场竞争激烈、产品技术含量低、盈利空间狭小等困境，效益低迷。

2003年6月18日，长江股份控股股东六安手扶拖拉机厂与精工集团签订了股权转让协议，六安手扶拖拉机厂将其持有的长江股份55.55%的国家股权转让给精工集团。本次股权转让后，精工集团拥有长江股份55.55%的股权，为长江股份的实际控制人。精工集团于2004年1月7日履行全面要约收购义务，成为我国证券市场上第五起要约收购。

精工集团要约收购标的高达1.56亿元，数额巨大，但是整个并购过程从选择目标到具体并购方案完成，历时仅3个月。在此次并购中，申万证券的总体策划、务实高效起了较大作用。

首先，申万证券帮助精工集团选择了长江股份这个合适的并购对象，奠定了并购成功的基础。2003年2月底，申万证券接受精工集团委托，寻找一家上市公司以实现借壳上市。如何在1 000多家上市公司中缩小范围？申万证券立即从精工集团的规模、产业特性、发展战略等多个角度分析，凭借其强大的数据库和行业研究力量，仅用两天时间，便从中圈定了包括长江股份在内的五家上市公司。

其次，申万证券发挥自身专业优势，对所选并购对象进行科学的评价筛选。考虑到精工集团的发展战略，主要从下列因素综合考虑：①公司以中小规模为主；②公司的主营业务应该比较简单，收购后有利于继续经营或重组；③企业资产质量应较好，现金比较充沛；④公司应该位于我国中部地区，有利于精工集团拓展新市场；⑤该地区的产业结构能够和精工集团有较多的结合点。申万证券在做出以上因素的评估报告的同时，组织人员分头走访上市公司和地方政府，了解出让意向，终于发现因为长江股份和精工集团两者的结合点颇多，有利于并购的成功和今后的运作，最后锁定长江股份。

选定长江股份后，申万证券根据长江股份的具体情况努力实现了并购双方以及当地政府的“多赢”，保障了精工集团并购的顺利成功实施。长江股份作为六安市唯一的一家上市公司,受到众多公司的关注。在精工集团之前,已有好几家实力更强的企业与之接触过,竞争初期,精工集团并不占据优势,其在最后敲定的三家入选企业名单中仅排名末位。因为长江股份虽然业绩出现滑坡,但是这家企业对于六安市的就业、税收贡献颇大,是当地的支柱企业之一,政府的态度也将成为决定谈判成败的关键因素;长江股份的股东们是否能认同精工集团入主,这在当时也还是一个未知数。因此,在本次并购中,股东、企业、政府,形成了一系列错综复杂的难题。考虑到以上这些因素,申万证券在制订并购方案时选择以实现企业、股东、地方政府多方面共赢为出发点。

申万证券在设计并购方案时,首先以提升上市公司的业绩为重点,拟将精工集团的核心钢结构企业——浙江精工钢结构有限公司的49% 股权转让给长江股份。如果重组成功,长江股份将成为一家专营建筑钢结构设计、制作、销售、安装的成长性上市公司,从而使得长江股份的股东对公司未来业务的发展和业绩有了明确的预期,最大限度地保护了广大投资者的利益。

同时,从精工集团的发展战略出发,考虑与地方政府建立一揽子合作,支持当地的经济发展。就在谈判的同时,精工集团已经做出了实质性的举措。2003 年 5 月,精工集团与长江股份合资组建(长安)长江精工钢结构(集团)股份有限公司,注册资本为 1 200 万元,成为六安市 2003 年最大的招商引资项目。精工集团还在六安市建立了钢结构工业园区,把六安市发展成为精工集团的另一个大型钢结构基地。这将不仅有利于长江股份的发展,而且也将对当地经济发展做出贡献。

申万证券的务实和诚信的态度以及周全的方案最终使精工集团在竞争中胜出。2003 年 6 月 18 日,长江股份第一大股东六安手扶拖拉机厂终于与精工集团签署了股份转让协议。至此,历时 3 个月的整个并购项目顺利完成。申万证券协助精工集团收购长江股份,起了重要的"智囊团"作用,可以说是我国投资银行参与企业并购的成功案例。

本案例充分证明了投资银行的信息网络、数据资源以及专业化的服务对企业成功并购有着较强的导向性作用。投资银行协助企业并购,不仅能提高企业并购效率,促使并购顺利进行,而且对于并购后企业长期的战略发展也有着重要意义。

资料来源:搜狐财经,2004 年 3 月 10 日。

二、律师事务所

在并购过程中,由于涉及股东、债权人和相关利益者等各方面的利益关系,稍有不慎就可能引起诉讼,因此,律师事务所在企业并购中具有重要作用。除了参与诉讼外,律师还要进行相关资料的审查并评估有关法律风险等工作,其作用贯穿于企业并购的始终。

(一)律师事务所概述

律师事务所是中华人民共和国律师执行职务、进行业务活动的工作机构。我国律师事务所在组织上受司法行政机关和律师协会的监督和管理。它在规定的专业活动范围内,接受中外当事人的委托,提供各种法律服务;负责具体分配和指导所属律师的业务工作。根据需要,经司法部批准,可设立专业性的律师事务所,有条件的律师事务所可按专业分工的原则在内部设置若干业务组。

(二)律师在企业重组并购中的作用

律师在企业重组、并购中拟订战略方案,使重组、并购主体了解操作流程。律师根据国家及地方关于企业重组、并购的规定并结合自己办理的具体业务，为并购中的委托人拟订并购的原则、方式、程序，使并购主体对并购工作从总体上有一定的了解和把握；协助委托人收集目标企业的公开资料和信息，并通过综合研究《公司法》等相关法律、法规、规章和政府政策，对本次并购的可行性进行分析，并从法律上加以论证，提出立项的法律依据；为委托人及时提出具体的并购程序，理清并购工作的脉络，将并购工作纳入程序化轨道，为并购工作的顺利进行打下良好的基础；同时，使并购主体充分意识到律师在并购中的重要作用，使其信任律师，积极配合律师的工作，以推进并购的进一步发展。

律师在企业重组、并购中调查目标企业的情况。在并购工作开始时，并购双方互相接触、洽谈并达成并购意向，律师需要为并购当事人起草并协助双方签订并购意向书。为保证并购工作的顺利进行，帮助委托方防范风险，律师应对目标企业进行尽职调查，协助买方起草针对卖方的调查清单，协助卖方按照清单的要求按项予以明确答复，并收集相应的证明文件和资料，包括对涉及所有权、使用权、经营权、抵押权、质权和其他物权，专利、商标、著作权等知识产权，购销、租赁、承包、借贷、委托、雇佣、技术、保险等各种债权的设立、变更和终止的调查。

律师在企业重组、并购中提供法律保障，保证重组、并购过程的合法有效。律师在重组、并购过程中的重要职责就是对重组、并购过程中产生的法律文书的合法有效性进行审查：一是对并购协议的内容和形式做到全面的审查，使其符合国家及地方的规定；二是须对并购过程中产生的一系列协议、决议、委托、方案、纪要等予以审查，确保其合法有效；三是对并购过程中形成的对委托人有风险的法律文书加以审查，并在法律文书中加入约束性条款，以避免委托方遭受风险。

三、会计师事务所与资产评估公司

并购中的企业相关资产能否得到合理的评估是关系到企业并购能否顺利实现的关键因素。影响成交价格的因素，不仅仅是目标企业的价值，还有其他许多因素，包括并购企业自身的价值、并购双方在市场和并购中所处的地位、并购双方对资产未来收益的预期，以及并购双方对同一投资机会成本的比较，要充分考虑产权市场供求状况、未来经营环境的变化、附加条件的苛刻程度等等。在并购过程中，双方最关心、最敏感的问题就是并购的价格问题。然而，由于信息的不对称，企业并购的交易双方很可能对同一项资产的估值有很大差异。这就需要一个独立公正的第三方对该项资产的价值做出合理、客观的评估，提出一个公允的市场价值。因此，在交易中对资产价值的评估是至关重要的，它起着一个媒介的作用，在买卖双方之间架起了一座桥梁。资产评估是交易双方共同的需求，它为交易双方提供了一个协商作价的基础。

2003 年 3 月 13 日，中华人民共和国对外贸易经济合作部等四部门联合颁发了《外国投资者并购境内企业暂行规定》，其中第八条规定，并购当事人应以资产评估机构对拟转让的股权价值或拟出售资产的评估结果作为确定交易价格的依据。并购双方当事人可以自行选定依法在中国境内设立的资产评估机构。资产评估应采用国际通行的评估方法，涉及国有资产的，在《国有资产评估管理办法》（国务院令第 91 号）、《国有资产评估管理若干问题的规定》（财政部令第 14 号）、《企业国有资产评估管理暂行办法》（国务院国有资产监督管理委员会令第 12 号）、《企业国有产权转让管理暂行办法》（国务院国有资产监督管理委员会、财政部令第 3 号)等文件中均有法定评估要求。

会计师事务所是主要提供审计业务的中介机构,在企业并购中常常和投资银行一起参与顾问事务。会计师事务所接办的业务同投资银行以及顾问公司大多相同,但其工作重心在于收购审计和税务专案。在企业并购中,会计师事务所要对目标企业的营业绩效、资产状况、财务分析等进行审查,以确定其可信性。目标企业的情况是决定买卖双方并购条件的一个关键因素,一旦审计结果与事前情报有出入,就可以在谈判中修正并购的金额。税务专案是有关买方企业处理税务的事宜。在美国,由于资产的会计处理和企业税金直接相关,会计师事务所是特别重要的。

(一)会计师事务所在企业并购中的作用

会计师事务所在企业并购的不同阶段具有不同的作用。

1. 并购准备阶段

企业并购是一种风险性较高的投资活动,往往直接影响并购企业未来的发展,所以做出并购的决策必须十分谨慎。从国外并购的实践经验来看,并购目标的正确选择对于并购成功至关重要。在对目标企业的选择过程中,主要考虑的因素有并购行为的商业动机、目标企业的价值、收购的成本、目标企业的规模及经营状况、融资途径等,企业必须综合考虑各种因素做出决策,其中对目标企业的审查和评估是一个十分重要的环节。对目标企业审查以获取充分信息是降低并购风险的有效途径之一。审查内容包括许多方面,财务审查一般由注册会计师来完成。通过财务审查,可以使买方确定目标企业所提供会计报表的真实性,在一些易被忽视的方面如担保责任、应收账款质量、法律诉讼等获取重要信息,避免由于信息失真造成的决策失误,同时通过各种财务数据和比率了解目标企业的财务状况,做出正确判断。对目标企业的评估则关系到并购价格和并购后企业的收益情况,注册会计师可利用市场价格法、现金流量折现法、重置价格法等对目标企业进行评估,以合理确定并购中的支付价格,并对未来的收益进行合理估计。

2. 并购实施阶段

这一阶段主要涉及相关法律和会计问题。法律方面,由于兼并收购对社会经济影响较大,一般国家都制定了较严格的法律。我国《公司法》中对并购的程序、条件、合同要件也做出了严格规范,会计师事务所可以充分利用自身在法律方面的专业人才或其他中介机构的协助,为委托人在并购中遇到的法律问题提供良好的咨询服务。会计处理方面,由于并购涉及会计主体变更,根据我国企业会计准则规定,必须按照一定的方法进行相应会计处理并编制合并会计报表,注册会计师可以为并购企业的会计处理提供咨询服务或代为记账。

3. 并购完成阶段

并购交易的完成并不意味着并购全过程的结束,并购企业还要面临对目标企业的整合工作。这一工作的进展关系到能否充分发挥并购的协同效应,实现并购目的。这一阶段,会计师事务所可以为并购企业提供各种管理咨询,协助并购企业迅速建立合理的组织管理机构,使企业管理的优势得到充分的发挥;为并购后的企业进行税务规划,使并购发挥最大的财务效应;为并购后的企业设立新的会计制度,使之符合企业经营管理的需要;对并购后的整个企业进行各方面审查,考察并购的绩效,总结经验。

总之,企业并购对我国各种中介机构而言都是一项全新的业务,会计师事务所应充分发挥其自身优势,在并购业务中有所作为,为我国资本市场的发展做出应有贡献。

(二)资产评估公司在企业并购中的作用

企业并购是一项涉及资产的交易,从客观上要求对资产或者权益的价值进行科学、公正的评估。在企业并购中,并购交易的双方很有可能对同一项资产的价值评估有很大的差异,并购方基于自身利益考虑总会担心购买价格过高,而目标企业同样基于自身利益考虑担心出卖价格过低,这样便产生了并购双方当事人对资产价格的矛盾。在企业并购过程中,对资产价值的评估是一个至关重要的环节。资产评估是具有资产评估资格的机构和人员,根据一定的原则和标准,运用科学的方法对资产的价值做出客观、公正的估定。这样的评估意见是独立于并购双方当事人的由专门评估机构和评估人员所做出的公正判断,能平息并购双方对于资产价值的争执,也能满足并购双方的共同需求,为并购双方提供了一个客观估价的平台,最终使得并购顺利完成。

第二节　尽职调查

为了确保并购的成功,并购企业必须对被并购企业做详细的调查,以便制定合适的并购策略以及并购后的整合策略。

一、尽职调查的概念与作用

尽职调查(Due Diligence)是公司并购过程中一项重要的工作,也是以财务顾问为主导的并购工作小组进场后首先要进行的一项工作。

(一)尽职调查的概念

尽职调查是指并购过程中对目标企业或并购企业进行的非常谨慎的调查和审计,以了解和评估并购中可能存在的风险[①]。

通常意义上的尽职调查,又称审慎性调查,它是在交易完成前对并购目标、公司供应商或其他潜在的业务伙伴的财务状况和经营状况所做的详细调查;也指承销新发行证券的券商或向投资者推销这些证券的经纪人对发行机构的可信度调查,发行机构、主承销商以及与发行机构有关的其他机构之间可能会因此召开一个尽职审查会议。

从实施主体看,尽职调查一般是由投资方组织实施的对被投资方的专门调查;如果两个公司是以换股的方式进行合并的,还要考虑对买方进行尽职调查。

尽职调查对并购方来说,是了解并购目标企业的风险;对目标企业来说,是了解并购方的情况,以判断放弃公司的控制权可能会对公司的股东、管理层或职工产生的风险。

(二)尽职调查的作用

要保证企业的并购活动有较大的成功机会,在准备并购一家公司之前,必须对其进行必要的审查,以便确定该项并购业务是否恰当,从而减少并购可能带来的风险,并为协商

① 朱宝宪. 2006. 公司并购与重组[M]. 北京:清华大学出版社:89.

交易条件和确定价格提供参考。并购的调查是由一系列持续的活动组成的,涉及对目标企业资料的收集、检查、分析和核实等。

在并购中,对目标企业的调查之所以重要,是因为如果不进行调查,并购中所固有的风险就会迅速增加,在缺少必要信息的情况下购买一家企业可能会在财务上导致重大的损失。尽管这些基本的道理听起来似乎很简单,但是在实际中却常常会发生违背这些原则的事例。

并购中的调查既可以由公司内部的有关人员来执行,也可以在外部顾问人员(例如会计师、投资银行家、律师、行业顾问、评估师等)的帮助下完成。但是,一般来说,并购方的经理人员参与调查是非常重要的,因为经理人员对出售方及目标企业的"感觉"和一些定性考虑,对做出并购决策来说是非常必要的;如果经理人员不参与调查或在调查中不发挥主要作用的话,就不会获得"感觉"。

尽职调查的作用在于,使并购方在并购开始前尽可能多地了解目标企业各方面的真实情况,以避免对并购方的利益造成损害。尽职调查的目的,是使并购方尽可能地了解有关他们想购买的股份或资产的全部情况,以便确认他们已经掌握的重要资料是否准确地反映了目标企业的资产负债状况。

在并购过程中,并购双方处于信息不对称的地位。对并购方来说,并购行为存在诸多风险,如目标企业过去财务账簿的准确性,并购以后目标企业的主要员工、供应商和顾客是否会流失,相关资产是否具有目标企业所宣称的价值,是否存在可能导致目标企业运营或财务运作分崩离析的因素。目标企业通常会对这些风险有很清楚的了解,而并购方则没有。因此,并购方有必要通过尽职调查来解决或缓解并购双方在信息掌握程度上的不对称。一旦通过尽职调查明确了该并购行为存在哪些风险和法律问题,并购双方就可以针对相关风险和问题进行谈判。

二、尽职调查的内容

为了确保并购的成功,并购企业必须对目标企业做详细的调查,以便制定合适的并购策略与并购后整合策略。并购调查应包括企业的背景与历史、企业所在的产业、企业的营销方式、制造方式、财务资料与财务制度、研究与发展计划等方面。

一般来说,并购中的调查主要应包括目标企业所处的产业、营运状况、规章制度及相关契约、人事管理状况、财务状况等方面的内容。具体的调查内容则取决于管理人员对信息的需求、潜在目标企业的规模和相对重要性、已审计的和内部的财务信息的可靠性、内在风险的大小以及所允许的时间等多方面的因素。

(一)产业状况调查

企业所处的产业或所要进入的行业是对企业影响最直接、作用最大的外部环境,并购前必须对目标企业所处行业的竞争状况、发展趋势进行深刻的调查分析。产业状况调查通常包括下述内容:

1. 产业状况分析

产业状况包括产业所处的阶段、产业在社会经济中的地位和作用以及产业的基本状况等。根据宏观经济景气度对产业的影响程度,产业可分为周期性产业、防卫性产业和成长性产业。周期性产业受经济周期影响巨大,属于该类产业的有钢铁、汽车、建筑业等;防卫性产业受经济周期影响最小,产品及服务的需求弹性小,属于该类产业的有食品业和服务业等;成长性产业增长率非常高,且增长率相对独立于整个经济增长率,属于该类产业的有计算机软件、生物工程等。

2. 产业结构分析

产业结构是指行业的内在经济关系,表明行业的竞争规则和激烈程度。对竞争力量进行分析,是产业结构分析的主要内容。不同产业中企业间的竞争激烈程度是不同的。竞争程度通常受下述因素影响:竞争者的多少、政府对行业管制的程度、行业增长的速度、进入和退出壁垒及其组合的状况、行业内并购的情况等。

3. 目标企业在行业中的竞争地位

对并购目标在同行业中的竞争地位分析的主要内容包括市场占有率、企业的增长策略、分支机构地域布局情况、营销策略、潜在的机会、企业现在的排名及未来的预测。应特别注意企业过去的财务和业绩表现及预期表现。在其他条件相似的情况下,企业的规模、增长率、利润率、回报率、经营及财务杠杆是决定企业在行业中竞争地位的关键指标,也是评估企业价值的主要依据。

(二)营运状况调查

对目标企业营运状况的调查,主要依据并购方的动机和策略的需要,调查并衡量目标企业是否符合并购的标准。如果并购方想通过利用目标企业的现有营销渠道来扩展市场,则应了解其现有的营销和销售组织及网络、主要客户及分布状况、客户的满意程度和购买力、主要竞争对手的市场占有率;在产品方面,则应了解产品质量、产品有无竞争力、新产品开发的能力;还要了解目标企业在生产、技术、市场营销能力、管理能力以及其他经营方面与本公司的配合程度有多高。除对上述情况进行调查外,更重要的是,还要查明并购后原有的供应商及主要客户是否会流失,即原来的商业关系是否因与目标企业关系密切,而并购重组后则不易维持原有关系。

如果并购的目的是利用被并购企业现有的生产设备及其他生产设施,则应注意了解这些生产设施是目标企业自己的还是租赁的、其账面价值和重置价值、目前的使用情况、是否有其他用途等,还可以将自己设立同类工厂与并购现有企业相比较,看一看自己设立同类工厂在资金上、时间上的成本损失有多大,由此得出能够从并购对象那里得到哪些由自己设立同类企业所得不到的好处。

(三)规章制度、相关契约及法律方面的调查

调查内容主要包括:

1. 目标企业组织、章程中的各项条款

必须调查目标企业组织、章程中的各项条款,如合并或资产出售须经百分之几以上股权的同意才能进行的规定,要予以充分的注意,以避免并购过程中受到阻碍;也应注意公司章程中是否有特别投票权的规定和限制;还应对股东大会及董事会的会议记录予以审查。

2. 目标企业的主要财产清单

应对目标企业的主要财产清单进行审查,了解其所有权归属、使用价格及重置价格,并了解其对外投资情况及财产投保范围。若目标企业有租赁资产,则应注意此类契约的

条件对并购后的营运是否有利。

3. 目标企业的全部对外书面契约

审查目标企业的全部对外书面契约，更是不可或缺的调查内容，包括审查使用外部商标和专利权或授权他人使用权利义务的约定，以及租赁、代理、借贷、技术授权等重要契约。审查中要特别注意控制权改变后契约是否继续有效。在债权债务方面应审查目标企业的一切债权债务关系，注意其偿还期限、利率、债权债务种类及对其有何种限制。其他问题如企业与供应商和代理销售商之间的在契约上的权利和义务、公司与员工之间的雇佣合同及有关工资福利待遇的规定等，都应予以审查。

4. 目标企业所涉及的诉讼案件

尽职调查还应对目标企业过去所涉及的诉讼案件加以了解，弄清这些诉讼案件是否会影响目前和将来的利益。

(四)人事管理状况调查

并购后的企业组织是否需要进行精简，怎样才能使目标企业的经理和员工接受并购这个事实，是并购过程中非常关键的问题。对目标企业的人事组织状况不够了解、采取措施不当，容易造成损失有能力的职员、使员工士气低落和员工发生争执或使并购方的管理者承担过多的责任等不良影响。为避免这些情况的出现，需要对目标企业的组织情况进行分析研究，可从下面几个方面进行：

1. 管理者的素质

了解目标企业的管理者是否很警惕，是否有竞争力和进取心，有无现象表明他们具有创新精神并勇于接受新事物。

2. 协作精神

调查目标企业的人事结构是否清晰、稳固，员工之间是否具有很强的合作精神，企业是否具有凝聚力，有无现象表明经理和员工之间、关键经理之间、分支机构之间存在着矛盾和摩擦。

3. 组织管理

注意目标企业的出勤率、生产效率、临时人员占有率，是否有经理是直接从员工中提拔上来的，企业是否有系统的、行之有效的培训方案。

4. 员工情况

设法了解关键管理人员的教育背景和工作经验，目标企业是否已制定激励方法和发展计划，若有，其效果如何；企业的员工是否有很大的积极性，还是对企业的前景毫无兴趣。

如果情况允许，并购企业应尽量在目标企业经理和员工工作时观察他们并设法了解他们，争取和主要员工会面，获知普通员工对这次并购交易的态度。并购企业要想在并购后取得良好的人员整合效果，一定要对其内部人员的特性有一定的了解，设法取得他们的认同。

(五)财务状况调查

对目标企业财务方面的调查，可以聘请会计师事务所协助完成。调查的目的在于使并购方确定目标企业所提供的财务报表是否准确地反映了该企业的真实状况，若发现有误，则要求其对财务报表做必要的调整。通过调查还可以发现目标企业的一些隐蔽之事。

例如，通过目标企业的律师费支出，可能会发现未被披露的法律诉讼案件。又如，通过对各种周转率（如应收账款周转率、存货周转率等）进行分析，可以发现有无虚列财产价值或虚增收入等现象。

在资产科目的审查方面，应注意在账面上是否存在不能收回的应收账款，是否为疑账、现金及商业折扣、逾期的应收账款或销售退回。对于长期股权投资，则要注意所投资公司的财务状况。对土地、建筑物、设备及无形资产（如专利权、商标、商誉等）的价值评估，应依据双方事先同意的评估方式进行调整。

在负债方面，应尽可能查明任何未记录的债务，对于未列示或列示不足的债务，必要时可要求卖方开立证明，承诺若有未列债务，应由其自行负责。若有些债务已经到期但未付，则应特别注意债权人法律上的追索权问题以及额外利息支付问题。此外，还应进行税务审查，确定应交税款的数额及应由谁来缴纳，过去是否存在偷漏税问题。对目标企业负债的检查，还应注意是否有对他人借贷的担保承诺，因为这可能会因其负连带责任而招致额外的损失，仔细地检查过去年份和当年的纳税申报单和税务局的报告，注意其中所有的非正常项目。

三、尽职调查的途径

尽职调查要通过一定的途径加以实施，可供选取的尽职调查的途径有很多。

（一）通过目标企业进行尽职调查

目标企业的配合是进行尽职调查最富效率、最主要的途径之一。

1. 约见目标企业代表

约见目标企业的代表，当面详谈，争取理解和配合。尽职调查协议书中最好能包含目标企业提供文件和资料内容属实且无重大遗漏的声明，以及明示目标企业拒绝披露或者披露虚假信息所应承担的法律后果的条款。经验表明，目标企业提供的文件难免会有遗漏或不完整的地方，要求其出具声明书，则可以敦促其提供遗漏的重要资料或承担其未提供相关资料的责任，从而收到事半功倍的效果。向目标企业提供根据目标企业情况设计的尽职调查项目清单，通过问卷调查的方式索要文件，如目标企业的营业执照、验资报告、章程、股东名册、股东会议和董事会会议记录，董事会、监事会和高级管理人员名单及职务，财务报表特别是资产负债表、利润表及现金流量表，企业内部组织结构图、子企业分企业分布图、各种权利的证明文件，主要资产目录、重要合同等。这些文件在目标企业积极配合的时候，是比较容易得到的。

2. 利用目标企业公开披露的信息

通过目标企业公开披露的信息，进一步了解目标企业的情况，如目标企业在公开的传媒（报纸、公告、通告、企业自制的宣传材料、企业的互联网站等）进行的宣传介绍。研究这些公开的资料，也可以掌握目标企业大量的情况，特别是在并购得不到目标企业配合的时候，这些从公开渠道掌握的信息就显得尤其重要和宝贵。

3. 与目标企业的管理人员会面

必要时，需要与目标企业的董事、高级管理人员等人员会面，核实书面资料无法核证的事项。

必须强调的是，通常情况下，均假定目标企业所提供的资料是准确、真实和完整的；但对于某些重大事项,应当通过律师向第三人发核证函或其他独立调查方式进行核证,而不应仅仅依赖目标企业所提供的资料。

（二）登记机关

根据我国企业工商登记管理制度的有关规定,企业成立时必须在工商行政管理部门进行注册登记,企业登记事项变更后也必须在法定期限内到原登记部门进行变更登记。因此,律师可以到目标企业所在地的工商登记机关查阅该企业的底档,进而了解目标企业的成立日期、存续状况、注册资本和股东及股权结构、企业性质、企业章程、企业法定代表人等基本情况及历史沿革。

根据我国相关法律法规的规定,某些不动产的售出和抵押实行登记和公示制度。因此,前往土地和房产登记机构处查阅,可以取得目标企业的土地和房产取得、售出和抵押情况的第一手资料。此外,企业的一些重要机器设备、汽车和船舶等交通运输工具也同样适用此种调查方式。这些通过走访登记管理机关而获得的信息和资料的可靠程度应该是最高的。

（三）目标企业所在地政府及所属各职能部门

当地政府(包括其相关职能部门)也是一个重要的信息来源。比如,可以从市政部门了解到有无可能影响目标企业资产的诸如征用、拆迁、停建改建的近远期计划;可从税务部门了解到目标企业目前享受的当地政府所给予的各种优惠政策,特别是税收优惠,以及在并购后是否能继续享有该等优惠;可从环保部门了解到目标企业涉及的相关环保问题;可从工商部门了解到目标企业涉及的不正当竞争问题;可从产品质量管理部门了解到目标企业是否涉及产品质量责任等问题。

（四）实地考察

到目标企业所在地或并购资产所在地进行实地考察也是一条有效的尽职调查途径。通过对目标企业办公场地、厂房、土地、主要机器设备等的现场勘察,既可以印证通过其他途径获得的信息,也可以发现一些有用的线索,服务于其他途径的调查。

（五）目标企业聘请的中介机构

并购方还可通过与目标企业聘请的律师、会计师等外部专业人士接触,更准确地把握目标企业的整体情况。目前我国现有大多数企业中,股东和管理者普遍对现代企业制度缺乏了解,同时,在企业的日常经营运作过程中存在着大量的不规范操作,目标企业的股东及管理者经常对目标企业的一些产权关系、债权债务关系及其他的对内对外关系产生错误的认识,因此,在了解该类情况时,与目标企业的专业顾问的沟通会有助于准确了解和把握事实。当然,由于职业道德的限制,专业人士只有得到目标企业允许才能披露相关信息。并购方可以根据签订的尽职调查协议书要求专业人士提供相关资料。

（六）目标企业的债权人、债务人

在可能的情况下,可以就目标企业的重大债权、债务的问题,向相关的债权人和债务人进行调查。这类调查可以使并购方对目标企业的重大债权、债务的状况有一个详细完整的了解。调查可以通过函证、谈话记录、书面说明等方式进行。

另外,目标企业的员工和客户也是尽职调查的对象,可以通过询问、问卷调查等形式获取有关信息。

【想一想】①尽职调查每种途径获取的信息有什么特点？
②不同途径获取的信息有什么不同点？

四、尽职调查与风险控制

尽职调查的目的是希望发现并购中存在的风险。显然，尽职调查做得越细，投入的人力与精力越多，对各种可能的风险了解得会越清楚。但是任何一次并购的尽职调查都是有限的，因为时间和费用都不可能支持无限的审查和审计。每一次并购的尽职调查一定都是在约定时间内、费用限额内，对风险尽可能详尽地了解。

（一）尽职调查的范围与程度

尽职调查的范围与程度受多个因素的影响。

1. 时间和费用

尽职调查的范围和程度与委托方在时间上的要求及费用支出有关。越详尽的尽职调查，所需要的时间和费用就越多。

2. 目标企业的规模

目标企业的规模越大、部门越多、业务越复杂、产品越多样，需要调查的范围也就会越广。

3. 并购中股权交易的比例

一般认为，购买交易对手拥有的全部股权与购买交易对手拥有的部分股权相比较，前者需要进行范围更广、程度更深的尽职调查。因为如果是后者，交易后目标企业的原控股方仍拥有公司的部分股权，目标企业与并购方有共同的利益，并购中揭示潜在风险的动力较充分，一旦面临没有发觉的风险，并购方也较易从目标企业原控股方获得补偿。

4. 目标企业是否是上市公司

上市公司信息披露有法律规范，定期由会计师事务所进行审计，证券监管部门和交易所也会实时关注公司的经营。而非上市公司的信息则没有那么透明。

（二）尽职调查中委托方与调查方的协调

对于从事具体尽职调查工作的投资银行、财务顾问、律师、注册会计师、资产评估师来说，他们会根据委托方时间和费用的限制要求来寻求最有效率的尽职调查，即在既定的投入下寻求尽可能充分揭示并购风险。

对于委托尽职调查的并购方或者目标企业来说，则希望调查方能在约定的时间内、有限度的花费下进行最详尽的尽职调查。

为了保证尽职调查的顺利进行，尽职调查中的委托方与调查方事先应该进行充分有效的沟通。这种沟通首先应该体现在双方签署的尽职调查协议书中。

【案例4-2】

机床联合公司收购石油回收设备公司分析[①]

一、公司背景

总部设在美国伊利诺伊州奥克布鲁克的机床联合公司（CAMVAC），于1943年开业，

① 孙黎. 1994. 公司收购战略［M］. 北京：中国经济出版社：162.

主要生产高度专门化的各式机床。公司由索尔·坎帕尼克(Soul Campanic)和雷蒙·瓦肯(Raymond Vaccon)两人联合成立,因而公司名称“CAMVAC”取两人姓氏首音节合并构成,下面简称“机床联合公司”。公司成立前,这两位在机床或母机制造方面取得了数项专利技术,由此联合成立了自己的公司专营生产。由于第二次世界大战期间机械订货量空前高涨,公司业务直线上升,公司的专利技术和机器生产也为赢得战争出了大力。

机床联合公司的发展史可以分成三个阶段。从1943年直到朝鲜战争结束,公司主要产品即各种车床的销售额呈直线上升形势,甚至到了1955年仍旧保持在3 800万美元的高水平上。第二个阶段由20世纪50年代中期到70年代末,公司销量稳定但经营规模有所扩大,主要是通过逐步收购芝加哥地区小型车床公司实现的。母公司原有产品系列增长不算很快,1970年销售额为4 900万美元,仍可算作稳中有升。

20世纪80年代初以来的近10年间,公司销售总额呈持续上升势头,翻了一番还多。比较典型的年度1985年销售额就已达到11 100万美元。但是这种增长并不是源于原来的主流产品,因为母机销售仅2 500万美元。第一阶段的大幅度增长主要来自经营多样化,这既与社会化大生产的经济模式发展趋势相适应,也是公司实施协调发展、多样经营的决策方针的直接结果。根据这一方针,公司逐步吞并了十几家生产各种创新型、改进型工业机器和设备的小公司,产品门类涉及机器人制造、自动化起重机及钢板锻压等。

机床联合公司购买的对象,必须是具有某一技术优势和独特产品的公司。这一类公司中,有些或者屡受资金短缺、财务困难,或者管理不善、生产混乱,或者销售乏力、产品积压,这种情况下只要机床联合公司获悉,就会设法买下或者通过控制多数股票收购过来。

典型的案例是现属机床联合公司的克雷斯皮机器子公司。这家子公司原来的主人斯坦利·克雷斯皮(Stanley Crespi)设计出了一种机器,能够精确地把钢板切割为极窄的钢板和板条。而在他的机器研制成功之前,窄钢板的制造只能是通过热轧钢丝的方式获得,工艺比较复杂,质量却不尽如人意。按说技术先进、产品优异,理应销售畅旺、大获其利,可其实不然,因为克雷斯皮既缺乏流动资金也没有管理经验,况且他本人也承认,自己的主要兴趣在于机器设计,丝毫无意奔走推销。公司转给机床联合公司后,后者全盘接管,利用现成渠道很快为新产品打开了市场销路,而且与公司原有技术结合,将这种切割机配上了电子控制系统,成功地实现了技术飞跃,克雷斯皮先生也乐得其所,一心一意搞起了产品设计。

二、问题背景

公司总经理莫斯比总是注意可能的收购对象,了解到印第安纳州克朗波因特小城(Crown Point,或意译为皇冠点镇)有家公司有意出售。这家公司生产石油回收设备,名字就叫石油回收设备公司。公司主人埃弗里特·曼利当初发明了这种设备并成立了专门制造公司,这时打算退休,到佛罗里达州赋闲养老。莫斯比亲自到该公司及其厂房实地考察了一番,回来后指定三个下属共同负责起草一份收购报告。其中马克·惠特默主管考察生产,琼·塞利格负责考察销售,最后由唐纳德·怀特考察该公司的财务及购买价格。这三位都是公司管理部门的助理人员,执行这一任务必须向总经理直接汇报。

机床联合公司收购每一家公司,第一个要求就是该公司被接管后,其销售额必须达到机床联合公司年销售额的10%,或者至少具备达到这一指标的潜力。机床联合公司去年的年总销售额为10 500万美元,这就意味着石油回收设备公司应该至少具备1 100万美元的销售额,可是该公司现在的年销售额只有300万美元。那么,它是否具有成倍扩大销量的潜力呢?这是调查人员必须回答的首要问题。

第二个要求是利润指标要有明确规定。一般税前利润应该处于销售总额的15%到20%之间,但在许多情况下,净利润与销售额并不总是成正比关系,因此需要有明确规定。销售额与净利润同时提出,往往能够发现被收购公司的市场看好,或者具有别的优势,被接管后无须立即投入大笔资金用于生产和促销宣传。

第三个要求非常重要,即销售额和利润率两项指标的增长潜力存在于哪些方面,幅度多大,如何挖掘,成本多少等。一般来讲,机床联合公司要求,某种特定产品的上述两项指标应在易手后的6年至10年中年增长率达到20%左右,换句话说,大约每4年就应翻一番。

最后一个要求是看这一产品或产品的市场地位如何,即市场需求大不大,市场占有率高不高,市场预测好不好等。通过收购一家公司而获得的产品技术或产品线,必须具备某种(任意一种)竞争优势,而且不会被竞争对手很快学去复制。现代的国际市场上,即使一种新产品获得专利并形成产品系列,也往往躲避不了被仿冒的危险。有鉴于此,所要求的优势必须是独特的、容易保护的。

因为机床联合公司自身没有产品研究和开发部门,被收购的公司必须拥有自己的研究开发部。否则,它带过来的主要产品,就应当保持至少5年时间无须在技术上做太大改进。可以认为,为了保证机床联合公司不致因规模增大而影响竞争力,这些要求都是必需的。收购或控制新的公司或收罗子公司,绝不能贪大求多,每进一新成员只能是为母公司添砖加瓦,而不是增加负担,只能是提高整体的活力,而不能是使机构臃肿。同时,提出这些要求,也是双方洽谈时的一种策略或艺术。

大企业所面临的危险就是生意做得太大,这和成长太快是新企业所遭遇的危险一样。理论上,大部分公司都希望在一年内能使利润增加1倍。然而实际上很少能做得到,而且大部分经营效率很好的公司也不会有这种企图。公司亏本的原因之一,就是妄想吃下大笔生意。大企业必须负担庞大的固定开支,因此往往去争取一些明知不可能赚钱的生意。公司费尽心机争取到的一项合同,经费总额可能比公司的固定开支高1倍,但对公司的利润却没有多大贡献,公司往往因为担心发生这些情况,便进行多元化经营。然而想要成功地达成多元化经营的目标,仍需要考虑许多事情。企业界的竞争是一场永无休止的竞赛。在这场竞赛中,没有人能够真正取得最后的领先优势,竞争对手永远有机会追赶上来。

惠特默等三位报告起草人深知这些要求,也知道公司总裁的雄图大略,更了解调查现场应该关注什么、放过什么。他们经过实地查访,论证后提出了一份报告。报告分为四个部分:一是石油回收行业的整体综述;二是收购对象的主要产品的简单描述;三是这种产品的长处和优势;四是提出的建议。

三、行业前景

据美国环境保护局计算,美国采油工业生产的废油每年在12亿加仑(1加仑=4.5461升)左右,其中约有5.2亿加仑作为粗制燃油被取暖锅炉烧掉了,其余的除少部分实在无法回收外,尚有5亿加仑的废油可供回收利用。废油其实不废,只是成分复杂,杂质较多,无法供工业使用而已。加工废油好处很多,可以减少环境污染,可以充分利用资源,可以缓解燃料、化工原料的缺乏,还可以提供就业机会。所以,石油回收作为一个行业,处于方兴未艾的上升阶段。而对于机床联合公司来说,它首先关注的是该行业赚不赚钱、利润高不高,以及潜力大不大等现实问题。对此,就需要走出公司、离开车间进行广泛的了解。

据《世界经济导报》报道,1987 年世界石油储量为 948.91 亿吨,比上年减少 0.4%;美国石油储量 33.41 亿吨,比上年减少 12.3%;英国石油储量 12.24 亿吨,比上年减少 8.71%;另外,前苏联、沙特阿拉伯、尼日利亚、挪威、印尼、中国等产油大国储量均有下降,只有科威特,墨西哥、伊朗等稍有上升。同年,各国原油精制能力方面,意大利、法国、英国、加拿大、前联邦德国、荷兰、西班牙等国均有下降,只有美国(0.5%)、日本(3.8%)、中国(2.3%)、墨西哥(6.3%)、巴西(1.2%)、沙特阿拉伯(0.9%)稍有增长。

从 1986 年的第三季度到 1987 年中期再到 1988 年年底,西得克萨斯、阿曼、布伦特和迪拜等四个主要石油市场都经历了如下过程:价格跌至谷底的平均每桶 10 美元左右,而后爬升到 20 美元的高价,然后又降到新的最低点。1988 年年底到 1989 年春,油价转而陡涨,于 4 月到达峰顶,美国西得克萨斯中质原油一度超过每桶 24 美元的高价,接着便急转直下,重新开始又一个轮回。1989 年以来,美国石油产量降至每日 760 万桶,下降 5.5%,国产油占消费总量的比例由 60% 以上降至 55%,降到了 60 年代以来的最低水平。英国北海油田产量每日减少 70 万桶~80 万桶,前苏联头 3 个月的产量比上一年同期减少 32.5%。

市场波动是持续的,而且从宏观看不受人的支配。但与行业市场密切联系的各个公司则必须统筹安排,尽可能做到着眼未来,临危不乱。尤其吸引惠特默等三人的是以下综合情况:美国现在是世界最大的石油精炼国,年精炼能力 1987 年为 76 290 万吨(世界合计 361 300 万吨),又是最大的石油进口国。它有意无意将丰富的石油储藏在大地深处,以待世界石油资源枯竭时再去开采。1987 年,美国进口原油的资金总额是 470 亿美元。如果减少石油进口,估计汽油价格将上涨 3 倍,甚至会实行限量购买,而塑料制品、化工产品和尼龙服装的价格也会水涨船高。总之,会形成废油加工的广阔市场,而且随着世界产油大国石油资源的枯竭,国际上废油回收也将成为一个大市场。

以英国的北海油田为例,已探明的储量在 53 亿桶至 154 亿桶之间,约占世界总储量的 2%。北海油田于 20 世纪 60 年代开始勘探开采,1975 年大规模生产,到 1985 年的生产高峰期平均日产原油 260 万桶,1988 年估计 10 年后日产量将下降到 100 万桶,20 年后将降到仅仅 50 万桶,不用多少年英国将再次成为石油进口国。美国的情况也不容乐观。据英国剑桥大学能源研究所的一份报告,美国中部地区的轻油和低硫油即将枯竭,未来美国国内的原油生产将不断下降,这也正是西得克萨斯中质原油供应越来越紧张,油价始终高出迪拜、布伦特等市场的根本原因。

与此相联系的另一因素是,油价波动和油价偏低必然使得高成本油田的再生产遇到更多困难,为了降低成本而采取的油田设施维修费用的减少又必然使得老油田的事故发生率明显增高。这种情况导致的后果之一便是废油回收行业的机会增加,投资经济效益增大。技术的进步也是废油回收业有利可图的一大原因。新的技术开发通过回收和利用废油、废物,减少了一次性原材料、燃料的消耗,合成品和替代品与自然资源开始竞争。技术的发展使得人们更好地开发地下资源,增加可使用资源而且更好地利用已开发出来的资源。这使得废油回收技术理应当仁不让地先行发展,结果必将大获其利。

四、技术特点

整个20世纪80年代,国际市场上对润滑油的整体需求增长缓慢,年增长率约在1%左右。但是由于各国炼油厂开工不足(最好的年份1987年,美国炼油厂开工率也只是90%,而这还是在两伊战火纷飞、中东局势紧张的情况下),由原油提炼厂供应的润滑油增长将会更慢,所以这类油制品的市场价格不会随原油价格的下跌而降落,倒会随原油价格的上涨而上涨。原因很简单:市场短缺。

石油回收技术显然极大地延长了未消耗油料的产品寿命。首先,这种资源的经济优点在于只需要相当于开采石油成本的一半甚至更少就可变为成品油。其次,由于回收机器的全部工作是在现场将废油中的水分和微粒分离出去,所以生产机器的寿命要比采油钻探等生产机械长得多,结果必然是生产成本相对较低。另外,原油中含有大量杂质,它们能够降低液压油中的润滑特性和冷却特性,从而给生产机械造成严重损伤。

另外,石油回收还有一大优势便是回收废油带来的环境效益。现场回收废油既没有泄漏原油、抛弃废油造成的巨额开支,也不会违反环保部门关于漏油污染场地的有关规定。环境保护局准备把废油也列为危险的废料,所以任何一个公司在处理废油过程中,无论是运输、加工、储存,还是回收、处置,都得严格遵守各项规定。但是,现场回收废油避免了异地回收加工必需的巨额开支,避开了复杂恼人的环境保护条款。

五、产品特征

石油回收设备公司设计和生产回收设备,并不参与工业化石油回收业务。所以说,公司的名称与其实际业务可能令人产生误解。该公司生产的设备有三种型号或类型,回收工艺是该公司的专利"产品"。这项工艺包括过滤、加温、真空分离等,针对客户的不同需要,石油回收设备公司将同一种生产工艺改造成了不同类型的回收方式,采用不同型号的机器设备。这就是我们在上面说到"回收设备"的三种"型号"和"类型"的原因。一般情况下,"型号"与"类型"是两个不同的类别。简单地讲,石油回收设备公司这项回收工艺的工作原理如下所述:

废油经过一道每平方英寸100目的滤网后流进密度加温容器,然后穿过其他过滤装置。各种过滤网筛上的微粒杂质积聚到一定程度,就会造成回收速度的自动降低。经过过滤的石油流进一个液体气体分离容器,容器里面始终保持真空状态。水类的挥发性液体沾染物受热蒸发,空气类的气体性沾染物由真空泵抽出,剩下的便是经过净化的石油,通过抽油泵排出容器,为下一循环准备空间。

回收公司的三种产品类型中,最小的一种名叫"回收10",常与主要机械设备固定相连,以保证回收过程持续不断地进行。依据它与配套使用的机器类型,每台售价在3 500~6 000美元之间。第二种回收设备是"回收100",它可以从固定设备上拆下,从一个地方运到另一个地方。"回收100"每小时处理100加仑的石油,流率大约为每小时600加仑,单机售价25 000美元。石油回收设备公司正在计划生产一种定名为"回收60"的处理机,每小时加工60加仑石油,流率每小时300加仑,预计售价18 000美元。

最大的石油回收单机是“回收 2000”，是为那些在工业地区独立工作的石油回采服务公司特制的。这种机器可与卡车直接相接，售价每台 150 000 美元，每小时通过能力为 2 000 加仑，每小时加工能力在 300～500 加仑之间。大的原油生产厂近来出现了对回收技术的需求。他们希望在其采油联合体中增加回收机械部分，具体的体积、加工能力和单机特性将在客户提出规格以后再定。届时石油回收设备公司的角色将主要是设计而非制造了。

六、产品优势

使用石油回收设备公司的产品，第一个优势便是成本低、收益大。与开采原油相比，回收石油的成本最高也只有 1/2，即最低的成本效益为 50%。一家使用这种机器回收了大量废油的客户说，与开采石油相比，它节省了 80% 的投资。除了这一明显的节约外，由于无须运输，也不需要处理开采过程中造成的废油，因而没有遭到环境保护局巨额罚款的危险，所以这三个方面节约的成本很可观。

另外，节省下的资金，直接来自污染被压到了最低限度的生产。这样既减少了时间损失，也无须对雇员支付补偿金。石油回收设备最大限度地减少了操作人员接触废油的机会和时间，从而减少了造成人体皮肤和肺脏损伤的可能性。在劳务费用昂贵的工业化国家，由此节约的资金无疑构成了石油回收机械设备在市场上的又一竞争优势。

与普通的输油设施相比，废油回收无须运输，也无须支付土地或管道使用定金、运输费、过境费等，更无须获得有关部门的许可。石油回收设备公司生产的回收设备可以加工处理的油品种类很多，包括润滑油、切削油、液压油、密封油、轴承油和齿轮油等。这种回收设备不能接受的油品主要是易于爆炸的、酸度过高的以及沸点低于华氏 300 度的某些特种油。

废油回收设备的产品优势中，还有一个是操作方便。这类设备采用的技术无疑属于尖端精密领域，可是雇员无须特别训练便可上机操作。无数次试验证明，经过该公司生产的回收设备加工的油品纯净无味，质量上乘，清除了所有的污染物质，对人体皮肤没有什么有害影响。与此同时，采用该公司回收设备的各家公司均认为，这种工艺和配套机器寿命长，检修停工期短，成品油质量高，油料使用量比同类产品节省 15% 以上。

七、市场潜力

这类废油回收设备的市场有两个：一是生产设备附属市场，业务与石油开采、提炼、储存等关系密切的各类公司购买一些回收设备作为主要生产的一个附属部门；二是专业从事石油回收的公司构成的回收设备市场。在前一个市场上，石油回收设备公司只能销售两种型号的回收机器。如果对“回收 10”定价每台 5 000 美元，对“回收 100”定价 25 000 美元，那么只要售出 2 000 台“回收 10”或者 400 台“回收 100”，就可取得 1 000 万美元的可观销售额。但实际上石油回收设备公司开业 4 年来，两种型号的回收设备销售均未超过 50 台。

车载回收机即“回收 2000”的销售量最少，主要原因在于价格相对而言比较昂贵（每台 15 万美元）。有人提出单对“回收 2000”改变销售方法，即根据加工油品的加仑数收取工艺特许权使用费和设备使用费。不能说这是真正意义上的租赁，因为涉及已获专利的回收工艺问题，并非单纯的设备租用。假设一台车载回收机每天加工 1 000 加仑（实际上加工速率的设计能力为每小时 300～500 加仑，一天加工 1 000 加仑的假设可以说是最保守的数字),每年工作日按200个计算,如果成品油的平均价格为每加仑1.25美元,那么一年至少生产20万加仑的回收油,总收入将是25万美元。特许权使用费和设备使用费合计为每加仑回收油0.25美元,这样算来,4年时间即可收回这台"回收2000"的生产成本加利润总和,也就是正常零售的价格。

八、服务成本

惠特默等三人发现,机床联合公司收购石油回收设备公司显然具有大获其利的潜力,但是如果机床联合公司设立自己的石油回收服务部,所需投资则十分巨大。据估计,1台车载回收机运转1年所需的开支将包括(单位:美元):

购买卡车(25 000美元,4年付清)	6 250
保险费	5 000
汽车行驶费用(汽油和润滑油)	10 000
汽车保养	5 000
许可证、过路费等	1 500
司机工资+各种补助(工资的25%)	24 000+6 000
助手工资+各种补助(同上)	15 000+3 750
回收机维修费	12 000
滤网及其他配件	20 000
司机和助手奖金①	

九、项目评估

石油回收设备公司现在拥有的生产设备和厂房(位于印第安纳州克朗波因特)等设施远远不够,无法实现一天三班制,所需的生产量也很难达到。加工机械和多数附属设备运转状况尚好,但又远远谈不上行业理想程度。为了保证一定比例的净盈利(按机床联合公司并购其他公司时的既定标准),销售总额必须达到1 100万美元。为了达到这一目标,需要很快拿出大约400万美元作为投资,雇工人数需要增加50%,生产空间也需要扩大。

目前的生产属于劳动密集型,生产成本达到所销产品售价的60%以上,尚不包括经营费用、销售费用等其他成本。为了真正提高生产效率,工厂生产需要实现机械化。而要实现机械化,就需增加基础设备和其他机器的投资。石油回收设备公司的雇工均未参加工会组织,一旦由机床联合公司接管,各类雇员就会进入各自的工会。他们现在的平均工资为每小时5美元,加入工会后工资将会提高到每小时8.85美元至13.63美元。如不尽快实现劳动节约型设备的机械化、自动化,仅增加工资一项就会使得产品单位售价的生产成本由60%提高到72%,公司获利的机会势必进一步减少。

在现场石油回收设备和服务的市场上,石油回收设备公司尚无直接竞争对手。如果算上全部同类企业的回收业务,只有石油精炼业的重油再提炼业务可认为是竞争因素,但以加工的加仑数计算,它们总共才占这一部分市场的8%。再提炼厂家多是地方经营的

① 基本定额每年10万加仑,每加仑付给司机0.05美元作为奖金;完成定额后每加仑奖0.075美元。如因操作不当造成损失,损失费用的一半从两人奖金中扣除;司机兼管回收机操作。

小公司,就石油和废油回收设备市场而言,竞争势力可以忽略不计。当然估计数字因人而异,但据现有资料可以假定,没有一家公司的市场份额超过1%。由此形成的客观结果是相当大比例的现存废油或者被当粗燃料烧掉,或者被非法直接排入了下水道,也有一部分被回灌到了大地深处,还有的被非法用于木材涂抹(以防木材腐烂)。

惠特默等三人受命进行了上述调查。公司决策人士认为资料丰富、分析得当,剩下的问题便是决策了。这一收购业务可行与否,如何协商,怎么着手等,则是下一步的事了。

第三节　交易结构设计

交易结构(Deal Structure)又称为收购结构(Purchase Structure),是买卖双方以合同条款的形式所确定的协调与实现交易双方最终利益的一系列安排。

一、交易结构设计的目的和原则

设计交易结构的首要出发点就是在不违反法律法规的前提下,选择一种法律安排,尽可能满足交易双方的意愿,在交易双方之间平衡并降低交易成本和交易风险,并最终实现并购交易。

(一)设计交易结构的目的

设计交易结构的目的就是在某种法律框架内确定未来交易双方在并购后企业中的地位、权利和责任,进而在某种程度上确定企业未来发展方向的决定权的归属,降低交易风险,最终实现双赢。

(二)设计交易结构的原则

从交易结构设计的最终目的是实现双赢的结论中很容易推出交易结构设计所遵循的基本原则即平衡原则。

1. 从交易结构上看,在交易结构的复杂程度、交易风险与交易成本之间取得平衡。

2. 从当事人的角度看,在交易双方的权利、义务与风险承担方面取得平衡。

一个好的交易结构是可以满足交易各方的目的、平衡交易各方的风险与收益关系的,并以尽可能少的条款涵盖所有可能发生的情况,适用于交易各方,同时还要适应目标企业所在国的法律与税收环境。

二、交易结构涉及的内容

交易结构设计牵涉面比较广,通常涉及法律形式、会计处理方法、支付方式、融资方式、税收形式等诸多方面。

(一)法律形式

法律形式是指从法律的角度来识别并购交易所采取的形式。它是交易结构内容的综合体现,在选择了特定的法律形式的前提下,这些内容可能就没有了选择的余地。例如,如果选择换股合并,那么其支付方式必然是使用股份。

(二)会计处理方法

并购交易有两种记账方法:购买法和权益结合法。购买法将企业合并视为一项购买活动,即认为这一交易与一家企业(购买方)购买另一家企业(目标方)的固定资产或存货(即通过一次交换交易)并无本质区别。购买法的主要特点是以交易成本为基础来记录企业合并所取得的净资产;企业合并取得的资产和负债则按它们的公允价值记录,如购买成本与所取得的净资产公允价值之间有差额,该差额作为商誉;仅将合并日后被购买方实现的利润纳入合并报表。权益结合法将企业合并视为权益的结合,即两家或两家以上的企业联合在一起,以达到持续各自经营活动及运营目的,被合并企业的资产和负债继续按其原来的账面价值记录,合并后企业的利润包括合并日之前本年度已实现的利润;以前年度累积的留存利润也应予以合并。权益结合法的主要特点是企业合并取得的资产和负债按账面价值计量,并将被合并方整个年度的利润纳入合并报表。

我国新会计准则规定同一控制下的企业合并须采用类似权益结合法的方式进行会计处理,而非同一控制下的企业合并须采用购买法进行会计处理。这在一定程度上明确了并购应采取的会计处理方法。

(三)支付方式

支付方式有现金支付、股票支付和混合支付三种形式。用现金支付减少了出售方的不确定性但增加了目标企业的税收负担;用股票支付使出售方的实际收入取决于股票所属公司的经营表现,但此时并购方财务压力较小并且出售方避免了即时纳税;混合支付则兼有两种方式的优点。例如东盛集团收购湖北潜江制药股份有限公司采用了现金支付方式并同其他企业联合收购,既避免了巨额收购投资带来的风险,也降低了收购的难度。

(四)融资方式

并购的融资与企业普通的融资一样,可以分为权益性融资、债务融资和混合融资三大类,其中比较特殊的有卖方融资、过桥贷款等融资方式。

(五)税收形式

并购交易一般可以分为应税交易和免税交易两种。一项并购交易是否应交税,原则上取决于并购的支付方式。如果并购方以现金或债务工具等货币性方式进行并购,一般目标企业应就其所得纳税;如果并购方以自己或母公司的股票等非货币性方式支付,只要符合相关规定,就构成免税并购交易。

【想一想】 不同的交易结构设计会对企业并购活动造成什么影响?

三、风险防范

交易结构是在并购双方的谈判中确定的。并购双方经常失望地发现,他们好不容易建立起来的良好信誉与合作势头,会因一些小事上的争论不休而被毁掉。并购双方应尽力按计划的时间表进行谈判,求真务实,才能取得成效。

交易结构设计是并购的关键所在,并购的创新也经常体现在交易结构设计上。因此,在确定交易结构阶段,不仅要多咨询专家意见,还要关注可能会出现的风险,如定价风险、会计方法选择风险、支付方式风险、融资风险等,以争取在风险可控的前提下获得最大收益。

(一)定价风险

在企业并购中,定价包含两个基本步骤:一是对目标企业进行价值评估;二是在评估价值基础上进行谈判。目标企业定价风险是指对目标企业价值评估不合理导致估价过高从而使并购方损失的可能性。在目标企业价值评估中,存在两个方面的风险来源:一是目标企业的财务信息;二是评估过程和评估方法的采用。目标企业的财务报表之所以存在风险,是因为企业可能利用会计政策和会计方法的漏洞进行财务欺诈。

(二)会计方法选择风险

选择购买法或权益结合法会对并购企业的财务指标产生影响,进而有可能影响并购后的经营业绩,因此在并购前选择并购方式时需要考虑会计方法的影响。

(三)支付方式风险

在企业并购活动中,支付方式是一个十分重要的方面。不同的支付方式会影响并购价格,导致并购企业与目标企业股东的收益水平不同,因此能否采取合理的支付方式关系到企业并购的成败。

支付方式风险主要是指与资金流动性和股权稀释等有关的并购资金使用风险。其主要表现在两个方面:一是现金支付产生的资金流动性风险,以及由此最终导致的债务风险;二是股权支付产生的股权稀释风险。不同支付方式选择带来的支付风险最终表现为支付结构不合理。

流动性风险是指企业并购后由于债务负担过重,缺乏短期融资和必要的现金持有量,导致支付困难的可能性。流动性风险在采用现金支付方式的并购企业风险最大。用现金支付方式的公司首先要考虑的是资产的流动性,流动资产或者速动资产占资产的比例越高,变现能力越强,公司越能够通过变卖流动资产或其他可以随时变现的资产,迅速地获得偿还债务所需要的资金。但是如果并购占用了大量的流动性资金,就会降低公司应对外部环境变化的反应和调整能力,增加公司的营运风险。因此,如果并购方融资能力差且现金流量安排不当,流动比率大幅度下降,就会影响其短期偿债能力。

(四)融资风险

融资风险主要是指并购时能否按时足额地筹集到资金,保证交易按时进行。在企业并购的过程中,往往需要大量的资金。能否在短期内筹集到所需要的资金是关系到企业并购活动成败与否的关键。企业并购过程中可以采取权益融资、债务融资或二者相结合的混合融资。不同的融资方式、融资结构、资金的使用方式都会产生不同的财务风险。具体来说,融资风险表现为三种形式:融资方式安排风险、融资结构风险和资金使用风险。

1. 融资方式安排风险

融资方式安排风险是指采用某一方式进行并购融资要受到相关条件的约束,可能导致不能及时足额筹集到并购资金。例如,借取银行贷款要受到公司资产负债率的约束和银行的严格审查;发行公司债券、发行股票,要满足《证券法》规定的发行条件,还要经过相关部门的核准。

2. 融资结构风险

融资结构风险是指并购融资会使公司的债务资本和股权资本构成比例发生变化。融资结构中,如果债务资本占主体,那么当并购后的实际效果达不到预期时,将会使公司产生还本付息的压力;如果股权资本占主体,那么当并购后的实际效果达不到预期时,将会使股东利益受损。

3. 资金使用风险

资金使用风险是指并购所融资金使用不当带来的风险。并购过程中,公司融通的资金主要用于支付交易价款、并购费用以及增量投入成本(如生产经营的启动资金、下岗工人的安置费等)。这些资金在使用时,要进行合理安排,首先满足并购费用和并购价款的支付需要,然后保证增量资金的需要。如果这些资金的使用安排不当,会影响并购的预期效果。

【案例4-3】

京东方收购韩国现代 TFT-LCD 业务

京东方科技集团股份有限公司〔A(000725)、B(200725),以下简称京东方〕于2003年1月成功收购了韩国现代半导体株式会社(HYNIX)属下韩国现代显示技术株式会社(HYDIS,韩国现代)的TFT-LCD(薄膜晶体管液晶显示器件)业务的全部资产,耗资3.8亿美元。这是一次典型的战略性并购,为其实现显示技术领域世界级企业的战略目标奠定了坚实的基础。

(一)股权结构

目前京东方由北京电子控股有限责任公司(北京市政府投资的公司)间接控股,其股权结构如图4-1所示。

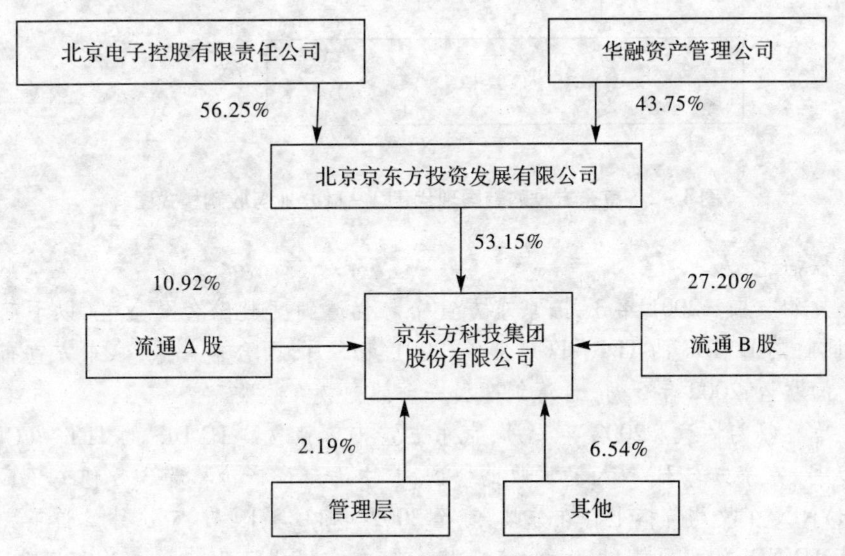

图4-1　京东方股权结构图

(二)收购的交易结构设计

1. 收购的模式设计

此次收购为海外收购,风险很大,因此京东方在收购前,根据所掌握的情况,对收购的风险逐项进行了评估,包括政治风险、经济风险、财务风险、法律风险、文化风险、技术风险、经营风险、市场风险、行业风险和资金风险等,最后确定了一个收购模式,即在韩国设立全资子公司 BOE－HYDIS 技术株式会社，以起到防火墙的作用，而不让京东方（BOE）直接收购，把收购的主要风险留给新设企业，京东方只需承担投入资金的风险。事实证明，这种模式能最大限度地发挥财务杠杆作用，最大限度地避免财务风险，以最快速度完成收购计划。收购模式如图 4－2 所示。

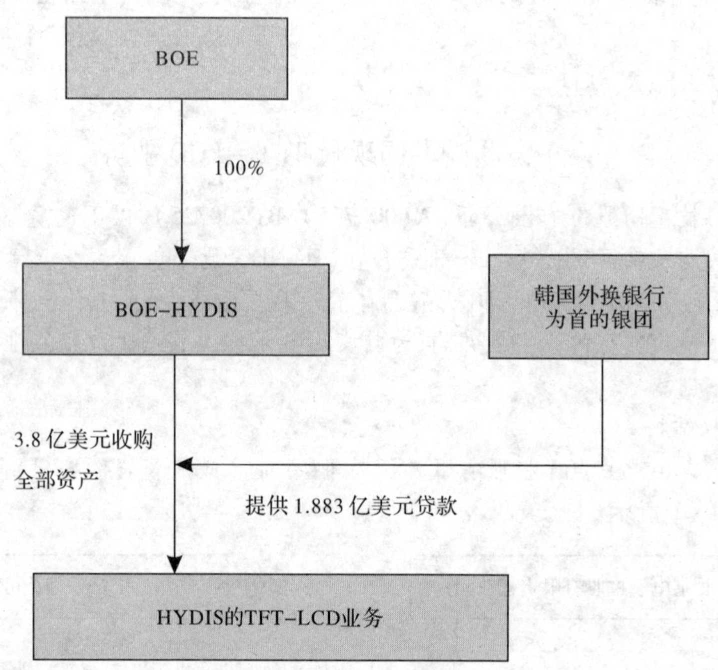

图 4－2　京东方收购韩国现代 TFT－LCD 业务收购模式图

2. 过程描述

联合收购未果。2001 年 3 月，京东方宣布与台湾剑度股份有限公司（以下简称台湾剑度）共同收购 HYDIS 的 TFT－LCD 业务；2001 年 5 月，因合作关系，京东方宣布退出与台湾剑度的联盟；2002 年 5 月，台湾剑度因资金问题放弃收购。

签订单独收购协议。2002 年 7 月，京东方宣布单独收购 HYDIS 的 TFT－LCD 业务；2002 年 9 月，京东方与 HYNIX 达成收购协议，其中固定资产价格为 3.8 亿美元。由于京东方与 HYNIX 在收购价格上存在分歧，直至 2002 年 11 月 19 日，双方才签订正式收购合同。当时，HYNIX 的主要债权银行也表示将向京东方提供 2.1 亿美元的银团贷款，帮助其完成此次收购。

融资风波。双方签订协议时，HYNIX 的主要债权银行曾表示，将由韩国外换银行安排，向京东方提供 2.1 亿美元银团贷款。2002 年年底，收购双方将按照最终收购协议准备进行资产交割时，HYNIX 的一家债权银行由于未得到满意的贷款偿还条件而拒绝为京东方的收购提供融资，收购面临流产的危险。几天后峰回路转，韩国外换银行同意向京东方安排总额达 1.883 亿美元的银团贷款以帮助其完成对 HYNIX 下属子公司业务的收购。韩国发展银行将提供 1 亿美元的贷款，韩国汇兑银行将提供 5 000 万美元的贷款，Woori

银行将提供3 000万美元的贷款,现代火灾和海上保险公司将提供830万美元的贷款。

收购成功。2003年1月22日,在韩国注册的京东方科技集团股份有限公司的全资子公司BOE-HYDIS技术株式会社正式成立,代表京东方负责此次资产收购。2003年1月31日,双方交割完毕,京东方公告收购成功。

京东方对韩国HYDIS的TFT-LCD业务的收购采取了"全部资产+营运资金"的模式,此次支付的3.8亿美元,仅用于收购HYDIS的全部资产,包括HYDIS用于TFT-LCD生产的所有固定资产以及技术、工艺和其全球营销网络等无形资产。收购营运资金的金额约在7 000万美元左右。

财务风险。京东方2002年末期的会计报表显示,其总资产逾67亿元,股东权益不到22亿元,资产负债率超出60%,主营业务收入47.8亿元,净利润8 000余万元,每股收益0.15元,净资产收益率为3.79%,资产规模庞大、负债水平高、收益不显著是其主要的财务特点。而京东方在2003年的系列资本运作皆为大手笔:收购HYDIS的TFT-LCD业务耗资3.8亿美元;在北京经济技术开发区(亦庄)兴建三条TFT-LCD生产线,投入高达10亿美元;耗资10.5亿元港币协议收购冠捷科技有限公司26.36%的相对控股权。截至2004年6月30日的财务报表显示,其总资产为138.69亿元,负债为81.12亿元,资产负债率为58.5%,接近国际惯常的评价企业财政赤字风险指标的警戒负债率。京东方大手笔的并购必然导致资金流短缺,如何补充后续整合费用以及生产所需要的运营资金是关键问题。如果收购后的经营管理不能产生充足的现金流,极易导致财务危机。

资料来源:王东. 2004. 中国企业"走出去"的成功典范——京东方收购韩国现代TFT-LCD业务[J]. 会计师(10).

第四节　并购意向书与并购协议

并购意向书主要用于约定交易的基本条件和原则、交易的基本内容、为促成交易参与各方应做工作的具体安排、排他性安排以及保密条款(或另行单独签署保密协议)等,双方在初步接触后就会签订。谈判如果获得成功,交易达成,则双方应该签署并购协议,并购双方董事会应各自通过有关并购的决议。

一、并购意向书

并购双方经过初步接触后,就会签订并购意向书。并购意向书主要是为后面的并购活动提供一个合作框架,以保证后续活动的顺利开展。一般来说,并购意向书的内容有些有法律约束力,有些没有法律约束力。其中,保密条款、排他协商条款、费用分摊条款、提供资料与信息条款和终止条款有法律约束力,其他条款的效力视并购双方的协商结果而定。

并购意向书主要有以下条款:

1. 保密条款

保密条款的作用有两个:

第一,可以防止并购方对目标企业的并购意图外泄,从而对并购双方造成不利影响。并购意向书一般都会约定诸如"并购的任何一方在共同公开宣布并购前,未经对方同意,应对本意向书的内容保密,且除了并购双方及其雇员、律师、会计师和并购方的贷款方之外,不得向任何其他第三方透露"的内容。

第二,可以防止并购方将目标企业向其提供的资料对外公开。

如果有法律强制公开的情况,则不在保密条款的效力范围之内。

2. 排他协商条款

并购方为了取得独家并购谈判的地位,可能会规定这个条款。该条款主要规定没有取得并购方同意,目标企业不得与第三方公开或者私下进行并购接触和谈判;否则视为目标企业违约,并须承担违约责任。

3. 费用分摊条款

该条款主要规定无论并购是否成功,并购双方都要共同来分担因并购事项所发生的费用。

4. 提供资料与信息条款

该条款要求目标企业向并购方提供其所需的资料和信息,尤其是没有向公众公开的资料和信息,这有利于并购方了解目标企业。

5. 终止条款

该条款明确规定,如果并购双方在某一规定期限内无法签订并购协议,则意向书丧失效力。

6. 并购标的条款

主要说明并购方拟并购的对象是资产还是股权以及具体的范围和数量等等。

7. 对价条款

主要说明并购方打算给出的对价的性质和并购价格的数额或计算公式等等。

8. 进度安排条款

主要说明后续开展并购活动的步骤和大致时间。

【想一想】 并购意向书的签订对并购双方会产生什么样的约束?

【案例4-4】

资产收购意向书范本

(一)目标公司资产的详细陈述:

1. 资产范围(附清单);

2. 资产有无设定抵押、担保情形;

3. 如系国有资产,有无有关部门批准文件。

(二)目标公司的有关公司文件、财务报表、营业与资产状况的报表(尤其是公司负债情况,对第三人所负的债务,应开列详细清单)。

(三)保证条款:保证上述条款及文件的真实性,如有错误和不实之处,应承担赔偿责任。

(四)过渡期条款:

1. 双方应尽快取得涉及本项交易或与本项交易的实施有关联的第三方同意、授权及核准;

2. 卖方承诺在此过渡期内妥善保存管理目标公司的一切资产；

3. 为维护目标公司的现状，防止卖方利用其尚为目标公司之机，变相从公司获得其他利益，使公司资产价值减少；

4. 双方对于收购合同所提供的一切资料，均负有保密义务，以免节外生枝。

（五）双方权利义务：

1. 卖方：

(1)办理有关产权证照转户手续；

(2)资产移交期限；

(3)分批移交，移交时间表。

2. 买方：

(1)付款日期；

(2)付款方式；

(3)付款日期和方法。

（六）现有职工安置问题

（七）违约责任

（八）生效条件

资料来源：中顾法律网，2010年5月19日。

二、并购协议

并购协议是确定交易双方权利和义务最基本的法律文件，是并购活动正常履行的前提和依据，是并购双方的工作重点。并购协议由一方草拟交另一方修改，其后双方将谈判确定的结果纳入协议中，最后由交易双方审定并签署。并购协议中除应当包括价款、支付条件、生效条件、协议的修改等主要条款外，一般还应有先决条件条款，声明、保证与承诺条款，限制竞争条款，损害赔偿条款，管辖及适用法律条款等。

【案例4-5】

有限责任公司收购协议书范本

本协议由下列二方于　　年　月　日在北京市　　　区签署。

转让方：　　　有限公司（以下简称为甲方）
注册地址：
法定代表人：

受让方：　　　有限公司（以下简称为乙方）
注册地址：
法定代表人：
以下甲方和乙方单独称
鉴于：

1. 甲方系依据《中华人民共和国公司法》及其他相关法律、法规之规定于　　年　　月　　日设立并有效存续的有限责任公司。注册资本为人民币　　　　元;法定代表人为:　　　　;工商注册号为:　　　　。

2. 乙方系依据《中华人民共和国公司法》及其他相关法律、法规之规定于　　年　　月　　日设立并有效存续的有限责任公司。注册资本为人民币　　　　元;法定代表人为:　　　　;工商注册号为:　　　　。

3. 甲方拥有　　　　有限公司 100% 的股权;至本协议签署之日,甲方各股东已按相关法律、法规及公司章程之规定,按期足额缴付了全部出资,并合法拥有该公司全部、完整的权利。

4. 甲方拟通过股权及全部资产转让的方式,将甲方公司转让给乙方,且乙方同意受让。

根据《中华人民共和国合同法》和《中华人民共和国公司法》以及其他相关法律、法规之规定,本协议双方本着平等互利的原则,经友好协商,就甲方公司整体出/受让事项达成协议如下,以资信守。

第一条　先决条件

1.1 下列条件一旦全部得以满足,则本协议立即生效:

①甲方向乙方提交转让方公司章程规定的权力机构同意转让公司全部股权及全部资产的决议之副本。

②甲方财务账目真实、清楚;转让前公司一切债权、债务均已合法有效剥离。

③乙方委任的审计机构或者财会人员针对甲方的财务状况之审计结果或者财务评价与转让声明及附件一致。

1.2 上述先决条件于本协议签署之日起　日内,尚未得到满足,本协议将不发生法律约束力;除导致本协议不能生效的过错方承担缔约损失人民币　　　万元之外,本协议双方均不承担任何其他责任,本协议双方亦不得凭本协议向对方索赔。

第二条　转让之标的

甲方同意将其各股东持有的公司全部股权及其他全部资产按照本协议的条款出让给乙方;乙方同意按照本协议的条款,受让甲方持有的全部股权和全部资产,乙方在受让上述股权和资产后,依法享有　　　　公司 100% 的股权及对应的股东权利。

第三条　转让股权及资产之价款

本协议双方一致同意,　　　　公司股权及全部资产的转让价格合计为人民币　　　　元整(RMB)。

第四条　股权及资产转让

本协议生效后 7 日内,甲方应当完成下列办理及移交各项:

4.1 将　　　　公司的管理权移交给乙方(包括但不限于将董事会、监事会、总经理等全部工作人员更换为乙方委派之人员)。

4.2 积极协助、配合乙方依据相关法律、法规及　　　　公司章程之规定,修订、签署本次股权及全部资产转让所需的相关文件,共同办理　　　　公司有关工商行政管理机关变更登记手续。

4.3 将本协议第十六条约定之各项文书、资料交付乙方并将相关实物资产移交乙方。

4.4 移交甲方合法有效的　　　　　　公司股权及资产转让给乙方的所有文件。

第五条　股权及资产转让价款之支付

第六条　转让方之义务

6.1 甲方须配合与协助乙方对　　　　　　公司的审计及财务评价工作。

6.2 甲方须及时签署应由其签署并提供的与该等股权及资产转让相关的所有需要上报审批的相关文件。

6.3 甲方将依本协议之规定,协助乙方办理该等股权及资产转让之报批、备案手续及工商变更登记等手续。

第七条　受让方之义务

7.1 乙方须依据本协议第三条之规定及时向甲方支付该等股权及资产之全部转让价款。

7.2 乙方将按本协议之规定,负责督促　　　　　　公司及时办理该等股权及资产转让之报批手续及工商变更登记等手续。

7.3 乙方应及时出具为完成该等股权及资产转让而应由其签署或出具的相关文件。

第八条　陈述与保证

8.1 转让方在此不可撤销的陈述并保证:

①甲方自愿转让其所拥有的　　　　　　公司全部股权及全部资产。

②甲方就此项交易,向乙方所做之一切陈述、说明或保证、承诺及向乙方出示、移交之全部资料均真实、合法、有效,无任何虚构、伪造、隐瞒、遗漏等不实之处。

③甲方在其所拥有的该等股权及全部资产上没有设立任何形式之担保,亦不存在任何形式之法律瑕疵,并保证乙方在受让该等股权及全部资产后不会遇到任何形式之权利障碍或面临类似性质障碍威胁。

④甲方保证其就该等股权及全部资产之背景及　　　　　　公司之实际现状已做了全面的真实的披露,没有隐瞒任何对乙方行使股权将产生实质不利影响或潜在不利影响的任何内容。

⑤甲方拥有该等股权及资产的全部合法权利订立本协议并履行本协议,甲方签署并履行本协议项下的权利和义务并没有违反　　　　　　公司章程之规定,并不存在任何法律上的障碍或限制。

⑥甲方签署协议的代表已通过所有必要的程序被授权签署本协议。

⑦本协议生效后,将构成对甲方各股东合法、有效、有约束力的文件。

8.2 受让方在此不可撤销的陈述并保证:

①乙方自愿受让甲方转让之全部股权及全部资产。

②乙方拥有全部权力订立本协议并履行本协议项下的权利和义务,没有违反乙方公司章程之规定,并不存在任何法律上的障碍或限制。

③乙方保证受让该等股权及全部资产的意思表示真实,并有足够的条件及能力履行本协议。

④乙方签署本协议的代表已通过所有必要的程序被授权签署本协议。

第九条　担保条款

对于本协议项下甲方之义务和责任，由　　　、　　　、　　　承担连带责任之担保。

第十条　违约责任

10.1 协议任何一方未按本协议之规定履行其义务，应按如下方式向有关当事人承担违约责任：

①任何一方违反本协议第八条之陈述与保证，因此给对方造成损失的，违约方向守约方支付违约金　　万元。

②乙方未按本协议之规定及时向甲方支付该等股权及资产之转让价款的，按逾期付款金额承担日万分之三的违约金。

10.2 上述规定并不影响守约者根据法律、法规或本协议其他条款之规定，就本条规定所不能补偿之损失，请求损害赔偿的权利。

第十一条　适用法律及争议之解决

11.1 协议之订立、生效、解释、履行及争议之解决等适用《中华人民共和国合同法》、《中华人民共和国公司法》等法律、法规；本协议之任何内容如与法律、法规冲突，则应以法律、法规的规定为准。

11.2 任何与本协议有关或因本协议引起之争议，协议各方均应首先通过协商友好解决；30 日内不能协商解决的，协议双方均有权向协议签订地人民法院提起诉讼。

第十二条　协议修改、变更、补充

本协议之修改、变更、补充均由双方协商一致后，以书面形式进行，经双方正式签署后生效。

第十三条　特别约定

除非为了遵循有关法律规定，有关本协议的存在、内容、履行的公开及公告，应事先获得乙方的书面批准及同意。

第十四条　协议之生效

14.1 协议经双方合法签署，报请各自的董事会或股东会批准，并经　　　　　公司股东会通过后生效。

14.2 本协议一式三份，各方各执一份，第三份备存于　　　　　公司内；副本若干份，供报批及备案等使用。

第十五条　其他

15.1 本协议未尽事宜，由各方另行订立补充协议予以约定。

第十六条　本协议之附件

16.1 公司财务审计报告书；

16.2 公司资产评估报告书；

16.3 公司租房协议书；

16.4 公司其他有关权利转让协议书；

16.5 公司固定资产与机器设备清单；

16.6 公司流动资产清单；

16.7 公司债权债务清单；

16.8 公司其他有关文件、资料。

签署:

甲方: 有限公司

法定代表人(授权代表):

乙方: 有限公司

法定代表人(授权代表):

资料来源:找法网,2011 年 7 月。

【案例 4 -6】

美国在线并购时代华纳

2000 年 1 月 10 日,全球最大的互联网服务提供商(ISP)——美国在线(American Online,以下简称美国在线)与全球娱乐及传媒巨人时代华纳公司(Time Warner,以下简称时代华纳)正式公布合并,整宗交易的总值达 3 500 亿美元,成为当时有史以来最大的公司合并案,引起一时轰动。然而时至今日,美国在线时代华纳公司(AOL Time Warner Inc.,简称美国在线时代华纳)面临着重重压力,2002 年巨额亏损创美国历史纪录,2003 年 9 月甚至决定将名称中的“AOL”除去,令人唏嘘不已。

一、并购背景

1. 全球最大的互联网服务提供商与美国最大的传媒集团

并购前,美国在线是一家成立不到 15 年的公司。该公司董事长兼首席执行官——42 岁的史蒂夫·凯斯(Steve Case)是美国互联网界的经营天才。在凯斯的领导下,美国在线已发展为全球最大的互联网服务提供商(ISP),对全美用户提供每月 21.95 美元不限时接入互联网(Internet)的服务,2000 年年初在全球 15 个国家用户超过 2 000 万,得益于迅猛发展的美国股市,美国在线的股价自上市以来涨幅已超过 800 倍。

美国在线的对面,是有近百年历史的时代华纳公司。它是世界最大的传媒集团之一,由时代杂志与华纳通讯公司合并而成。该公司拥有全美第一大有线电视网络,旗下拥有多家著名的电视台、杂志、报纸、出版社以及网站,包括时代杂志(Time)、财富杂志(Fortune)、美国有线电视新闻网(CNN)、卡通电视网(Cartoon Network)、华纳兄弟影业公司(Warner Bros.)、人物(People)杂志、HBO 电影台(HBO)、体育画报(Sports Illustrated)、华纳音乐集团(Warner Music Group)等。

2. 结合契机

随着互联网的发展和其对人类生活的影响越来越大,许多大型的媒体公司无不积极构思如何通过互联网加大其影响力,而互联网公司也亟待改变消费者的阅读、娱乐习惯和途径。对于传统产业来说,互联网的兴起,对其生存一度产生极大的威胁,大家无不苦思如何驾驭互联网这股强劲的力量。

综观近年来传统媒体在网络市场的表现,可以看出,传统媒体业站在求取新兴网络经济时代的生存地位时,着实有着心有余而力不足的感叹。时代华纳也面临相似的问题,在网络事业的发展上,虽然着手较早,但由于对网络时代的传统媒体如何更好地转型,迎头赶上,仍显准备不足,招数不多。和其他传统媒体相比,日子也好不了多少。1999 年 4 月,时代华纳还停掉了其 Pathfinder 入口网站,使得时代华纳在如何跨入网络经济的道路上陷入忧虑。

与此同时,美国在线在 1999 年 12 月宣布访问量已突破 2 000 万人次,人气指数已经远远超越了多家有线电视频道,成为当时最成功的新兴媒体品牌。1999 年,美国在线打出美国线上随处可见的营销策略后,已经和包括 Gateway、Palm、Motorola 及 DirecTV 等在内的公司达成合作协议,涵盖范围已广及 PC、手机、卫星电视及 DSL 宽频服务,唯一的缺憾是有线电视系统部分,而时代华纳的有线电视系统(1 300 万家庭用户)及 RoadRunner 宽频技术提供上网服务可以弥补这一缺憾,进而平衡美国电话电报公司(AT&T)并购 TCL 及 Mediaone 后在宽频世界的影响力。

正是基于这一背景,双方决策层下定了合并的决心。

二、并购过程

2000 年 1 月 10 日,美国在线宣布与时代华纳合并,根据合并协议,美国在线和时代华纳的股票将以固定的兑换比率换成“美国在线时代华纳公司”(AOL Time Warner Inc.,合并后新公司的名称)的股票。1 股时代华纳股票将兑换成 1.5 股新公司股票,美国在线的股东则以 1:1 的比率兑换。美国在线的股东将持有新公司的 55% 股份,而时代华纳股东将获得其余 45% 的股份。这笔交易相当于美国在线用发行价值 1 780 亿美元的新股换取时代华纳的全部股份,实际上是美国在线购并时代华纳。新公司年收入 300 亿美元,市值超过 3 500 亿美元。

美国在线的执行总裁史蒂夫·凯斯出任新公司董事长,时代华纳总裁兼主席杰拉尔德·莱文(Gerald Levin)任首席执行官。CNN 的创办者、拥有时代华纳 9% 普通股的时代华纳副董事长泰德·特纳,表示支持合并,并担任新公司的副董事长。

2000 年 10 月 10 日,两家公司的合并案得到了欧盟准许。在争取欧盟支持的过程中,两家公司曾不得不两度“忍痛割爱”。先是两家公司被迫割断与德国媒体集团贝托斯曼公司的联系,再是时代华纳放弃属下音乐业务与欧洲百代唱片公司价值 200 亿美元的合并计划。

2000 年 12 月 14 日,美国联邦贸易委员会批准了这桩合并案,但同时与这两家公司达成一项为期 5 年的协议,意在防止两家公司合并后给它们的竞争对手以及消费者带来不利的影响。根据协议,美国在线与时代华纳合并后,不得拒绝其他互联网服务商进入该公司的高速网络传输系统。

2001 年 1 月 11 日,美国联邦通信委员会有条件地批准了这桩合并案。为了保证互联网市场上的公平竞争,联邦通信委员会要求新公司允许使用其高速传输系统的竞争对手的即时信息传输服务与美国在线的同类服务相兼容。至此,美国在线收购时代华纳一事可以说是获得了“有照经营”。

由于美国在线是美国第一大互联网入网服务商,而时代华纳是全球第一大媒体公司,两家公司合并后,成为一家集电视、电影、杂志和互联网为一体的超级媒体公司。

三、投资者对美国在线并购时代华纳的反应

1. 投资者心存疑虑

合并消息刚公布，立即带动了西方股市的全面上扬。本来欧美股市新年伊始，因担心美联储再提利率而一度暴跌，但在两大公司合并消息的刺激下，全面攀升。道琼斯30种工业股票平均价格指数再创新高，以技术股为主的纳斯达克综合指数也创造了日增点数的最高纪录。投资者纷纷买进网络股和与网络有关的技术类股票。这两家公司在美国的股价也均大幅上涨，开市后曾分别上升8%及57%，分别报每股80美元及102美元，两家公司股票当日最终以71美元及90美元报收。

但在消息公布的第二日，两家公司的股价便从消息公布当日的大幅上涨变为一路下跌。由于有了一整天时间分析新公司可能面临的问题，在11日（合并消息公布第二天）美国股市开盘之前，一家研究机构的科技股分析师纽曼发布研究报告，将美国在线未来12个月的目标价由105美元大幅下调为85美元，并把该股从推荐名单中除去。另一位证券分析师瓦戈尼也将美国在线评级降为“观望”，目标价由130美元降至85美元。投资者于是纷纷抛售美国在线股票，导致美国在线股价开盘后一路下挫，成交爆出9 400万股的天量，至收盘时跌幅超过10%，是该股上市以来的最大单日跌幅。而当日时代华纳股价也以每股86美元收盘，较前一日股价，跌幅为6.8%。

至14日收市，美国在线股价为63.25美元，比10日宣布消息前下跌了14%以上。时代华纳收于82美元，但比合并消息宣布前上涨了26.6%。

美国在线的股价表现显示，投资者对美国在线此次并购行为有所保留。像美国在线这样的网络公司，在营业收入不多，大部分面临严重亏损的情况下，经过公开发行股票，摇身一变成为拥有亿万资产的公司，投资者看中的主要是其美好的成长前景。美国在线能在上市短短的8年中股价上升超过800倍，原因也正在于此。

但投资者担心此次合并会使美国在线的增长速度被时代华纳拖慢。美国在线去年12月宣布用户突破2 000万，网站的广告收入也大幅增加，其营业额已连续5年保持1倍以上的增长速度；而经营传统媒体业务的时代华纳的增长速度则只有18%左右。市场分析人士指出：“购并将改变美国在线及时代华纳的未来，新公司将拥有大量流动资金及更稳定的收入来源，但增长率将会显著放缓。”

此外，把合并后的公司定位为传统价值的公司，还是具有网络前景的公司，也成为投资者心中的大问题。合并消息一公布，便有两名美国在线股东向法院指控公司以高昂及不合乎股东利益的代价收购一家老式经营的公司，希望法院阻止两家公司合并，赔偿他们所遭受的损失。

2. 财务状况令人担忧

就经营而言，时代华纳可以说是困难重重。过去10年，时代华纳的总收入超过970亿美元，但由于负债累累，到1998年才开始盈利，10年间亏损额超过5.6亿美元。时至今日，时代华纳的负债仍高达178亿美元，而截至1999年财政年度该公司共为此支付了13亿美元的利息。加上美国在线自己的6.42亿美元债务，此次收购时代华纳，美国在线等于背上一个沉重的财务包袱。

人们都担心时代华纳会影响美国在线的高速发展，而事实上却是并购后美国在线的糟糕业绩影响了新公司。

3. 管理冲突在所难免

综观近年来传统媒体与网络公司合并的先例,先是迪斯尼收购了 Starwave Corp. 和 Infoseek Corp.,整合全部资源推出门户网站 Go Network,结果内部争斗不绝,两家公司的高级管理人员几乎全部离去。而另一家传媒集团 NBC 买下 Snap 之后,该网站在门户网站的竞争中依然名不见经传,未有突出成绩。虽然都是传统媒体收购网络公司,但也充分显示出旧经济中的传统业者与新兴的网络经济在观念上格格不入。

一位华尔街分析家把美国在线与时代华纳的合并称为"20 世纪最差交易"——时代与华纳合并的延续,注定没有好的结果。但当时美国在线与时代华纳的合并得到了分析家和投资者的普遍认同,认为联合《时代》杂志与华纳公司的电影及音乐优势,势必造就一个拥有无限资源和美好前景的"传媒帝国"。而实际的情况却恰恰相反。两家公司的管理模式许久未能融合,冲突不断,机构臃肿,导致亏损严重,时代华纳股价在合并后的 7 年中仅上升了 20%,而同期道琼斯工业指数的升幅达到 134%。

一如所有的公司合并,新公司必然面对所谓的"人事风险",为节约成本并实现经营的多元化,现有的 82 000 名员工可能会面临大幅裁员。由于企业运作方式存在差异,目前公司的管理人员尚缺乏跨行业管理的经验。美国在线董事长凯斯为此也存有戒心,为加强对新公司的控制,在 1 月 14 日正式向美国证券交易委员会(SEC)提交的合并协议中,凯斯任命了直接对自己负责的四名高级职员,原时代华纳董事长、新公司首席执行官莱文将无权干涉其行动或将他们开除。

四、并购后美国在线时代华纳的表现

1. 股东诉讼美国在线并购作假

新公司正式成立 1 年多后,美国在线时代华纳陷入四面楚歌,公司业绩急剧下滑,股票价格大幅缩水。而更让华尔街感到吃惊的是,美国大公司做假账的丑闻也已经波及了美国在线时代华纳。《经济学家》杂志披露了一个惊人的内幕消息:在当年的并购案中,美国在线的股票价格大大超过了其实际价值。《经济学家》的报道说:"美国在线当年恐怕是把时代华纳骗到手的。"

当年为了确保并购成功,美国在线开出了每股近 50 美元的加价来购买时代华纳的股票(当时交易价为 65 美元)。现在,美国在线时代华纳的股价与合并前的高峰时期相比降低了 90% 以上。该公司的股东最近向美国的司法部门提出十几桩诉讼,认为美国在线当时能支持这么高的并购价格,其背后必然有诈。

提出诉讼的股东们都持有惊人相似的观点:一系列"极其虚假并有误导作用"的财务报告使得美国在线当时的股价远远高于实际水平。如果在财务报告中公布了真实的资料,美国在线当时的股价要低得多,根本没有能力以如此之高的价格并购时代华纳。

而《华尔街日报》在 2002 年 10 月下旬披露,美国在线在并购时代华纳前的确有做假账的不法行为,证明了股东们的指控并非空穴来风。报道说,美国在线在与时代华纳合并前 3 个月夸大了在线广告收入。美国在线时代华纳称,该公司当时将几笔广告收入错误地记入了美国在线分公司的账上,从而导致 2000 年 9 月以来的收入虚增了 1.9 亿美元,利润则增加了 1 亿美元。

此次被揭露的事件给美国在线时代华纳再度蒙上阴影。在此之前,美国在线因为会计操作问题已经受到了美国证券交易委员会和司法部的调查。2002年8月,该公司在对账目进行内部核查时发现了一系列财会问题,当时公司一笔4 900万美元的广告收入被错误地记入账内。

美国在线时代华纳股东们提出的诉讼案对两家公司的前董事会、会计、银行和其他顾问机构形成了严重威胁。首当其冲的就是为美国在线做账的会计师事务所和几位关键的管理人,包括美国在线前总经理、现任美国在线时代华纳董事长的史蒂文·凯斯、时代华纳前总经理杰拉尔德·莱文以及合并后新公司现任首席执行官理查德·帕森斯。

毋庸置疑,当年曾经为这笔交易提供咨询的投资银行也难逃干系。根据汤姆森金融公司提供的数据,在这桩并购案中,这些提供咨询的投资银行一共获得了1.2亿美元的丰厚酬金。

2. 合并后股价大跳水

2002年11月美国《纽约时报》的报道透露,在华尔街正流传着"2000年开始出现的IT泡沫经济的崩溃导致了一系列的非法会计"的猜测。也就是说,"为了在2000年6月的原美国在线与原时代华纳的临时股东大会上获得股东们的合并认可,不得不做会计假账"。

事实上,当时美国的网络经济泡沫已经开始破灭,很多网络公司的股价都开始下跌。但是美国在线的股价却出现了持续上涨。而当美国在线和时代华纳的并购方案在股东大会上顺利通过后,美国在线的股价就开始持续下跌,而且一直跌到现在也没有停稳的迹象。

2001年1月合并结束后,新诞生的美国在线时代华纳的股价徘徊在39至45美元之间。但"9·11"事件发生后,其股价一下子跌到了34美元,此后一直未恢复。2002年1月,该公司在发表的财政结算报告中宣布,公司赤字额将进一步扩大。由此,股价下跌到了26美元。之后,同年4月,公司公开了542亿美元的巨额亏损,于是乎股价跌破了20美元大关。此后,公司股价持续下滑,在各种丑闻的冲击下跌到10美元左右。

公司股价的大幅下跌引起了股东们的强烈不满。究竟是因为"并购后遗症"造成公司陷入巨额亏损,还是在并购前美国在线就一直在做假账?显然,后一种解释让股东们感到更为可信。

3. 美国在线业绩持续下滑,2002年美国在线时代华纳巨额亏损

并购仅仅数月之后,美国在线的业务就开始走下坡路,拖累了美国在线时代华纳的整体业绩。2002年,有关分拆美国在线的言论一度流传,人们认为分拆美国在线将有助于提振美国在线时代华纳的股价,该公司股价至2002年10月份的跌幅已经超过50%。同美国在线不尽如人意的业绩相比,前时代华纳各业务部门普遍良好的表现也进一步印证了这种观点。

2003年1月29日,美国在线时代华纳公布,这家世界最大的媒体企业去年第四季度亏损449亿美元,这使得其2002年全年亏损额达到987亿美元,创下美国企业有史以来最高的亏损纪录。

该公司去年第四季度营业收入增长了8%,达到114亿美元,经营利润为每股28美

分,高于2001年同期和分析家预计的每股26美分。因此,公司上季度出现巨额亏损的原因不在于经营本身,而是美国在线的价值大幅缩水。

4. 高层变动频繁

美国在线时代华纳2003年1月13日称,旗下CNN的首席执行官艾萨克森(Walter Isaacson)已辞职。仅一天前,该公司就已宣布,公司董事长史蒂夫·凯斯将在今年5月份辞职。艾萨克森是2001年7月出任CNN首席执行官的,之前他是《时代》杂志的资深编辑。CNN近年来渐渐被竞争对手福克斯新闻(Fox News)赶上,艾萨克森辞职之际,正值CNN与美国广播公司(ABC)在谈判合并事宜。艾萨克森2002年年底曾对媒体说,两家电视台合并对CNN并没有必要。凯斯是原美国在线的首席执行官,也是美国在线与时代华纳公司合并的主要促成者。凯斯辞职的消息传出当天,美国在线时代华纳股价上升了30美分。

公司副董事长泰德·特纳也于1月29日公布美国在线时代华纳巨额亏损时同时宣布,他将于5月份辞职。特纳是美国CNN的创办人,他于1996年将这家全球著名的新闻电视台出售给了时代华纳,后者2001年与美国在线合并,组成美国在线时代华纳公司。当时网络股票泡沫尚未消退,美国在线以市场价值记账,两家企业的并购金额达到创纪录的1 060亿美元。但这个数字后来受到人们的质疑,信贷银行也要求美国在线时代华纳减记资产价值。

分析师认为,这些高层人员的离职意味着,公司承认了美国在线与时代华纳当年的合并是一桩失败的案例,后续将引发美国在线撤资,或者将其名字从合并公司中除去。但是他们的离去并没有解决公司的根本问题,美国在线时代华纳将继续面临艰难的运营之路,包括怎样把传统的媒体业务和网络新经济整合到一起,以及如何应对由此产生的文化冲突。

投资界正密切关注着美国在线时代华纳,美林证券的分析师科恩称,现在大家都在关心该公司下一步会有什么动向。很多分析师认为,凯斯等人离去并不会带来公司基本战略的改变。美国在线时代华纳面临的挑战仍然是,如何有效地经营杂志、书籍、有线服务、动画等传统的媒体业务,并将它们与美国在线网络服务的新经济运营模式很好地结合起来。同时,如何改变美国在线网络广告减少的状况也是一个难题。

美国在线时代华纳鼎盛时期市值曾高达2 600亿美元,而2003年年初已缩水至680亿美元。合并以后,公司一直受到经营不善、文化冲突和过高的盈利期待等问题的困扰。当时促成合并的谈判双方,时代华纳的首席执行官莱文和美国在线的首席执行官凯斯都已黯然离去。他们两位都未能实现网络高潮时期产生的梦想。

5. 美国在线时代华纳负债累累,剥离业务获取资金

美国在线时代华纳这家全球最大的传媒公司的负债额已高达260亿美元,销售增长缓慢,急需通过变卖资产来获得所需资金。

(1)出售Comedy Central有线电视网的一半股份

2003年4月底,美国在线时代华纳以12.3亿美元的价格将自己在Comedy Central有线电视网的一半股份出售给了维亚康姆,Comedy Central股份的售价超出了人们的预计。

(2)出售亚特兰大运动队

2003年5月5日,美国在线时代华纳与一家公司就收购自己的亚特兰大运动队的交

易进行谈判，这一交易将于当年7月之前完成，从而帮助美国在线时代华纳减轻负债压力。与美国在线时代华纳进行谈判的是美国得克萨斯州的百万富翁大卫·麦克戴维，他是一个汽车经销商，也是此次交易中唯一一家收购商。

这两次交易均表明了美国在线时代华纳首席执行官理查德·帕森斯减轻公司债务负担的决心。分析家称，正处于亏损状态的亚特兰大运动队的价值将在3.5亿到4亿美元之间。有了这些资金，美国在线可以保住自己的书籍出版业务，或者至少可以在贝塔斯曼旗下的Random House准备充分之后再收购这一部门。

(3)出售华娱电视股权

2003年7月3日，美国在线时代华纳宣布把麾下华娱电视64.1%的股份以680万美元的价格出售给亚洲首富、香港巨商李嘉诚所属的网络、出版和广告集团TOM公司。

双方交易前，在华娱电视的股权上，美国在线时代华纳的特纳广播占80%，另外一家风险投资基金占16%，华娱电视创始人蔡和平占4%。交易后，李嘉诚的TOM集团占到64.1%，特纳广播持有余下的35.9%。TOM集团取得了董事会控股权和管理权，而作为代价，TOM集团需要以每股2.53元的价格，发行2 100万股票给特纳广播，同时TOM集团承诺在未来30个月之内提供最多不超过3 000万美金的运营资金，也就是说，在未来的30个月里，TOM集团将承担华娱电视的运营费用。

同时根据协议，特纳广播可以在交易完成后的第30个月开始到2010年的7月1日，行使一次认购权，回购华娱电视股权。2007年7月1日前首次行使的价格是TOM的投资成本再加上50%的回报率；2007年7月1日以后的回购价是投资成本加上20%～30%的回报率。

(4)出售DVD/CD业务

2003年7月15日，据《华尔街日报》透露，目前已有两家买主表示对美国在线时代华纳的DVD/CD业务部门很感兴趣，准备将其收购，这两家买主分别是Cinram国际公司和一个由WEA公司老板吉姆·卡帕罗(Jim Caparro)领衔的财团，收购交易最早有可能于下周达成。

Cinram国际公司是一家总部位于多伦多的DVD和录音磁带生产商，目前该公司尚未就此事发表评论。《华尔街日报》还透露，卡帕罗领衔的财团得到了Apollo Advisors LP和Thomas H. Lee Partners这两家投资集团的支持，但这两家公司的发言人均未就此事发表评论。有消息称，德意志银行和J. P. 摩根公司也支持卡帕罗竞标。

6. 美国在线时代华纳面临新的欺诈指控，或被索赔3.5亿美元

2003年7月21日消息，全球最大的媒体企业美国在线时代华纳最近又受到两项新的司法诉讼的困扰，诉状指控美国在线时代华纳在合并之前采用欺诈手段人为增加公司营业收入，使得投资者遭受损失。原告加利福尼亚州退休金基金会及俄亥俄州退休金基金会要求美国在线时代华纳支付3.5亿美元的赔偿。

其中加利福尼亚州退休金基金会指控美国在线在收购时代华纳之前人为增加了营业收入17亿美元，为此要求得到2.5亿美元的赔偿。俄亥俄州退休金基金会则表示，因为美国在线时代华纳的欺诈行为，其员工退休金基金的投资遭受重大损失，要求美国在线时代华纳赔偿1亿美元。

与此同时,Calpers 投资公司也针对美国在线时代华纳提出了类似的诉讼。该公司声称,美国在线时代华纳对其财报进行重新发布导致其股价下跌,使得 Calpers 损失了 2.5 亿美元的投资。Calpers 公司的首席投资官马克·安森表示:“由于这一欺诈行动对投资者产生了重大的影响,我们向加利福尼亚州法庭提出诉讼,要求美国在线赔偿投资者的损失。”

截至 2002 年,美国在线 2000 年到 2001 年的财报就一直是美国司法部和证券交易委员会双重调查的重点。在美国在线与时代华纳合并之后,美国在线时代华纳向美国证券交易委员会重新申报了财报,但财报里面仍然有一些令人质疑的广告营业收入会计问题。2002 年第三季度,美国在线时代华纳重新发布了 2000 年和 2001 年的财报,在发现其美国在线部门有一些销售数字不当后将其营业收入减少了 1.9 亿美元。

2003 年 3 月,美国在线时代华纳表示,证券交易委员会在其美国在线部门的财报当中又发现了另外 4 亿美元有可能是误报。美国在线时代华纳在其 3 月份的一份文件中表示,证券交易委员会“正在继续对一系列与美国在线有关的交易展开调查”。

Calpers 公司目前持有美国在线时代华纳 1 840 万股股票,是美国在线时代华纳第 28 大股东。Calpers 公司还在诉状中对美国在线时代华纳前任首席执行官史蒂夫·凯斯和杰拉尔德·莱文提出了指控。

今年 4 月,加利福尼亚大学及管理退休金基金的 Amalgamated 银行已经对美国在线时代华纳提出了起诉,要求得到 5 亿美元的赔偿。另外,明尼苏达州投资委员会也已经针对美国在线时代华纳提出了一项集体诉讼。

7. 将“AOL”从公司名称中去除

美国在线与时代华纳合并之时,美国在线的主管人员坚持要求在美国在线时代华纳的前面加上“AOL”三个字母。但是在 2003 年 8 月 11 日,美国在线时代华纳董事会主席米勒表示,该公司正在考虑放弃名称中的“AOL”,尽管美国在线将继续留作公司的一部分,显然此举意在保护美国在线的品牌免受美国在线时代华纳面临的诸多问题的负面影响。米勒已经要求美国在线时代华纳的首席执行官理查德·帕森斯在董事会面前提出更改公司名称的动议,董事会定于 2003 年 9 月召开会议就此事做出最终决定。

当有关美国在线时代华纳将更改公司名称的消息透露出来时,公司的股价出现了攀升,在周一其攀升了 2%,以每股 15.53 美元收盘。

事实上,早在 2002 年 9 月,时代华纳一些高级主管就开始谈及将“AOL”从公司名称中撤去的事宜。在《华盛顿邮报》发表了一系列有关美国在线在其与时代华纳合并之前和之后的关键时刻故意虚报广告营业收入的文章之后,有关美国在线时代华纳将在名称中去掉“AOL”的传闻就越传越盛。如果美国在线时代华纳董事会决定在名称中去掉“AOL”,那么该公司的名称和在股市上进行交易时的名称都将改回时代华纳。

在时代华纳方面,很多主管人员几个月以来都主张将“AOL”三个字母从公司名称中去掉,他们这么做主要是对美国在线在合并之后业绩过于糟糕感到愤怒。在美国在线与时代华纳合并之后不久,美国在线的增长就开始减慢,联邦调查机构也开始调查美国在线的会计问题,这使得美国在线成了整个公司的累赘。最近,其他一些来自时代华纳方面的高级主管人员已经开始抱怨说美国在线的麻烦仍然在抵消其他部门取得的成绩,尽管美国在线的营业收入仅占公司营业收入的五分之一。

但帕森斯身边的主管人员表示，直到最近，帕森斯一直支持保留“AOL”三个字母，至少直到会计调查结束为止。一个原因就是，在调查还在继续时就去掉“AOL”三个字母有可能使得余下的时代华纳品牌更容易受到负面新闻的攻击。如果调查结果对美国在线非常不利，美国在线的品牌完全被破坏，那么再去掉“AOL”也不迟，至少时代华纳的名字还可以相对安全一些。

自从美国在线和时代华纳合并以来，两公司股票市值已经缩水了近80%，美国在线的市值更是锐减1 700亿美元之多。目前，美国在线时代华纳因为会计问题正在接受美国证券交易委员会的调查，该公司的股票目前已经跌至4年来最低点，公司信用等级也被调低。应当说，将“AOL”从公司名称中去除是合并之后一次象征性的大倒退。

2003年9月18日，美国在线时代华纳董事会表决通过在公司名称中去掉“AOL”字样，将公司名称改为“时代华纳”，这标志着美国历史上最大的公司合并案失败。时代华纳董事会在当天发表的一份声明中说，公司新的名字更清楚地反映了公司的核心业务，结束了公司投资者、合作者乃至公众在时代华纳与美国在线品牌间的疑惑和顾虑。更名后的相关工作将在未来几周内展开。

五、案例分析

显然，美国在线与时代华纳的合并并未达到“双赢”的目的，双方期待的1+1>2的协同效应事实上并未出现，甚至连1+1=2都没有实现。

现在的情况是，美国在线时代华纳的媒体业务蒸蒸日上，而网络业务却日落西山，不得不靠媒体业务的盈利去填补亏空，结果导致公司的全面发展受阻，竞争力和公司地位显著下滑。这种局面的出现使得该公司内部充满了相互猜疑而不是合作的气氛，其结果只能是人员的频繁更换和公司经营状况的每况愈下。

在2001年年初美国在线与时代华纳刚刚合并的时候，几乎所有的人士都认为这个“巨无霸”集团的前景将会无限光明，它很有可能成为网络媒体业的“微软”。孰料仅仅一年的时间，所有美好的前景都已烟消云散，一度实力无可匹敌的出版业务竟然出现了巨额亏损，创下美国公司最高亏损纪录。

虽然美国在线时代华纳的困境有其外部的原因，毕竟互联网泡沫破裂之快、其影响之深远，都是大部分人始料未及的，广告收入迅速下降、注册用户增长速度放缓等等的确影响了美国在线时代华纳的经营业务。

但外部的原因无论怎样说也只是一个方面，美国在线时代华纳合并后模糊的国际战略和管理方面存在的诸多问题同样是导致其经营下滑的重要原因，尤其是美国整体经济下滑的大背景下，经营管理不善、策略调整滞后更是让这家公司尝尽了苦果。Giga信息集团的研究员罗伯·恩德勒(Rob Enderle)表示：“巨大的未开发市场造就了美国在线，所以当市场崩溃的时候，美国在线自然也就崩溃了。”

美国在线时代华纳的根本问题在于，他们对互联网产业的潜力估计得过高，对互联网产业的发展速度估计得过快，因此导致了目前所处的尴尬局面。现在，不仅美国在线时代华纳在做互联网业务，其他公司像索尼、迪斯尼都在做，而目前这一市场其实并没有当初想象的那样大。再加上美国在线时代华纳的内部管理问题，出现目前巨额亏损的局面也就不难理解了。

另外,美国在线与时代华纳合并后,两家公司的员工并没有学着相互合作。出于保护各自利益的考虑,双方的员工的合作并不理想,公司内部相互猜忌的气氛很重,这根本无法实现合并时期望的“双赢”局面。

资料来源:新浪科技专题,2003年。

本章小结

本章主要介绍了并购中介机构、尽职调查、交易结构设计以及并购意向书与并购协议的相关内容。不同并购方式其组织过程不同,在实际运作中,经验尚不丰富的企业应更多借助于中介机构的专业经验和实力,以降低风险并提高效率。

为保证公司的并购有较大的成功机会,在准备并购一家公司之前,必须对目标公司进行必要的审查,以便确定该项并购业务是否恰当,从而减少并购可能带来的风险,并为协商交易条件和确定价格提供参考。尽职调查是由一系列持续的活动组成的,涉及对目标公司资料的收集、检查、分析和核实等。

交易结构设计牵涉面比较广,通常涉及法律形式、会计处理方法、支付方式、融资方式、税收形式等方面。本章列出的是交易结构的基本内容,并不是其全部。达成交易结构的有关共识,是买卖双方谈判协商中最重要、最费时的阶段之一。交易结构设计的最终目的是实现交易双方的共赢。

在并购过程中,并购意向书为后续的并购活动提供合作框架,以保证后续活动的顺利开展。并购协议由双方签订,具有法律效力,是并购活动正常履行的前提和依据,是并购双方的工作重点。

关键术语

并购中介机构　投资银行　律师事务所　会计师事务所　资产评估公司　尽职调查　产业状况　营运状况　实地考察　并购交易结构　法律形式　会计处理方法　支付方式　定价风险　融资风险　并购意向书　并购协议

思考题

※ 不同的并购中介机构在并购活动中分别有哪些作用?

※ 尽职调查的主要作用体现在哪些方面?如何对尽职调查进行风险控制与防范?

※ 如何设计合理的交易结构?并购的交易结构设计主要考虑哪些因素?

课后作业

1. 请结合并购实例,论述应如何理解并购的高失败率。

2. 请查找一篇近期的并购实证研究文献,并做读书笔记。读书笔记的内容至少包括以下方面:作者、时间、文献来源;基本理论与论证逻辑;研究设计思路与主要变量;主要分析或研究结果;研究结论及发现;简要评述。

第五章　并购估值

学习目标

◇ 掌握不同的企业价值理论及企业价值内涵；
◇ 了解并购估值历史成本法、收益现值法与相对价值法等基本方法及其适用情况；
◇ 结合案例掌握现金流量折现的并购估值方法；
◇ 了解并购协同的概念及其衡量方法；
◇ 了解并购估值在理论和实务上的最新发展。

引言：并购估值——并购中关键的一环

在企业并购中，目标企业的定价是核心环节，是重要风险之所在，是决定并购成功与失败的基础，也是并购双方关心的焦点之一，因为定价的高低直接关系并购双方股东的经济利益。过高的定价会降低并购的效率，不利于并购公司的发展；过低的定价则会损害目标企业股东的利益从而使并购失败。并购标的定价高低首先取决于双方对标的的价值评估，其次取决于并购谈判的艺术和博弈的能力，而其根本的依据就是对目标企业价值的评估。对目标企业的价值不能将其独立起来评估，必须考虑双方的协同效应。

第一节　企业价值的相关概念

学术界对企业价值理论的认识及观点不尽相同，于是众多学者据此提出了不同的价值概念。

一、企业价值理论

目前国内外理论界对企业价值的认识并不完全一致，他们的角度不同，因而观点各异，主要的企业价值理论有：

（一）劳动价值论

劳动价值论认为企业价值是凝结在企业这一特殊载体上的无差别的人类劳动，其大小是由社会必要劳动时间决定的。企业通过凝结无差别的人类劳动生产出具有使用价值的各种商品并提供具有价值的服务，以获取收益。因而企业既具有使用价值又具有价值，是一种载体式的特殊商品，可以通过上市、并购、重组、破产等诸多市场交易的方式来体现其价值。

（二）效用价值论

效用价值论认为价值是产品同个人需求的比率，企业价值的大小取决于消费者对企业产品和服务效用的估值。效用越大，企业的价值越大；效用越小，企业的价值越小。这种观点下的企业价值强调了市场消费者的因素,从消费者的角度运用效用来反映企业价值,在一定程度上体现企业价值水平的高低。

(三)成本价值论

成本价值论从会计核算角度出发,认为企业价值是建立在企业全部成本费用之上的货币化表现,是由组建企业的全部支出构成的。因此,企业价值可由企业各单项资产评估值汇总求得。这种观点是把企业作为一般的商品,其价值就是由商品的各项要素成本构成的。这种观点充分考虑了企业价值的可计量性,计算方法简单。

(四)市场价值论

市场价值论从市场交换角度出发,认为企业价值是在有组织的市场上进行交易或在私人团体之间协商谈判时,企业在无胁迫无负债交易中的价值。当然在无组织的市场情况下,企业价值也可以通过个人之间的交易来确定,参与交易的双方都会随时调整他们对企业价值的评估,从而达成共识。它是一种双方协商后的价值,因此对双方来说都是比较公平合理的。因此,市场价值又称为公允价值。

(五)未来价值论

未来价值论认为企业价值是由企业未来的获利能力决定的。因此,企业价值是其在未来各个时期产生的净现金流量的现值之和。企业的未来获利能力包括现有的获利能力和潜在的获利机会。前者是指在企业现有的资产、技术和人力资源基础上,已经形成的预期获利能力;后者是指企业当前尚未形成获利能力,但以后可能形成获利能力的投资机会。这种价值观充分考虑了价值的时间因素,也考虑了企业价值的可比性。

【案例 5-1】

TCL 收购汤姆逊

1. 背景介绍:TCL 集团有限公司创办于 1981 年,2002 年 4 月 18 日,TCL 集团股份有限公司正式成立。2004 年 1 月 30 日,TCL 集团整体成功上市。自其成立以来,TCL 集团发展稳健,目前它是全球性的彩电制造商,同时也是我国最具价值的品牌之一,2003 年的估值为 267.12 亿元人民币。

2003 年 11 月,TCL 集团高层领导与汤姆逊集团的代表频繁接触并在中国订立了收购协议谅解备忘录。2004 年 1 月 28 日,TCL 集团与汤姆逊集团在法国正式签订了收购协定。按照双方协议要求,TCL 集团与汤姆逊集团计划合并其彩电及 DVD 资产,组建合资公司——TTE。TCL 集团将其在中国大陆、越南及德国的所有彩电及 DVD 生产厂房、研发机构、销售网络等业务投入新公司;而汤姆逊集团将其所有位于墨西哥、波兰及泰国的彩电生产厂房、DVD 的销售业务,以及所有彩电及 DVD 的研发中心投入新公司。合并重组后,估计 TTE 的总资产规模将超过 4.5 亿欧元。

2. 并购后的结果:自收购汤姆逊集团的彩电业务以来,TCL 集团资金吃紧的状况日益严重,现金流成为明显的问题。

TCL 集团的彩电资产都在其香港上市公司 TCL 多媒体(1070.HK)中,TTE 欧洲公司是 TCL 多媒体在欧洲最重要的子公司。而作为 TTE 的控股股东,TCL 多媒体已被 TTE 的不利业务拖进巨亏深渊,并导致 TCL 集团的报表相当难看。2005 年 TCL 集团报亏 3 亿元人民币,2006 年上半年总体亏损为 7.38 亿元人民币,主要是 TCL 集团的欧洲经营在上半年出现了 7.63 亿元人民币巨亏,并购汤姆逊后的 TCL 多媒体在欧洲彩电市场上惨败。

2006 年 11 月中旬,TCL 集团发布公告称,将结束公司品牌彩电在欧洲市场上的销售。

3. 案例评述:TCL 集团在收购汤姆逊集团的彩电业务上的失误,正是由于错误估计了该业务的预期收益,并购产生的协同价值也远远低于预期。一个十分重要的原因是,TCL 集团从汤姆逊集团收购的 CRT(阴极射线管)彩电生产设备已经过时了。就在 TCL 集团收购前后,彩电行业正经历液晶电视的快速发展浪潮。但 TCL 集团没有预料到,新技术彩电的市场更迭竟会如此之快。尽管汤姆逊集团拥有可以利用的彩电专利 34 000 多项,但 TCL 集团所获生产线和专利技术中的绝大多数都是基于过时的 CRT 显示技术。在液晶电视对 CRT 电视的替代过程中,这部分资产不仅不能给公司带来盈利,还将给公司造成巨大的财务负担。这就是由目标企业价值评估的风险引起的并购失误。

(1)TCL 集团在欧洲市场的经营导致重大亏损的直接原因有两个:一是欧洲的运营成本高,尤其是员工成本很高,而彩电行业近几年一直处于低利润时期;二是在欧洲,液晶电视的销售量增长快于其他任何地方,而 TCL 集团收购的汤姆逊集团的技术专长是投影电视,导致 TCL 集团收购汤姆逊集团欧洲彩电业务只能继续大量生产普通显像管电视机。平板电视不断地降价,TCL 集团欧洲的业务体系反应速度过慢,产品还未上市即已大幅降价,导致销售困难,亏损不断。

(2)营销团队的融合和东西方文化的差异给 TTE 的整合带来了不少问题,结果是严重影响了新产品的上市速度。

(3)收购后的人力资源、内部管理方面缺乏创新。从整体角度而言,收购让汤姆逊集团的老员工角色模糊感增加,信任水平下降,自我保护意识增强,所以 TCL 集团必须对原有的企业文化进行创新。

(4)缺乏长远眼光。TCL 集团过分关注了一家公司的过去,而对这家公司的未来考虑得太少。

资料来源:中国经济网,2006 年 12 月。

二、价值概念

基于上述企业价值理论,人们提出了不同的价值概念,主要包括以下五种:

(一)账面价值

企业账面价值,即净资产的价值,在资产负债表中表现为资产总和(不包括折旧和待摊备抵项目)减去负债总和,它是一个以历史成本为基础进行计量的会计概念,以货币为计量单位,并假定币值是稳定的。在通货膨胀的情况下,资产负债表上反映的资产价值是基于名义货币的历史成本,它可能远远低于相关资产的当前市场价值。此外,资产负债表上列示的资产,既不包括没有交易基础的资产,如自创商誉、良好的管理等,又不包括资产的预计未来收益,如未实现的收益等。因此,资产的账面价值经常与其市场价值相去甚远,与决策的相关性不好。不过,账面价值具有良好的客观性,可以重复验证。

(二)市场价值

国际评估准则中,对市场价值没有统一的定义。尽管如此,按照市场价值的多数定义中具有的相同组成因素,可以认为市场价值是:在符合公平交易所要求的必要条件的竞争性市场上,在买方和卖方双方都行为谨慎、精明、以自身利益最大化为目标且不受非正常强迫的情况下,经过一段合理的展示期,特定资产权利在特定日期以现金、现金等价物或其他经准确说明的条款表示的最可能的价格。

(三)内在价值

从投资的角度来看,企业的内在价值应该是能够反映企业未来盈利能力的,因此可以把企业的内在价值定义为企业在其剩余的寿命中可以产生的现金流量的折现值。所以企业内在价值的高低不取决于企业投入了多少或花费了多少,而取决于企业未来能产生多少经济效益。如果一个企业资产数量虽少,但预期未来的现金流量很大,那么这个企业的内在价值会远远超过其各单项资产的账面价值之和。内在价值与市场价值有密切的关系。如果市场是有效的,即所有资产在任何时候的价格都反映了公开可得的信息,则内在价值与市场价值应当相等。如果市场不是完全有效的,一项资产的内在价值与市场价值会在一段时间里不相等。投资者估计了一种资产的内在价值并与其市场价值进行比较,如果内在价值高于市场价值则认为资产被市场低估了,他会决定买进。投资者购进被低估的资产,会使资产价格上升,回归到资产的内在价值。市场越有效,市场价值向内在价值的回归越迅速。

(四)清算价值

企业由于各种原因进行清算时的价值即为清算价值。它是假定企业所有者在特定条件下将所有企业资产在公开市场上出售所得的收入,减去所有负债后的现金余额。清算价值以将进行清算为假设情景,是在“迫售”状态下预计的现金流入,由于是在一定程度的买方垄断条件下的市场价值,是在尽快将企业资产变现用于偿债的压力下表现出的企业价值,因此,清算价值通常会低于正常交易的价格。

(五)公允价值

按照会计准则的规定,公允价值是指在公平交易中,熟悉情况的交易双方自愿进行资产交换或者债务清偿的金额。在公允价值的具体应用中,国际财务报告准则将其分为三个级次:第一,资产或负债等存在活跃市场的,按照活跃市场中的报价确定公允价值;第二,资产或负债等不存在活跃市场的,参考熟悉情况并自愿交易的各方最近进行的市场交易中使用的价格或参照实质上相同或类似的其他资产或负债等的市场价格确定公允价值;第三,资产或负债等不存在活跃市场,且不满足第二个条件的,应当采用估值技术等确定公允价值。因此,视企业或资产的实际情况,市场价值、内在价值都可能作为公允价值的计量;特殊情况下,账面价值和清算价值可以被看作公允价值的特例。

【想一想】 除了以上类型外,有关价值的概念还有哪些?

【案例 5-2】

可口可乐收购汇源

2008 年 9 月 3 日,可口可乐公司(简称可口可乐)宣布计划以现金收购中国汇源果汁集团有限公司(简称汇源,01886. HK),并等价收购已发行的可换股债券及期权。汇源最后交易日(8 月 29 日)已发行 1 468 816 204 股股份,股份收购建议的价值约为

17 919 557 689港元；最后交易日尚未行使的可换股债券共有73 326份（本金额为73 326 000美元），每份面值为1 000美元的债券应付18 577.73港元，可换股债券收购建议的价值约为1 362 230 630港元；在最后交易日，尚未行使的汇源购股权共有299 500份，购股权收购建议的价值为174 460 505港元。可口可乐提出的每股收购价为12.2港元，较汇源停牌前的收盘价4.14港元溢价1.95倍，涉及资金约179.2亿港元。如果此项交易获得接纳，可口可乐付出的对价约24亿美元。如果考虑到目前股市低迷的因素，另一个参考价格可能更有意义。汇源2007年2月23日于香港联交所上市，当时招股价为每股6港元。此次收购，可口可乐的作价高出其招股价一倍。

很明显，可口可乐的超高出价凸显了汇源的价值，受此收购消息的影响，汇源股价9月3日当天暴涨166%。

尽管此次并购交易未能获得成功，但可以从中看到汇源的价值，是什么因素促使可口可乐愿意花费如此巨资收购汇源呢？

首先，源于汇源的市场地位，汇源已成为中国果汁行业第一品牌，汇源商标被评为"中国驰名商标"，汇源产品被授予"中国名牌产品"称号和"产品质量国家免检资格"，汇源被国家质检总局评为中国食品安全标杆企业。另据AC尼尔森公布的2007年上半年数据，汇源的100%果汁占据了中国46%的纯果汁市场份额，中浓度果汁占39.8%的市场份额。同时，浓缩汁、水果原浆和果汁产品远销美国、日本、澳大利亚等30多个国家和地区，汇源是中国最大的果汁出口企业。

其次，源于可口可乐的战略需要。虽然可口可乐是中国消费者广为熟悉的饮品，但实际上，可口可乐近年来一直在布局发展一系列非碳酸饮料，包括果汁饮料美汁源果粒橙及原叶茶饮料。而汇源在中国有良好的消费者基础、较高的知名度以及良好的果汁原汁基地、分销渠道等。收购汇源可以弥补可口可乐此前的"短板"。如果可口可乐实现此次收购计划，它在中国既有分销渠道及管理、战略优势将得以增强。

资料来源：腾讯财经，2008年9月3日。

第二节　并购估值方法

并购估值可以采用企业价值评估体系中的各种评估方法。在发展初期，评估是与不动产业的发展紧密联系的。当时马尔兹科（Mertzke）采纳了马歇尔的观点，建立起了一个以成本法、比较法（市场法）和收益率法三种评估方法为主的体系，并解释了资本化率在评估中的应用。直到1927年，价值理论与评估理论才开始有机地联系起来。美国不动产评估师学会1951年出版的《不动产的评估》中纳入了斯科莫兹（Schmuatz）建立的评估价值的模型，至此评估理论基本形成。

企业价值评估方法体系如图5－1所示。

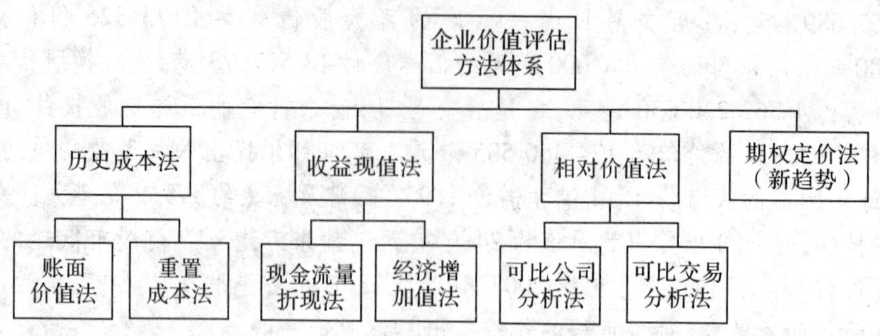

图 5－1　企业价值评估方法体系

本节下面将首先介绍历史成本法、收益现值法和相对价值法，期权定价法作为并购价值评估实务中的新趋势，将专门在本章第五节中加以介绍，而目前逐渐成为估值主流方法的现金流量折现法则专门在第三节中详细介绍。

一、历史成本法

历史成本法是一种基于历史信息进行价值评估的基本方法，是企业价值评估中最早采用的方法，目前一般在不具备采用收益现值法、相对价值法等的条件下仍然使用历史成本法。历史成本法主要包括重置成本法和账面价值法。

（一）重置成本法（即成本加和法）

重置成本是指并购企业重新购建一个与目标企业完全相同的企业需要花费的成本。

计算公式为：

目标企业价值＝目前市场上企业资产全新的价格－有形折旧额－无形折旧额

重置成本法为并购企业提供了一种新的思路，即如果不进行并购，自己新建需要的代价是多少。它充分考虑了并购的机会成本，可以为并购方的管理层提供相当重要的决策依据，并以此来与目标企业的要价进行对比。但是，这种分析方法同样存在着问题。仅从技术角度而言，无法重造一个与目标企业完全一样的企业，当并购方真正进行自建时，将不得不大量购买全新的设备，而不是与目标企业相同的设备，也没有相对较低的价格，这会受到一定的预算约束。同时，目标企业已拥有的无形资产也是新建企业无法获取的。

（二）账面价值法

计算公式为：目标企业价值＝目标企业的账面净资产

但这仅对企业的存量资产进行计量，无法反映企业的盈利能力、成长能力和行业特点。为弥补这种缺陷，在实践中往往采用调整系数，对账面净资产进行调整，变为：

目标企业价值＝目标企业的账面净资产×（1＋调整系数）

账面价值法的优点是，资料容易得到，客观性强，计算简单。所以在没有相对中立、专业和成熟的资产评估机构，缺乏完备的产权交易市场、资本市场的情况下，人们常采用这种方法。实际上，这也是我国目前经常使用的一种简便有效的评估方法。出让价格一般不应该低于该企业的账面价值，因此它至少为企业出让者提供了一个出让价格的底线，同时也为收购方提供了评估的基准价位。它的缺点同样显而易见，会计政策的弹性使得企业管理人员很容易以此操纵净资产的账面价值。

二、收益现值法

收益现值法是一种相对科学的企业价值评估方法，它是根据任何资产的价值等于其预期未来全部现金流的现值之和来评估的。常用的评估折现模型有现金流量折现法和经济增加值法两种。

（一）现金流量折现法（DCF 模型）

现金流量折现法，是在考虑资金的时间价值和风险的情况下，将发生在不同时点的现金流量按既定的折现率统一折算为现值，再加总求得目标企业价值的方法。

现金流量折现法对企业进行了全面分析，结合了多方面信息，反映出企业整体的未来获利能力。同时，它不受会计方法的影响，受到操纵的可能性小，所以它在企业价值评估方面有着广泛的应用前景。在实际应用过程中，现金流量折现法有其自身的局限性，而我国目前的资本市场发展程度也给现金流量折现法的实际应用提出了不少难题。随着各项市场化改革措施的不断推进，市场监管体系的不断完善，中国的资本市场正在走向成熟。届时，现金流量折现法将逐渐成为企业价值评估的主流方法。现金流量折现法是较为科学和成熟的价值评估方法，在国际上得到了广泛的应用，本章的第三节将单独对其进行介绍。

（二）经济增加值法（EVA 法）

经济增加值（Economic Value Added，EVA）也被称为经济利润。经济学家阿尔弗雷德·马歇尔（Alfred Marshall）在 1890 年出版的书中写道："（所有者或经理的）利润在按现行利率扣除了资本利息后所剩的部分，可称为经营收益或管理收益。"马歇尔说，公司在任何期间创造的价值（经济利润），不但必须要考虑会计账目中记录的费用开支，而且必须要考虑业务所占用资本的机会成本。股东作为企业的最终所有者，他们的利益才是企业最根本的利益。20 世纪 90 年代，该概念被作为一种更科学的业绩评价指标由咨询公司思腾思特（Stern Stewart）提出并申请了专利，后被广泛流传，并渐渐成为一种企业价值评估模式。该模式相比会计收益更能体现企业的价值创造，能够使分析人员了解企业在任何单一年份的经营对股东利益的影响，而现金流量折现法无法做到这一点。股东的利益表现为企业带来的收益超过其投入的资本。经济增加值能够比较准确地反映企业在一定时期内为股东创造的价值，它是指企业资本收益与资本成本之间的差额，即企业税后营业净利润与全部投入资本（包括债务资本和权益资本）成本之间的差额。

经济增加值（经济利润）= 税后净营业利润 − 投入资本 × 加权平均资本成本率

= 投入资本 ×（投入资本回报率 − 加权平均资本成本率）

用符号表示为：

$$EVA = NOPAT - I \times WACC = I \times (ROIC - WACC)$$

其中：NOPAT——税后净营业利润；

WACC——加权平均资本成本率；

I——投入资本；

ROIC——投入资本回报率。

由上述公式可知，当企业税后净营业利润超过资本成本时，EVA 大于零，表明其经营收入在扣除所有的成本和费用后仍有剩余。这部分剩余收益归股东所有，股东价值增加；EVA 小于零，表明其经营收入不足以弥补包括权益资本成本在内的成本和费用，企业发生价值损失；EVA 等于零，表明企业的利润仅能满足债权人和投资者预期获得的收益。EVA 指标最重要的特点就是从股东角度重新定义企业的利润，考虑了企业投入的所有资本（包括权益资本）的成本，因此它能全面衡量企业生产经营的真正盈利或创造的价值，对全面准确评价企业经济效益有着重要意义。

EVA 的主要贡献有：第一，用经济利润代替会计利润，克服使用会计原则导致的价值扭曲；第二，引进了资本增值理念；第三，以权责发生制为基础计量，并且体现了收付实现制的特点；第四，评价了企业创造新价值的能力，并体现了对企业非财务资本创值能力的重视。最重要的是：EVA 不仅是一种财务衡量指标，还是一种企业管理模式和激励机制。

EVA 概念进入中国后，我国的很多学者进行了深入的研究。他们一致认为：EVA 在企业管理体系、激励制度、评价指标、理念体系、企业文化等方面将有广泛的应用。但 EVA 作为一项评价指标具体应用到企业价值评估中，仍有一定局限性。

第一，适用范围的局限。研究表明，EVA 理论不适用于金融机构，周期性企业，风险投资公司，新成立的公司以及矿山、石油开采等资源类公司。根据 EVA 的特点，适用 EVA 指标的公司必须是持续经营的企业。

第二，通货膨胀影响。EVA 评价使用的是资产的历史成本，没有考虑通货膨胀的影响，无法反映资产真实收益水平，扭曲程度因公司所处的行业以及公司的资产结构和投资周期、折旧政策的不同而有所差别。

第三，折旧影响。在新资产使用初期，资本基础比较大，资本成本较高，而随着折旧增加，资本基础逐渐变小。若采用直线法折旧，会使 EVA 逐渐增加。这样，有着大量新投资的公司的 EVA 比新投资较少的公司的 EVA 低。因此，为克服不平滑资本成本的影响，需采用年金折旧法。

三、相对价值法

相对价值法是一种比较容易的估值方法，具体分为可比交易分析法和可比公司分析法，其原理是以与该并购类似的已完成交易或与目标公司（被评估公司）相似的已上市公司的价值作为确定目标公司价值的基础，以目标公司与可比公司之间某变量的比率作为调整系数，对可比公司的价值进行调整后，测算出目标公司的整体价值。这种方法的假设前提是存在一个支配企业市场价值的主要变量，市场价值与该变量的比值，在同行业的各企业中是类似的，可以比较的。即：

$$\frac{V^*}{V}=\frac{M^*}{M}$$

其中：V^*——目标公司价值；

V——可比公司价值；

M^*——目标公司某变量；

M——可比公司某变量。

上式整理后得：

$$V^{*}=V\cdot\frac{M^{*}}{M}=M^{*}\cdot\frac{V}{M}$$

从公式中可以看出，相对价值法必须确定好如下变量：

1. 可比公司

在相对价值法中，可比公司的确定是评估工作的关键，直接影响到目标公司的价值是否被正确地评估。在确定可比公司时，必须考虑风险和现金流量方面与目标公司相类似的公司。通常情况下，可比公司与目标公司应该在同一行业，且规模、公司提供的产品或服务范围、所服务的市场及财务表现等相似，以便保证两者具有相似的风险和现金流量特征，从而在主体方面具有可比性。

2. 可比公司价值

通常选择的可比公司都是已上市的公司，这样可以直接通过上市公司在股票市场中的交易价格乘以流通股数来计算可比公司价值；对于选择可比交易的，就以交易价作为可比公司价值。

3. M 变量

M 变量是一个非常重要的因素，变量选择是否合适将会影响评估结果的准确性。通常结合目标公司的基本情况，分析对目标公司的价值或价格影响最大的因素，也就是选择与价值或价格最相关的因素。因此，确定时必须首先考虑变量与价值（价格）的相关程度，通常选择与股票价格或交易价格相关程度最强的变量。在实际应用中，经常选择每股收益（可比市盈率）、账面价值（可比市净率）或收入乘数（市价／收入比率）等。当然要结合具体的情况，可能还有其他的因素与价格的相关程度更高，此时也可以选择其他因素。总之，必须通过分析多个变量与价值或价格的相关程度，才能确定出最佳的变量。

相对来说，相对价值法是一种比较简单的方法，公式中所需变量都可以通过一定的方式取得，因而具有较强的可操作性。相对价值法还具有价值预测的功能，只要充分结合信息挖掘技术，就可以对公司的未来价值作出相应的预测。

但这种方法也存在许多问题：一是该方法要求找到可比公司，但在现实中，很难找到真正意义上的可比公司。即使在同一行业中，各公司本身所具有的特点也限制了这种分析的相关性。二是各公司间相互比较的价值尺度或参数的合理性无法确定。三是该方法要求有一个较为完善、发达的证券交易市场，要有行业部门齐全且数量足够的上市公司。四是目前被广泛使用的比率是市盈率，但市盈率指标也存在一些弱点：(1)即便是同一行业中不同股票的市盈率比较也没有多大意义，因为不同股票未来的成长性以及成长的稳定性是不一样的。(2)在考虑各可比公司的历史成长记录后，再来比较各自市盈率的高低和相对投资价值的高低，这种做法虽然有一定价值，但作用不大。因为股票的未来成长性和不确定性与历史记录有所相关，但相关性不大，并不能从根本上保证过去 5 年内增长最快、最稳定的公司，一定会在未来 5 年内表现好于其他可比公司。走势偏离历史倾向的上市公司比比皆是。可见应用市盈率法一定要首先确定影响各行业各可比公司未来成长能力的因素，只有在这一前提下才能应用市盈率来确定价值。

第三节　现金流量折现法(DCF 模型)

目前在国际上被广泛采纳的价值评估方法是现金流量折现法(DCF 模型),它将逐渐成为我国并购估值的主流方法。

DCF 模型起源于艾尔文·费雪(Irving Fisher)在 1906 年的专著《资本与收入的性质》中提到的资本价值理论。1930 年,费雪创立了现金流量折现法,随后约翰·伯尔·威廉姆斯(John Burr Williams)于 1937 年在《投资价值理论》中把股利看作未来现金流量。从此,现金流量折现法在美国得以广泛应用。马克维茨(Markowitz)以及夏普(Sharpe)提出的现代资产组合理论中包含的风险分类和风险测度的重要思想以及资本资产定价模型(CAPM)用于对股权资本成本的计算,大大加强了折现率确定的理论支持。

1958 年至 1961 年,著名理财学家佛朗哥·莫迪里亚尼(Franco Modigliani)和默顿·米勒(Merton Miller)在其《股利政策、增长与股票价值评估》一文中指出,公司的股利分配对股价或公司价值无任何影响,这就是著名的 MM 理论。另外,MM 理论对企业价值评估的资本化率即企业资本的加权平均成本进行了正确的定义及论述。至此,现金流量折现法确立了它完整的理论框架。

DCF 模型提出后,美国经济学家阿尔弗雷德·拉巴波特(Alfried Rapaport)、M. 斯蒂恩(M. Steen)及 G. B. 斯图尔特(G. B. Stewart)为其推广应用做了许多工作。

一、现金流量折现法评估思路

现金流量折现法是企业价值评估的主要方法,被认为是最有效和最成熟的价值评估方法。现金流量折现法是将企业预期在未来产生的现金流量用适当的风险折现率加以折现并加总求和来确定企业价值。运用现金流量折现法的评估思路通常为:首先预测评估目标未来各年的自由现金流量,然后计算出经风险调整后的资本成本率,以它作为折现率计算出未来现金流的现值,累加后得出公司的价值。该方法的使用有两个难点,即未来现金流量的预测及资本成本率的估算。

根据科普兰(Copeland)、科勒(Koller)和默林(Murrin)1994 年的研究,在所有的以现金流量为基础的企业价值评估模型中,依据对现金流量和折现率的不同定义,存在两种企业价值评估的基本思路:一种是把企业的资金供给者整体作为企业权益的索取者,企业价值是整个企业的价值,包括股东权益、债务价值和优先股价值;另一种是把股东作为企业最终权益的索取者,企业价值就是股东价值,直接对股票价值进行评估。第一种方法是以折现企业自由现金流量为基础的实体法,而第二种方法是以折现股东现金流量为基础的权益法。

(一)实体法(Substantive Approach)

企业自由现金流量(Free Cash Flow to Firm, FCFF)是企业经营带来的现金流量在满足企业再投资需要的现金后,尚未向股东和债权人支付现金前的剩余现金流量。它本质上是股东和债权人的总收益。实体法是将企业全部资本的提供者(包括所有的股东和债权人)作为企业最终的剩余权益索取者,企业的价值包括所有股东权益和债权的价值,权益价值可以通过总体价值减去债权价值得出。在实体法下,企业价值的通用估值公式为:

$$V=\sum_{t=1}^{\infty}\frac{f_t}{(1+k)^t}=\sum_{t=1}^{\infty}\frac{X_t(1-T)(1-\lambda_t)}{(1+k)^t}$$

其中:f_t——第t期期末企业的自由现金流量;

X_t——第t期期末企业的息税前利润(EBIT);

T——企业所得税税率;

λ_t——第t期的净投资比率;

k——企业的加权平均资本成本率(WACC)。

(二)权益法(Equity Approach)

在权益法的评估思路中,股东被认为是企业最终的剩余索取者,企业的价值仅为股东权益的价值,是股东未来收益的现值。权益价值评估的基本公式为:

$$S=\sum_{t=1}^{+\infty}\frac{D_t}{(1+k_e)^t}$$

其中:S——每股股权价值;

D_t——第t期每股股票红利;

k_e——股票的必要收益率。

经威廉姆斯(Williams)、戈登(Godden)、夏皮罗(Shapiro)、莫迪利亚尼(Modigliani)和米勒(Miller)等人的扩充和发展,该公式有许多变形。此外,也有学者认为折现的现金流量应该是股东可以得到的自由现金流量。由于我国企业的股利政策缺乏稳定性,因此,我国企业的价值评估并不适用权益法。

二、自由现金流量的不同评估模型

在上述基本评估模型的基础上,许多学者针对贴现时所采用的自由现金流量,提出了不同的评估模型,下面介绍较为典型的拉巴波特模型和威斯通模型。

(一)拉巴波特模型(Rappaport Model)

这一模型由美国西北大学的阿尔弗雷德·拉巴波特(Alfred Rappaport)于1986年在其著作《创造股东价值》中首次提出,这是一个实用性很强的企业评估模型。拉巴波特模型的一个重要意义在于它论述了如何应用财务模型来制订战略计划和提高股东的收益。目标企业所产生的自由现金流量是其在被并购后对并购企业现金流量的贡献,它显然不同于目标企业作为一家独立公司时的现金流量。这一方面是由于并购企业可能获得目标企业独自经营所不可能获得的经济效益;另一方面是由于并购一般会带来新的投资机会。拉巴波特建立的自由现金流量预测模型如下:

$$f_t=S_{t-1}(1+g_t)\cdot P_t\cdot(1-T_t)-(S_t-S_{t-1})(F_t+W_t)$$

其中:f_t——第t年的自由现金流量;

S_t——第 t 年的年销售额；

g_t——第 t 年的销售额年增长率；

P_t——第 t 年的销售利润率；

T_t——第 t 年的所得税税率；

F_t——第 t 年的销售额每增加 1 元需追加的固定资产投资；

W_t——第 t 年的销售额每增加 1 元需追加的流动资产投资。

1. 模型中自由现金流量的定义

拉巴波特模型实际上隐含着这样一个假设，即目标企业在收购方的控制下历经持续发展后将逐渐减缓增长速度，直至增长速度为零。在现实生活中，几乎每个企业都会随着其生命周期的起伏而经历不同的成长阶段。一般来说，早期的成长速度可能较快，随着企业的发展与成熟，成长速度会逐渐放慢。

2. 模型中的估值参数

由于企业价值评估以未来现金流量为基础，因此不可避免地产生对未来的人为臆测与判断。拉巴波特模型中提出了价值分析过程中需要的其他估值参数及其相互关系的定义与假设。

A. 边际利润率 r_t

拉巴波特模型中类似于边际利润率的估值参数为营业利润率。用公式表示为：

$$r_t = \frac{(X_t - X_{t-1})(1-T)}{I_{t-1}}$$

B. 投资需求 b_t

投资需求是指每期投资支出与本期的税后营业利润的比率，用公式表示为：

$$b_t = \frac{I_t}{X_t(1-T)}$$

拉巴波特模型中类似于投资需求的估值参数是边际固定资本投资率和边际营运资金投资率。拉巴波特模型将其定义为每增加单位价值的销售收入所需的固定资本与营运资金投资。

C. 成长率 g_t

成长率是指税后营业利润的增长率，用公式表示如下：

$$g_t = \frac{X_t(1-T) - X_{t-1}(1-T)}{X_{t-1}(1-T)} = \frac{X_t}{X_{t-1}} - 1$$

将上述公式稍作变形，我们可以得到以下重要的关系：

$$g_t = \frac{X_t(1-T) - X_{t-1}(1-T)}{X_{t-1}(1-T)} \times \frac{I_{t-1}}{I_{t-1}} = \frac{X_t(1-T) - X_{t-1}(1-T)}{I_{t-1}} \times \frac{I_{t-1}}{X_{t-1}(1-T)}$$

$$= r_t \times b_{t-1}$$

由于假设预测期内 g、b、r 均不变，因此 $g = b \times r$。

拉巴波特模型揭示了各估值参数与企业价值之间的关系，充分展示了并购活动作为一种战略投资行为怎样服务于企业战略发展的目标，拉巴波特教授也因此形象地称这些估值参数为价值驱动（Value Driver）因素。企业价值增量图（见图5－2）将销售增长率、营业利润率、所得税税率、营运资金投资、固定资本投资、资本成本、价值增长持续期等价值驱动因素与企业目标之间的关系揭示得淋漓尽致。

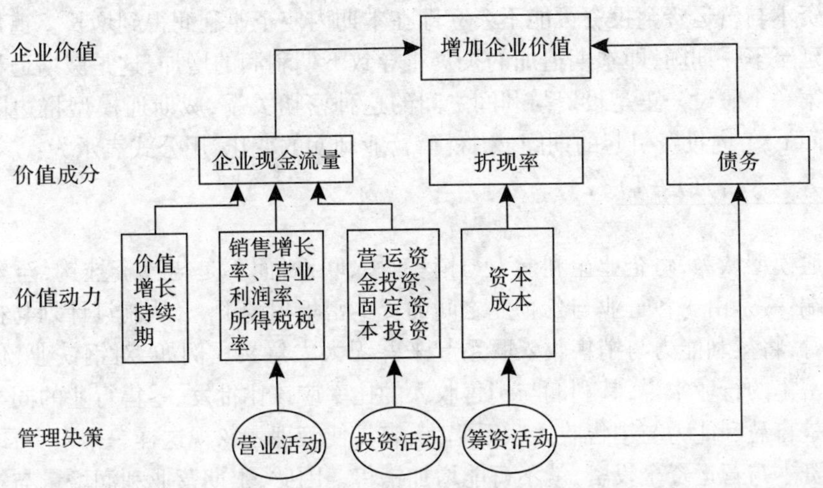

图5－2　企业价值增量图

资料来源：［美］Alfred Rappaport 著，盛洪主编，北京天则经济研究所等选译，《创造股东价值》，云南人民出版社，2002。

（二）威斯通模型（Weston Model）

美国洛杉矶大学的弗瑞德·威斯通创立了这一模型，又称为公式定价法。该模型基于对目标公司所处的生命周期以及在整个行业中所处的地位等因素而建立。目前该模型已为欧美各公司广泛采用，同时还为公司进行有效的计划与决策提供了理论依据。由于对某一特定的企业来说，其成长的历程可能会演化出各种不同增长速度的组合来，出于此考虑，加利福尼亚大学伯克利分校安德逊管理学院的威斯通教授根据贴现未来自由现金流量的基本原理，提出了适应不同增长方式的企业价值分析模型。在威斯通模型中，自由现金流量定义为：

自由现金流量＝税后营业利润－投资，用公式表示为：

$FCF_t = X_t(1-T_t) - I_t$

其中：

FCF_t——自由现金流量；

t——预测期；

X_t——营业利润（息税前盈余）；

T_t——所得税；

I_t——投资。

其中，投资是指预测期 t 内包括资本性支出和营运资金等在内的追加投资，即固定资本投资增量与营运资金投资增量之和。

根据对自由现金流量与企业价值关系的理解,威斯通教授提出了价值分析过程中需要的其他估值参数及其相互关系的定义与假设。

A. 边际利润率 r_t

由于企业筹集追加投资资金和追加投资产生效益均需要相当长的时间,因此,本期追加的固定资本与营运资金投资可能不会立即在本期内使企业利润得到增长。追加投资的效应将递延至下一期间,即本期追加的投资将导致下期利润的增加,这是威斯通模型对追加投资的第一个假设。正是投资与利润之间的这种密切关系,威斯通模型将边际利润率定义为期间 t-1 内投资引起的期间 t 内税后营业利润的变化,用公式表示为:

$$r_t = \frac{(X_t - X_{t-1})(1-T)}{I_{t-1}}$$

威斯通模型认为,将企业盈利能力与销售收入联系,而不是与投资挂钩,至少存在以下两个弊端:一是由于各行业与各企业之间的资本密集程度不一,从制订计划与控制标准的角度来看,将盈利能力与销售收入联系起来并无太大意义。例如,对钢铁业、化学制品业等资本密集的行业来说,其利润与销售收入的比率应该比批发、零售行业的同类比率高得多。二是将盈利能力与销售收入联系起来,容易使管理者忽视这样一个事实,即如果不进行固定资本与营运资金投资,就不可能增加销售。因此,本期营业利润增量与上期投资的比率更好地反映了企业的盈利能力。在此基础上,为使论述简单,威斯通模型假设各期边际利润率均不发生变化。

B. 投资需求 b

在威斯通模型看来,企业追加投资是为了寻求销售的增长,且企业的销售与投资反映了决定企业生产经营性质的资本密集程度。为简化起见,威斯通模型假设每期的投资需求均不发生变化。

根据目标公司的息税前利润和自由现金流量的增长变化趋势,威斯通模型建立了如下几种不同增长方式的评估模型:

无增长:

$$V = \frac{X_0(1-T)}{k}$$

固定增长:

$$V = \frac{X_0(1-T)(1-b)(1+g)}{k-g}$$

暂时超常增长,之后无增长:

$$V = X_0(1-T)(1-b)\sum_{t=1}^{n}\frac{(1+g)^t}{(1+k)^t} + \frac{X_0(1-T)(1+g)^{n+1}}{k(1+k)^n}$$

暂时超常增长,之后固定增长:

$$V = X_0(1-T)(1-b_s)\sum_{t=1}^{n}\frac{(1+g_s)^t}{(1+k)^t} + \frac{X_0(1-T)(1-b_c)}{k-g_c} \times \frac{(1+g_s)^{n+1}}{(1+k)^n}$$

其中：

T——所得税税率；

X_0——息税前盈余或净经营收入；

n——预测期间；

b——投资需求；

g——税后营业利润的增长率；

k——加权边际资本成本。

注：下标 s 表示超常增长时期；下标 c 表示固定增长时期。

可以说，任何企业的成长形态均可以分解为以上几种情况，而企业价值就是各阶段价值之和。因此，威斯通模型概括了企业成长几乎所有的形态，是对企业价值进行评估与计算的有力工具。

（三）拉巴波特模型和威斯通模型的比较

通过以上的分析，我们可以看出拉巴波特模型与威斯通模型既有区别，也有联系。

联系是两者均假定销货、投资与盈利间存在着固定关系，且与资金成本有关。

区别是拉巴波特模型成功地把企业估值和战略决策与管理目标有机结合起来，是并购方管理部门进行并购决策的理论基础工具，但是过于繁琐的计算过程使其可操作性有所降低。此外，拉巴波特模型使用营业利润率作为衡量企业获利能力的标准，忽视了投资与盈利、增长的因果关系，容易导致企业管理人员产生“市场近视”。而威斯通模型能通过各估值参数相互之间的逻辑关系避免估值时作出不太现实的预测。该模型中各估值参数之间的逻辑关系是一种对管理人员进行非理性预测的内部制约机制，它有助于减少因管理人员过分乐观而导致的并购损失，且计算更为简单明了。

三、资本成本率（贴现率）的估算

企业未来产生的现金流有不确定的因素，折现率就代表未来现金流的风险。

在现金流量折现法中，对目标企业价值进行评估时，折现率是在考虑投资风险后，并购方要求的最低收益率，也就是该项投资的资本成本率。通常情况下，选择的折现率是估值对象的加权平均资本成本率，即股权成本率和债务成本率的加权平均。计算加权平均资本成本率（WACC）的公式如下：

$$WACC = K_b^t \frac{B}{V} + K_P \frac{P}{V} + K_S \frac{S}{V}$$

其中：

K_b^t——债务资本成本率；

B——债务的市场价值；

V——待评估企业实体的市场价值，即总资本（V = B + P + S）；

K_P——优先股资本成本率；

P——优先股的市场价值；

K_S——普通股股本的税后资本成本率；

S——普通股股本的市场价值。

下面分别介绍债务、优先股、普通股的资本成本率如何确定。

（一）债务资本成本率

债务资本成本表示企业债权资本的使用成本，具体来说是企业为借入长期资金所负担的税后资本成本。因为利息支出是可以在税前抵扣的，所以债务资本成本率应该在税后的基础上进行计算，其计算公式为：

$$K_b^t = K_b(1-T)$$

其中：

K_b——借款利率；

T——企业所得税税率。

债务资本成本率的高低与公司资本结构的变化有关。随着负债比率的提高，公司财务风险随之增大，债权人所要求的利率提高，故债务成本也上升。

（二）优先股资本成本率

优先股的股利通常是固定的，这与债券的利息有些相似。因而可以将优先股看作负担固定利息支出的债券，只是股利是税后支付的，没有抵税作用。优先股资本成本率（K_p）可按下式计算：

$$K_p = D_p/P_n$$

其中：

D_p——优先股股息；

P_n——优先股每股的市场价格。

目前我国尚不允许发行优先股，所以该项可以忽略。

（三）普通股资本成本率

目前实务中确定普通股资本成本率的方法主要有资本资产定价模型（CAPM）、股利增长模型和风险溢价法。

1. 资本资产定价模型

资本资产定价模型认为股本的机会成本率等于无风险回报率加上企业无法避免的系统风险 β 乘以市场风险收益率（即市场风险溢价），用公式表示为：

$$K_S = R_F + \beta(R_M - R_F)$$

其中：

K_S——普通股资本成本率；

R_F——无风险回报率；

R_M——平均风险股票的必要回报率；

$R_M - R_F$——市场风险溢价；

β——无法避免的系统风险。

使用 CAPM 模型，需要对其中的三个因素作出估计：无风险回报率、市场风险溢价及无法避免的系统风险。

无风险回报率指无任何拖欠风险的证券或有价证券投资组合的回报率，而且与经济中其余任何回报率完全无关。通常使用 10 年期国库券的利率作为无风险回报率。

市场风险溢价是平均风险股票的必要回报率与无风险回报率之间的差额。其中平均风险股票的必要回报率是市场全部有价证券投资组合的预期收益率。

无法避免的系统风险是反映个别股票相对于平均风险股票的变动程度的指标,它可以衡量出个别股票的市场风险,而不是企业的特有风险。因为并购活动通常会引起企业负债率的变化,进而影响β,所以需要对β作必要的修正。可利用哈马达方程对β进行调整,其计算公式如下:

$\beta_1 = \beta_0 \times [1 + (1-T)(D/E)]$

其中:

β_1——负债经营的β系数;

β_0——无负债经营的β系数;

T——企业边际税率;

D——企业负债的市场价值;

E——企业权益的市场价值。

2. 股利增长模型

该模型根据股票投资收益率不断提高的思路计算普通股资本成本率,假定普通股股利以固定的年增长率递增,其计算公式为:

$K_s = D_i/P_s + g$

其中:

P_s——普通股市价;

D_i——预期年股利额;

g——普通股股利年增长率。

3. 风险溢价法

普通股股东对企业的投资风险大于债券投资者,因而会在债券投资者要求的收益率上再要求一定的风险溢价。权益资本成本率公式为:

$K_s = K_b + RP_c$

其中:

K_b——债务资本成本率;

RP_c——股东比债权人承担更大的风险所要求的风险溢价。

债务资本成本率的估算在前面已经作过介绍,该方法的难点在于确定风险溢价。RP_c 可以凭经验估计,一般认为,某企业普通股风险溢价对其发行的债券来讲,大约在3%至5%之间。

四、应用示例

假设甲公司决定收购同行业的乙公司,并采用现金流量折现法对乙公司进行价值评估。

1. 估算折现率

由于甲公司和乙公司属于同一行业,可以假定目标企业乙公司的风险和并购方甲公司的所有风险一致,因此可以以并购方的加权平均资本成本率作为乙公司价值评估中未来现金流量现值的折现率。

假设:

乙公司的目标资本结构为付息债务和权益分别占40%和60%;

债务资本成本率为7.33%,用25%的所得税税率计算其税后成本率为5.5%;

10 年期国债无风险利率为 4.5%；

市场风险溢价为 4%；

用乙公司的杠杆比率（即付息债务与资本比率 40%）对无杠杆的 β（1.02）进行调整，得出有杠杆的 β 为 1.53。

由此，根据 CAPM 模型，可计算 $K_S = R_F + \beta \times (R_M - R_F) = 4.5\% + 1.53 \times 4\% = 10.62\%$

$WACC = 5.5\% \times 40\% + 10.62\% \times 60\% = 8.57\%$

表 5－1　　目标企业乙公司的贴现率

筹资来源	目标权数（%）	税前资本成本率（%）	税后资本成本率（税率为 25%）	税后资本成本率的构成（%）
付息债务	40	7.33	5.50	2.20
权益	60	10.62	10.62	6.37
加权平均资本成本率				8.57

2. 明确预测期内企业的价值

对乙公司未来 10 年的现金流量进行详细预测，即明确的预测期为 10 年。假定乙公司最近一年的销售收入为 3 亿元。甲公司根据拉巴波特模型对乙公司经营状况的预计具体表现为表 5－2 中关键变量 g、p、T、F（增加单位销售额需追加的固定资本投资）和 W（增加单位销售额需追加的流动资本投资）的估计值，表 5－3 是在表 5－2 的基础上对乙公司未来 10 年的现金流量的规划。

表 5－2　　甲公司对乙公司在其控制下经营状况的最可能估计

项目	时间（年）		
	1～4	5～7	8～10
销售额增长率（g）	0.10	0.08	0.08
销售利润率（p）	0.15	0.12	0.10
所得税税率（T）	0.25	0.25	0.25
追加的固定资本投资（F）	0.18	0.18	0.18
追加的流动资本投资（W）	0.15	0.15	0.15

表 5－3　　乙公司未来 10 年的现金流量规划　　单位：千万元

项目	时间（年）									
	1	2	3	4	5	6	7	8	9	10
销售额	33.00	36.30	39.93	43.92	47.44	51.23	55.33	59.76	64.54	69.70
经营费用	28.05	30.85	33.94	37.33	41.74	45.08	48.69	53.78	58.08	62.73
经营利润	4.95	5.45	5.99	6.59	5.69	6.15	6.64	5.98	6.45	6.97
企业所得税（25%）	1.24	1.36	1.50	1.65	1.42	1.54	1.66	1.50	1.61	1.74

续表

项目	时间(年)									
	1	2	3	4	5	6	7	8	9	10
税后经营利润	3.71	4.09	4.49	4.94	4.27	4.61	4.98	4.48	4.84	5.23
追加的固定资本投资	0.54	0.59	0.65	0.72	0.63	0.68	0.74	0.80	0.86	0.93
追加的流动资本投资	0.45	0.50	0.54	0.60	0.53	0.57	0.61	0.66	0.72	0.77
从经营中获得的现金流量	2.72	3.00	3.30	3.62	3.11	3.36	3.63	3.02	3.26	3.53
预测期内各年现金流量的现值(8.57%)	2.51	2.55	2.58	2.61	2.06	2.05	2.04	1.56	1.56	1.55

下面计算第1年现金流量,以演示表5-3中的数据来源:

$$CF_1 = 30 \times (1+0.10) \times 0.15 \times (1-0.25) - (33-30) \times (0.18+0.15)$$
$$= 2.72(千万元)$$

将其折为现值:2.72/(1+8.57%)=2.51(千万元)

3.后续期终值

假定目标企业乙公司第11年的自由现金流量CF_{11}为1 640万元,且从第11年起其自由现金流量以固定的年增长率3%增长。则企业后续期的终值计算如下:

1.64/(8.57%-3%)=29.44(千万元)

企业后续期现值$=29.44/(1+8.57\%)^{10}=12.94$(千万元)

4.企业的价值

企业的价值=明确预测期内自由现金流量的现值+企业后续期终值的现值

=2.51+2.55+2.58+2.61+2.06+2.05+2.04+1.56+1.56+1.55+12.94

=34.01(千万元)

根据DCF法评估的乙公司价值为3.401亿元,所以,甲公司在收购乙公司时所支付的价款将不超过3.401亿元。

【案例5-3】

浙大网新认购浙江海纳

浙大网新科技股份有限公司(以下简称浙大网新)是一家以软件外包和IT服务、机电脱硫为两大核心业务的高科技信息产业公司。公司的软件外包和IT服务及机电脱硫业务属于国家“十一五”规划重点扶持的产业。经过几年的发展,公司在两个行业中均取得国内领先的地位。但是软件外包和IT服务与机电脱硫业务在快速发展的同时,也面临着行业竞争与整合的压力。目前两个业务板块的发展对公司有限的资金、技术、管理等各环节的资源配置提出了严峻的挑战,在一定程度上制约了公司的发展速度。经公司第五届董事会第二十二次会议讨论,决定以子公司浙江浙大网新机电工程有限公司(以下简称网新机电)100%的股权(经资产评估机构评估价值为人民币54 608万元),认购浙江海纳科技股份有限公司(以下简称浙江海纳)定向增发的4 472万股股份(每股认购价格为12.21元,系定价基准日前二十个交易日股票均价),认购完成后,公司持有浙江海纳32.05%的股份,成为浙江海纳第一大股东。网新机电的评估情况如下:

根据浙江勤信资产评估有限公司出具的浙勤评报字(2008)第33号《浙江浙大网新机电工程有限公司整体资产评估项目资产评估报告书》,分别采用成本加和法与现金流量折现法对网新机电2007年12月31日的企业股权价值进行评估。

1. 成本加和法评估结果

网新机电的资产、负债及净资产在2007年12月31日的评估结果为:

资产账面价值为998 730 873.04元,清查调整后账面价值为998 730 873.04元,评估价值为1 157 482 120.05元,评估增值额为158 751 247.01元,增值率为15.90%;负债账面价值为798 886 558.99元,清查调整后账面价值为798 886 558.99元,评估价值为798 886 558.99元;净资产账面价值为199 844 314.05元,清查调整后账面价值为199 844 314.05元,评估价值为358 595 561.06元,评估增值额为158 751 247.01元,增值率为79.44%。

2. 现金流量折现法评估结果

网新机电的净资产在2007年12月31日的现金流量折现法评估价值为546 080 700.00元。

根据2008至2012年网新机电的主营业务收入水平,扣除主营业务成本、相关税费之后,按照资本市场平均风险和收益水平确定的折现率10.29%估算,网新机电全部股权价值为546 080 700.00元。

为充分保护公司投资人的利益,本次交易最终采用两种评估结果中的最高值,即现金流量折现法的评估结果作为网新机电的定价参考依据。即网新机电在评估基准日的净资产评估价值为546 080 700.00元。

资料来源:中国资本证券网,2008年4月3日。

第四节　协同效应评估

了解和评估协同效应对于每一个想要通过并购实现战略成长的公司来说是不可避免的一项工作,因为它既是判断并购可行性的基础,也是制定交易价格的依据,在一定程度上甚至可以说决定着并购的成败。通常协同效应被定义为一种“1 + 1 > 2”的效应,即并购后两个企业的总体效益(价值)大于两个独立企业的效益(价值)之和的部分,用公式表示为$S = V_{(A+B)} - (V_A + V_B)$。其中,S代表协同效应,$V_{(A+B)}$、$V_A$和$V_B$分别为并购后联合企业的价值、并购前A企业的价值和并购前B企业的价值。只有协同效应大于零并且高于并购者支付的溢价时,此项并购才可能成功。

国内外学术界围绕企业并购中的协同效应展开了许多有益的探索,从已有的研究成果来看,定性研究多于定量研究,对现实协同的定量研究多于对潜在协同的定量研究。

一、协同效应的概念

马克思在《资本论》第一卷第327页中指出,分工协作使得企业产生并扩大规模,因为协作生产可以导致比个体生产更高的生产力或节约生产成本。以科斯为代表的西方经济学家们则认为,企业的产生是源于对市场交易费用的节省。两者对企业起源的解释不尽相同,但存在着一个共同点,即企业的产生将分散的部分整合成了一个整体,由此可以产生“1+1>2”的协同效应。

美国安索夫教授于20世纪60年代首次明确提出了“协同”这一概念,将其运用到经济管理领域并与企业多元化战略相结合。协同指的是“使公司的整体效益大于各独立组成部分总和的效益”,当涉及并购领域时,“它被认为是公司与目标企业之间匹配关系的理想状态,经常被表述为‘2+2=5’,其含义是指一个公司通过收购另外一家公司,使得公司的整体业绩好于两个公司原来的业绩的总和”。安索夫对协同的解释比较强调它的经济学含义,亦即取得有形和无形利益的潜在机会以及这种潜在机会与公司能力之间的紧密联系,他认为协同模式的有效性部分地源于规模经济带来的好处(例如,通过提高设备利用率、组建共用销售队伍或采取统一订货等手段,有可能使两个企业的成本都得到降低),同时也有可能来源于规模经济以外的一部分,被他称为“经理的协同”的较为抽象的无形的好处。

日本的战略专家伊丹广之在安索夫的研究基础上把协同概念分解成了“互补效应”和“协同效应”两部分,其中互补效应是指通过提高实体资产或金融资产的使用效率来节约成本或增加销售。伊丹广之承认互补效应和协同效应经常同时发生,但他认为互补效应不是协同的真正来源,只有当公司开始使用它独特的资源无形资产(既可能是商标、顾客认知度或技术专长,也可能是一种可以激发员工强烈认同感的企业文化)时才有可能产生真正的协同效应,并且由于这种协同效应很难被对手复制,因而可以给公司带来更为持久的竞争优势。

马克·L.赛罗沃(Mark L. Sirower,1997)提出了并购中协同效应的动态的概念,它应该是合并后公司整体效益的增长超过市场对目标公司及收购公司作为独立企业已有预期之和的部分。企业并购至少要满足下面其中一点,才算获得了协同效应,取得了并购收益:(1)收购者必须能够进一步限制当前及潜在的竞争对手在投入市场、生产过程或产出市场上对收购公司及目标公司的竞争威胁;(2)收购者必须能够开拓新的市场或侵占其竞争对手的市场而令竞争对手无法作出回应。艾克莱斯·罗伯特等(Eccles Robert etc.,1999)将赛罗沃对协同效应的定义进一步具体化,他们认为,企业的协同效应价值是由企业合并而形成的由各种改进而导致的企业现金流的净现值之和,而且他们认为这些现金流的净现值之和超过那些市场对于企业在独立运行时即企业并购不发生的情况下的现金流的预期之和。

在我国理论界,张秋生等学者认为协同效应是并购后企业整体的价值大于公司各自独立经营时价值的简单总和的效果。

为了更好地理解协同效应，还需注意以下两点：

1. 协同效应使得公司业绩增长高于市场对并购双方独立经营的预期业绩增长。市场已经预期到的业绩增长，这种独立经营时就能达到的增长不属于协同效应，它不是由于并购整合过程所带来的效果。因此当并购者对并购后的企业作出组织结构和战略方面的变革时，不仅要维护好原先公司的价值，还要创造新的未预期到的价值，否则并购方就不能从协同效应中获得好处。

2. 协同效应必须放在竞争的环境中来考虑，它是动态变化的。首先，并购所带来的竞争优势的增强是协同效应的来源之一。其次，应当考虑到这种竞争力量的对比不是静止不变的。事实上，由于市场信息的流动性，并购者在宣布并购之前就已被竞争对手获悉，并且在协同效应产生之前就试图作出变化以应对威胁或主动出击，从而使协同效应产生的外部环境发生变化，因此并购者不能将自己孤立于竞争环境之外，而要充分考虑竞争对手的反应以及在这种情况下自身业绩改进的空间和前景。

以上从整体上描述了协同的含义，在并购的不同阶段，协同的含义也有所不同。并购整合前收购方估计并购所能产生的协同效应，称为预期协同。整合后实际实现的协同效应称为现实协同，它具有显著的事后性特点。导致协同效应和现实协同差异的因素在于整合执行过程中的整合效率。并购实践更注重的是潜在协同，也就是在事前（即真正的并购交易前）收购方估计并购所能产生的协同效应，以便为并购定价和并购交易决策提供指导。潜在协同是在假设并购双方的资源可以充分转移的前提下，从事前的角度预测通过并购双方资源之间的替代、互补、增进、冲突等作用，使得并购后企业实体实现价值增值的部分，这是并购双方既有资源综合发挥最大效用情形下理论上能达到的协同效应的最大值。正如预期协同与现实协同不相同，潜在协同与预期协同也不相同。作为事后判断，预期协同多大程度上转化为现实协同受到整合效率的约束；而作为事前判断，潜在协同多大程度上转化为预期协同受到转移效率的约束。潜在协同、预期协同和现实协同之间的关系如图 5－3 所示（并购前后的判断以并购协议的签订为依据）。

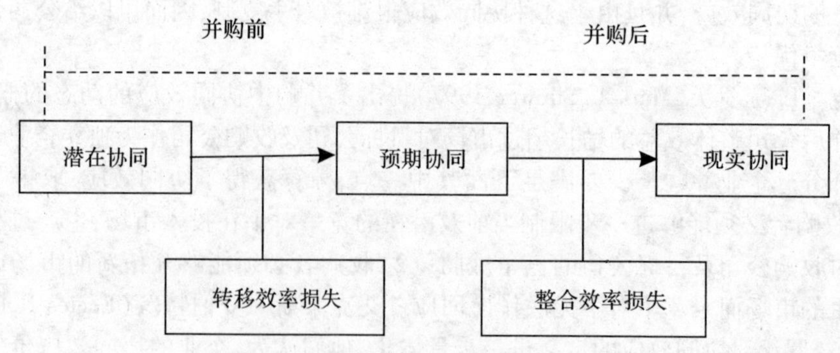

图 5－3　三种协同的关系

资料来源：张金鑫. 2006. 并购谁——并购双方资源匹配战略分析[M]. 北京：中国经济出版社：8.

二、协同效应的分类确认

西方学者对并购中的协同效应提出过许多不同的分类。鲁梅尔特（Rumelt，1974）将协同效应分为财务的和经营的两类。前者指的是并购给企业在财务方面带来的种种效益,这种效益的取得不是由于效率的提高,而是由于税法、会计处理准则及证券交易等内在规定的作用而产生的一种纯现金流量上的收益;后者主要是指并购给企业生产经营活动在效率方面带来的变化及效率的提高所产生的效益,突出体现为规模经济和范围经济。威斯通(Weston,1996)所著的《接管、重组与公司治理》一书把管理协同效应也列为与经营协同效应、财务协同效应并列的一类协同效应,并认为它是混合兼并的一个重要动机,其他西方学者的文章中也有类似的提法。

本书将协同效应分为管理协同效应、经营协同效应和财务协同效应三个主要方面。

(一)管理协同效应

管理理论中的一个学派认为,策划、组织、指挥和控制等管理职能可以很容易被借用到所有类型的经营企业中,那些有执行上述管理职能的经验和能力的管理者,可以在任何环境下执行这些职能,也就是说,管理在多种多样的行业或多种类型的组织之间具有可转移性。该理论认为,如果任意两个管理能力不等的企业进行合并,那么合并后的企业的表现将会受益于具有先进管理经验的企业的影响,综合管理效率得到提高,合并企业的总体表现将会优于两个单独部分的相加之和。这就是最普通形式的管理协同效应。

假设A公司为收购方,该公司在行业专属资源上"能力过剩",即对某些现存的要素并未充分利用;而另一家相关行业中的B公司(目标方)却正面临缺少这些资源的窘境。在A公司收购了B公司之后,A公司由于先进的协作组织带来的过剩的行业专属能力(并非管理人员过剩)转移给B公司,B公司的管理效率便会被提高到与A公司相同的水平,从而实现管理协同效应。B公司的一个例子是那些面向研究开发而缺乏营销组织的企业,这些企业会被相关业务领域中拥有强大营销能力的A公司所收购。这样,A公司在生产和营销领域内积累的丰富的组织资本和B公司产品开发与研究部门丰富的组织资本结合,使联合企业行业专属管理能力和企业专属非管理人力资本的配置比例得以优化、管理效率得到提高。

(二)经营协同效应

这是指并购给企业生产经营活动的效率方面所产生的效益,具体体现在以下三方面:

1.营运达到规模经济

经营协同效应的一个最主要来源就是规模经济。在西方经济学理论中,企业生产过程中各种要素的投入有一个最佳规模,在这一点上,边际成本等于边际收益,平均单位成本最低。在达到这一点之前,随着生产规模的扩大,单位生产成本会逐渐降低,这就是所谓的规模经济。规模经济由于某些生产成本的不可分性而产生,例如人员、设备、企业的一般管理及经营费用等,当其平摊到较大单位的产出中去时,单位产品的成本得到降低,可以相应提高企业的利润率。

2.优势互补

并购能够把主并方和目标企业的优势融合在一起,使并购后的新公司能够取旧公司之长,弃旧公司之短。这些优势既包括原来各公司在技术、市场、专利、产品管理等方面的特长,也包括它们中较优秀的企业文化。例如,1998年5月,戴姆勒与克莱斯勒合并案中,戴姆勒所生产的奔驰系列高级轿车具有世界公认的豪华设计和近乎完美的机械性能,克莱斯勒则以低成本的卡车、微型面包车和跑车而闻名于世;克莱斯勒在北美汽车市场中占有重要地位,但在欧洲市场却举步维艰,而戴姆勒的市场情况刚好相反;克莱斯勒在汽车新产品的设计、开发方面具有强大的优势,而戴姆勒在汽车的机械技术方面处于领先。两家公司合并后,将成为能生产几乎所有车型、在全球都拥有业务的汽车巨头。

3. 节省交易费用

并购可以把两个或若干个公司之间的市场交易关系转置为同一公司内部的交易关系,并购后形成的新公司以新的组织形式参与外部市场交易也能大幅度降低公司的交易费用。追求交易费用的节省是纵向并购的根本动因。1995 年,迪尼斯并购大都会美国广播公司,就是为了将影片制造商与销售商合二为一。

(三)财务协同效应

1. 合理避税

税收对企业的经营财务决策有重大的影响。各国不同类型的企业在资产、股息收入与利息收入等资本收益的税率及税收范围方面有很大差异。正因为存在这种差异,使得企业可以通过并购实现合理避税的目的,从而增加企业的自由现金流,这是财务协同效应的一个重要来源。

2. 资本成本率下降

当目标企业并购前的资本成本率较高是由于其破产风险较大、内部资金数额较少或规模较小造成的,并且收购企业的资本成本率较低时,两者的并购很可能降低资本成本率。

三、协同效应分析计算

以往的研究中对并购协同的衡量主要从两方面进行:一是从事后的角度对并购交易是否产生了协同效应以及协同效应的大小进行实证检验;二是以贴现现金流量法为基础从事前的角度预测目标企业被并购后新增加的价值,以此作为协同效应的评估值。下面将对这两种方法进行简单介绍。

(一)事后进行检验——事件研究法

M. 布兰德尔等(M. Bradley etc. ,1988)曾将协同效应与股权回报之间的关系概括为企业合并所创造的价值就是协同作用的收益,可以看成是目标企业和收购企业股东财富变动的总和。即$\triangle\Pi = \triangle Wr + \triangle Wa$。式中:$\triangle\Pi$ 为总的协同作用收益,$\triangle Wr$ 为目标企业股东财富的变动,$\triangle Wa$ 为收购企业股东财富的变动。其他经济学家,如 P. F. 可斯奎思和 E. H. 金(1982)的研究也表明了相同的看法。因而,通过考察并购事件的累积超常收益可以检验协同效应是否得以实现,并购究竟是创造了价值还是减少了价值。

事件研究的过程如下:

1. 计算样本中每家企业在选定的事件窗口期内每天的预期(正常)收益;

2. 计算每家企业每天的超常收益;

3. 对事件窗口期内每天各企业的超常收益求平均数,即得到当天的平均超常收益 AR;

4. 将整个事件窗口期内每天平均超常收益进行加总,得到累积平均超常收益。累积平均超常收益代表特定时间间隔(譬如正负 40 天)之内该事件对样本中所有企业的总体平均影响。

（二）事前进行预测——贴现现金流量法

目前对潜在协同效应的基本思路是“分部加总法”，即首先对并购可能带来的各方面协同效应的大小以及协同效应产生的时间进行合理的预测，然后按照适当的折现率对各种协同效应进行折现并加总，即为协同效应的价值。

在确认了可能产生的协同效应之后，需要进一步做出若干张协同效应工作表，表中列示预期该协同效应产生的依据、发生作用的年份，并尽可能将其影响定量化。这一步在评估协同效应的过程中十分关键，它不仅对收购方评估目标企业的价值从而制定交易价格至关重要，而且这些工作表将为决策者描绘出合并后企业未来的战略蓝图。

在对协同效应发生作用的各个可能方面分别评估完以后，即可计算其现值并加总，其中比较关键的是确定折现率。从本质上讲，评估目标企业价值时使用的折现率，应体现收购方把收购目标公司作为一项投资活动所要求的与其风险相对应的最低回报率。具体确定方法有：一是根据收购公司一贯的财务政策，把以往投资活动要求的最低收益率照搬过来或稍加调整；二是估算并购后联合企业的加权资本成本率，以此作为折现率；三是采用资本资产定价模型求得行业折现率之后，根据目标公司相对于其所在行业的收益状况、市场状况、收益稳定性、债务结构等可能提高或降低目标公司风险水平的具体细节作出相应调整，这被认为是较为科学和准确的方法。

分部加总法评估协同效应的理论计量模型如下：

$$V_{SYN}=\sum_{i=1}^{n}\frac{\Delta R+\Delta C_O+\Delta T+\Delta C_N}{(1+WACC)^i}$$

其中：

V_{SYN}——协同效应的价值；

ΔR——营业收入增加额（指发生并购与不发生并购相比，下同）；

ΔC_O——营业成本减少额；

ΔT——税负减少额；

ΔC_N——资本需求降低额；

WACC——联合企业的加权平均资本成本率。

目前，以并购双方的资产负债表和利润表等历史数据为基础，结合行业结构、公司战略和竞争威胁等因素计算并购前后现金流量的变化是协同效应事前评估的主流方法。有的学者从协同效应形成的机理、可能产生的期权价值等角度对协同效应的计算进行了有益的尝试。但由于各企业的独特性、并购活动中的信息不对称等因素都会影响企业并购过程中的价值判断，而并购后已获得的资源本身的不确定性也影响协同效应的形成，因而准确地预测协同效应仍是一项十分艰难的工作。

【案例5-4】

上汽集团与跃进集团汽车业务的整合

2007年12月26日，南汽集团控股股东之一跃进集团旗下汽车业务全面融入上汽集团，其中整车及紧密零部件进入上汽集团下属的上海汽车集团股份有限公司（以下简称上海汽车），其他零部件及服务贸易资产进入上汽集团与跃进集团合资成立的东华公司。

此外,上汽集团出资 20.95 亿元购买跃进集团整车和紧密零部件资产,跃进集团持有上海汽车 3.2 亿股股份和东华公司 25% 股权。

近几年,我国的汽车工业在全球性汽车产业结构调整步伐加快的过程中,并购重组不断加速。汽车工业是要求规模经济的工业,并购重组对我国汽车企业来说是必需的。而企业并购作为一种资源的分配和再分配过程,是企业成长的一种重要方式。但是,并购的目的是复杂多样的,获得协同效应是企业并购的最主要目的,也是衡量并购成败和效果大小的重要标准。

从管理协同效应来看,无论从管理能力上还是从公司效率上来讲,上汽都要比南汽高得多。上汽从改革开放以来一直站在国际化的大视角来思考企业运作,思路和理念都是向国际看齐的。上海汽车 2003 年成为中国进入世界五百强企业中的第一家汽车企业。相比之下,南汽在汽车行业迅猛发展时期,没能抓住机会,昔日的风采不再,管理能力跟不上企业的变化,效率有待提高。这为两者合并提供了条件,通过合并,上汽的管理能力可以转移到南汽中来,使合并后的企业总体管理能力得到提高。

从规模经济角度看,双方此次合作,可以更加集中精力,减少内耗,取得规模效益。具体说来,在该横向并购案例中,各种形式的交易费用减少了,中介及流转费用降低了。可以发现合并后市场份额得以提高,市场集中度也提高。实际上,在上汽没有合并南汽之前,中国汽车企业格局为“3 + X”,即“一汽、东风、上汽三大集团 + 其他厂商”。而合并后新上汽的规模将达 200 万辆,中国汽车将形成上汽为第一团队的“1 + X”格局。由此可以看出,合并后汽车市场的垄断势力得到进一步加强。

从资源互补角度进行分析:

1. 在研发方面。上汽的荣威和南汽的名爵,原本就属于英国罗孚公司,基本是一个技术平台的产品。两者合并后,按照合并协议,南汽名爵在英国的研发人员将部分进入上海汽车(英国)海外工程技术中心,而南汽名爵在国内研发人员将部分进入上海汽车全球技术研发中心,双方技术、资源进行了整合。

2. 在产品线方面。南京依维柯的品牌价值较高,在并入上汽之后,能迅速弥补上汽在轻客市场上的短板。同时,跃进品牌加入之后,也使得上汽在货车市场上有了更强劲的竞争力。上汽在商用车方面正式形成了全系列完整的产品线,乘用车和商用车并举的战略将得到有效实施。

3. 在服务贸易方面。南汽的服务贸易板块此次也将通过东华公司,与上汽服务贸易板块对接。上汽在服务贸易领域,包括销售、物流、进出口、汽车文化、IT 服务等多个方面处于国内行业领先地位,南汽服务贸易板块资源加入后,将对其形成有益补充。

上文的分析虽然能够为此次并购协同效应主要是经营协同效应的发挥提供一些证据,但是,综观上汽和南汽这两家企业,它们都是比较大的、复杂的企业,要想成功地整合这两家企业,任务还是十分艰巨的,唯有通过不断的学习、总结和改善,此次并购才会出现公众所期望的结果。

资料来源:国际金融报,2007 年 12 月 27 日。

【案例5-5】

伯克夏哈萨维公司收购政府雇员保险公司

一、案例背景

1995年8月25日，沃伦·巴菲特，伯克夏哈萨维公司的首席执行官，宣布他的公司将收购此前尚未全部拥有的政府雇员保险公司其余49.6%的股份。这笔价值23亿美元的交易将以70美元/股的价格支付，而宣布收购之前其股票的市场价格为55.75美元/股。观察家们为伯克夏哈萨维公司乐于支付26%的溢价颇感惊讶。尤其是巴菲特建议不对政府雇员保险公司作任何变动，并且这两家公司的合并并没有明显的协同效应。公告当日，伯克夏哈萨维公司的股票价格以2.4%的涨幅收盘，市值增加了7.18亿美元。当日，标准普尔500指数以0.5%的涨幅收盘。

对政府雇员保险公司的收购重新激发了公众对这项交易的设计师沃伦·巴菲特的兴趣。许多分析员力图揭示巴菲特成功的秘籍，希望说明伯克夏哈萨维公司收购政府雇员保险公司的原因。以下是对伯克夏哈萨维公司收购政府雇员保险公司的一些评估方法。

二、评估过程

方法一：现金流量折现法

一些分析员试图采用现金流量折现法来检验巴菲特以70美元/股的报价收购政府雇员保险公司的合理性。1995年7月7日，价值线公司投资调查报告发布了对政府雇员保险公司可能的股息及股价区间的预测。

表5-4　**价值线公司预测信息**　单位：美元

项目	区间下限	区间上限
1996年预测股利	1.16	1.16
1997年预测股利	1.25	1.34
1998年预测股利	1.34	1.55
1999年预测股利	1.44	1.79
2000年预测股利	1.55	2.07
2000年预期股票价格	90.00	125.00

价值线公司提出政府雇员保险公司权益资本成本率采用11%较为恰当。根据现金流量折现法的计算公式，可以评估出政府雇员保险公司每股价值下限为56.7元，上限为78.75元。

方法二：事后检验价值

定性分析市场对该并购交易的认可程度可以发现，公告当日，伯克夏哈萨维公司的股票价格以2.4%的涨幅收盘，市值增加了7.18亿美元。当日，标准普尔500指数以0.5%的涨幅收盘，即市场是认可该笔交易的。

接下来通过公告当天信息定量计算政府雇员保险公司的市场定价。伯克夏哈萨维公司从1976年开始购买政府雇员保险公司的股票，在1980年之前已经以4 570万美元价格收购了公司 33% 的权益(3 425 万股)。在 1976 至 1980 年,政府雇员保险公司的股票价格已经受到两位数的通货膨胀率的影响,较高的事故率和高额的损失赔偿使公司的成本比保险费增长的速度更快。1995 年 8 月,伯克夏哈萨维公司所持有的股票比例已经达到 50.4%(原因是政府雇员保险公司回购了部分股权,而伯克夏哈萨维公司保持了其原有的股数),本次继续收购剩下的 3 365 万股。伯克夏哈萨维公司持有政府雇员保险公司全部股份后,政府雇员保险公司私有化,其价值的发现将只能体现在收购方股价的波动上。假设政府雇员保险公司的每股价值为 V,则有:

$$\$71\ 800 = 3\ 425 \times (\$70 - \$55.75) + (3\ 425 + 3\ 365) \times (V - \$70)$$

从而可以得出,市场对政府雇员保险公司的定价为每股 $73.39。

利用不同方法得出的价值结果比较一致。

资料来源:理查德·西蒙斯.2003.巴菲特经典投资案例:投资者操作手册[M].孙大威,译.北京:中国财政经济出版社.

【想一想】 上述两个并购案例中,并购方分别实现了什么样的协同效应?是怎样实现的?

第五节　不同估值方法的比较

不同的并购估值方法有各自不同的特点,不同的评估方法也有各自不同的适用范围。

一、不同并购估值方法的优缺点

不同估值方法的特点对比如表 5－5 所示。

表 5－5　不同价值评估方法优缺点对照表

方法	优点	缺点
现金流量折现法	具有坚实的理论基础;相对其他评估方法而言更科学、更成熟;能够比较全面地揭示企业的基本情况和获利能力,反映企业价值的本质含义。	未来长期的经营业绩很难估计;预测结果对评估目标期末价值的大小十分敏感,而期末价值又难以准确估计;在使用永续增长模型时,终值的确定对假设的现金流量增长率十分敏感,而这个增长率又很难确定。
经济增加值折现法	易于理解,通过投资资本回报率、增长率等价值驱动因素对公司价值进行动态分析,便于了解各要素对公司价值的影响程度,从而更好地把握公司价值。	评估结果对价值驱动因素的大小十分敏感,而确定价值驱动因素难度较大,尤其在信息资料不充分、未来变动程度较大时,难以保证评估结果的可靠性;为了使模型更准确,通常需要对经济增加值进行调整,调整存在随意性,且计算比较烦琐,不便于操作。

续表

方法	优点	缺点
可比公司分析法	从统计的角度总结出类似公司的财务特征，得出的结论有一定的可靠性；简单易懂，而且容易使用，与现金流量折现法相比数据获取方便，不用计算较为烦琐的现金流量和资本成本率。	缺乏明确的理论依据；可能忽视目标企业的未来经营状况；难以找到和目标企业完全类似的公司；对并购所产生的协同效应缺乏定量分析。
可比交易分析法	以真实发生的交易为参考，贴近市场实际情况，且继续经营的溢价已经包括在公司收购的成交价格中。	难以找出在目标企业的特点和并购方并购动机两方面都一样的并购交易；不同的并购个案中的控制权溢价不具有可比性，且不同并购方对并购的协同效应有不同的预期。
成本法	计算简便、直观易懂。	不能反映企业未来的盈利能力；忽略了企业人力资源、品牌、信誉等无形资产的价值。

各种评估方法的适用范围按目标企业是否公开上市来分，可分为适用于公开上市企业的方法或适用于非上市私有企业的方法。评估技术中的可比交易分析法主要用来对公开上市企业进行评估，可比公司分析法主要用来对非上市私有企业进行评估。对目标企业价值进行评估，应根据并购方的动机、目标企业的具体情况等，选择上述评估技术中合适的方法，具体方法选用如图5－4所示。

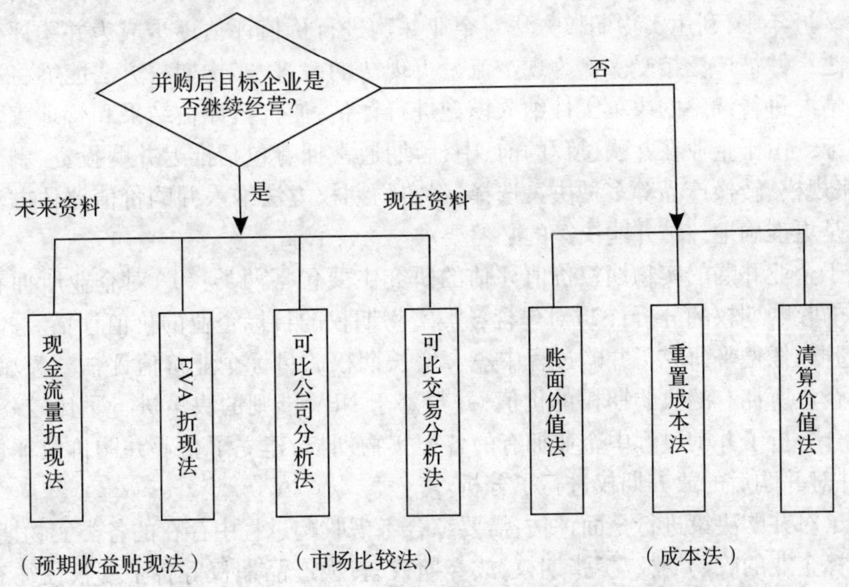

图5－4　各种评估方法的适用范围

二、并购估值理论与实务的最新发展

本章前面四节是对并购估值基本内容的介绍，本部分将介绍并购估值领域在理论和实务中的最新发展，以方便读者了解前沿知识。

（一）评估新方法：期权定价法

评估方法不同，产生的目标企业的评估价值也不同。因此，选择正确的评估方法是对目标企业的价值作出客观测算的关键。在传统的并购价值评估方法中，不确定性意味着风险，不确定性越大，风险也就越大，价值也就越低，这样使得许多管理者直觉上认为可行的战略投资项目一经估值就变得不可行。如传统的净现值（NPV）方法暗含这样的假设：项目要么马上就做，要么永远不做，因为必须立即决定；而且项目一旦执行，就要一直执行下去。该假设和现实经济中的实际投资决策存在严重的差异，因为 NPV 方法忽略了以下因素：管理者有延期投资的权利，可以等到明年或后年再投资，而且，在项目执行过程中，公司有扩张、压缩或终止项目的权利。另外，当兼并机会本身成为企业的一项选择权时，现有的方法也难以对其进行评估。

梅耶斯（Myers，1977）首先提出了实物期权的思想，凯斯特（Kester）和平迪克（Pindyck）进一步丰富了这种思想。他们认为只要管理者拥有管理灵活性（管理柔性），那么，管理者就可以通过有效的管理将经营风险和不确定性转化为价值创造的机会。管理柔性的特点就在于管理者可以随时根据获得的信息作出下一步的判断（也叫或然决策），尽可能地选择创造价值的机会，避免毁损价值的投资。

随着期权理论的发展，期权定价方法也成为并购企业价值评估的新方法，在研究和实务领域的运用也越来越广泛。

史密斯（Smith）和特里安蒂斯（Triantis）在 1994 年首先利用实物期权方法分析了企业兼并。近年来，利用实物期权方法对企业并购进行价值评估逐步成为并购评估中的重要方法之一并被广泛接受。作为现金流量折现法的改进，实物期权方法能够将决策者根据市场情况进行调整的决策柔性纳入模型进行评估，使价值评估结果和管理直觉更好地相互印证。由于企业在并购过程的前、中、后期通常拥有包括推迟并购投资、剥离业务单位、扩张规模、转换产品等多种决策选择，将实物期权方法纳入并购价值评估方法体系中事实上是更准确地评估并购决策的必然要求。

关于企业并购的实物期权价值评估的研究主要包括两类：（1）对企业所拥有的对其他企业的收购期权的分析；（2）对包含各类实物期权的目标企业的价值评估。齐安甜、张维、马超群、任德平研究了并购过程中蕴含增长期权的目标企业价值评估。彭斌、韩玉启研究了企业所拥有的收购期权的价值，并与基于 NPV 准则的决策进行了比较。齐安甜、张维综合分析了并购过程中企业拥有的各类实物期权，建立了企业并购价值评估的总体框架，并对并购后的放弃期权进行了分析。

为了对并购决策进行全面评估，需要综合考虑收购过程中存在的各类实物期权，实际上对目标企业的收购期权、扩张期权、放弃期权、转换产品期权等各个期权往往有机地结合在一起，构成了一个复杂的复合期权，其所包含的各单个期权的价值和执行条件相互影响。而前述研究共同的不足在于将各个实物期权割裂开来单独地进行研究或仅是定性描述。因此有必要研究并购过程中各类复合期权定价模型。这方面已有的相关研究包括：

吉克(Geake)在1979年研究了标的资产为欧式期权的欧式买卖权定价问题,得出了定价模型;特里杰奥吉斯(Trigeorgis)在1993年利用二叉树方法,分析了包含多个实物期权的项目评估实例,证明了项目不同的实物期权之间执行条件和价值相互影响,得出整体项目价值;沃乐特(Vollert)则在随机控制的框架下,利用数值模拟方法研究了包含多个相互影响的期权的项目定价。

并购价值评估还往往需要考虑并购竞争对手间的战略互动对并购过程的影响。斯密特(Smit,2001)描述了一个在制订战略收购计划与评估过程中应用实物期权理论与博弈论的框架。分析中考虑了等待期权、成长期权、收缩期权、扩张期权等各种情况,并结合企业与竞争对手的情况分析了战略互动对实物期权独占性的影响。文章认为在战略竞争环境下考虑实物期权的并购价值应该由下式确定:扩展NPV=单纯企业价值+预期协同作用价值+柔性价值+战略价值-出价。文章指出实物期权理论与博弈论的定量方法和来自战略管理的定性方法结合起来可以为并购过程提供更好的评估。

(二)我国上市公司并购估值概况

作者将中国2006年1月至2009年7月发生的所有涉及上市公司并购案例的并购估值情况进行了简要统计,以方便读者对我国并购实务中价值评估的情况有一个更直观的了解。

其中,“账面价值-评估价值”指标反映评估价值与账面价值之间的关系,实际上可以体现估值实务中历史成本法的运用情况,其有效数据为134个;“交易金额-评估价值”指标反映并购实际成交金额与评估价值之间的关系,反映了实务中评估价值的有用性,其有效数据为116个。详细统计情况见表5-6。

表5-6　并购案例的并购估值情况统计

		账面价值-评估价值	交易金额-评估价值
大于0	并购案个数	66	37
	占样本比重	49.25%	31.90%
小于0	并购案个数	46	25
	占样本比重	34.33%	21.55%
等于0	并购案个数	22	54
	占样本比重	16.42%	46.55%

资料来源:北京交通大学中国企业兼并重组研究中心并购数据库。

根据表5-6的简单统计发现:账面价值大于等于评估价值的案例占65.67%,而我们知道账面价值代表历史成本估值法,历史成本估值结果通常偏低,所以,可以看出,我国目前并购案中的价值评估偏低;交易金额小于等于评估价值的案例占68.10%,反映出目前并购中实际交易金额极低。上述情况与国际上通常的认识极为不同,但代表了中国特定阶段的特点,这些并购交易的标的通常是非流通的股份,导致总体评估价值和交易金额都偏低。未来应该会有所改变。

本章小结

本章主要介绍了企业价值的理论及概念、并购估值方法、协同效应估值，最后对不同估值方法进行了比较。企业价值理论的不同使得在不同理论基础上提出的价值概念不同。并购估值方法主要分为历史成本法、收益现值法以及相对价值法三类。目前在国际上被广泛采用的价值评估方法是现金流量折现法（DCF 模型），并将逐渐成为我国并购估值的主流方法。而本章对并购价值评估实务中的新方法期权定价法也作了专门的介绍。并购估值需要对并购所带来的协同效应进行合理预测，即对潜在的协同效应进行估值。本章中结合具体实例介绍了协同效应以及对协同效应的分析计算，在整体上把握了并购估值及其相关内容。

关键术语

企业价值　现金流量折现法　威斯通模型　普通股成本　并购估值　经济增加值法　资本成本率　协同效应分析　重置成本法　相对价值法　债务成本　事件研究法　账面价值法　拉巴波特模型　优先股成本　贴现现金流量法

思考题

※ 各种不同企业价值之间主要的区别表现在哪些方面？

※ 主要的并购估值方法有哪些？其特点与不同表现在哪些方面？分别适合哪些类型的并购？

※ 协同效应如何评估？事前评估与事后评估对评估结果有哪些影响？

课后作业

某公司 2010 年息税前净收益为 6 亿元，资本性支出为 3 亿元，折旧为 2 亿元，销售收入为 80 亿元，营运资本占销售收入的比重为 20%，税率为 25%，预计今后 5 年内销售收入将以 8% 的速度增长，假定折旧、资本性支出、营运资本以相同的比例增长，公司 β 为 1.25，税前债务成本率为 9.5%，负债比率为 50%。5 年后公司进入稳定增长阶段，稳定增长阶段的增长率为 5%，税前债务成本率为 8.5%，负债比率为 25%，资本性支出和折旧相互抵销，市场平均风险报酬率为 5%，无风险报酬率为 7.5%。试计算该公司的价值。

第六章　并购融资与支付

学习目标

◇ 掌握并购中常用的内外部融资方式与融资工具；
◇ 理解并购特殊融资方式及其工具；
◇ 掌握企业并购融资决策选择需考虑的诸多因素；
◇ 了解我国《商业银行并购贷款风险管理指引》。

引言:并购融资还需深入发展

近年来,随着世界经济的发展,全球经济趋于一体化,各国公司为了加强其在市场上的竞争优势和战略地位,进行了越来越多的并购活动,进而引发了全球性的企业并购浪潮。随着我国经济体制改革的不断发展,国内各种兼并重组活动越来越多,参与并购的企业也在不断寻求灵活多样的融资渠道。而并购融资在企业发展和扩张的进程中扮演着举足轻重的角色,决定着企业能否取得并购的最后成功。然而我国企业在并购融资上仍然存在很大障碍,这种现象的存在严重阻碍了我国企业的发展壮大。现阶段我国资本市场还不发达,企业本身的资金供给能力还不充足,企业可供选择应用的并购融资方式还十分有限,企业外部并购法律环境还有待改善。面对这些现实情况,企业必须明确其在融资过程中所涉及的活动内容,分析可以利用的并购融资方式,研究如何获取资金以及有关的融资决策给企业财务状况带来的影响等。企业要扩张,要实现成功并购,就必须有好的融资策略,融资企业需根据自身的财务状况,寻找最合适的融资方式及融资结构安排,以达到使整个并购融资成本与风险的最小化。

第一节　基本融资方式

并购融资不同于一般的企业融资。由于并购交易的特殊性,它对于资金的需求是大量的和长期的。并购融资不仅包括对价资金,还包括按照计划筹集在并购过程中所需要的各种资金(如整合资金)。

并购融资方式是多种多样的,企业在进行融资规划的时候首先要对可以利用的方式进行全面分析研究,以其作为融资决策的基础。并购融资方式根据资金来源可分为内部融资和外部融资。内部融资是指企业从内部开辟资金来源,筹措所需资金。外部融资是指企业从外部开辟资金来源,向企业以外的经济主体筹措资金,包括申请专业银行信贷资金、非银行金融机构资金,通过证券市场发行有价证券等。

一、内部融资方式

（一）自有资金

企业自有资金是企业在发展过程中所积累的经常持有，按规定可以自行支配，并不需偿还的那部分资金。企业自有资金是企业最稳妥、最有保障的资金来源。通常企业可用的内部资金有税后留存利润、折旧、闲置资产变卖和应收账款等。其中，利用应收账款融资是指企业将应收账款作为抵押以获得银行贷款或将其出售以获得资金，这是一种短期资金的筹措方式，一般不会给企业的经营带来长期的不良影响。

在以下情况下，利用应收账款融资是有利的：

1. 有一项或几项可靠的应收账款准备出售；
2. 短期贷款利率过高，而储蓄存款利率相对较低；
3. 企业财务状况良好；
4. 企业欲维持与应收账款企业之间的客户合作关系。

（二）未使用或未分配的专项基金

未使用或未分配的专项基金是指仅在未使用或未分配前作为内部融资的一个来源，而一旦需要使用或分配时，必须及时现款支付的资金。但从长期来看，这些专用基金可以成为企业的一项稳定和可长期使用的资金来源，因而具有长期占有性。这些专项基金由以下部分组成：一是从销售收入中收回而形成的更新改造基金和修理基金；二是从利润中提取而形成的新产品试制基金、生产发展基金和职工福利基金等。

（三）企业应付税利和利息

企业应付税利和利息的本源在企业内部，虽然这部分资金不能长期占用，到期必须支付，但从长期平均趋势来看，它也是企业内部融资的一个来源。

二、外部融资方式

（一）债务融资

1. 银行贷款

（1）银行贷款的定义

银行贷款，是指银行根据国家政策以一定的利率将资金贷放给资金需要者，并约定期限归还的一种经济行为。在并购中，由商业银行等金融机构提供的并购贷款，通常被称为优先债务（Senior Debt），这是因为它在受偿顺序上享有优先权。银行贷款通常是企业并购融资的主要渠道。

目前，并购交易规模日益扩大，如果并购贷款由一家银行提供，则会加大该贷款银行的风险。因此，由某银行牵头组织若干个银行组成财团来共同承担某笔并购款项的贷款，既可筹集大规模的资金，又可分担贷款银行的风险。在西方，这种贷款方式被称为银团贷款或辛迪加贷款（Syndicated Bank Loan）。在 2004 年宣布的联想集团有限公司收购 IBM 的 PC 业务案中，联想用于支付收购价款的 6 亿美元就是由 16 家银行组成的财团提供的。

（2）银行贷款的利弊

银行贷款融资方式对企业来说，有利也有弊。

其有利之处表现为：由于银行贷款所要求的利率相对较低，因而使企业的融资成本降低。银行发放贷款的程序比发行债券、股票简单,而且其融资费用也低于证券融资。通常银行贷款可以得到巨额资金,足以进行交易金额巨大的并购活动。

这种融资方式对企业来说也有一定的不利之处:一是要从银行取得贷款,企业必须向银行公开其财务、经营状况,在今后的经营管理中也会很大程度地受到银行的制约;二是为了取得银行贷款,企业可能要付出资产的抵押权,从而降低企业今后的再融资能力,产生了隐性的融资成本;三是有时银行还要求提供担保人,这也给企业融资增加了难度,同时也增加了费用支出;四是在银行贷款不能完全满足企业并购的融资需求时,其他融资方式会因投资风险增加而要求更高的收益率,使融资成本激增。

2. 债券

(1)债券的种类

债券的种类很多,并购企业一般使用以下几种:

①抵押债券,即以某些实物资产作为还本付息保证的债券。如果发行者到期不能偿还债券的本息,债券持有人有权处置抵押品来偿还。以这种债券进行融资,一般要求企业能够以固定资产或者流动资产(主要包括应收账款、存货以及企业持有的有价证券等)作为抵押。②担保债券,是指不用企业的实物资产作为抵押,但要求除了发行企业自己的信用担保以外,还要用其他企业、组织或机构的信用担保的债券。并购中常用的担保债券一般是由并购企业提供担保的目标企业所发行的债券。③垃圾债券。除了一般的企业债券以外,有一种高风险、高收益的债券,被称为垃圾债券。它在并购活动的发展中起了重要的推动作用,特别是促进了杠杆收购的发展。本章第二节将垃圾债券和杠杆收购放在一起专门介绍。

(2)债券融资的特点

与权益融资相比,债券融资具有以下特点:

①期限不同。股票只付股息,不存在还本问题,故股票不存在期限问题,而债券一般都有期限,到期还本付息。

②投资者拥有的权利和义务不同。投资者购买债券,他与发行者是借贷关系,投资者的权利就是到期获得本息,投资者无权参加发行企业的经营管理,同时也不承担偿还企业债务的责任。投资者购买股票,他就成为股东,因而有权参加企业管理并获得股利,同时还要按股份承担企业经营风险。

③投资者收益的保障程度不同。债券持有者所持有的债券一旦到期,则不论融资者的经营状况如何,必须向投资者支付利息。而股票的股利收入则依企业的盈利状况而定,企业盈利多,则可派股利也多;企业盈利少,则可派股利也少。

④与税收的关系不同。债券利息在企业缴纳所得税前支付,股票股息则在企业缴纳所得税后支付。且对于投资者来说,购买企业债券的利息收入可免缴个人收入调节税,而购买股票的股息收入则要缴纳个人收入调节税。

(二)权益融资

权益融资可分为普通股融资和优先股融资两种。

1. 普通股

普通股对于能发行股票的企业来说是其资本结构中最基本、最主要的一部分,也是风险最大的一部分。普通股融资的基本特点是其投资收益(股息和分红)不在购买时约定,而是事后根据股票发行企业的经营业绩来确定。持有普通股的股东,享有参与经营权、收益分配权、资产分配权、优先购股权和股份转让权等。

(1)普通股融资的优点

对并购企业来说,普通股融资具有下述优点:

①普通股融资不必支付固定的股利给股东,且因为没有固定的到期日,无须到时偿还本金,筹资风险较小。

②由于普通股所提供的报酬率通常比优先股或债券的报酬率高,而且由于普通股代表企业的所有权,故相对于优先股或债券而言,它可以给投资者提供一个较佳的屏障,以防止非预期性通货膨胀所造成的损失。

③发行普通股融通资金,企业可以在平时维持充分的举债能力,一旦出现资金周转不灵的情况,就能及时取得资金以解决问题。

(2)普通股融资的缺点

普通股融资在具有上述优点的同时,也具有下列缺点:

①分散企业控制权。由于普通股股东通常都享有投票权,对外发行新股常意味着企业的部分控制权转移给新股东。如果普通股发行太多,发行企业本身也将面临被收购的危险。例如,经常有公司试图通过收购流通在外的普通股的方式来取得其他公司超过半数的股份,以达到接管该公司的目的。由于普通股股东可以亲自出席股东大会行使投票权,也可以使用委托书委托代理人代为行使投票权,于是一些有收购意愿的人会征集委托书,然后在股东大会上投票,以推翻现有的管理当局,这便是并购的一种特殊形式——委托书收购。

②普通股的资本成本较高。由于普通股融资的审查成本较高且普通股的定价通常较债券或优先股低,因而普通股的承销费用通常要比优先股或债券的承销费用高。而且投资者投资于普通股风险较高,相应会要求较高的投资报酬率。此外,股利在税后支付,不像债券利息可在税前扣除,因而不具有抵税作用。所以,普通股筹资的资本成本较高。

2. 优先股

(1)优先股兼具普通股和债券的特点

优先股与普通股的共同点为:没有固定到期日;股利税后支付,没有减税作用;公司无力支付股利时不会导致破产。优先股与债券的相似之处在于:一般预先确定收益率;一般无选举权和投票权。优先股的索偿权先于普通股(但在债券之后),能优先领取股息,优先分配剩余资产。

(2)大多数优先股具有股利累积特性

股利累积特性即发行公司不能按期支付优先股股利时,可以推迟一定期限,但要累积,在公司没有付清累积的优先股股利前,不能支付普通股股利。因为优先股股利不具有债券利息那样法定的强制性,所以股利可累积的特性对保护优先股股东的权利非常重要。

(3)优先股具有限制公司经营行为的条款

除股利累积特性外,优先股还有其他一些限制公司经营行为的条款,类似于长期债务的限制性条款,目的在于保护优先股股东的权益。如:①允许优先股股东在股利未能付清时拥有对公司的投票权;②当公司未能按规定提取偿债基金或公司财务困难时,限制发放普通股股利;③限制公司发行新的同级或高级优先股以及债券等。

在西方,公司可以根据需要发行多种系列或等级的优先股,不同等级的优先股具有不同的特征,例如,是否可以转换为普通股,股利收益率是否可以调整,是否具有参与盈余分配的权利等,对公司资产清偿要求权的等级相应也不相同。

(4)优先股融资的优点

优先股融资具有下述优点:①企业可凭借发行优先股来固定融资成本,并得以将更多的未来潜在利润保留给普通股股东;②优先股一般没有到期时间和收回资金的规定,相对于负债而言,它通常不会给企业带来现金流量问题;③通过发行优先股而非普通股融资,企业普通股股东可以避免和新投资者一起分享盈余与控制权。

(5)优先股融资的缺点

优先股融资的缺点主要有:①优先股股利税后支付,资金成本要高于负债的税后资金成本;②由于优先股股东往往负担了相当比例的风险,却只能收取固定的报酬,因而在发行效果上不如债券。

(三)混合型融资

1. 可转换证券

西方企业并购融资中最常使用的融资工具之一就是可转换证券。可转换证券分为可转换债券和可转换优先股两种。可转换证券发行之初可为投资者提供固定报酬,这等于投资于单纯的企业债券或优先股;当企业资本报酬率上升、企业普通股上升时,投资者又获得了自由转换普通股的权利。因而,可转换证券对投资者具有一定的吸引力,便于资金的筹集。

可转换债券实际上是一种负债与权益相结合的混合型融资工具,这种债券的持有人可以在一定的时间内按照一定的价格将购买的债券转换为普通股,为投资人提供了一种有利于控制风险的投资选择。可转换债券转换为普通股后会改变公司的资本结构,而可转换优先股转换后不会涉及资本结构的改变。

(1)可转换证券对并购企业筹集资金来说具有的优点

①由于可转换证券具有高度灵活性,企业可依据具体情况设计出有不同的报酬率、不同的转换溢价等条件的可转换证券,以寻求最佳的长期筹资方式。

②可转换证券的报酬率一般很低,这样就使可转换证券的资本成本率较低,大大降低企业的筹资成本,使企业获得廉价的资本供给。

③由于可转换债券和可转换优先股等可转换证券一般要转换为没有届满期的普通股,故发行可转换证券可为企业提供长期、稳定的资本供给。

(2)可转换证券对并购企业筹集资金来说具有的缺点

①当股票市价猛涨而且大大高于普通股转换价格时,发行可转换证券反而使企业蒙受了财务损失。

②当普通股市价未像预期的那样上涨时,可转换证券的转换就无法实现,这极可能断绝企业获得新的长期资金的任何来源。这是因为,证券的转换未能实现时,一方面企业几乎不可能再发行新的可转换证券;另一方面由于投资者对企业财务状况的怀疑,会导致其

他非可转换证券发行的困难。

③当可转换证券的转换顺利实现时,会在一定程度上稀释原有股东的权益。

2. 认股权证

除了可转换债券、可转换优先股以外,企业为并购发行的认股权证也属于混合型融资工具。认股权证是由企业发行的长期选择权证,它允许持有人在一个特定时期以特定价格买进既定数量的股票,通常随企业的长期债券一起发行。就其实质而言,认股权证和可转换债券有某些相似之处,但仍有不同的地方。在进行转换时,认股权证和可转换债券虽然同是一种形式(企业债务)转换为另一种形式(股票),但对企业财务乃至营运的影响却各异:可转换债券是由债务资本转换为股权资本,而认股权证则是新资金的流入,可以用以增资偿债。由于认股权证代表了长期选择权,所以附有认股权证的债券或股票,往往对投资者有很大的吸引力。

作为优先股或普通股的替代物,认股权证越来越受欢迎。它对于并购交易双方而言有以下优点:首先,避免了目标企业股东在并购后整合初期成为并购企业的普通股股东,从而不会对并购企业的经营决策产生影响以及削弱并购企业原有股东的权益;其次,与股票不同,它对目标企业并购初期的股东利益没有影响。发行认股权证融资也有不利之处,主要是指在认股权证行使时,如果普通股股价高于认股权证约定的价格较多,发行企业就会因为发行认股权证而发生融资损失。

【案例 6 - 1】

网通收购亚洲环球电讯

2002 年 11 月 18 日,由中国网通公司(Chine Netcom Corp.)、美国投资公司新桥资本(Newbridge Capital Inc.)和软银亚洲基础设施基金(Softbank Asia Infrastructure Fund)共同投资组成的亚洲网通公司(Asia Netcom Corp.),同亚洲环球电讯公司签订了资产收购协议,以约 8 000 万美元的出价,收购亚洲环球电讯公司账面价值约 19 亿美元的泛亚洲网络资产,并宣布,将向亚洲网通公司投入 1.2 亿美元的股权投资,再向银行贷款 1.5 亿美元,为收购亚洲环球电讯公司提供资金。同时为防范风险,亚洲网通公司要求亚洲环球电讯公司先破产重组(亚洲环球电讯公司已于 19 日向美国提交了破产申请),剥离主要债务,重组其他债务。此次签署资产收购协议只是收购的开始,此后尚需较长的审批程序,预计到 2003 年第一季度整个收购方可完成。亚洲网通公司将接收亚洲环球电讯公司的全部营运子公司和客户合同,但不包括太平洋电讯有限公司(Pacific Crossing Ltd.)与美国西岸相通的海底电缆网络业务。太平洋电讯有限公司于 2002 年 7 月单独申请破产保护,故不包括在此次收购交易中。

两家风险资本公司各自拥有亚洲网通公司 24.5% 的股份,中国网通公司以 51% 的股份控股,并由其总裁田溯宁担任亚洲网通公司的董事长兼首席执行官,而管理层其他成员将来自亚洲环球电讯公司。

资料来源:人民网,2002 年 11 月 19 日。

第二节　并购特殊融资工具

一、过渡贷款

过渡贷款(或称过桥贷款,Bridge Loans)主要是由投资银行负责提供,实际上是投资银行为促使并购交易的迅速达成,以利率爬升票据等形式向并购企业提供的自有资本支持下的贷款。并购交易一旦完成,借贷人(并购企业)就需尽快筹借新的资金来偿还这部分贷款,因此,贷款具有过渡性质,期限一般较短。

由于并购企业的大部分优质资产已经被用于获取一级银行贷款的抵押,因而过渡贷款通常是没有抵押的,而且其偿还也次于一级银行贷款,这些都导致了过渡贷款较高的风险,因此投资银行不得不控制过渡贷款的总量,使并购企业在获取过渡贷款融资时受到限制。由于其求偿权在商业银行贷款之后,所以过渡贷款属于从属债务。

【想一想】 过渡贷款在实务中的应用都有哪些?

二、垃圾债券与杠杆收购

并购和重组的发展使传统的融资方式发生了巨大变革。20 世纪 80 年代,许多并购往往通过大量举债特别是发行垃圾债券来融资,使收购一个比自身规模大很多的目标公司成为可能,这被称为杠杆收购。通常,垃圾债券、杠杆收购和敌意收购联系在一起。

(一)垃圾债券

垃圾债券(Junk Bond)指信用评级很低的企业所发行的债券。一般而言,BB 级或以下的信用评级属于低评级。信用评级低的企业所发行的债券的投资风险较大,因此,需要以较高的利率来吸引投资者认购。由于并购活动的风险很大,而企业大部分优质资产的抵押权又被一级银行贷款所得,为了对投资者承担的高风险提供较高的回报率,垃圾债券作为一种新型的融资工具应运而生,为并购企业的收购特别是杠杆收购提供了重要的资金来源。垃圾债券对那些内部资本不足而又无法从银行贷款等传统渠道融资的并购者而言尤为重要。

垃圾债券作为融资工具在杠杆收购领域的使用是推动美国第四次并购浪潮发展的一个重要因素。20 世纪 80 年代末期,美国垃圾债券市场的崩溃是当时第四次并购浪潮降温的重要原因之一。其后,并购不再像以前那样和敌意收购密切相关,垃圾债券主要偏重于为信用不佳的公司提供所需资本。

垃圾债券一般由投资银行负责承销,保险公司、风险资本投资公司等机构投资者作为主要的债权人。

1. 垃圾债券的主要特征

垃圾债券最明显的两个特征在于:

(1)高风险。传统贷款需要有现实资产的保证,大部分债权人都能及时而有保证地收回贷款,而垃圾债券是以并购其他企业的新公司资产作为抵押的,即以未来资产作为保证,具有很大的不确定性,因此风险很大。

（2）高利率。效率低、信誉低的企业发行具有吸引力的高利率债券，吸收那些在资本市场上寻求高额收益的游资。这可以使发行者筹集大量资金，而购买者为了获得高利息也愿意购买这种高风险债券。垃圾债券到期时间比较长，多在 10～15 年之间。

2. 美国运用垃圾债券融资进行收购的典型程序

步骤 1：收购方通常先建立一家子公司，这家子公司通常只是一个壳公司，它将负责对目标公司进行收购操作。

步骤 2：壳公司向目标公司发出收购要约，要约通常需要附有融资安排，由收购方投资银行开具高度确信函，说明可以募集所需资金。

步骤 3：投资银行需要得到一旦壳公司发行垃圾债券投资者将会投资购买的承诺。

步骤 4：投资银行还可以安排过渡贷款以提供完成收购必需的资金。过渡贷款将在壳公司发行垃圾债券后偿还。使用过渡贷款的优点在于投资银行可以自由选择发行垃圾债券的最佳时机。

步骤 5：一旦融资安排落实，接着将进行债券发售，获得资金用以收购目标公司的股票。

步骤 6：收购后，收购方和下属的壳公司都将遭受垃圾债券发行带来的巨额利息支出的困扰。收购方会尽快设法减少偿债支出。通常会将目标公司的部分资产出售，以偿还收购所欠债务。因此，使用垃圾债券融资，收购方偿债的压力和风险都很大。

（二）杠杆收购

1. 杠杆收购的概念和特征

杠杆收购是指收购者用自己很少的资金为基础，然后从投资银行或其他金融机构筹集大量的资金进行收购活动，继而以目标企业的资产或现金流来支持偿还债务的并购方式。其独特之处主要表现为资本结构的变化。

杠杆收购在 1986～1989 年期间达到顶峰。1988 年发生的 RJR 纳贝斯克收购案，是迄今为止最大的一起杠杆收购案，价值 246 亿美元。1988 年，美国 RJR 纳贝斯克公司的管理层以每股 75 美元的收购要约向 RJR 纳贝斯克公司股东发出收购通告，著名的收购公司 KKR 公司（Kohlberg Kravis Roberts&Co.）获悉后，以每股 90 美元参与收购竞争。随后，RJR 纳贝斯克公司的管理层宣布重新择期竞标。KKR 公司的出价不断上升，承诺收购后原公司大部分业务不出售，并对员工提供更多的福利和保障。最后，KKR 公司以每股 109 美元中标，成交金额为 251 亿美元。在此收购案中，KKR 公司仅出资 15 亿美元，约 50%～70% 的金额是两家投资银行及银团贷款，其余全部为该公司发行的垃圾债券。不过最后，KKR 公司没有获得预期的回报，又出售了股权。

按目标公司管理层是否参与对本公司的收购进行分类，杠杆收购可分为管理层收购（Management Buyout，简称 MBO）和非管理层收购。管理层收购是一种特殊的杠杆收购，收购的主体是该公司的管理者，属于私有化（Going Private）的一种变形。其含义是指公众持股公司（Public Corporation）或者公司的一个部门或分支机构的管理层，利用债务融资的手段购买公司的股份，从而使公司变为私人控制公司，或将该部门或分支机构的资产剥离，脱离原公众持股公司的一种收购行为。在我国，一些学者和企业界人士将 MBO 扩展地理解为：目标公司的管理者购买本公司的股份从而改变公司的所有权结构、控制权结构的一种行为。

20 世纪 80 年代前,杠杆收购以非管理层收购形式居多,80 年代后,杠杆收购转为以管理层收购为主。

2. 杠杆收购的融资结构

杠杆收购的融资结构有点儿像倒过来的金字塔,在这个金字塔的最顶层是对公司资产有最高求偿权的一级银行贷款,约占收购资金的 50% ~60%;中间主要是被统称为垃圾债券的从属债务,约占收购资金的 20% ~30%;最底层则是收购者自己投入的股本,约占收购资金的 10% ~20%。如表 6 -1 所示。

表 6 -1　杠杆收购的融资结构安排

层次	债权人/投资者	融资形式
优先债务	商业银行 获取资产抵押权的债权人 保险公司 目标公司	周转信贷 抵押贷款 优先票据
从属债务	投资银行 保险公司 共同基金组织 目标公司	过渡贷款 垃圾债券
股权资本	共同基金组织 投资银行 保险公司 目标公司 公司管理层人员 私人投资者	优先股 普通股

处于融资结构最顶层的优先债务主要是指对收购来的资产具有优先受偿权的一级银行贷款。由于它面临的风险在整个融资体系中最小,企业获取比较容易,因此在全部杠杆收购融资中的比重最高。但对债权人而言,风险的降低也意味着收益的降低,优先债权人所获得的收益率一般在杠杆收购融资体系中最低。并购企业往往倾向于寻求具有良好信誉的商业银行作为一级贷款的提供者,以提高杠杆收购的资信程度,吸引其他类型融资。

处于中间层的从属债务,是杠杆收购融资结构中内容形式最为丰富的一类债务融资工具,其清偿顺序位于优先债务之后,因而风险也较大。其中一部分是由投资银行提供的过渡贷款,通常是以利率爬升票据的形式出现,以满足并购企业在收购过程中的临时资金需求。过渡贷款的出现,增强了投资银行对杠杆收购交易的控制。在此基础之上,投资银行又为并购企业推出一系列创新的融资工具,如从属债券和延迟支付凭证等垃圾债券。由于这类债券的风险很大,为了给投资者以相配比的高收益,债券利率也非常高,一般在 15% 左右。垃圾债券是杠杆收购融资中的重要工具之一,仅 1988 年在美国的杠杆收购中,垃圾债券融资就占到融资总量的 44.1%。

股权资本是杠杆收购融资结构中所占比重最小的一部分。股权资本在求偿顺序上居于最后，是整个融资体系中风险最大，但同时也是收益最大的一类证券。通常情况下，为了保证对目标公司并购后的控制权，股权资本一般不向其他投资者直接出售，发售对象仅局限于作为杠杆收购发起者的投资银行，以及在交易中发挥重要作用的金融机构及公司管理层人员。

3. 杠杆收购融资的利弊

杠杆收购之所以在美国能兴盛一时，很大程度上和其特殊的融资策略所带来的优势密切相关。债务比率的提高以及股东权益比率的下降，使企业资本结构产生重大变化，增强了财务杠杆效应，为企业带来了极高的股权回报率。通常在收购实现后的前两年，股权回报率会很高，但随着公司每年产生的现金流出和偿付债务，资本结构又发生变化，债务比率的下降减弱了杠杆效应，因而股权回报率也逐渐快速回落。但总体而言，杠杆收购下的股权回报率仍然高于普通资本结构下的股权回报率。

杠杆收购融资还可以使企业获得税收优惠。杠杆收购中的债务资本往往占全部资本很高的比重，由于支付的利息可以在计算企业所得税前作为成本扣除，因而可以减轻企业的税负。另外，如果目标企业在被收购前有亏损，这部分亏损还可以递延，冲抵被收购后各年份产生的盈利，从而减低纳税基础。这些税收上的种种优惠政策，对并购企业来说，也有很大的吸引力。

但是，高收益与高风险是共存的，大量的债务融资也给杠杆收购的发起者带来了极大的风险。由于资本结构中债务比率过高，以及需要对债务资本的提供者支付较高的利息补偿，使得杠杆收购企业承受的债务压力极为沉重，如果管理部门在收购前后规划不周或收购后经营不善，很可能被债务压垮。例如，1988 年加拿大坎波公司在竞购美国三家大型百货公司时以 66 亿美元成交，在收购的借贷过程中，除向一级银行贷款外，还发行了大量年利率高达 15% 的垃圾债券，然而，由于举债过多，在交易完成后不到两年，坎波公司发生严重的财务危机，仅支付的利息就超过营业利润，最终宣告破产。

4. 杠杆收购融资的创新——表外工具

在杠杆收购中，为使高负债、高风险的债务融资暂不列在收购公司的资产负债表上，以达到杠杆收购顺利完成的目的，产生了杠杆收购的创新融资方式——表外工具。表外工具的机制是使收购公司在收购完成时对目标公司或目标公司的控股公司不具有 50% 或 50% 以上的控股权，从而使它们的报表无须与收购公司的报表进行合并，待经营一段时期并清偿了很大一部分杠杆收购所形成的债务后，收购公司再提高股权比例至 50% 以上，并进行报表合并。在收购公司提高股权比例之前，通常由安排整个收购交易的投资银行来接管控制杠杆收购控股公司的大部分股权，使控股公司的资产负债先归于投资银行项下。

三、卖方融资

在并购中一般都是买方融资，但当买方没有条件从贷款机构获得贷款时，或是市场利率太高，买方不愿意按市场利率获得贷款，而卖方为了出售资产也可能愿意以低于市场利率的利率为买方提供所需资金时，买方暂不全部偿付价款，而是承诺在未来一定时期分期分批偿还价款给卖方，且买方在全部付清贷款以后才得到该资产的全部产权，如果买方无力支付贷款，则卖方可以收回该资产。这种方式被称为卖方融资（Seller Financing）。

比较常见的卖方融资是通过分期付款以或有支付方式购买目标企业。它是指双方完成并购交易后，购买方并不全额支付并购的价款，而只是支付其中的一部分，在并购后的若干年内，再分期支付余下的款项。分期支付的款项根据目标企业未来若干年内的实际经营业绩而定，业绩越好，所支付的款项也越多。从融资的角度来看，这一支付方式无异于卖方（即目标企业）向购买方提供了一笔融资。由于购买方在未来期间的实际付款额需视目标企业的经营业绩而定，这种支付方式实质上可看成一种或有支付（Contingent Payment）。

卖方融资方式最初出现于一些亏损企业的并购案中，这些企业因获利不佳，卖方为急于脱手，因而不得不采取这种有利于收购者的支付方式。如20世纪80年代美国华纳传播公司为了将旗下亏损严重的Atari电脑公司出售，不仅接受了购买方康莫德公司以票据支付的条件，还同意前几年无须付清本金，这样康莫德公司在接手Atari电脑公司之后的几年内可利用该公司产生的现金流入来偿还期票，使得付款压力大为减轻。

在卖方融资方式中，并购企业虽然没有直接获得资金用于收购，但卖方许可对支付期限的延长，实际上已阶段性地缓解了并购企业当期的资金需求，并能通过这种支付形式最终取得对目标企业的控制权。因此看来，或有支付同企业通过其他融资渠道获取资金进行并购，最终的效果是相同的。

卖方融资的利弊分析如下：

或有支付方式对于并购企业在资金不足的情况下实施并购无疑是一种有力的支持。目标企业为并购企业提供的卖方融资，可以免去并购企业为支付价款而必须寻求各种渠道融资所引起的成本增加和融资时间的耗费。对于目标企业的股东而言，由于价款是分期收到的，因而可以享受到递延税负的好处，这一点也是目标企业愿意为并购企业提供融资的原因之一。卖方融资代表了简单而低成本的并购融资方式，这种方式可以用来缩小收购差价，因为买方考虑到卖方融资的成本较低而愿意支付较高的收购价格。

越来越多的换股并购交易采用或有支付方式，这种方式一方面可以减少并购企业当期的融资需求量，另一方面在避免股权价值稀释的问题上也起到了重要的作用。并购企业在购入高速成长型的企业时，因为目标企业往往具有较高的市盈率，如果一次发行换股交易所需的全部股票，很可能导致自身每股盈余立即被稀释。而如果是分期进行或有支付，由于并购日发行的股票数量减少，因而就可以避免这种情况的发生。

尽管或有支付有很多优点，但这一方式在运用上也受到很多限制。从目标企业的角度来看，对未来期间付款额度的设定在很大程度上取决于并购后的经营业绩，有很多的不确定性，也会影响价款收回的可靠性。因而目标企业在为并购企业提供卖方融资时往往会采取比较保守的态度，例如，可能要求并购企业在并购完成后的当期支付较高的数额，或是对融资条件，如或付期限的长短（计算支付价款时使用的资本化因子等）进行调整。这些情况都可能使或有支付方式相对并购企业进行外部融资的优势发挥受到影响。另外，目标企业为保证自身的利益，可能会要求并购企业为未来的付款提供某些抵押担保，或规定一些严格的违约制裁条款，因而也给并购企业选择这种方式增加了困难。

从并购企业的角度来看，由于收购价款的支付期一般只有短短的几年，目标企业的经营者可能会为了提高支付期内的业绩以获取有利的支付价款，而有意采用种种不当的会计政策,以致危及企业的长期发展。这一方面导致并购企业支付价款的增多,另一方面引起未来经营风险的增加。因此,为了消除或有支付方式下的各种不利因素的影响,并购方企业应当尽可能地采用换股方式进行并购,这样,目标企业的股东为了日后换取到的股票能进一步升值,在经营上会趋向于采用有利于集团整体优化的政策。并购企业还应在并购之前就业绩的计量标准作出严密的界定,对日后企业在付款期内所应保持的与经营规模相应的酌量性支出作出规定,以避免目标企业的短期经营行为和自身成本的提高。

【案例6-2】

杠杆收购基金拖累阿波罗管理公司

杠杆化对于私募基金来讲是把双刃剑,操作得好,事半功倍;操作不好,很可能带来灭顶之灾。美国著名的资产管理公司阿波罗资产管理公司旗下的一家私募杠杆基金因为杠杆收购失利正在承受着噩梦般的后果。“阿波罗另类资产基金(AP Alternative Asset)”于2006年在证券交易所上市时受到投资者的热情追捧,发行价高达20美元。但是到现在,该基金的净值已经跌破了1美元。

在开曼群岛注册的“阿波罗另类资产基金”与阿波罗资产管理公司旗下另外一只规模100亿美元的投资基金把资金投入阿波罗资产管理公司管理的四只基金里,用于对欧美以及亚洲企业的收购。财报显示,在2008年全年,“阿波罗另类资产基金”的资产缩水了60%,其中去年第四季度,基金的净资产值下降45%。到2008年年底,“阿波罗另类资产基金”的总资产只剩下18亿美元,负债达到9亿美元。

资产大幅缩水的主要原因是公司在过去两年多的时间内进行的大量杠杆收购。在过去几年的并购热潮中,“阿波罗另类资产基金”四处出击,从负债累累的赌场运营商拉丹哈拉斯娱乐公司,到经营服装、珠宝零售的克莱尔商店,甚至房地产经纪商都有它的影子出现。但不妙的是,国际著名评级机构穆迪公司已经把上述三家公司列入了濒临破产的黑名单。仅拉丹哈拉斯娱乐公司一家就带来了5 700万美元的损失,尽管公司已经说服债权人将债券转换为股票,但其账面上的200亿美元的债务仍然是个无法填补的黑洞。

更糟的是,由于该基金的资金绝大部分利用杠杆借贷而来,当金融危机冲击整个金融系统之后,去杠杆化的过程导致公司无法募集资金。杠杆化的负面效应开始放大并反作用到基金本身。目前,持有“阿波罗另类资产基金”的债权人损失高达70%到80%,基金持有人的权益几乎接近于零。

近年来,许多私人股权投资基金都试图通过投入尽可能少的现金,最大限度地控制目标企业,当企业被私募基金收购之后,企业经常会通过举债的方式向投资者提供特殊红利,公司支付杠杆收购投资者的原始股权投资,然后再通过金融衍生产品创造出新的投资组合来转移风险。

“阿波罗另类资产基金”采用这一战略收购过两家企业,一家是生产杂志用纸的公司,另一家是铝业公司,它们目前都陷入了困境。在经济衰退来临之前,这两家公司都通过举债向股权投资者支付“阿波罗另类资产基金”,其中生产杂志用纸的公司还在2008年成功进行IPO上市融资。但随着市场恶化,企业经营不善,公司的债券和股票都跌出投资水平。

资料来源：陈刚．2009－09－11．杠杆收购基金拖累阿波罗管理公司[N]．中国证券报．

【想一想】结合本案例，分析杠杆收购的缺点以及其给公司带来的风险有哪些。

第三节　企业并购融资决策

并购融资作为企业融资的一部分，为保证企业合理的资本结构，必须遵循一般融资的原则。由于并购融资区别于一般企业融资，又会对并购企业的财务状况及权益价值产生一些特殊的影响。因此，对于并购企业来说，在融资决策的过程中除了应当根据具体情况选择适合企业情况及并购项目的融资方式以外，还应当分析不同融资方式及融资结构安排对企业财务状况的影响。

一、并购融资方式的选择

（一）各种融资方式的成本分析

在进行融资成本分析时，并购融资所涉及的个别资金成本计算方法与一般经营条件下或投资项目下的方法没有太大区别。两者的主要不同之处就在于并购融资项目所涉及的融资方式远远多于一般融资项目，因此更侧重于对加权平均资本成本率的分析。

企业的全部资本由股东权益和债务资本两部分组成，股东权益与企业债务的比例称为企业的资本结构。在具体的操作中，并购企业的融资部门通常是在确定一个合理的资本结构的基础上对每笔所要筹集的资金进行核算。资本成本是企业为了取得并使用资金而付出的代价，包括支付给股东的股利和支付给债权人的利息等。对资金成本的计算使用较多的是相对数，即资本成本率，它表明使用不同的融资方式筹集相同数量的资金所需付出的代价，其计算公式为：

$$资本成本率=\frac{资本占用费}{融资总额\times(1-融资费率)}$$

很显然，不同融资方式，其成本的形成、核算和支付方式各不相同。分析资本成本既要分析不同融资方式的个别成本，又要分析一定资本结构中不同融资方式的综合成本。因此，可以说资本结构影响资本总成本的构成和水平。而获取不同来源的资金所需付出成本的高低，也将影响融资方式的选择，从而影响资本结构。一般采用以下方式来计算各种不同融资方式的资本成本率：

1. 企业以税后利润投资时的机会成本：

机会成本总额＝利润额×资本成本率

资本成本率＝当时企业的平均资金利润率

2. 企业从金融机构借入资金的利息成本：

利息总额＝借入资金总额×资本成本率

资本成本率＝借款利率

3. 企业债券融资的利息成本：

利息总额＝债券融资总额×资本成本率

$$资本成本率(不计税)=\frac{债券利率}{1-发行费率}\times 100\%$$

$$资本成本率(计税)=\frac{债券利率\times(1-所得税税率)}{1-发行费率}\times 100\%$$

4. 企业股票融资的股息成本:

(1)优先股股息总额 = 优先股股本总额 × 资本成本率

$$资本成本率=\frac{年股息率}{1-融资费率}\times 100\%$$

(2)普通股股利总额 = 普通股股本总额 × 资本成本率

$$资本成本率=\frac{每股预期年度股利}{股票现期市价\times(1-融资费率)}\times 100\% + 预期股利年平均增长率$$

由上可知,企业以不同融资方式获取的资金,其资本成本是各不相同的。由于种种原因,企业不可能只从某一渠道以某种单一的融资方式获取全部资金。企业通常是从多个渠道以多样化的融资方式来获取资金的。为了估计整个企业的资本成本,就必须对资本成本进行加权平均计算。具体的方法是以各种融资方式取得的资金占融资总额的比例为权数,乘以其相关的资本成本率,然后相加,得出加权平均资本成本率。其公式表述如下:

$$WACC=\sum_{i=1}^{n} W_i R_i$$

其中:W_i——第 i 种资金占资金总额的比例,即权数;

R_i——第 i 种资金的资本成本率。

(二)融资方式选择程序

在讨论了资金成本问题之后,就是融资方式选择的问题。融资方式的选择与决定企业的资本结构密切相关。我们在综合考虑了融资成本、企业风险以及资本结构的基础之上,应该以先内后外、先简后繁、先快后慢为融资原则。

在选择融资方式的时候,并购企业首先应考虑的是企业内部积累,因为这种方式具有融资阻力小,保密性好,风险小,不必支付发行费用以及为企业保留更多的融资能力等诸多优点。但是,通常企业的内部资金积累都很有限,并购所需资金量往往又很大,这种情况下,就必须同时选择合适的外部融资方式,银行等金融机构的贷款应该是首选。贷款融资具有速度快,弹性大,成本低及保密性好等优点,因而是信用等级高的企业进行外部融资的一个极好的途径。

企业最后考虑的是利用证券市场,发行有价证券获取融资。这主要是由于其保密性差,速度慢且成本高。虽然这一方法有诸多缺点,但在企业并购活动中,仍是一个有效的融资渠道,所筹集的资金数量也是非常可观的。在通过证券市场融资这一方式中,企业一般倾向于首先发行债券,其次是发行股票。由于股票的发行成本高于债券的发行成本,而且有时甚至会给企业在股市上带来不良影响,因而在选择顺序上次于债券。而债券融资能使企业在自有资本有限的情况下,利用债务资本的杠杆作用去进行并购活动,以便取得更高的收益。但过高的债务比例也会使企业风险增大。

除了融资方式的选择以外,在外部融资的几种方式中还有一个共同的综合选择程序,包括以下一些内容:

1. 种类选择

证券种类的选择必须结合企业的资本结构。融资企业应当在债务融资带来的财务杠杆利益与财务风险之间寻求一种合理的均衡，这种均衡就是企业的最优资本结构。通过各种数量分析方法，以资金成本率为基础，可以建立起无限接近最优的良好资本结构。

2. 期限选择

并购企业应当根据自身筹措资金的目的来选择证券的期限（就发行股票而言，则不存在这个问题），并作出初步的决定。

3. 股利式利息选择

即要根据实际情况进行股利式利息选择。对于股票股利，需要选择其种类及支付方式；对于债券利息，需要选择付息形式、频率和计息水平等。企业一方面要使发行的证券对投资者具有吸引力，另一方面又要降低证券的发行成本。也就是说，要在证券的吸引力和本身的财务负担之间寻找一种合理的均衡。

4. 发售技术的选择

发售技术的选择主要是关于发售价格、发售对象以及发售方式等的选择。这些问题除了需要根据企业具体情况进行决策以外，还与相关金融、证券机构等的协助方式有关。

二、并购融资方式对企业财务状况的影响

（一）债务融资方式对企业财务状况的影响

并购中使用债务融资、股票融资或是两者的结合，都将对合并后的企业财务状况产生影响。当然，并购的动因、并购价款的支付方式以及企业支付价款的能力也会影响并购后的业绩，而且这些因素的影响还可能会被所使用的融资方式放大。

在完全使用债务融资进行的并购交易中，由于任何新的债务都是由并购企业与新收购的企业共同承担的，因此，对于财务状况影响的分析总是针对特定的交易而言的。下面将通过对一个具体例证的分析来研究这个问题。如果 A 公司计划以 5 000 万美元并购目标公司 B 公司，A 公司的息税前利润为 2 000 万美元，B 公司的息税前利润为 500 万美元。如果不考虑其他因素，合并后公司有 2 500 万美元的息税前利润的保证。A 公司在良好的财务基础上，完全可以通过贷款方式获取并购所需的 5 000 万美元的融资。相关报表见表 6－2 与表 6－3。

表 6－2　A 公司收购 B 公司利润表数据　单位：万美元

	A 公司	B 公司	调整[①]	合并公司
息税前利润	2 000	500	—	2 500
利息	0	0	400[②]	400
税前利润	2 000	500	－400	2 100
所得税（25%）	500	125	－100	525
净利润	1 500	375	－300	1 575
已获利息倍数	—	—	—	6.3

注:①未考虑并购调整与协同效应;

② 5 000 万美元借款,年利率为 8%。

表 6 – 3　**A 公司收购 B 公司资产负债表数据**　单位:万美元

	A 公司	B 公司	调整	合并公司
流动资产	4 000	1 000	—	5 000
固定资产	6 000	1 500	—	7 500
商誉	2 000	500	3 000①	3 000
总资产	10 000	2 500	3 000	15 500
流动负债	2 000	500	—	2 500
长期负债	—	—	5 000②	5 000
股东权益	8 000	2 000	–2 000③	8 000
负债与股东权益	10 000	2 500	3 000	15 500

注:①商誉科目调整,反映收购价值 5 000 万美元与 B 公司权益账面价值 2 000 万美元的差额;

②新增的为并购融资的 5 000 万美元债务;

③冲销 B 公司权益账面价值。

根据上述报表我们可以分析合并前后的有关财务指标:

表 6 – 4　**A 公司收购 B 公司有关财务指标分析**

	A 公司	B 公司	合并公司
流动比率	2	2	2
资产负债率	20%	20%	48.39%
已获利息倍数	—	—	6.3
权益报酬率	18.75%	18.75%	19.69%

从表 6 – 3、表 6 – 4 的财务指标的分析可以看出,A 公司在并购中凭借双方公司既有的良好财务条件,通过债务融资方式,发挥了财务杠杆的积极作用,使合并后企业获得了更大的资产基础,资产总额增加了 55%,权益报酬率由合并前的 18.75% 上升到 19.69%,对股票价格产生了积极的影响。并购企业对于债务融资的兴趣很大程度上来源于其所带来的杠杆效应,随着债务比率的提高,融资企业的权益报酬率随之升高,精明的融资企业可以把这种杠杆利益发挥到极致。

当然,我们从这个例子中还可以看到,合并后企业的负债率有了很大的提高。可以预见,以负债提供融资的交易很可能会导致并购企业的资产负债率过高,使权益资本风险增大,其结果就是会对股票价格产生负面影响,这又与并购企业希望通过债务融资避免股权价值稀释的初衷相违背。因此,在利用债务融资方式时,并购融资企业应当特别重视在杠杆利益发挥与负债比率升高两者之间寻求一个平衡点。

如果完全使用股票进行交易,主要会涉及两个因素。第一个因素是由于股权数额的增加,交易可能会引起股东每股盈余被稀释;第二个因素是使用股票交易可能使投资者认为这是并购企业的股票价格高于其价值的信号(否则的话,并购企业宁愿选择使用债务融资)。这两个因素可以解释为什么使用股票融资的交易不如使用债务融资的交易对企业的财务状况及股票价值更为有利。

在以债务融资与股票融资相结合的方式来支付价款的交易中,对于合并后的财务状况既有积极的一面,又有消极的一面,这主要依赖于前面两种融资付款方式中提到的有关因素的影响。

(二)涉及权益融资的交易中的股权价值稀释问题

在涉及权益融资的交易中由于股权数额的增加,可能会导致股权价值被稀释。影响这种情况发生与否的因素主要在于支付给目标企业股票的数量与这部分股票能为合并后的企业增加的盈利的价值的比较。举例说明这个问题,见表6-5所示的内容。

表6-5 合并后股权价值的变化 单位:美元

	收购公司C公司	目标企业D公司	合并公司
总盈利	60 000	50 000	110 000
普通股数量	10 000	10 000	15 000
每股盈余	6	5	7.33
市盈率(倍)	20	10	
每股市价	120	50	

对于收购公司C公司来说,每股市价为120美元;而对于目标企业D公司来说,每股市价为50美元。如果C公司能够接受D公司股票20%的溢价,即按每股60美元购买,也就是说以目标企业12倍的市盈率进行并购交易。将收购公司市盈率与目标企业市盈率进行比较,决定了股权价值稀释的问题是否会发生。由于收购公司C公司的市盈率为20倍,而目标企业D公司的市盈率为12倍,C公司需发行5 000股普通股获取对D公司的控制权。C公司原有股票新的每股盈余变为7.33美元(不考虑合并带来的协同效应的影响),代表了22.2%的盈利增长。D公司股东持有的合并前公司的每1股实际仅相当于合并公司的1/2股。因此,对于D公司来说,新的每股盈余也只是7.33美元的1/2,即3.67美元,相当于D公司原先每股盈余5美元降低了26.7%。

尽管存在着使目标企业的股票盈利能力受损的因素,对于并购企业来说,仍然可以获得以权益融资进行交易的保障。因为一般而言,目标企业在被收购后通常都会有一定的盈利或潜在的盈利增长。这种盈利能力的削弱在初期发生后,也会随着盈利状况的改善而逐步消除。另外也可以通过收购企业市盈率的作用,避免这种情况的发生。如上例中,通过C公司市盈率的作用,使合并公司的每股市价达到7.33美元的20倍,即146.6美元。相比C公司原先的市价有22.2%的增加。D公司股票的市价为146.6美元的一半,即73.3美元。对于D公司的股东来说,有46.6%的升值。只要合并公司的市盈率不低于13.63倍(50/3.67),D公司的股东就不会受到市价跌落的损失。而对于C公司的股东来说,只有在合并后市盈率高于16.37倍(120/7.33)时才不会受到市价跌落的损失。

上面说明了目标企业会发生盈利能力削弱的情况,对于并购企业来说,同样会发生这种情况。如果目标企业的交易市盈率高于并购企业交易前的市盈率,并购者就会遭受到初期盈利能力的稀释以及市价的下跌。这种情况就如同企业在做一项大规模的新产品项目一样,投资初期会发生现金的流出,但经过一段时期后可能就会有现金流入。因此,并购投资项目也必然会引起最初盈利的减少,但最终可能会带来股价升高的回报。

权益融资中除了要关注对每股盈余与市盈率等指标的影响以外,并购企业还需要考虑的另外一个重要因素即企业控制权的分散程度的影响,必须设定一个可放弃控股比例的最高限度,以避免控制权旁落。

(三)或有支付方式对股权价值的影响

越来越多的换股交易中使用分期付款条件下的或有支付进行卖方融资,一个重要原因就是利用这一方式避免股权价值的稀释。我们可以通过举例来说明这个问题。

假设M公司欲合并N公司,合并之前第一年双方的基本情况如表6-6所示。

表6-6　　M公司与N公司基本情况表　　单位:元

	目前盈利额	发行在外的股数	每股盈余	市盈率	每股市价	盈利成长率
M公司	500 000	200 000	2.5	12	30	10%
N公司	50 000	5 000	10	15	150	50%

如果M公司以直接支付方式进行合并,并愿以20%的溢价即每股180元的价格收购N公司的全部股份,则M公司需发行新股30 000股(180/30×5 000),这样合并后M公司的总股数将达到230 000股。假设M公司、N公司合并不产生协同效应,则合并当年的盈利总额为550 000元(500 000+50 000),每股盈余为2.39元(550 000/230 000),可见,M公司的每股盈余将因合并由2.5元降至2.39元。而N公司股东得到的报酬总值为900 000元(180×5 000)。这种支付方式使买方企业的每股盈余受到了稀释,这是买方企业管理当局不希望出现的情况,因为每股盈余通常被认为是衡量管理当局经营业绩的重要财务尺度之一。

如果M公司以或有支付的方式进行合并,经双方商议,M公司在合并当年向N公司支付的价款为N公司当年的盈利额乘上略低于M公司市盈率的资本化因子8,则当年M公司发行新股数为13 333股[(50 000×8)/30]。在未来三年内,M公司将以N公司较上一年度增加的盈利额为支付标准,资本化因子仍为8。如第二年N公司的盈利额为75 000元,较上年增长了25 000元,则M公司发行新股的总价值将为200 000元(25 000×8)。若N公司各年盈利按预计的50%的成长率增加,并假设N公司股东所要求的最低投资报酬率为15%,则N公司股东各年可得到的总报酬如表6-7所示。

表6－7　M公司各年支付情况表　单位:元

年度	N公司盈利额	超额盈利	资本化因子	增付股票总价值	现值
第一年	50 000	—	8	—	400 000
第二年	75 000	25 000	8	200 000	173 913
第三年	112 500	37 500	8	300 000	226 843
第四年	168 750	56 250	8	450 000	295 882
总计	406 250	118 750	—	950 000	1 096 638

N公司股东得到的总报酬现值将达到1 096 638元,高于直接付款方式下的总报酬900 000元。只要N公司能按预计的成长率实现各年的盈利,或有支付方式对目标企业来说就有利可图。而对于M公司而言,在合并当年公司的每股盈余为2.58元[550 000/(13 333＋200 000)],因而每股盈余非但没被稀释反而略有提高。如果M公司股票的市盈率保持为12,则M公司股票市价在第二年年末为30.96元(2.58×12),M公司将发行新股6 460股(200 000/30.96)给N公司的股东,年末每股盈余可达2.84元,较不合并情况下的每股盈余[2.5×(1＋10%)＝2.75(元)]高,M公司各年的每股盈余如表6－8所示。

表6－8　M公司各年的每股盈余　单位:元

年度	M公司盈利额	N公司盈利额	M公司、N公司盈利额合计	M公司需发行的新股数	发行在外的总股数	每股盈余(合并)	每股盈余(不合并)
第一年	500 000	50 000	550 000	13 333	213 333	2.58	2.5
第二年	550 000	75 000	625 000	6 460	219 793	2.78	2.75
第三年	605 000	112 500	717 500	8 802	228 595	3.14	3.03
第四年	665 500	168 750	834 250	11 943	240 538	3.47	3.33

因此,采用或有支付方式进行股权收购,可以使并购企业在每股盈余不被稀释的前提条件下顺利实现对高速成长型企业的并购战略。倘若市场发生了变化,目标企业未按预定目标成长,买方企业也可以通过这种方式规避融资的风险。

需要说明的是,在或有支付方式的使用中,资本化因子的确定是关键因素之一。它通常由并购双方根据具体情况事先协商而定。或付期的资本化因子可能是确定初始支付规模的资本化因子,也可能不是。显然,资本化因子越大,对卖方企业就越有利;而资本化因子越小,对买方企业就越有利。在换股交易中,买方企业为了防止其本身的每股盈余被稀释,往往会坚持采用较自身的市盈率值低的资本化因子。在资本化因子已经事先商定,并且每期的利润增长也可以确定的情况下,某期应该向卖方企业“增付”的股票数额取决于该期期末并购企业普通股的每股市价。市价提高,卖方股东收到的普通股股数减少;反之,则增多。但无论如何,就当期期末来看,卖方股东所收到的普通股股票的总价值是相等的,这些股票的未来价值也是随着并购企业每股市价的变化而变化的。

三、融资结构的规划

融资结构的规划,必须是在融资方式选择的基础上,将融资风险与成本综合考虑。下面的倒三角图形可以扼要地说明融资的结构安排。

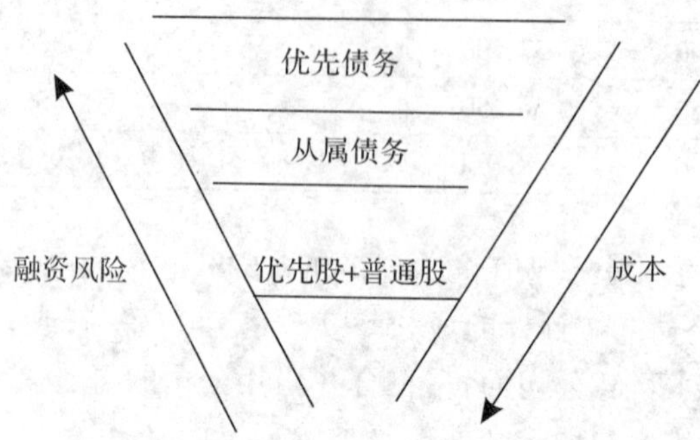

图6-1 并购融资结构安排示意图

该图中所列的是最基本的融资来源,而如果是在一些大型的并购项目中,就具有更为复杂的融资结构与更多层次的并购融资来源。例如,企业可以根据不同的情况安排不同条件、不同期限和不同抵押担保的多层次优先债务的比例。债券融资也是这样,可以设置可转换债券,或是调整各类保证契约的债券的不同结构比例,其目的都在于规划最适合特定项目的融资结构。

在倒三角形的收购融资安排中,最上层为优先债务,第二层为从属债务,最后一层为优先股和普通股。对于企业来说,融资成本由上到下越来越高,而风险由下到上越来越大。因此,不同融资方式所占的比重由上到下逐渐减小。这样的结构安排,对于整个并购融资项目而言是比较稳健的,使得资金成本尽量减少,融资风险得到合理的控制。

债务融资的比例越大,财务杠杆的作用就越大,融资企业的融资风险也越大。而如果以较多的股票融资来减少融资的财务风险,融资成本就会升高,并且由于股权数额的增加,又可能会导致股权价值被稀释。由此可以看出,融资企业一方面要在降低杠杆比例带来的利益和每股盈余稀释的代价之间进行权衡,作出判断,另一方面要在财务杠杆作用的发挥与债务资本比重之间进行权衡。这一过程就是并购企业根据自身的评估结果和市场条件来规划合理的资本结构,以达到使整个并购融资成本与风险的最小化。

第四节 商业银行并购贷款风险管理指引

2008 年 12 月 6 日,中国银监会发布《商业银行并购贷款风险管理指引》,允许符合条件的商业银行开办并购贷款业务,这标志着冰封 12 年之久的并购贷款业务正式解冻。1996 年,中国人民银行制定的《贷款通则》规定借款人"不得用贷款从事股本权益性投资"。2008 年 12 月 3 日,金融"国九条"出炉,首次提出"创新融资方式,通过并购贷款、房地产信托投资基金、股权投资基金和规范发展民间融资等多种形式,拓宽企业融资渠道”。作为“国九条”的重要配套规范,《商业银行并购贷款风险管理指引》的及时出台正式放行了并购贷款这一新型并购融资方式。

《商业银行并购贷款风险管理指引》共四章三十九条,四章分别为总则、风险评估、风险管理、附则,对商业银行办理并购贷款业务的条件、流程、风险识别与管理等进行了全面规范。

一、资质要求

中国银监会在关于印发《商业银行并购贷款风险管理指引》的通知(银监发〔2008〕84号)中规定:

允许符合以下条件的商业银行法人机构开展并购贷款业务:

(一)有健全的风险管理和有效的内控机制;

(二)贷款损失专项准备充足率不低于100%;

(三)资本充足率不低于10%;

(四)一般准备余额不低于同期贷款余额的1%;

(五)有并购贷款尽职调查和风险评估的专业团队。

二、风险评估

《商业银行并购贷款风险管理指引》中第八条指出商业银行应在全面分析战略风险、法律与合规风险、整合风险、经营及财务风险等与并购有关的各项风险的基础上评估并购贷款的风险。

(一)战略风险

商业银行评估战略风险,应从并购双方行业前景、市场结构、经营战略、管理团队、企业文化和股东支持等方面进行,包括但不限于分析以下内容:

1. 并购双方的产业相关度和战略相关性,以及可能形成的协同效应;

2. 并购双方从战略、管理、技术和市场整合等方面取得额外回报的机会;

3. 并购后的预期战略成效及企业价值增长的动力来源;

4. 并购后新的管理团队实现新战略目标的可能性;

5. 并购的投机性及相应风险控制对策;

6. 协同效应未能实现时,并购方可能采取的风险控制措施或退出策略。

(二)法律与合规风险

商业银行评估法律与合规风险,包括但不限于分析以下内容:

1. 并购交易各方是否具备并购交易主体资格;

2. 并购交易是否按有关规定已经或即将获得批准,并履行必要的登记、公告等手续;

3. 法律法规对并购交易的资金来源是否有限制性规定;

4. 担保的法律结构是否合法有效并履行了必要的法定程序;

5. 借款人对还款现金流的控制是否合法合规;

6. 贷款人权利能否获得有效的法律保障;

7. 与并购、并购融资法律结构有关的其他方面的合规性。

（三）整合风险

商业银行评估整合风险，包括但不限于分析并购双方是否有能力通过以下方面的整合实现协同效应：

1. 发展战略整合；

2. 组织整合；

3. 资产整合；

4. 业务整合；

5. 人力资源及文化整合。

（四）经营及财务风险

商业银行评估经营及财务风险，包括但不限于分析以下内容：

1. 并购后企业经营的主要风险，如行业发展和市场份额是否能保持稳定或呈增长趋势，公司治理是否有效，管理团队是否稳定并且具有足够能力，技术是否成熟并能提高企业竞争力，财务管理是否有效等；

2. 并购双方的未来现金流及其稳定程度；

3. 并购股权（或资产）定价高于目标企业股权（或资产）合理估值的风险；

4. 并购双方的分红策略及其对并购贷款还款来源造成的影响；

5. 并购中使用的固定收益类工具及其对并购贷款还款来源造成的影响；

6. 汇率和利率等因素变动对并购贷款还款来源造成的影响。

三、风险管理

（一）风险管理指标的细化和量化

1. 商业银行全部并购贷款余额占同期本行核心资本净额的比例不应超过50%；

2. 商业银行对同一借款人的并购贷款余额占同期本行核心资本净额的比例不应超过5%；

3. 并购的资金来源中并购贷款所占比例不应高于50%；

4. 并购贷款期限一般不超过五年。

（二）并购贷款申请资格审查

商业银行受理的并购贷款申请应符合以下基本条件：

1. 并购方依法合规经营，信用状况良好，没有信贷违约、逃废银行债务等不良记录；

2. 并购交易合法合规，涉及国家产业政策、行业准入、反垄断、国有资产转让等事项的，应按适用法律法规和政策要求，取得有关方面的批准和履行相关手续；

3. 并购方与目标企业之间具有较高的产业相关度或战略相关性，并购方通过并购能够获得目标企业的研发能力、关键技术与工艺、商标、特许权、供应或分销网络等战略性资源以提高其核心竞争能力。

（三）制定保护条款

商业银行应在借款合同中约定保护贷款人利益的关键条款，包括但不限于：

1. 对借款人或并购后企业的重要财务指标的约束性条款；

2. 对借款人特定情形下获得的额外现金流用于提前还款的强制性条款；

3. 对借款人或并购后企业的主要或专用账户的监控条款；

4. 确保贷款人对重大事项的知情权或认可权的借款人承诺条款。

（四）对并购主体的监控

在并购双方出现以下情形时需要采取风险控制措施：

1. 重要股东变化；
2. 重大投资项目变化；
3. 营运成本的异常变化；
4. 品牌、客户、市场渠道等的重大不利变化；
5. 产生新的重大债务或对外担保；
6. 重大资产出售；
7. 分红策略的重大变化；
8. 影响企业持续经营的其他重大事项。

第五节　并购支付

所谓并购支付方式是指并购公司为了得到对目标公司的控制权而采用的支付方式，即并购公司拿什么来换取对目标公司的控制权。在并购支付中，最经常使用的方式是现金支付和股份支付（以股权支付为主），不同的支付方式有不同的优点，目前也有许多交易将两者结合起来使用。

一、支付方式

（一）现金支付

现金支付是指并购方通过支付一定数量的现金来购买目标企业的资产或股权，从而实现并购交易的一种支付方式。现金支付适用于以下情况：

1. 早期并购市场上金融支付方式比较单一的情况；
2. 希望通过“买壳”来实现上市，并购业绩较差、主业相关度不大的公司；
3. 并购对象为股权比较松散、第一大股东持有的股份比例相对较小的目标公司。

现金支付方式是目前我国企业并购的主要支付方式。对于一个相对规模不大的企业来说，选择现金支付方式的压力是相当大的。

（二）股份支付

股份支付是指并购方通过换股或增发新股的方式取得目标企业的控制权进而收购目标企业的一种支付方式。股份支付方式的特点如下：

1. 并购方不需要支付大量的现金；
2. 并购完成后目标企业的股东会成为并购方的股东；
3. 对上市公司而言，股权支付方式可以使目标企业实现借壳上市；
4. 增发新股改变了并购方原有的股权结构，从而稀释了原有股东的权益。

在国际上，股份支付方式占了很大比重，特别是大型的并购基本上是通过换股实现的。尽管目前我国股份支付在企业并购中还不是很普遍，但这将是一种趋势。

（三）资产置换支付

资产置换是上市公司用一定的资产并购等值优质资产的产权交易，它是一种特殊的并购支付方式。如果这种方式运作成功，既可以获得优质资产，又可以将企业原有的不良资产和盈利水平低的资产置换出去，从而实现企业资产的双向优化。

（四）无偿划拨支付

无偿划拨一般是指国家通过行政手段将一家国有企业的控股权直接划给另一个国有资产管理主体，而接受方无须向出让方支付现金、证券及票据等任何补偿。国有资产管理部门在进行国有企业产权转让时大多采取行政命令方式，不需要辅以任何支付行为。

（五）混合证券支付

混合证券支付是指并购企业的出资不仅有现金、股票，还有认股权证、可转换债券和公司债券等多种混合形式。我国直接融资的证券市场起步较晚，融资渠道较少，而间接融资市场受政府行为约束较大，这些都导致了我国企业在选择并购支付方式时极少采用混合证券支付方式。

二、支付方式的选择

（一）被并购方

1. 收益

如果选择现金支付方式，一旦公司被收购，目标公司的股东就可以立即得到并购公司支付的现金，因而收益是固定的和即时的。如果选择股票支付方式，则不仅不能立即得到收益，而且未来的收益也变为不确定的，直接取决于市场状况、利率及通货膨胀率、新公司的经营业绩等一系列因素。因此，可以将即时收益与预期收益采用一定的方法进行优劣比较。如果是以股票换股票的支付方式，则需比较从新股票中得到的预期收益和从原股票中得到的预期收益。

2. 税收

在许多国家里，若并购公司向目标公司支付现金，目标公司的股东在收到现金后要立即向政府缴纳所得税；而若采用股票支付方式，目标公司的股东不必立即缴纳所得税，只有目标公司的股东按规定要求出售股票时，才缴纳较低税率的所得税。因此，若并购公司支付的现金数额不是大到足以弥补目标公司股东税收上的损失，目标公司可以考虑接受并购公司的股票支付方式。

3. 公司控制权

对目标公司的高级管理人员而言，他们一方面持有目标公司的股票，另一方面管理着目标公司的生产经营，并获得相当高的薪水。如果选择现金支付方式，一旦公司被收购，就失去了对原公司的包括控制权在内的所有权益，从而丧失他们未来在目标公司的既得利益。反之，如果选择股票支付方式，情况则不同。在并购后，目标公司的股东不会因此失去他们的所有权益，只是这种权益由目标公司转移到了并购后的新公司里。当然，如果想兼得现金支付和股票支付的优点，则可考虑综合支付方式。

4. 被并购方股东和管理层的意图

被并购方股东同样会考虑采取什么支付方式对自己有利。如果并购方支付的并购交易价格高于被并购方的实际价值，则被并购方股东会以转手的方式变现，以免分担并购方由于“支付过多”而可能导致的风险。在这种情况下,如果采取股权支付方式使被并购方成为并购方的股东,则被并购方股东必然分担并购方由于“支付过多”而可能带来的不利后果。如果并购方支付的并购交易价格低于被并购方的实际价值,而且被并购方股东充分相信通过并购后双方的重组与整合可以取得更多的未来收益,则被并购方股东更愿意接受股权支付方式,以换取并购方的部分股权,分享并购后企业未来增加的收益。

被并购方管理层则更加关注自身在并购后企业中的地位和发展机会。因为在股权支付方式下,被并购方股东可以以其在并购后企业中持有的股权为条件与并购方交涉,要求以适当的人事安排增强其在并购后企业中的发言权和知情权。但若以现金支付方式进行并购,那么被并购方管理层的个人地位和发展机会则完全取决于其个人能力以及并购方对并购后企业的未来发展计划和安排。

(二)并购方

1. 并购方的并购战略意图

(1)以买壳上市为目的,主要是为了获得目标企业能够直接从证券市场上融资的资格。并购方最好选择资产置换方式,以植入自身优质业务。

(2)以财务性重组为目的,这是基于目标企业管理不善或治理结构存在缺陷,导致其市值远远低于经营能力所创造的价值。并购方的目的在于获得控制权,重新构造企业治理结构。此类并购一般选择现金支付方式。

(3)以战略性重组为目的,即以并购双方利益相关者尤其是管理层的通力合作为前提,谋求业务的整合价值最大化。这种并购宜采用股权支付方式,可以减少并购时的支付压力,同时与目标企业共同承担风险。

2. 并购方的资本结构和财务战略

无论是现金支付还是股票支付,都直接影响着公司的财务状况和财务战略的实施。大多数的研究发现,并购活动会导致杠杆率增加。因此,在选择并购支付方式时,必须考虑到公司的财务战略,当并购方的财务杠杆率已经较高时,股票支付方式更受人青睐。另外,支付方式还要受公司现实财务状况的影响,包括资产近期与长期的流动性和货币的流动性。因此,有无足够的即时付现能力是并购方首先要考虑的因素,并购后的现金回收率及回收年限如何,也是要加以考虑的。而在跨国并购中,还要考虑货币的流动性问题。

在拥有充足的自有资金和稳定的现金流且股票被市场低估的情况下,并购方会选择现金支付方式。因为并购方的股票被低估时采取股权支付方式需要增发股票,这可能会摊薄每股收益,对股东和企业业绩会产生较大的负面影响。反之,当并购方财务状况不佳,目前或可预见的将来企业资产的流动性较差,而且股票市值被高估时,并购方会选择股权支付方式,但必须考虑和判断证券市场的走向和行情,以正确选择发行的证券交易所、发行价格、发行时间和发行方式等。否则,将难以达到股票支付方式预定的目标。采取股权支付方式还可以使并购双方共同承担并购后的风险。

3. 支付金额和融资额度大小

并购支付方式的选择与支付金额和融资额度的大小直接相关。究其原因,主要有:一是如果并购方是规模较小的公司,一般难以达到公开发行股票的条件,若采用发行不能公开上市流通的股票的方式,目标公司的股东一般不会接受,所以只有采用现金支付方式。

二是如果并购涉及的金额不是很大,采用股票支付方式是不合算的,因为发行股票,需要通过证券交易所等有关部门的审批和批准,是一项耗时费力的工作,所以一般采用现金支付方式。三是如果并购方是大规模的公司,且并购涉及的金额大,则一般采用股票或综合证券支付方式。首先,若采用现金支付方式,公司的现金压力太大,可能会影响到并购后公司整合和运营的资金需求和运用;其次,公司的规模大,较容易获得发行股票的许可;再次,由于发行股票的一些费用是固定的,当并购涉及的金额大时,发行股票就可能是合算的了。

4. 融资成本(资本成本)

我们知道,支付方式与融资方式是密不可分的。所以在可以选择多种支付方式时,从收益成本的角度,比较资本成本就是必然的了。发行股票有发行成本,从银行贷款有贷款成本。这里要注意,即使是用公司的自有资金来支付,也存在资本成本,至少应考虑它的机会成本。

5. 并购方股东和管理层的要求

并购方股东关心的是保持控制权和增加每股收益。现金支付方式虽然不影响并购方主要股东的持股比例,控股股东可继续保持其控股地位,但以自有资金支付可能会影响企业以后的发展和并购后企业的有效重组,若以举债方式进行现金支付又会使企业和股东面临还本付息的财务压力和风险。股权支付方式则改变了企业的股权结构,因为并购后企业的业绩若没有相应幅度的增长,那么就会摊薄每股收益,而股权支付方式可以使并购方免于承受巨大的融资和即时支付现金的压力,有利于并购后企业的有效整合和快速发展。如果并购方的股权分散,主要股东持股比例偏低而又要保持并购后的相对控股地位,那么并购方的主要股东就不会选择股权支付方式。

支付方式对并购方管理层的影响在于如何既能保持其在经营管理方面的控制权和对资源的分配权,又尽可能减少股东对其权力的监督和制约。若以股权支付方式并购,尤其是在管理层持有本企业股份的情况下,增发新股会稀释他们对企业的所有权,可能导致更多的外部投资者监督并干预其经营活动。因此,并购方管理层持有本企业的股权比例越高,他们越愿意选择现金支付方式。但用现金支付需要筹措大量资金,这时管理层又不得不在对外融资问题上进行权衡。

6. 税收安排对支付方式选择的影响

对于并购方而言,以借款或发行债券的方式筹集资金来支付并购价款,其利息的成本可以在税前列支,而股权资本的成本只能在税后列支。

尽管采用股权支付方式可以延迟纳税,但这通常是有条件的:(1)并购必须是出于商业目的,而不仅仅是税务目的;(2)并购完成后,被并购方必须以某种可辨认的形式持续经营,即不能出售自己的主要资产;(3)在被并购方股东收到的补偿中,至少有50%是并购方发行的有表决权的股份。

7. 支付对价的价值变动风险

无论对并购方股东还是目标公司股东来说,采用现金支付方式都可以防范支付对价的价值变动风险。现金的价值在短期内是固定的,双方不必评估其价值,一般也不必防范现金价值的变动风险;而股票价值变动相对较大,双方股东都要对并购后股票价格的走向作出预测，而这一般难度较大。

8. 资本市场的发育程度

一个国家资本市场、并购市场的发育程度以及直接融资、间接融资所占比重的大小对并购支付方式的影响较大。资本市场的发育程度直接影响到并购的融资方式、支付手段和规模；而并购市场的发育程度则直接影响企业是采取现金支付方式还是采取股权支付方式。美国的资本市场发达，因而其采取股权支付方式进行并购的案例较多。我国资本市场起步较晚，证券市场尚不成熟，而间接融资市场又受到政府严格的监管约束，以致企业进行股权融资的成本较高，因而限制了并购规模和支付方式的选择。

9. 法律制度因素的限制

在设计和选择并购支付方式时，首先要考虑的一个因素就是法律制度的限制。例如，对于证券市场上的要约收购，当其持有的股份每增加或者减少一规定比例时，都应该依法进行报告和公告，或者应依法向该上市公司所有的股东发出收购要约。此外还需按规定的要求确定收购要约的价格，且以现金支付。

第六节　案例分析——联想收购 IBM PC 的并购融资与支付

2004 年 12 月 8 日，联想收购 IBM PC 部，收购的最终协议于 2004 年 12 月 8 日公布，于 2005 年 1 月 27 日获联想股东大会批准通过，2005 年 5 月 1 日，新联想诞生。

2005 年 5 月 1 日，联想集团有限公司与 IBM 公司宣布，联想完成了对 IBM 全球个人电脑业务的收购，这标志着全球第三大个人电脑企业从此诞生。其管理团队由来自双方的高级管理人员组成。杨元庆先生被任命为联想董事会主席，接替联想创始人柳传志先生，任命即时生效。柳传志先生被任命为联想董事会非执行董事。前 IBM 高级副总裁兼 IBM 个人系统事业部总经理史蒂芬·沃德（Stephen Ward）先生被任命为联想首席执行官及董事会董事，任命即时生效。另外，IBM 已提名小罗伯特·莫法特（Robert W. Moffat Jr.）先生及周伟焜（Henry Chow）先生进入联想董事会作没有投票权的观察员，任命即时生效。在私人股权交易完成后，将有三位来自相关私人股权投资公司的代表加入董事会。联想还宣布朱立南先生被任命为非执行董事，代替辞任董事职务的曾茂朝先生。

一、并购基本情况

联想并购 IBM PC 部，其所收购的资产包括 IBM 所有笔记本、台式电脑业务及相关业务，包括客户及分销、经销和直销渠道，"Thinkpad"品牌及相关专利，IBM 深圳合资公司（不包括其 X 系列生产线），以及位于大和（日本）和罗利（美国）的研发中心。其实际交易价格为 17.5 亿美元，其中含 6.5 亿美元现金、6 亿股股票以及 5 亿元的债务。在股份收购上，联想会以每股 2.675 港元的价格向 IBM 发行 8.21 亿股新股及 9.216 亿股无投票权的股份。本次收购完成后，联想将成为全球第三大个人电脑厂商，年收入约 120 亿元，成为世界五百强企业。并购后，IBM 高管沃德出任联想 CEO，杨元庆改任董事长，柳传志退居幕后。联想集团将在纽约设立公司总部，在北京和罗利设立主要运营中心。交易后，联想将以中国为主要生产基地。联想将拥有约 19 500 名员工（约 9 500 名来自 IBM 公司,约10 000名来自联想公司)。交易前后联想股权结构变化如图6-2、图6-3所示。

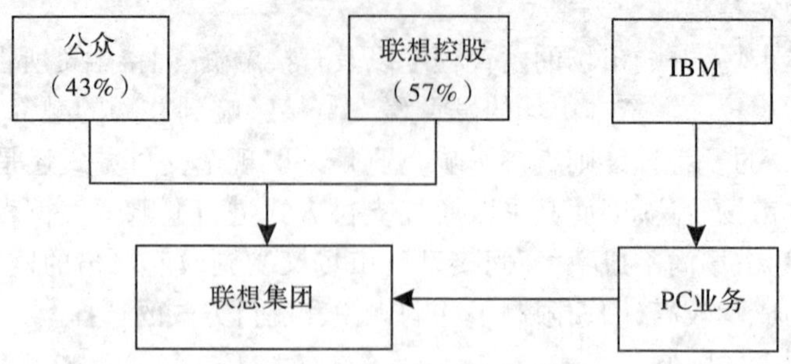

图6-2 联想交易前股权结构

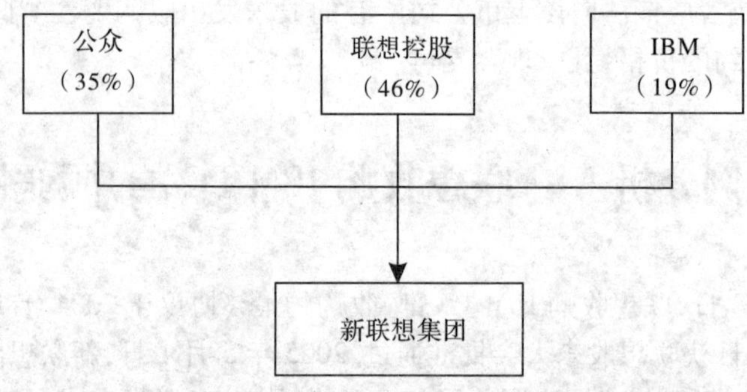

图6-3 联想交易后股权结构

二、并购双方的市场反应

并购后双方的股市表现如下:

联想方面:北京时间12月9日,联想在宣布收购IBM全球PC业务后在联交所复牌首日交易,报收于2.575港元,跌0.1港元,跌幅为3.738%。

IBM方面:联想宣布以12.5亿美元(现金加股票)全盘收购IBM PC业务,美国东部时间12月8日16:00(北京时间12月9日5:00),IBM股票在纽交所报收于96.65美元,较开盘价上涨0.55美元,涨幅为0.57%,成交量为5 310 700股。

这次联想的收购行为,是中国IT行业在海外最大的一笔投资。以双方2003年的销售业绩合并计算,并购意味着联想的个人电脑年出货量将达1 190万台,销售额达120亿美元,从而使联想在目前个人电脑业务规模的基础上扩大4倍,成为世界第三大个人电脑厂商,占有全球个人电脑市场8%左右的市场份额。

股市的表现表明:一方面,联想收购比自身规模大许多的IBM PC业务之后,能否有效完成对新公司的整合,受到了投资者的质疑;另一方面,IBM出售PC业务之后,盈利能力的提升被投资者看好。

三、并购融资

2005年3月25日,联想已经安排了6亿美元的协作贷款,以便为收购IBM个人电脑业务融资。这一笔五年期贷款的利率比伦敦同业银行拆借利率高出82.5个基点,法国巴黎银行(BNP Paribas Bank)、荷兰银行(ABN AMRO Bank)、标准渣打银行、中国工商银行是这笔贷款的主要借款人,还有16家其他银行提供了贷款,贷款共计3.45亿美元。

2005年3月31日,联想宣布与全球三大私人股权投资公司——得克萨斯太平洋集团(Texas Pacific Group)、美国泛大西洋投资集团及美国新桥投资集团(Newbridge Capital LLC)达成协议,三大私人股权投资公司向联想提供3.5亿美元(约合人民币28.9亿元)的战略投资,以供联想收购IBM全球PC业务。根据投资协议,联想将向得克萨斯太平洋集团、美国泛大西洋投资集团、美国新桥投资集团发行共2 730 000股非上市A类累积可换股优先股,每股发行价为1 000港元,以及可用来认购237 417 474股联想股份的非上市认股权证。该交易总金额达3.5亿美元,其中,得克萨斯太平洋集团投资2亿美元,美国泛大西洋投资集团投资1亿美元,美国新桥投资集团投资5千万美元。这些优先股将获得每年4.5%的固定累积优先现金股息(每季度支付),并且在交易完成后的第七年起,联想或优先股持有人可随时赎回。这些优先股共可转换成1 001 834 862股联想普通股,转换价格为每股2.725港元,较截至2005年3月24日(包括该日)连续30个交易日联想普通股平均收市价2.335港元溢价约16.7%。每份认股权证可按行使价格每股2.725港元认购一股联想普通股。认股权证有效期为5年。上述优先股和认股权证的发行需要获得联想股东大会的批准。

在这些优先股全面转换以及假设收购IBM PC业务完成向IBM发行相关股份之后,得克萨斯太平洋集团、美国泛大西洋投资集团和美国新桥投资集团将一共获得联想并购后总发行股份的约10.2%。假设所有认股权证全面行使,上述投资者将一共拥有约12.4%的股权。在这项投资完成后,假设优先股全面转换,IBM将拥有联想13.4%股权(IBM将在收购交割及这项投资完成后获得约8亿美元现金,及以去年12月交易宣布当天前一个交易日的股票收市价获得联想价值4.5亿美元的普通股)。IBM全球PC业务重大收购继续顺利推进,预期第二季度完成交易。IBM在联想拥有的表决权没有任何改变。IBM全球融资服务部(IGF)将成为联想的租赁、融资服务的首选供应商,在全球IT服务方面排名第一并拥有强大企业客户渠道的IBM全球服务部(IGS)将成为联想保修、维修服务的首选供应商。

四、并购支付

联想收购IBM的PC业务最终交易价格是17.5亿美元,具体支付方式包括6.5亿美元现金、6亿美元的联想股票和5亿美元的债务。在股份收购上,联想以每股2.675港元的价格向IBM发行8.21亿股新股和9.216亿股无投票权的股份。

本章小结

并购融资的基本融资方式有内部融资和外部融资,常见的外部融资方式主要有债务融资、权益融资和混合性融资。债务融资的比例越大,财务杠杆的作用就越大,对于融资企业来说就意味着较高的融资风险。而如果以较多的股票融资来减少融资的财务风险,融资成本就会升高,并且由于股权数额的增加,又可能会导致股权价值被稀释。由此可以看出,融资企业一方面要在降低杠杆比例带来的利益和每股盈余稀释的代价之间进行权衡,作出判断,另一方面要在财务杠杆作用的发挥与债务资本比重之间进行权衡。这一过程就是并购企业根据自身的评估结果和市场条件来规划合理的资本结构,以达到使整个并购融资成本与风险的最小化。

并购有着多种多样的支付方式,支付方式要视并购方和目标企业的实际情况而定。

关键术语

自由资金　优先股　过渡贷款　卖方融资　专项基金　普通股　垃圾债券　加权平均资本成本率　债务融资　可转换证券　杠杆收购　融资结构　权益融资　认股权证　现金支付　股权支付

思考题

※ 内部融资与外部融资各有哪些优劣势?

※ 特殊融资工具都有哪些?各有什么特点?

※ 并购融资决策选择中需考虑哪些主要方面?

※ 并购支付决策中需要考虑哪些方面?

课后作业

1. 并购融资不同于一般的企业融资,它具有什么特点?

2. 简要论述并购的融资与支付方式,在选择不同方式时应考虑哪些因素?请结合案例说明。

3. 并购融资与支付方式的内在联系是什么?

第七章　并购后整合

学习目标

◇ 掌握并购后整合的含义、目标、应遵循的基本原则与面临的主要风险；

◇ 掌握不同的并购后整合模式及其分析与选择方法，掌握不同类型的并购后整合管理范围及整合程度，熟悉并购后整合能力管理策略；

◇ 掌握并购后整合的主要内容和运行程序，能够熟练运用学习到的并购后整合模式、策略及内容框架分析并购后整合案例。

引言：并购成功的关键在于整合

社会经济发展到今天，许多跨国企业、商业巨头为了占有更多的市场，获取更高的利润，试图通过吞并其他的企业，进行强强联合来增强自己的实力，获取更多的利润。然而，众多企业并购案例和实践告诉我们，尽管并购可以使企业规模在短时间内迅速膨胀，但这并不意味着企业的工作效率和竞争力也一定能提高。从某种程度上讲，有相当一部分企业并购反映的是账面上财富的转移，并没有产生新的财富。科尔尼（Kearney）公司1998～1999年对全球115个并购交易的调查表明，58%的并购交易未能达到最高管理层预定的价值目标。在超过半数的案例中，两个合作伙伴没能将新企业带到一个更高的水平，而是以支持者失望、合作者不努力工作和价值被破坏而告终。在对并购价值被破坏案例的原因调查中，被调查者认为并购的不同阶段对并购失败的风险影响程度是不同的，并购后整合阶段的失败风险最大，如图7－1所示。①

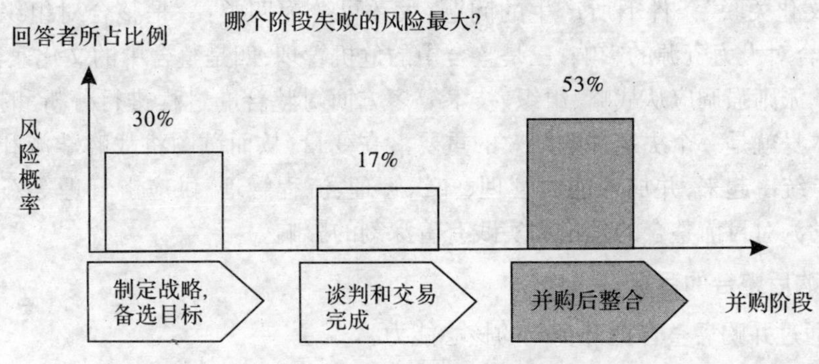

图7－1　并购不同阶段的风险

① ［德］马克思M哈贝，佛里茨·克劳格，麦克R塔姆．2003．并购整合：并购企业成功整合的七个策略［M］．张一平，译，北京：机械工业出版社：4．

第一节　并购后整合概述

目标企业与收购方成功整合之前,收购价值的形成仍然是潜在的。并购交易的完成并不等于成功的并购,并购能否成功取决于目标企业创造价值的能力,更取决于并购后整合。并购后整合是并购双方完成并购谈判,达成并购交易之后面临的首要且具体的任务,是决定并购成败的重要环节。并购后的整合效率直接决定了并购预期协同效应与现实协同效应之间的差异,是并购后企业实体良性运转,实现战略愿景的必要条件。

一、并购后整合的含义

企业并购后整合(Post - merger Integration,PMI)是指当并购企业获得目标企业的资产所有权、股权或经营控制权之后进行的资产、人力资源、管理体系、组织结构、文化等企业资源要素的整体系统性安排,从而使并购后的企业按照一定的并购目标、方针和战略组织运营。更简单地说,整合是指调整公司的组成使其融为一体的过程。[①] 企业并购不是两个企业简单地合在一起,也不是简单地将一个企业的经营要素注入另一个企业。并购后的整合需要将原来不同的运作体系(管理、生产、营销、服务、企业文化和形象)有机地结合成一个运作体系,是并购交易结束后并购方面临的最艰难,也是最关键的阶段。并购后整合的成功意味着并购战略的有效实施,并购后整合不力将导致整个并购前功尽弃。

按照理论出发点的不同,并购后整合的研究基本可分为三个学派:战略学派、组织行为学派和过程学派。

战略学派主要研究三个问题:一是并购与企业发展战略的关系及战略在整合中的实现;二是某一特定并购与现有业务的关联程度及其对价值创造的影响;三是对潜在的目标企业与并购企业“战略匹配”的评价。

组织行为学派主要研究整合对企业组织结构和个体行为的影响,以及在缺乏“组织关联”或“文化关联”条件下所产生的问题,大致可分为四类:一是整合对组织结构的影响;二是整合对人力资源的影响;三是整合中的危机管理;四是整合中的文化兼容性。

过程学派则强调应从战略、组织、技术等多方面对整合的过程进行分析和控制,认为并购过程本身就是一个决定并购绩效的重要潜在变量,从而试图将战略学派和组织行为学派的观点统一起来,并加入能力管理、知识管理、流程管理、供应链管理等新的技术手段。这一学派对目前整合的理论和实践有着深刻的影响。

二、并购后整合的目标

(一)通过并购后整合提升企业的核心能力

核心能力是企业的综合优势和能力,是企业在长期的市场竞争中形成的一种独有的智慧和韬略,更是企业获取持续竞争优势的基础,它需要企业经历长期的内部资源、知识、

---

① [美]亚历山德拉·里德·拉杰科斯. 2001. 并购的艺术:整合[M]. 丁慧平,孙夫锦,译. 中国财政经济出版社.

技术等的积累和整合过程。从企业能力的形成规律来看,一般有两个基本的形成途径:一是内部开发;二是外部获取。并购后整合之所以如此关键,其本质在于并购后整合过程中的能力管理是并购价值创造的源泉。对此,我们可以从竞争优势概念入手进行分析。

依据迈克尔·波特的观点,竞争优势表现为企业的成本领先或产品差异化,这两种竞争优势都将给企业带来经济租金,进而增加企业的价值。[①] 在完全的资本市场上,市场对企业价值或股东财富的评价就是通过企业的未来盈利能力(预期现金流量的净现值)来衡量的。因此,从最终的财务结果来看,并购的价值创造就是增加并购后新企业的净现值。竞争优势来自何处呢?对这一问题的回答将是探寻企业并购价值创造源泉的关键。

对于竞争优势的来源目前主要有两种观点:一种是以波特为代表的竞争战略理论,另一种是20世纪90年代兴起的企业能力理论。波特认为,产业结构是决定企业盈利能力的关键因素,企业可以通过选择和执行一定的竞争战略(总成本领先、差异化或集中化)影响产业结构,改善和加强企业的相对市场地位,获取市场竞争优势。但是,对于为什么一些企业能够成功地选择和执行自己的竞争战略而另一些企业却以失败而告终,波特的理论没有提供令人满意的解释。企业能力理论则把企业视做一个能力体系,并且认为,与企业外部环境相比,内部条件是影响市场竞争优势的更为重要的因素,核心能力是市场竞争优势的源泉。因此,有效的战略应以能力为基础,通过对核心能力的投资来获得和保持市场竞争优势。经验研究已经证明,企业间的能力差异与产业间的结构差异相比,前者更能解释企业间的绩效差异。例如,鲁米特(Rumelt)发现,企业间的异质性可以解释其业绩差异的46%,是产业结构因素可解释度的6倍。[②] 其他的研究也表明,产业结构只能解释企业间业绩差异的5%～15%。显然,产业结构对企业绩效的影响虽然存在,但它并不是决定性的影响因素,而且产业结构的影响最终也取决于企业能力,特别是核心能力。

如果综合波特的竞争战略理论和企业能力理论,我们不难发现,两种理论对解释企业并购的价值创造来源都是有用的,而且是互补的。具体体现在:企业能力(包括战略能力,即战略的选择和执行能力)决定着企业对竞争战略的选择和实施,竞争战略的选择和实施则决定了企业对产业或市场结构所能施加的影响,从而最终决定了企业所能获得的竞争优势和经济租金。这就是说,企业能力是竞争优势和企业盈利的源泉,而竞争战略是企业将其能力转化为现实的市场竞争优势的一个必不可少的中间环节与手段。

由于企业能力是竞争优势和经济租金的根本来源,并购的价值创造就其本质而言,可以看作企业能力的增强和能力运用效率的提高。因此,在并购后整合过程中,只有通过有效的企业能力管理,即保护好现有的有价值的企业能力,实现优势企业能力在并购双方组织间的充分转移或扩散,并在此基础上增强现有的企业能力和积累新的企业能力,并购才会创造价值。

（二）通过并购后整合实现并购后企业的效应协同

企业并购的目标是追求协同效应,即1+1>2。也就是说,通过并购后整合使收购方与目标企业充分协调运转,以获得协同效应。因此,企业整合的目标就是通过整合实现双

---

① Porter M E. 1987. Competitive Advantage: Creating and Sustaining Superior Performance[M]. New York: Free Press.

② Rumelt R P. 1982. Diversification Strategy and Profitability[J]. Strategic Management Jounal (3): 359－369.

方企业资源上的互补或者功能上的协同与匹配，最大限度地产生协同效应，以实现企业的并购战略目标。企业并购后的效应协同来自企业运营的各个方面，大体上可以划分为以下五个方面，即市场力量效应协同、经营效应协同、管理效应协同、财务效应协同、营销效应协同。

市场力量效应协同，指通过扩大交易规模或提高市场集中度，实现买方垄断或卖方垄断，从而从供应商处获得更低的买价或从顾客处获得更高的卖价，借此提高企业在整个市场上的议价能力。通过供应链整合，使并购双方的上下游企业纳入统一的供应链，减少之前两家企业在采购和销售方面的相互竞争，同时实现企业内部的整合，增强企业市场力量及竞争力，实现并购企业协同效应最大化。

经营效应协同，指并购行为给企业的生产经营活动在效率方面带来的变化以及效率提升所产生的经济效益。并购对企业最明显的作用，就是并购可以带来规模经济效应。规模经济效应是指由于经济规模的扩大，出现规模经济、范围经济以及双方互补性效应，企业实施并购后收益大幅增加或成本显著减少。通过联合经营，扩大规模、范围，获得经验，通过纵向合并，降低生产和营销成本，将行业中处于不同发展阶段的企业联合在一起，可能会获得不同水平间的更有效的经营协同。

管理效应协同，指当两个管理能力不在同一水平上的企业发生并购之后，合并后管理能力处于劣势的企业将受到管理能力处于优势的企业的影响，从而提高并购后企业的管理能力，所以并购后企业的管理能力将会大于两个企业单独的管理能力的总和。其本质是一种合理配置管理资源的效应，通过传递、分享、影响和相互交流不同企业不同阶段的管理方法，在互补性管理技术和才能应用中获益。

财务效应协同，指通过财务整合、内部审计控制以及税收减免等方面的改善，减少并购后企业的财务成本，达到降低风险，减少资本成本的目的。成功的企业战略并购的财务协同效应主要体现为通过减少交易成本、提高企业经济效率与效益、改变财务会计中核算方法、调整主营业务结构和非经常性收入以及"逃脱"企业税务负担等方法，使并购后企业在财务方面形成优势。并购也将提高租赁合同管理、现金管理及营运资金管理的有效性。对上市公司来说，并购会给企业的股票价格带来积极影响，给投资者正面的预期，最终增加企业市值，使股东权益最大化。

营销效应协同，指企业并购后，对其营销战略和营销文化的整合，主要表现在跨行业并购中。并购成败往往取决于营销战略整合的成败。

【案例7-1】

武钢并购鄂钢形成研发协同

武汉钢铁（集团）公司（以下简称武钢）并购鄂城钢铁集团有限责任公司（以下简称鄂钢）成立武钢集团鄂钢分院，业务由武钢的研究院进行技术管理，集团派专家人员支持分院的产品开发，分院自行提出科研计划规划，报送集团的科技创新部，由集团统一制订集团的产品科研计划。一方面，使得鄂钢的产品体系纳入集团产品规划之中，另一方面，由于分院与集团关系紧密，成为武钢和鄂钢的沟通桥梁。

三、并购后整合应遵循的基本原则

并购后整合是一个系统工程，涉及企业的各个流程环节。把握整合基本原则，有效推进整合过程，至关重要。

（一）依法、依规原则

企业并购引起的直接结果是目标企业法人地位的消失或控制权的改变，因而需要对目标企业的各种要素进行重新安排，以体现并购方的并购意图、经营思想和战略目标。但这一切不能仅从理想愿望出发，因为企业行为要受到法律法规的约束，企业并购后整合的操作也要受到法律法规的约束。在整合过程中，在涉及所有权、经营权、抵押权、质押权和其他物权、专利、商标、著作权、发明权、发现权和其他科技成果等知识产权以及购销、租赁、承包、借贷、运输、委托、雇佣、技术和保险等合同的设立、变更和终止时，都要依法行事。这样才能受到法律的保护，从而避免各种来自地方、部门和他人的法律风险。

（二）系统性原则

并购后整合本身就是一项系统工程，涉及企业各个要素的整合，缺少任何一个方面，都可能导致整个并购的失败。纳多扎（Nardozza）提出，并购后整合战略要获得成功，关键要帮助企业实现领导团队、公司战略、公司结构、人员、产品、流程和技术等七个方面的快速整合。[①] 并购后整合的系统性、复杂性决定了其实施步骤必须根据双方企业的实际情况和并购后整合目标系统地计划、实施和控制，分析整合结构、过程、系统和文化，然后，将所有这些部分统一按照战略意图进行安排。在进行有效安排时，领导者的安排是关键。不少公司投入了大量的资源并付出了艰辛的努力，但低估了领导者对并购成败的影响。更有甚者，忽略并购后文化的一体化，没有及时引导和塑造新的文化，而是简单认为不同文化的存在有利于组织的稳定，而且也没有下功夫触及整个组织敏感的话题，结果为以后的战略和管理埋下了定时炸弹。

（三）实效性原则

整合要以收到实际效果为基本准则，即在资产、财务和人员等要素整合的过程中要坚持效益最大化目标，不论采取什么方式和手段，都应该保证能获得资源优化配置、提高企业竞争能力的实际效果，而这些实际效果可以表现为整合后企业经济效益的提高、企业内部员工的稳定、企业形象的完善和各类要素的充分利用等。这里应避免整合过程中可能出现的华而不实、急功近利的现象。

（四）可操作性原则

并购后整合所涉及的程序和步骤应当是在现实条件下可操作的，操作所需要的条件或设施在一定条件下可以创造或以其他方式获得，不存在不可逾越的法律和事实障碍。整合的方式、内容和结果应该充分让公司员工、股东等利益相关者知晓，理解。

四、并购后整合面临的主要风险

并购后整合的必要性在于避免并购本身所必然带来的各种风险。收购方如果想实现期望的并购效应，避免并购陷阱，进行并购后整合就是必需的。尽管并购后整合的研究涉

---

① Nardozza Francis J. 1997. After the Merger: Now What? [J]. Loging Hospitality, 54(3): 33-35.

及企业的方方面面,但都围绕着同一个核心,那就是"规避风险,实现并购目标,提升企业的竞争能力"。

科尔尼公司分析了并购失败的原因,认为在并购的整个过程中充满了风险,风险一旦失去控制就会导致失败。许多企业实施并购的时候非常重视并购前的分析、财务设计以及与对方的讨价还价,因此这一阶段的风险就相对比较低,而并购后的整合就构成了并购整个过程的最大风险。并购后整合风险的来源在于整合的复杂性。并购后整合涉及企业活动的所有方面,而且管理者在整合期间所遇到的挑战(如表 7 - 1 所示)大多是平时碰不到的,这就使得整合成为一项复杂的任务,往往需要采取不同的方法来应对。

表 7 - 1 管理环节的挑战与环境因素的危机

管理环节的挑战	环境因素的危机
应对过于勉强的最后期限	士气低落
实现艰巨的财务目标	信任度降低
根据有限信息快速重组	生产效率下降
各种不同制度与机构的合并	广泛弥漫的不确定性
留住重要的员工	极度竞争
保持足够的交流	文化冲击
机构的搬迁与合并	谎言
	政治策略与职位安排
	热衷的新闻媒体

资料来源:Price Pritchett. 1997. After the Merger :The Authoritative Guide for Integration Success[M]. New York: McGraw - Hill Companies.

除了企业自身的管理问题外,整合的实际操作中还需要各方面专家的参与配合,比如投资银行专家、并购律师、注册会计师等,对这些人员的选择也增加了并购后整合的复杂性。

并购后整合的复杂性还表现为即使拥有周密的整合计划也并不意味着能够实现并购的成功,虽然没有制定整合计划失败的可能性更大。并购前的计划在通常情况下,既无法解决信息不完全问题,也很难预见并购后管理本身对结果的影响,因此一成不变地执行并购前所设定的计划是一种危险的整合思路。并购后整合往往是一个随机的过程,整合的重点是过程和组织,而不是战略计划。①

第二节 并购后整合模式与策略选择

尽管不同收购方收购目标企业的数量、企业性质、企业规模、企业能力各不相同,但是收购方如能采取行之有效的并购后整合模式和策略,将极大地降低并购后整合面临的风

① Jemison D, Sitkin S. 1986. Corporate Acquisitions: A Process Perspective[J]. Academy of Management Review, 11(1):145 - 163.

险,从而实现收购的预期效果。因此,并购后整合模式及策略的正确选择是并购后整合成功的重要前提条件之一。

一、并购后整合模式的分析与选择

菲利浦·哈斯普斯劳格(Philippe Haspeslagh)与大卫·杰米逊(David Jemision)在他们1991年合著出版的《收购管理》一书中提出,企业并购后整合方式主要有四种类型,即保护型整合、共存型整合、控制型整合和完全整合,如表7-2所示。[①] 并购后整合模式的选择取决于并购双方战略依赖性需求、组织独立性需求程度的不同。战略依赖性是指目标企业在产业方向、市场或技术能力方面优化或补充并购企业战略的程度;组织独立性是指目标企业与并购企业在文化、人员、管理上的关联和匹配程度。

表7-2　并购后整合策略的类型

	(低)战略依赖性需求(高)	
(高) 组织独立性需求 (低)	保护型整合	共存型整合
	控制型整合	完全整合

(一)完全整合模式

从表7-2中可以看到,实施完全整合的并购双方在战略上互相依赖,但是目标企业的组织独立性需求低。完全整合可以说是两家企业长期形成的营销、组织与文化的一次全部整合。在完全整合下,经营资源需要共享以消除重复活动,业务活动与管理技巧也需要重整和交流。这时整合的重点不在于是否需要整合,而在于何时、运用何种方式、以何种速度进行整合,但同时要允许目标企业全面开发和利用自己的能力。经营地域重叠或业务性质相同的零售商、商业银行等之间的横向并购,经常采用完全整合模式。

(二)共存型整合模式

实行共存型整合策略的并购双方的战略依赖性较强,同时双方组织独立性的需求也较高。也就是说,并购双方在并购完成后依然保持各自的法人地位,但在战略上互相依赖,两家企业之间实现保护和渗透同时并举。以共存为基础的并购更多是从战略的角度来考虑的,并购企业与目标企业没有分享经营资源,但存在许多管理技巧的转移。当并购双方企业间具有高度战略依赖关系,同时对保持组织间的相互独立具有很高的要求时,适宜采用这种模式。

(三)保护型整合模式

在保护型整合策略下,并购企业与目标企业之间的战略依赖性不强,但是目标企业的组织独立性需求较高,这决定了并购企业必须以公正和有限干预的方式来培养目标企业的能力,并允许目标企业全面开发和利用自己的潜在资源与优势。

(四)控制型整合模式

从表7-2中可见,采用控制型整合策略的并购双方的战略依赖性不强,同时,目标企

① Haspeslagh, Philippe C, Jemison D B. 1991. Managing Acquisition: CreatingValue Through Corporate Renewal, New York: Free Press.

业的组织独立性需求也很低。此时,并购企业实施并购的目的并不是寻求一种战略上的依赖与协同,而是控制目标企业的资产或营业部门。在这种情况下,并购完成后,并购企业更注重对目标企业和并购企业资产组合的管理,其采取的策略与措施就是最大限度地利用这些资产,充分发挥其能力与优势。

从实现并购目的角度看,可将上述四种整合模式分为战略性并购指导下的整合模式和财务性并购指导下的整合模式。完全整合模式、共存型整合模式、控制型整合模式三种整合模式属于前者,保护型整合模式属后者。完全整合和共存型整合是为实现并购战略目标而实施的整合,并购双方完全融合或在某一方面融合以实现协同效应,因此属于战略性并购指导下的整合;控制型整合是为获得资产而进行的整合,也是为战略服务的,因此也属于战略性并购指导下的整合。只有保护型整合是为挖掘出目标企业被低估的价值,其目的在于谋求再转让的收益,而不是要将两个企业的资源、技术融为一体,因此属于财务性并购指导下的整合。

企业并购后以何种方式实施整合,主要取决于两个重要的因素:一是并购双方企业制度、组织、机制和文化上的差异性;二是并购后企业的发展战略的特点和要求。实际上,一个企业的整合,往往不是单纯地选择以上的某一种模式,通常是对不同的内容采用不同的模式进行整合。

【想一想】 不同整合模式的特点是什么？如何进行选择？

二、并购后整合的不同类型及其管理范围、整合程度

依据并购双方的战略联系纽带和并购双方的企业规模,并购可分为财务型并购、营销型并购、生产型和产品型并购、战略型并购,不同类型的并购其整合管理的重点范围及整合程度分别如下:

(一)财务型并购

在财务型并购下,并购企业和目标企业的战略联系纽带是财务实力。如果目标企业规模较大,可视为相对独立的投资中心,赋予一定程度的决策自主权。在这种情况下,整合管理的重心是财务制度,计划与控制方式主要是用战略、长期计划和预算控制。一方面,目标企业既有较大的自主权,又能适应环境变化的需要;另一方面,并购企业能对目标企业实行有效的控制。

(二)营销型并购

在营销型并购下,并购企业与目标企业的战略联系纽带是相同或相近的营销活动。因此,并购后整合的重点领域就是营销活动,包括分销渠道、促销组织。计划控制范围从战略、长期计划、预算控制一直深入到营销计划与控制。

(三)生产型和产品型并购

在此种类型的并购下,并购企业与目标企业的战略联系纽带是相同或相近的生产过程。生产过程也是并购后整合的重点领域。这种并购整合的计划与控制方式,除了营销型并购包括的方式外,还应包括生产计划与生产成本控制。

(四)战略型并购

规模较大、经营多样化的目标企业,一般倾向于只在相关领域实现高度一体化,其他领域则可保持原有状态。规模较小、经营较集中的目标企业,一般倾向于较全面的高度一体化。

第三节　基于全过程的四阶段整合管理模型

在并购中,企业关注的重点更多地停留在并购产权交易过程,大多数企业整合的执行在很大程度上依赖于企业高层管理者的战略规划、业务对接,在整合过程中解决问题,普遍表现出整合中缺乏明确的制度规范。

并购后整合管理的组织和运作模式不同于企业日常经营型业务,具有一定的灵活性和专业性,如果处理不当会导致目标企业对整合产生极大的抵触情绪,甚至拒绝配合工作,这也突现了整合项目管理的重要性及持久性。与一般的项目相比,整合的最显著区别在于当整合工作达到目标时,整合管理组织将会解散,逐步过渡到日常管理中,这种特点类似于项目管理的特点,所以本书将项目管理的思想运用到整合管理中。

项目管理强调根据特定规范,在一定时期里,在预算范围内,进行全方位、全过程的计划、组织、控制、领导。整合强调在系统考虑利益相关者的策略和利益的基础上,在明确的时间区间内,对整合所涉及的各个部门、各个业务等进行价值再创造。在整合中采用专业化的项目管理方法,有助于对整合工作进行整体规划和管控,有助于各相关部门恪守整合时间安排,有效利用资源,有助于聚焦主要关注点,有助于整合风险管理。

一、整合团队组建

并购后整合管理应是全过程、专业化、高效率、有重点、各部门协调配合的过程。法合管理咨询公司的调查表明:65%的并购整合是由整合项目小组在一个强有力的负责人的领导下完成的,这一点是取得整合成功的极为关键的因素。整合项目管理组织设置三个层次的整合管理机构,即整合指导委员会、管理工作组以及各个任务小组(见图7-2)。其中,整合经理的选聘至关重要。

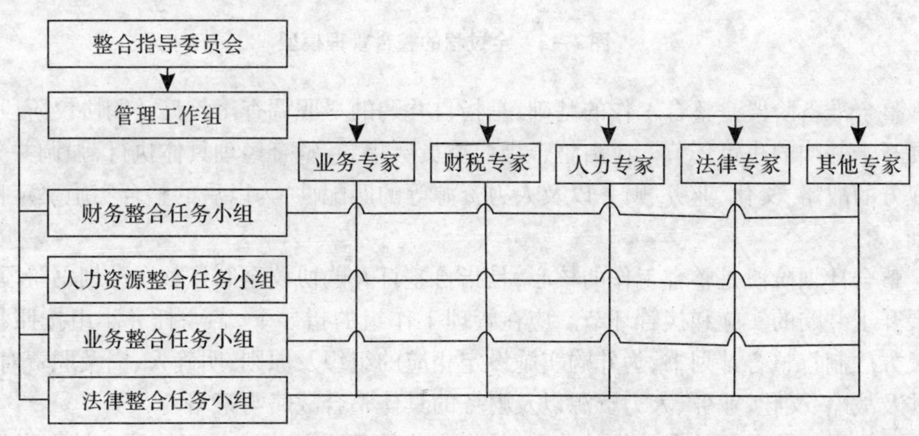

图7-2　整合管理机构的设置

整合指导委员会是整合项目的最高决策机构,通常由2至4人组成,他们是并购方高层管理人员、咨询机构的资深专家,决定整合行动的战略和方针,为整合指明方向,进行战略性指导。管理工作组承担整合过程的全部责任,由 3 至 5 人组成,他们是并购双方的不同业务部门及职能部门(战略、业务、财务、法律、人力资源等)的关键人员,负责制订整合计划,推动整合实施。选聘一名拥有足够管理知识和经验,能够把握整合方向、预测整合风险和解决整合冲突的人来主持工作,任命为整合经理。任务小组对管理工作组负责,每组由 3 至 5 人组成,既包括来源于组织内部的全职整合工作人员,又包括来源于组织外部的兼职人员,具体实施整合计划。整合管理组织人员需要熟悉并购意图及过程,具有较强的组织协调能力、业务能力和沟通能力。

二、四阶段整合管理模型的构建

通用电气金融(GE Capital)公司的实践表明,并购后整合应被看作开始于并购前期的准备工作,并贯穿于整个企业管理过程。虽然整合各阶段之间有明确的起止时间界限,但事实上并不能将整合的各个阶段以及并购的各个阶段割裂开来考虑,这些阶段之间应是相互联系、相互渗透的。基于此,本书提出将整合过程划分为整合准备、整合计划、整合实施和整合后评估四个阶段,并贯穿于并购活动的各个流程中,如图 7－3 所示。

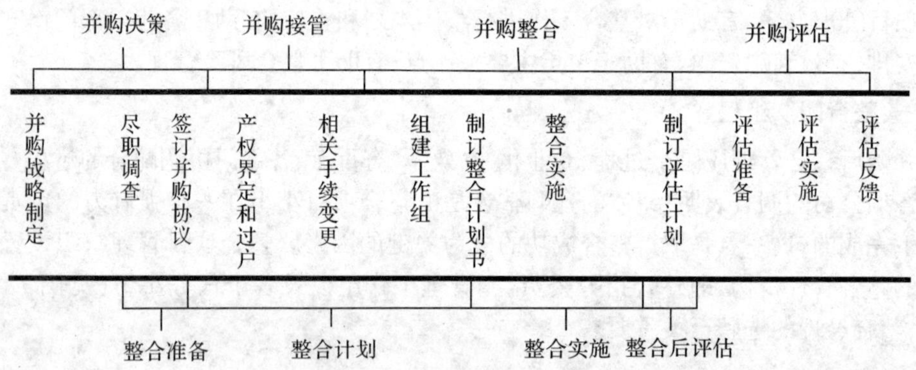

图 7－3　全过程的整合管理模型

整合准备阶段是整合工作的基础,是指自并购的尽职调查至签订并购协议阶段,其工作展开于并购的决策环节。应由整合指导委员会指导,整合经理具体执行,强调并分析并购双方的战略、文化、业务、财务以及人力资源等的匹配性,为以后的整合实施奠定良好的基础。

整合计划阶段是整合工作的核心,是指自签订并购协议至制订整合计划书阶段,其工作展开于并购的实施和接管环节。应在管理工作组的指导下,各个任务小组按照相关要求及方法制订整合计划书,为并购实施设定相应的组织及原则,明确人、岗及职责对应,制定涉及战略、文化、业务、人力资源以及财务的具体整合战略与策略。

整合实施阶段是整合工作的关键,是指完成接管后的实施过程。整合计划书做得再好,如果不能得到很好的实践,都将是徒劳的。应在整合指导委员会的指导下,在管理工作组的领导下,各任务小组根据具体整合计划书推进整合进程,包括相关利益者整合、财务及运营整合等,并不断修正和反馈。

整合后评估阶段是整合工作的保障，其工作展开于并购的评估环节。应由企业内部审计人员牵头组建评价小组，设定评估指标，按照评估程序，衡量整合活动的效果，并能够展开组织学习，关注企业并购经验的积累。

三、四阶段整合管理模型的应用

表 7-3　**并购后整合的四阶段管理模型的实施**

	准备阶段	计划阶段	实施阶段	整合后评估阶段
时点	尽职调查至签订并购协议	签订并购协议至正式接管	完成接管至整合阶段性完成	整合阶段性完成或全部完成
人员	整合指导委员会、整合经理、并购团队成员	整合指导委员会、管理工作组、任务小组	整合指导委员会、管理工作组、任务小组	企业内部审计部门
预期目标	制订初步整合计划书	制订正式整合计划书	实现协同效应、战略愿景	衡量整合绩效
主要工作	组建整合管理组织；健全整合工作运行章程；进行匹配性分析；制订初步整合计划书	与高层沟通；制订正式整合计划书	人力资源整合；财务整合；业务整合；法律整合	确定评估内容及评估主体；制定评估模型；实施评估程序；学习交流整合经验

表 7-3 是并购后整合的“四阶段”管理模型的实施框架，具体实施的关注点主要包括实施时点、实施人员、预期目标以及主要的工作内容，下面分别进行论述。

（一）整合准备阶段

在我国企业并购实践中，许多企业把关注的重点放在并购的谈判和交易上，而对于在更大程度上决定着并购成败及企业战略成败的并购后整合问题关注不够，整合战略选择不当，整合成本太高，从而导致企业并购失败。可见在一次成功的并购整合中，整合思想的尽早介入是必不可少的，对于两个根本无法通过整合提升核心竞争力和创造协同效应的企业间的合并，应尽早终止。整合准备阶段意味着整合工作的开始，是整合成功的基础。

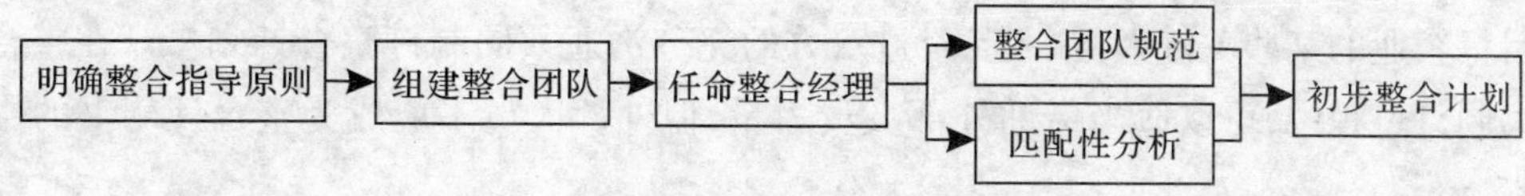

图 7-4　整合准备阶段工作流程

（1）起止时点。整合准备阶段应始于尽职调查，因为在此时点并购双方均已产生并购意向。自此开始筹备整合工作，任命整合经理，组建整合管理团队。充分利用企业内外部尽职调查全面评估目标企业现状，有利于并购企业清晰定位整合目标，评价目标企业可能带来的资源价值,以及并购方能够提供的资源及管理支持,初步识别整合风险。

(2)整合经理的选聘。整合是一项极为复杂的工作,麦肯锡的研究表明,整合不力的一个重要原因在于整合经理选择不当和未能及时参与整合过程。整合经理不仅是团队的领导者,还是团队的协调者,处于并购后整合体系的核心地位。本书认为整合经理应自尽职调查阶段全职参与,但不需要对交易发表意见。

(3)匹配性分析。利用尽职调查资料,明确匹配标准,从整合角度分析交易的可行性。并购行为基于提高核心竞争力,实现并购目标,所以应从战略、文化、业务、人力资源、财务等方面进行分析。

(4)初步整合计划书。尽职调查后,管理工作组应制订初步整合计划书。运用项目管理的思想,进行优先性分析,明确整合目标,确定关键路径,分析资源估计费用,进行风险性分析,有助于整合小组迅速理清思路,统筹安排,在此还应特别关注整合范围的界定。

(二)整合计划阶段

整合工作从手段上看是整合资源重新配置的运作,从目的上看是整合资源效用的最大化,这些必须通过整合计划书的规划进行落实。整合计划书为整合的顺利进行提供相应的整合战略及策略,具体包括战略整合计划、业务整合计划、文化整合计划、人力资源整合计划以及财务整合计划等。整合计划阶段要求健全相应的组织及原则,明确人、岗及职责对应,提高整合管理组织的沟通效率,确保整合工作的有序进行。

整合计划书的制订是整合计划阶段的重点。整合计划书在整合中起着举足轻重的作用,是整合工作运行的总纲,能有效提高整合实施效率。但由于它建立在实施前有限的真实信息的基础之上,也就意味着实施前的整合计划书通常不得不为了适应现实的变化而修改。在制订整合计划书的时候需要关注的要点有:

(1)制订原则。目标分解,有的放矢。计划的制订涉及多部门、多领域,整合计划书需要考虑各方面因素的相互交错、共同作用,但企业各职能部门的设置使得没有哪个部门能独立制订整合计划书,所以应将目标分解,着重重点环节,由各相关任务小组制订并修正。

(2)制订方式。整合计划书制订的方式一般有两种:一是并购方整合团队根据企业战略以及对目标公司的尽职调查结果,直接设计、制订整合计划书;二是并购方整合团队与目标企业的某些关键人员一起,经过双方的充分沟通共同制订整合计划书。在整合计划书制订过程中,可以适当借助外部人员力量,但外部人员不应成为整合计划书的主导因素。

(3)高层支持。并购当年对绩效起正面影响的是建立合作交往过渡班子、剥离劣质资产、地方政府支持等,起负面影响的是高层调整时间、改变经营方向。可见高层在整合中起到的作用至关重要,特别是在整合初期,为重要问题与风险的及时解决提供有力支持。

(4)全方位沟通,建立反馈机制。沟通是整合的桥梁,通过并购双方各层级之间理念和信息的沟通，不但可以达到减少误解和冲突的目的，而且对企业未来的整合提供指引和指明方向。如果在事前没有与主要利益相关者进行有效沟通，即使经过周密的计划合作关系也可能破裂。

（三）整合实施阶段

整合实施阶段是将整合计划付诸实现的阶段，在此阶段一般会涉及管理层及员工变更，财务、业务、组织文化各相关领域的整合，因此整合实施阶段是整合成功与否的关键。整合实施应遵循循序渐进、先易后难的原则。并购企业对于整合中的企业要及时给予帮助支持，对整合方案的实施情况要跟踪检查，对出现的问题要及时纠正指导，确保企业有良好的整合环境，确保整合中企业人员稳定，业务稳定，各项工作正常有序。

（1）各部门协调配合。整合涉及的相关部门之间不是独立地进行整合，而应是相互融合、相互支持、相互促进的。整合任何一方欠缺，都会导致公司整体价值下降。同时企业还应建立自上而下的决策传递渠道和自下而上的汇报反馈渠道。将目标分解，循序推进，需要各相关部门配合，实现协同效应。

（2）特别关注利益相关者的整合工作。在并购整合过程中，利益相关者的整合是整个整合中至关重要的一环。解决好人的问题，可以对其他方面的整合起到推动作用。对于企业员工方面，普里切特（Pritchett）等（2005）认为并购方越是了解目标企业员工的个人需要、他们的优缺点以及担心和恐惧，就越有利于整合沟通和企业日后经营管理[①]。对于管理结构、关键人物、报告关系、裁员和其他影响职业的决策，都应该尽早作出和执行，不确定性以及长期恐慌和焦虑正在不断弱化和耗尽收购创造的价值。

（3）经营与整合要两手抓，以抓好整合促经营，以抓好经营保整合。经营工作是企业发展的根本，在整合过程中企业会面临多方面的调整，从而处于变动状态，因此各相关部门的运作能力，并购双方部门之间的协作能力，对于整合期间的经营效果影响较大。

（四）整合后评估阶段

目前关于整合后评估的研究还处于起步阶段，企业中管理者对其的关注程度不高，评价体系尚不完善，对于结果的反馈和学习也极少关注。整合实施活动的结束并不意味着企业整合的结束，整合活动还应进行进一步评估工作。整合后评估是指在企业整合实施阶段完成后，对企业整合的整个过程——即整合准备、计划、实施等活动的过程、结果——进行综合性的评估，从而发现整合活动存在的缺点与不足而进行修正的过程。

整合后评估作为一种事后评价，可能对当时的整合活动的控制效果不大，但可以通过审计对各部门的计划制订、对接实施等活动及各项相关制度进行审查评价，发现企业的整合活动的缺陷和薄弱环节，有针对性地提出改进意见和建议，从而促进整合活动的进一步加强和完善。

---

① 普赖斯·普里切特，唐纳德·鲁滨逊，拉塞尔·克拉克森. 2005. 并购之后：成功整合的权威指南[M]. 2 版. 张凯，祝有溪，等，译. 北京：机械工业出版社.

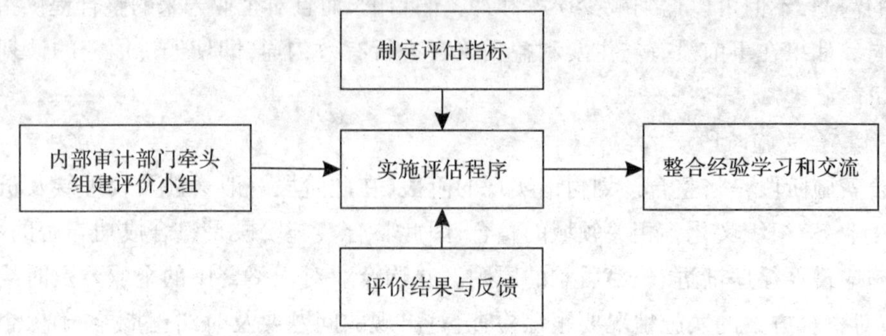

图7－5　整合后评估阶段工作流程

整合后评估阶段应由企业内部审计人员牵头组建评价小组，衡量整合活动是否达到目标，监控整合实施完成后公司的经营活动，确保并购价值的实现。重点的实施环节有：

(1)整合后评估指标的制定。并购后整合涉及方面宽泛，面对的风险也是多元的，所以对整合后评估应针对特定风险设定评价指标与方法，评价指标应由措施性指标和结果性指标构成。并购企业应针对本企业情况，建立相应并购后整合管理工作流程，规范企业整合管理工作，并做好相关制度的实施工作。

(2)整合经验的学习和交流机制。通过经验的学习和交流了解整合实施过程中发生的问题及可汲取的经验，为企业日后整合提供借鉴资料。整合实施过程中的反馈信息应当由并购双方共同记录，从而形成完整的反馈信息。我们需要依据评估结果对整合中的弱点和缺点进行修正，以及不断地完善。可以说整合后评估是两个整合过程的连接点与转折点，是企业不断进行整合体系改善的关键步骤。

第四节　并购后整合内容

遵循并购后整合的基本原则，确定适合的并购后整合模式以及选择正确的并购后整合策略仅仅为并购后整合的成功提供了基础条件，而并购后整合内容实施的有效性是并购后整合成功的根本所在。从国内外学者对并购后整合内容的研究来看，并购后整合内容基本可以归为战略整合、管理活动整合、组织机构整合、企业文化整合、营运管理整合五个方面。

一、战略整合

对企业来说，并购本身是一种谋求长远发展的战略行为，但并购后的企业既不是原企业的克隆，也不是原企业的简单放大或叠加。完成并购事实上意味着一个新企业的诞生，一个新企业的诞生当然意味着要有新的战略。但通过并购形成的新企业与一个新企业的设立不同，并购后形成的新企业的战略是根据并购各方战略的整合来确定的。并购完成后，并购者自身被迫进入了实际上是并购之后才开始的战略和组织变革的过程。①

战略整合包括战略决策组织的一体化及各子系统战略目标、手段、步骤的一体化。②它是指并购企业在综合分析目标企业情况后，将目标企业纳入其发展战略内，使目标企业的总资产服从并购企业的总体战略目标及相关安排与调整，从而取得一种战略上的协同效应。

事实证明，收购一家在经营策略上不能互相配合的公司，即使价钱再便宜，也会后患无穷，而如果并购双方能够互相补充，目标企业的发展能够有机地与并购企业的经营战略相整合，则会产生并购的正面效应，给并购双方带来价值的增加。

【案例7-2】

中国建材整合战略——联合重组、管理整合

中国建材重组的企业所有制不同，有国有，有民营，有外资，还有混合所有制；规模也不同，大、中、小企业都有。为解决整合问题，中国建材提出了一套具有特色的整合系统。

(1)坚持"央企市营"的动力机制。建立适应市场经济要求的管理体制与经营机制。"央企市营"的三大核心是央企控股的多元化股份制、规范的法人治理结构和职业经理人制度，用市场化方式把央企的品牌、资金实力与民企的市场活力有机结合。

(2)通过文化整合构建核心价值观。一要创新；二要成效；三要和谐；四要担责。中国建材要求干部对自己负责，对企业负责，对环境负责，对社会负责，形成责任文化。

(3)"三五"模式管理整合。"三五"，即五化、五集中、五类关键经营指标(KPI)。中国建材管理整合的方式是对标管理和辅导员制度，即将KPI自上而下层层分解，定期对标，滚动调整，对对标不理想的企业派辅导员现场指导改进。

(4)推行"PCP(价本利)新经营模式"。中国建材将企业、行业与社会的利益统一在科学发展、可持续发展的高度上，重构合理的价格体系，使水泥这个资源和能源消耗较多的产业，尽可能拥有合理的价值。

二、管理活动整合

管理活动整合是指并购企业制定规范的、完整的管理制度和法规，替代原有的制度和法规，作为企业成员的行为准则和秩序的保障。一般情况下，并购企业均将优秀的管理制度移植到目标企业，以实现与目标企业在管理上的一体化与整合。其实，并购和自创企业的不同之处还在于并购企业可以取得一个现有且马上可以利用的管理制度，如果目标企业原有的管理活动良好，并购企业则可大胆拿来坐享其成。例如，台湾统一公司收购美国万哈姆(Wyndham)饼干公司的动机之一，就是希望引进该公司良好的配销制度。但是，

---

① 王长征.2001.企业并购整合——基于企业能力论的一个综合性理论分析框架[M].武汉：武汉大学出版社：145-146.

② 赵春明.2003.企业战略管理——理论与实践[M].北京：人民出版社.

如果目标企业内部管理混乱,难负所望,并购企业为了达到并购的目的,则会采取措施,将其本身良好的管理程序转移至目标企业,以实现并购的预期效应。

新管理制度的推行,往往会遭遇许多困难。例如,当并购企业意欲改变目标企业的经营与控制制度时,碰到的可能性最大的问题就是目标企业职员的抵触。他们可能会认为,这些制度与管理也许适用于并购企业,但是在目标企业则没有生存的土壤。因此,在管理活动整合时,并购企业应首先了解目标企业原有的制度,并根据并购双方间经营管理的差异,制定适合目标企业情况的整合管理措施。

此外,管理活动整合的程度也随并购企业并购目的的不同而应有所区别。如果并购后并购企业完全将目标企业纳入自己的机体,则应逐步将目标企业的规划与控制制度纳入并购企业,以进行统一经营管理。尤其是在并购的目的是利用目标企业的营销资源时,更应加强在目标企业营销决策与管理控制上的配合,进行较深层次的整合;而如果并购的目的是多元化经营,目标企业则可以保持相对独立。但是目标企业如果管理不善,并购企业也不能视而不见,必须适时引入管理新思想,进行管理活动的整合。

【案例7-3】

武钢收购鄂钢管理活动整合

武钢并购鄂钢后,制定“中西南”战略,进行企业的第三次创业。考虑到鄂钢重组前管理水平等各方面都存在不足,武钢采取的是战略型模式,从战略上对鄂钢进行指导,积极帮助鄂钢制定“十二五”战略规划,科学规划产品体系,也给予鄂钢在供产销营运方面的自主决定权。在战略型模式下,武钢在技术、管理、人力资源等方面对鄂钢进行支持,而武钢和鄂钢在市场运营上供销独立,具体表现为战略一致,只是产品的区域划分可能不同。以履职履责为重点,实施对管理基础的再造,完善和落实各项规章制度;以降低成本为目标,实施对企业管理模式的再造,构建了全面预算管理体系;以提高管理效率为目的,实施对企业组织构架的再造,优化企业组织结构,实现了“紧密型”管理;以市场为导向,坚持效益最大化原则,实施营销模式的再造,建立快速反应机制,增强适应市场变化的能力。

三、组织机构整合

并购完成后,并购企业会根据具体情况调整组织机构,意味着公司的控制跨度、层次、报告模式和职责的调整与变更,是一个系统性的重组。对于不同的并购类型而言,其组织机构整合的要求也是不一样的。从公司实践看,较为成熟的组织结构模式有职能式结构、事业部式结构、区域式结构、混合式结构以及矩阵式结构等五种模式,每一种模式都有其独特的环境、技术、规模、战略等方面的适应性,也都有优势与不足。①

不同组织结构模式的选择决定了并购企业有时把目标企业作为一个相对独立的整体

---

① 理查德L达夫特.2003.组织理论与设计[M].王凤彬,译.北京:清华大学出版社.

加以管理,有时把目标企业进行分解,并入本企业的相应子系统。在调整组织机构时,并购企业要注意目标统一、分工协作、精干高效,使权、责、利相结合,明确相应的报告与协作关系,建立高效率的、融洽的、有弹性的组织机构系统。

因此,企业在并购后选择组织结构模式时,应当根据并购战略与类型、双方的具体情况,及时借鉴和吸收国际企业界组织创新的成果。并购后组织模式的选择应当重视权变原则和效率原则。不顾双方的实际情况,照搬照抄国内外优秀企业经验的做法是行不通的。

【案例7-4】

中国天隆集团组织机构整合

天隆集团是国有独资的大型企业集团,主营业务有两个分支:第一主业是盐产品的采选、制造与批发,第二主业有塑料制品业、房地产业。蓝新集团是2000年由蓝新化工研究院整体转制的国有独资有限责任公司,主营业务分为化学原料及化工制品制造业、研究与试验发展及房地产业三块,是国家级农药研发中心和骨干生产企业。

在天隆集团组织构架中,对下属企业作如下调整:

①天隆集团主业定位于盐及盐卤化工、农药及精细化工两大块。对原集团中主业相同的公司进行合并;与主业关联度大的公司并入主业主体公司;对与公司主业无关或关系不大的分、子公司进行全面清理,建立关停或转型机制,积极寻求退出通道。

②天隆集团旗下两个盐矿公司通过定向增发进入上市公司蓝新股份公司(蓝新集团控股子公司),蓝新股份公司更名为湖南盐化股份有限公司,将制盐、农药与盐化工分别建设成为股份公司不同的事业部,上市公司组织结构按事业部制要求进行调整。

③整合科研资源,组建湖南盐化研究院(保留蓝新化工研究院牌子)。

④由于食盐专营的特殊性,为保证合格碘盐供应,原天隆集团直属的14个分调公司,仍由母公司直接管理,按原有模式运行。

四、企业文化整合

企业文化是企业与文化融合的结晶,通常被看作企业的灵魂,每个企业在其发展过程中都会形成自己独特的文化。良好的企业文化能使全体员工产生由衷的自豪感,同时,还能激发员工的积极性、创造性和主观能动性,使员工愿意和管理者并肩作战。企业文化的整合可以从五个环节进行,即形象融合、思想融合、价值观融合、行为融合以及制度融合。思想融合,是整个融合之中最根本的方面。形象融合,是企业对外形象的统一展示,主要包括企业视觉系统方面的内容。制度融合,只有企业的制度融合了,才会使重组企业政令统一,步调一致,成为真正意义上的"一个企业"。价值观融合,形式上是文化的融合,实质上是文化的再造。行为融合,主要表现在心往一处想,劲往一处使,"一条心、一股劲、一盘棋"。

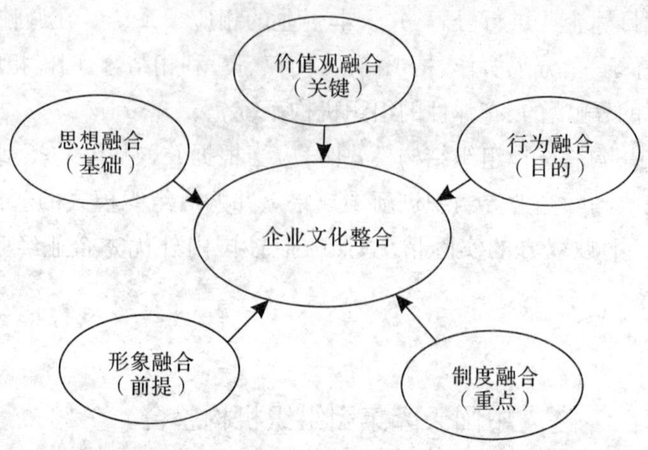

图7－6 企业文化整合的五个环节

企业文化是指企业在长期生产经营的实践中逐步形成的具有本企业特色的共有价值体系，包括企业成员共同认可的价值观、行为准则、仪式等。企业文化具有个性化、一贯性和隐含的控制性等特征。当企业并购活动发生时，两个企业间广泛而深入的资源、结构重组，必然引起文化的碰撞。如果两个企业间的企业文化不能相容，则会使企业成员丧失文化的确定感，继而产生行为的模糊性并且降低对企业的信赖，最终影响并购企业预期价值增值目标的实现。

【案例7－5】

人本集团并购杭州轴承厂文化整合实施

人本集团是温州市的一家股份制民营企业。杭州轴承厂曾是国家轴承行业重点骨干企业，其企业性质为国有企业。1999年，杭州市人民政府正式批准温州人本集团有限公司以整体购并方式兼并杭州轴承厂。

人本集团在并购实施过程中依靠良好的沟通和安抚措施赢得了杭州轴承厂多数员工的认可，但民营企业的文化理念与国有企业员工惯有的思维和行为模式存在着巨大的差距。按照建厂先建人的原则，人本集团抓紧时间组织杭州轴承厂的职工赶赴浙江千岛湖和雁荡山军训，以期最快地输出企业文化，对杭州轴承厂职工中存在的落后传统观念、不良习惯做法进行彻底改造。但实际的结果却是欲速则不达，以等级制度的不同表现形式为例，民营企业虽然在人员的选拔机制上比较灵活，但往往强调员工对企业领导人的绝对服从；而在杭州轴承厂这样的老国企里，员工已经习惯了厂长、经理起早贪黑、身先士卒的行为模式。在并购完成之后，一向以企业“主人翁”自居的国企职工变成了民营企业的“打工仔”，“低人一等”的失落感在杭州轴承厂的职工内心滋生，双方开始逐渐产生矛盾。2000年，积怨已深的杭州轴承厂职工和派驻杭州轴承厂的人本集团高管发生了激烈冲突，人本集团派驻的高管一度被驱逐出杭州轴承厂。如今，人本集团和杭州轴承厂双方在各自调整了心态和策略之后，终于初步完成了并购后的整合，但也付出了巨大的时间和精力等方面的成本，这是并购双方在最初没有充分估计到的。

资料来源:奚玉芹,金永红.2007.企业并购中的文化融合与人力资源整合——温州人本集团并购杭州轴承厂案例分析[J].科技管理研究(4).

(一)并购双方企业文化差异与整合风险分析

并购中的企业文化有下述类型:"相容型"、"模糊型"、"摩擦型"和"冲突型",如图7-7所示。"相容型"用来描述并购企业与目标企业文化差异性小且兼容性大的情况。在该种情况下,企业文化的适应程度高,并购企业能极为有效地发挥文化协同作用。"模糊型"用来说明两个企业间文化差异性大而兼容性也大的情况。这种情况下,目标企业的成员会因为同时接纳两种完全相异的企业文化而一时丧失文化的确定感,因而存在着一定的并购风险。"摩擦型"用来刻画并购企业与目标企业之间文化差异性小而兼容性也小的情况。在该种情况下,两个企业的文化基本相容,但存在着局部冲突,并购风险较小。"冲突型"反映了两个企业间文化差异性大而兼容性小的情况。企业并购将会因为存在着激烈的文化冲突而出现灾难性的后果。后三种类型的并购活动均存在一定的文化风险。

文化兼容性 \ 文化差异性	(小)	(大)
(大)	相容型	模糊型
(小)	摩擦型	冲突型

图7-7　并购中企业文化风险评估矩阵

(二)企业文化整合风险的控制措施

并购企业可以分别在并购前的文化评估阶段和并购后的文化整合阶段采取适当的措施来控制风险。

1.在并购前,要详细评估双方企业文化的相容性。

企业在并购前须详尽分析本企业和目标企业文化的性质及强弱。该过程的主要障碍在于:一方面,在评估目标企业的企业文化时,由于信息不完备而无法对目标企业的文化形成正确的认识;另一方面,在评估本企业的企业文化时又可能受到"只缘身在此山中"的困扰。为克服上述障碍,可采取如下措施:其一,建立工作团队。团队成员包括企业内部的专业人员、管理人员以及企业外部咨询机构的人员。其二,尽量采用结构性、系统性的评估方法,以避免评估过程中的盲目性和主观性。其三,利用环境扫描(Environmental Scanning)技术,从目标企业公开发行的宣传刊物及其他渠道中了解目标企业的宗旨、历史,创业者的个性特征,员工的甄选标准等信息,从中探求目标企业企业文化的性质。企业文化的形成和维系有其客观规律,一般而言,企业文化形成于企业创业者的经营理念,同时又通过一系列的管理措施加以强化,如雇用与企业价值观一致的员工。

在认识并把握本企业与目标企业企业文化基本特征的前提下,并购企业可在上述的风险评估矩阵中确定相应的位置。如果位于"冲突型"区域内,并购企业应放弃该并购对象;而如果处于"摩擦型"和"模糊型"的区域内,并购风险的降低还有赖于文化整合阶段的工作方式。

2. 在评估的基础上,选择适当的文化整合方式。

根据南希·爱德勒的观点,企业内部解决文化的差异性有三种方式:其一是凌越(Dominance),即一种文化占据完全的支配地位,企业文化最终以一种文化压制并取代另一种文化而得到明确;其二是妥协(Compromise),这种解决方式用于文化相似的场合,双方求同存异,协调发展;其三是合成(Synergy),两种文化相互补充,相互交流,创造一种全新的文化。针对"摩擦型"和"模糊型"文化风险的不同特征,应选择不同的文化整合方式。"摩擦型"并购的文化风险来自于组织成员忽略相同点、夸大不同点后出现的矛盾。因此,适当的整合方式应是妥协方式,即基本保留目标企业原有文化的独立性和自主性,并购企业通过回避和忽略差异提高容忍度。而对"模糊型",则应采取凌越的整合方式,即以并购企业自身的文化取代目标企业的文化,从而消除文化的差异性和不确定性。如海尔集团所谓的"企业文化激活休克鱼"的做法。海尔集团在实施兼并过程中,往往将本企业的优良文化移植到目标企业中去,通过改造目标企业的不良文化达到盘活资产、实现低成本扩张的目的。

3. 协调与其他整合工作的关系。

企业并购后的整合工作主要包括业务整合、管理体制整合以及企业文化整合。其中企业文化整合工作是一个无形的、渐进的过程,其整合工作需要以有形的业务及管理体制的整合为载体。因此,在业务整合和管理体制整合的过程中,应有意识地通过高层管理者的言行、规章制度的贯彻实施、人力资源管理方案等来配合文化整合工作。

【想一想】 在跨国并购中,我国企业如何更好地进行并购双方的文化整合?

五、运营管理整合

(一)人力资源整合

人力资源整合是难度较大的问题,也是影响并购效率的重要因素。人才是企业最重要的资源之一,尤其是高层管理人员、技术人才和熟练工人。并购企业在人事问题上一定要谨慎做到并购双方在人事上的一体化,防止因人心浮动而降低生产经营效率。

在并购实践中,很多企业没有充分认识到:企业最有价值的资产是员工的生产力、创新能力和知识。巴奈特国际公司的首席信息官在一份全球管理咨询公司的刊物《CIO 企业杂志》中这样写道:"如果知识和经验用不上的话,那么从并购中获得的最根本的价值就会很快消失。一旦这些资产丢失了(通常是被竞争对手得到了),就不可能再夺回来。任何一个头脑清醒的经理都不会让有价值的资产这么轻易地落入竞争对手手中。"

并购的变幻莫测决定着它会给并购双方的经理人员及其他职工,尤其是目标企业职工的工作和生活带来较大影响。如果那些富有创造力和创新能力的员工对在新组织内是否会有一个合适的位置没有信心的话,他们就会寻找其他机会。那么并购方得到的除了品牌之外,也许只剩一个空壳。因此,并购企业如何稳定目标企业人才,便成为人力资源整合的首要问题。

1. 保留关键性人才

部分并购是为了取得目标公司的软资产,如专利、客户以及正在开发的新产品和新服务的技术优势,这些产品和服务具有潜在市场机会。要保护对这类收购的投资,必须留住被并购企业的人才。事实上,即使并购方给关键人员留有岗位,相关人员也未必接受,即使接受也不一定会长久停留而且很好地工作,因为这些人通常具有非凡的技术能力或领导才能,很容易跳槽或被挖角,而一旦失去人才,并购方想填补空缺,成本将很大。

【案例7-6】

阿里巴巴并购雅虎(中国)

阿里巴巴并购雅虎(中国),其很大程度上是看中了雅虎的员工队伍。作为长期的竞争对手,双方都拥有大批经验丰富的优秀员工,顺利吸纳雅虎(中国)的优秀人才,对阿里巴巴绝对会产生1+1>2的人才并购收益。在阿里巴巴和雅虎(中国)的并购中,阿里巴巴一再强调"稳定压倒一切"、"一个人都不能裁"。阿里巴巴成立了由专业或级别较高的人组成的整合小组进入雅虎(中国),在整合过程中发掘雅虎(中国)的优秀人才,并把他们放在合适的位置上。为了规避执行中的风险,阿里巴巴在人事和财务两条线上调派了高层人员,同时马云亲自兼任雅虎(中国)总经理,但业务线上以原来雅虎(中国)的人为主。他们的留人四宝(愿景吸引高管,事业和待遇留住中层,不变薪酬福利安定员工,注资员工"感情银行")及并购中透明、充分的沟通启发我们:沟通是留人的生命线,要想留住人才还需在付出真诚的同时,针对不同层级员工的确切需求采取相应的措施。

资料来源:上海国家会计学院.2011.企业并购与重组[M].北京:经济科学出版社.

2.加强与员工的沟通

在人力资源整合过程中,沟通将起到至关重要的作用。整合中出现的许多误解和对抗,都是由沟通不畅造成的。为了避免员工抗拒收购,并购企业应采取多种形式建立沟通渠道,安排一系列员工沟通会议,保证各类信息在正式渠道中的畅通,让员工清楚整个并购的大致情形,如股权的变化,未来的经营方向等,从而找准自己在未来公司中的目标定位,以最大限度地减少并购过程中由于信息分布的不完全、不对称所引起的道德风险和逆向选择等机会主义行为,降低摩擦成本,增加企业并购成功的机会。事实上,要发挥相互整合效果,一定要对非企业内部人员的特性有相当的了解,并取得他们的认同。

思科(Cisco)公司是并购活动中的积极分子,先后数次横向并购取得成功,进行过颇多反思后的最终心得是一个返朴归真的结论:沟通决定成败。在并购后,思科会马上向被并购企业的员工发放一份贴心的文件夹,内有新企业的拥有者的基本信息,思科高层经理的电话号码、电子邮件地址,还有一份8页的图表,用来比较两个企业的假期、退休、保险等福利待遇有什么不同。

(二)业务活动整合

一般而言,企业业务活动整合主要适用于横向并购后整合,即生产相同或相似产品的两个企业进行生产经营上的整合。战略是企业发展的纲要,是企业的一种定位,并购企业战略整合以最高的层次统领其他各项整合,但是战略的实施总是要通过一定的载体来实现,这个载体就是产品和业务。

不论并购企业以什么目的并购目标企业,或以什么样的角色参与目标企业的经营,对目标企业的产品战略都需要进行一定的调整。这其中可能是一般经营政策的调整,也可能是对目标企业经营方向的重新定位,比如利用目标企业的生产设施和员工生产市场需求更大的产品,也可以利用目标企业已开发的产品或服务来增加并购后企业的产品或服务供应品种。而业务整合是指要联合、调整和协调采购、产品开发、生产、营销、财务等各项职能活动。并购后的企业可以将一些业务活动合并,包括相同的生产线、研究开发活动、分销渠道、促销活动等,同时放弃一些多余的活动,如多余的生产、服务活动,并协调各种业务活动的衔接。从企业并购的动因分析可以看出,并购双方产销活动整合后产生的经营优势和规模效应也是并购企业追求的目的之一。因此,并购完成后的业务活动整合就成为此类并购成功与否的关键。

需要注意的是,在业务活动的整合过程中往往伴随着业务流程的再造。流程再造就是对企业的业务流程作根本性的再思考和彻底性的革新,以使企业在成本、质量、服务、速度等表明企业业绩的关键因素上获得彻底的改善,并通过充分利用信息技术使企业业绩取得巨大提高。[①] 并购企业流程再造是指企业以并购为契机,对经营机制、组织结构、业务流程、技术装备等重新整合、设计、实施的过程。由于并购后的企业可能发生产品结构、业务的调整,其运作流程也就需要重新设计,因此流程再造也是并购后整合过程中的必然要求。

【案例 7 -7】

上海日立集团基于六西格玛业务流程再造

上海日立集团是创建于1993年的中日合资公司,经过10余年的引进、消化、再创新,走出了一条独具特色的质量管理之路。一是公司从满足客户需求、贯彻公司战略、解决重大问题出发,快速改进或重新设计新的企业经营活动流程。在具体的实施中,流程重组与六西格玛相互呼应,对原来的流程进行了梳理、分析和“会诊”。根据关键流程需要和年度经营方针,选择与战略相关的项目,再经多方评审,确定实施项目。例如,2005年,公司将顾客满意度作为对可持续发展具有深远意义的关键绩效考核指标,实施了多个六西格玛项目。实践表明,有重点、有方向地选择项目,加速了企业的战略实施。二是公司建立了由兼职或专职的黑带(六西格玛的中坚力量,负责具体执行和推广,同时肩负培训绿带的任务,亦可通过培训成为黑带大师)作为各业务流程区域解决问题的推进者,由绿带作为各业务流程区域解决问题的实施者的五级人力资源结构,保证项目推进。三是公司由外部咨询顾问、内部专职黑带大师、六西格玛倡导人、项目倡导人组成项目推进小组,定期评审项目进展。

资料来源:根据基于质量管理的并购后整合问题研究企业交流资料整理。

(三)财务整合

企业并购后,通过财务市场力量、内部资本市场的多样化,联合获得和配置资本,降低风险,实现资本成本的降低。经并购后,大部分企业形成企业集团,企业集团的财务特征是多级法人、多层级组织、多功能、跨地区与跨国运营。这些财务特征决定了企业集团内部财务资源的多样化,同时也决定了企业集团财务管理活动的复杂化。

1. 财务管控模式

按照总部的集、分权不同划分成“集权型”、“分权型”和“集分相融型”三种模式。不

---

① Michael Hammer, James Champy. 1993. Reengineering the Corporation: A Manifesto for Business Revolution[M]. New York: Harper Collins Publishers Inc.:21 -41.

同的母子公司的管控模式决定了不同的财务管控方式。不论选择何种财务管控模式,集团对财务的管理和控制都是其最为核心的内容。财务制度和会计核算体系整合作为并购重组后企业财务整合实施中最基本的制度建设,需要根据并购后企业的实际情况作出合理的选择。表7－4为三种主要的财务管控模式简介。

表7－4　财务管控的三种模式

财务管控模式	主要内容	主要优点	主要缺点	适用条件
集权型	拥有所有重大财务决策事项的决策权及子公司财务机构设置和财务经理任免权	财务管理效率高;便于实现资源共享;通过集团产品结构和组织结构的整体优化,有利于降低成本,取得规模效益	决策信息掌握不完整,可能造成决策低效率甚至失误;管理主体与管理权限界定不清,权力过于集中,制约了成员单位理财的积极性和创造性;难以应付复杂多变的环境	企业集团的规模不大,且处于组建初期;子公司在集团中的重要性使得母公司不能对其进行分权;子公司的管理效能差
分权型	分权的管理重心在于强化对结果的评价;母公司对子公司拥有重大财务事项决策权;子公司财务机构具有相对独立性	有利于调动成员单位的积极性和创造性;财务决策周期短,应付市场变化的能力强	各成员单位间资源调动受到一定的限制,不利于整个集团资源的优化配置;影响规模经济效应的发挥,导致内部资源效应发挥及内部资源配置上的重复浪费,使集团整体实力和市场竞争力下降	资本经营性企业集团;某些对集团没有重要影响的子公司
集分相融型	采取结果控制和点控制相结合的方式	主要对关键点进行控制,更能调动成员单位的积极性和创造性	集权与分权的尺度很难把握	规模较大的子公司或管理能力较强的子公司

财务的管控模式是相对的,并购重组企业要根据外部市场环境、企业的生产经营和组织特点,来选择适合自身发展的财务管控模式。根据目前大部分中央企业并购重组后的发展现状及外部监管的情况来看,一般的管控思路都是强调集中,强调总部战略控制力。

2. 财务制度整合

财务制度整合是保证企业在并购后财务有效运行的关键。一般来说,并购重组后企业的财务制度具体包括财务管理体系、财务管理基础工作、筹资管理制度、投资管理制度、成本费用管理制度、收益分配管理制度、财务预算制度、财务分析评价制度、经济合同管理制度、对外担保制度、财务网络管理制度、财务结算制度等组成的单项财务制度。

【案例7-8】

五矿集团构建与企业战略转型相匹配的财务制度整合

五矿集团推行集中管理,这一集权模式体系的建设主要包括以下内容:

(一)资金集中管理

五矿集团自1999年开始实施的资金集中结算制度有两大特点:一是融资的集中。集团总部负责集团内所有公司的融资,与银行签署统一的授信协议,并依据全面预算保证各子公司的资金需求,除总部外任何单位均无权对外融资。二是资金使用的集中。贸易板块的一切对外结算均需通过内部银行统一对银行结算,由集团总部提供整体担保。凡不通过内部银行单独与银行结算的,不得使用集团与银行签署的授信协议,集团公司也不承担担保责任。这就从收和支两条线防范了资金风险。

实现资金集中结算制度,不但集团公司发挥了整体优势,以集团整体贸易额为基础获得了较好的融资条件,大幅降低了资金成本,而且通过内部银行对银行集中结算,制定统一的操作流程和风险控制措施,严格监控了各子公司的资金运用。此外,还盘活了集团内部的分散资金,形成了"蓄水池",对集团的战略安排提供了强大的财务支持。

(二)投资集中管理

五矿集团成立了投资委员会,负责集团投资项目的预选和审议工作,投资委员会向集团最高决策机构负责和报告工作。集团范围内任何规定的投资项目均须投资委员会审议通过后方能报决策机构决议,投资委员会集中管理的投资项目范围包括:围绕集团公司愿景、推进战略转型的战略性投资,以增强主业竞争力、改善盈利模式为目的的业务性投资,以及在适当资产组合条件下以获取较高投资收益为首要目的、权益具有高流动性的财务性投资。这种制度安排不但保证了所有的资源都聚焦于五矿集团的发展战略与长期规划的实现,而且有效地避免了企业在高速发展阶段出现的盲目扩张的问题。

(三)全面预算管理体系建设

五矿集团的全面预算工作在整个央企范围内是开展较早的,2000年集团就集合内外部力量共同设计搭建了集团公司全面预算管理体系。这些年来,五矿集团全面预算管理对落实集团战略、优化资源配置、推动集团战略转型与盈利模式转变发挥了重要作用。集团将全面预算定位为集团管理中轴线,通过它将战略目标、过程控制、业绩考核联系在一起,全面整合了业务经营、财务控制、资源配置、投资活动等涉及集团长期利益的关键经营管理环节,其中特别强调了预算的配置功能,即坚持以资金预算为核心,突出公司资源导向,优先保障核心业务和战略重点,并且通过预算执行的过程控制确保各项业务沿着集团战略的方向顺利推进。如今预算管理业已成为五矿集团推行财务资源管控的成熟工具。

资料来源:根据中央企业并购重组后整合问题研究企业交流资料整理。

3. 财务内部控制整合

要重视财务内部控制的重要作用,不同的企业内部控制的好坏千差万别,在并购尽职调查期间就要对被并购企业的实际情况有所了解,那么对目标企业某些不符合整个公司利益的方面要及时废除,原公司规章中规定的内部控制制度要在目标企业实施。主要从两个方面了解并购后企业财务内部控制的整合:一是加强重大事项的内部审批制度,二是发挥内部审计机构的作用。

4. 资产、债务和税务整合

并购后整合应着重培育企业的战略性资产,识别并购双方在资源、技能和支持层面的互补性。对于具有战略性的资产要素,进行重组转化;对于并购后企业不完全需要的资源或未发挥效应的资源进行有机整合;对于不具有战略性资产特征的要素,适当进行剥离。

在收购因资金链问题而进行重组的企业时,债务整合不可避免。债务整合是通过改变并购后企业的资本结构、偿债的期限结构,达到降低债务成本和减轻偿债压力的目的,提高企业的营运能力和经济效益的过程。它涉及财务会计报表的合并、资本结构的重新调整和债务重组。

并购后对于税务问题的处理,可以遵循利益最大化原则,利用税收优惠政策进行税务筹划,以达到税务整合的目的。

【案例7-9】

中材集团收购天山股份债务重组

2004年4月德隆危机爆发,作为新疆辖区两家德隆系上市公司之一的天山股份受到巨大影响,经营环境迅速恶化,出现资金紧缺、银行收贷、生产经营受损等严重危机。中材集团在这个关键时期果断进驻天山股份,但巨大的债务危机威胁着天山股份的发展。

2005年7月28日,天山股份(含其下属子公司)、中材集团与天山股份的12家债权人银行签署了《新疆天山水泥股份有限公司债务重组框架协议》,对截至2005年5月31日该12家银行对天山股份的268 600万余元的债务予以重新安排,对营运资金贷款、长期贷款及或有负债进行了不同的处理。经重组方与德隆债权人委员会(以下简称债委会)协商一致,并报国务院批准,同意了银监会、财政部、中国人民银行三部委提出的天山股份债务重组意见:(1)德隆债委会有关债权银行对天山股份16亿元长期贷款利率按基准利率下浮30%;(2)德隆债委会有关债权人豁免天山股份截至2005年5月31日的银行贷款欠息及罚款3 904.96万元;(3)《新疆天山水泥股份有限公司债务重组框架协议》由债权银行与债务企业自主确定。

资料来源:根据基于质量管理的并购后整合问题研究企业交流资料整理。

(四)信息系统整合

信息化、网络化发展逐渐成为企业关注的内容,企业并购是否成功,还要依托企业信息化,即并购后信息系统的整合。并购后一项不可忽视的整合就是并购后企业ERP或者类似的信息系统的整合。良好的管理信息系统可以实现技术价值的最大化,为企业及时提供所需信息,提高决策的效率及准确性,为决策者寻找新的利润来源提供便利。

将信息科技融入企业经营战略管理当中是企业现代化管理关键的一步。管理信息的流通不畅,会直接导致决策效率低下。企业在信息系统整合方面面临的主要问题是:缺乏明确的管理信息系统理念,未能将业务运作与管理信息系统整合有机结合;缺乏管理信息系统运作的人才;低估管理信息系统在公司管理中的作用。

开始进行信息化整合时,企业需要根据管控模式,确定相应的信息系统融合模式。当企业采用运营控制模式时,对下属工作的管理控制较为严格,应采用较为统一的信息系统;当企业采用战略和财务管控模式时,未必需要信息系统,达到适当的融合标准即可。

尽管如此,从目前 ERP 系统功能构架来看,系统往往缺乏可拓展性,部分模块没有预留外部接口,使得二次开发难以进行。即使并购前双方企业使用相同的 ERP 系统,但由于应用模式不尽相同,信息编码、业务处理规则、报表模块、信息需求存在差异,甚至由于地区不同而存在税制、会计法规的差异,都需要整合同一个 ERP 系统的两套账。如果并购前双方企业使用不同的 ERP 系统,由于 ERP 系统的管理模式不同、功能与文化已存在差异,并购后就更难进行功能协调和数据共享。再加上 ERP 系统在企业之间的可移植性较差,因此,其中一方往往要放弃一个系统达到新的融合。

尽管面临着要与信息系统技术革新保持一致的挑战,但认为较新的系统,仅仅是因为是较新的,就可以提供更好的控制,是错误的。首先,从成本效益角度考虑,如果被并购企业原有的系统已经很成熟,为了融合而更换系统,耗费了大量的财力。其次,企业并购后,根据运营模式的不同,对信息系统统一程度的要求也不同。如战略型的企业并购对统一的信息化系统要求比较低,而业务型的企业并购就要求有统一的信息化系统。合并后的企业不仅需要实施一个统一标准的应用系统,还需要高效率地为企业的财务指标考核和分析服务。

第五节 成功整合的关键因素

企业重组整合是一项复杂而浩繁的系统工程,涉及企业所有制结构、产业机构、组织结构的改组和各项生产要素的重新配置,涉及利益格局的重新划分,涉及人们思想观念的转变。因此,在实施企业资产重组的过程中,不但要解放思想,勇于探索,大胆试验,而且要实事求是,注意总结实践经验,研究和解决工作中出现的新问题、新矛盾,才能保证企业重组沿着健康的道路发展。

一、并购双方相互尊重

尊重才能看到对方的优势,才能相互协调,才能在服从"大企业"的背景下对业务、人员等统一调配。这是兼并重组后整合在思想上的重要认识。集团内部重组新成员,就像是一个家庭新增加了一个伙伴,应以乐观喜悦的心情迎接它的到来,否则会在整合伊始难以理顺关系,甚至引起摩擦,造成双方冲突,从而使其难以服从集团总部管理。

对于主并方来说,企业之间的战略、业务协同正在成为关注焦点,正是出于对目标企业某些优质资源的需求而将其重组入企业,因此可以认为新成员是一个能够带来有效资源的部分,是能够促进集团公司发展的环节。尊重每一个企业,不把其看作一个被征服的对象,认真听取原领导班子和员工的心声,把握思想状况,查看现场管理,充分尊重企业的历史和员工的需求。如武钢重组鄂钢,属于以强并弱,虽然在整合时对鄂钢的管理思想等进行了很大规模的调整,但在重组的初期武钢并没有对鄂钢进行大刀阔斧的调整,而是派熟悉情况的人员进驻鄂钢。

二、"一企一策",因企制宜

并购企业所处产业背景及行业特点不同,不可避免地涉及跨所有制、跨地区的兼并重组。不同的地域有着特有的风土民情,各地方政府的利益相互牵连;不同体制的企业有着不同的追求目标,中央和地方的利益分配问题存在矛盾。在整合实施过程中,由于整合与被整合企业之间的发展历史、隶属关系、资源配置等存在较大差异,因此在整合中要根据整合企业的实际情况,有重点、有针对性地选择整合策略。在整合中,坚持采用“一企一策”的策略,做到对症下药、有的放矢,才能够更好地解决企业发展中的瓶颈问题,更好地推动整合工作的顺利实施。

三、全过程整合思想

埃森哲的一项研究报告显示,并购整合其实是一个创造价值的过程,正确的实施方法应该是在并购交易完成前就开始进行整合。在并购完成前进行评估,能够有效增加客户对合并后协力优势评估、资源需求及时间安排的满意度。我国成功企业的经验表明,整合应贯穿于兼并重组的全过程,从基本确定并购意向开始,就应该进行匹配性分析,可以结合尽职调查进行。在产权交割和正式接管前,进行整合评估,明确整合中的关键事项及里程碑时间。

并购后的整合不可能是孤立存在的,要进行一次成功的整合管理,必须将全过程整合思想贯穿于整个并购过程,对于两个根本无法通过整合提升核心竞争力和创造协同效应的企业间的合并,应尽早终止。整合工作的重点是将目标企业纳入收购企业的一体化,最后实现平稳过渡到企业正常运作流程。所以并购重组后整合团队更加重视资源的有效配置、费用的合理支出、风险规避、整合速度与程度的把握、偶然事件的应对等问题。

四、整合节奏得当,管理团队平稳过渡

整合节奏是决定并购成功与否的一项非常重要的因素,不仅由于资金的时间价值是决定净现值和投资回报的重要因素,还由于节奏能够快速调动机构活力和创造企业规划的效益。整合的节奏是由一个有专业化管理经验的整合团队控制的。整合团队的先导作用给了整合过程一个平稳的前提。在整合前选拔熟悉总部战略的管理团队成员有助于目标企业平稳度过整合时期。

五、重视文化整合,逐步渗透与融合

共同的价值观是企业文化的核心。价值观方面的冲突往往表现为更深层次、更广范围的矛盾。价值观具有极强的主观性,它决定着人们的行为准则,构成企业文化的核心内容。企业并购时,企业文化冲突首先集中反映在员工个体不同的价值观上。具有差异性的价值观接触,必然会相互摩擦,相互碰撞,每一个体都出于本能,极力维护自己长时期形成的价值观,轻视别人的价值观,使之不能形成统一的行为准则。由于重组双方存在不同的文化价值理念,在文化整合中,需要进行企业价值观的再造。

并购既是企业经营发展的机遇,也是企业文化发展的机遇。在企业整合的过程中,要注意对企业文化的研究与创新。在融合双方优秀文化的同时,借鉴中国优良传统文化,吸取国内外先进企业的管理思想和经验。对于跨地区的企业整合,还要善于吸取其他地区的区域文化中的养分,丰富自己的企业文化,这也易于被该地区的人群认同和接受。

六、政府支持与市场化运作相辅相成

中国企业并购所面对的是一个信息不完全对称的资本市场,企业行为往往为行政机

制所困。企业在整合中不应仅仅考虑企业方面的“单赢”，而应综合考虑企业、行业、政府之间的“三赢”。企业的行为影响企业成长的好坏，行业的情况影响企业生存的环境，政府部门在并购交易中的全力配合也非常关键。企业管理者如果能够善于处理与政府的关系，不仅能充分利用行政资源，还能扫清企业自身无法克服的诸多障碍。重组的主体应该是企业集团，地方政府给予大力支持。

【想一想】 在并购后整合过程中政府能够提供何种支持？

第六节 案例分析——联想对 IBM PC 业务的并购后整合

联想集团是中国实力最强的 PC 厂商，为实现“专业化、国际化”的战略目标，并购了 IBM PC 业务，上演了一出中国 IT 企业最大交易额的“蛇吞象”并购，是具有典型意义的中国企业跨国并购后整合案例，对于国内企业跨国并购、并购后整合的理论与实践都具有现实意义。

一、并购的基本情况

2004 年 12 月 8 日，联想与 IBM 共同签署了双方酝酿长达 13 个月的转让协议，正式并购 IBM PC 业务。2005 年 5 月 1 日，在经过美国外国投资委员会批准后，联想正式宣布完成收购 IBM 全球 PC 业务。

联想并购 IBM PC 业务后在全球 PC 市场的地位得到了显著提升。2003 年，联想销售额达 30 亿美元，IBM 的 PC 业务的销售额则有 90 亿美元，以双方 2003 年的销售业绩计算，此次并购意味着联想的 PC 年出货量将达到 1 190 万台，销售额将达到 120 亿美元，从而使联想 PC 业务销售规模扩大 3 倍。戴尔在全球 PC 市场以 16.8% 的份额位居第一，惠普占 15% 紧随其后，而并购之后联想以约占全球 PC 份额的 7.8% 位居第三。

二、并购后整合面临的风险

（一）运营风险

对于联想总计 17.5 亿美元的购买金额，外界评论出价较高，虽然只付出 6 亿美元现金，但这对于一个年营业收入仅 29.7 亿美元、净利润 1.35 亿美元的公司来说压力过大。因此联想积极融资解决收购资金问题，向银行财团贷款 6 亿美元，引入 3.5 亿美元的战略投资。在融资问题解决之后，最重要的是联想如何能够将 IBM PC 部在短期内扭亏。IBM PC 部 2001 年亏损 3.97 亿美元，2002 年亏损金额为 1.71 亿美元，2003 年上升到 2.58 亿美元，2004 年上半年亏损 1.39 亿美元，较上年同期扩大 43%，连续几年的亏损联想是否有能力在短时间内改变局面。如果不能做到这点，必将拖累原联想业务的盈利能力，使整个集团业绩低迷，造成连锁反应，波及联想股价，使联想面临较大的投资市场压力。联想一直是一个中国本土化的公司，缺乏国际化的管理人才和全球性企业的管理经验，如何确保集团运营的正常进行，提高运行效率是严峻的考验。

（二）市场风险

IBM 电脑的金字招牌在市场上拥有较大的消费群体，当 PC 部门被一家中国的企业收购之后，推出的产品是否还会得到市场的认可，能否避免客户流失是联想需要思考的问题。因为在2002年,惠普收购康柏电脑时就造成了18%的客户资源流失。联想不仅要努力保留原有客户,还要制定新的市场战略吸引新客户。并购前联想的市场范围仅为亚太地区,对于识别其他区域消费倾向能力、市场推广能力、服务能力等积累甚少,欧美市场能否认可联想品牌及其产品存在未知性。

(三)文化风险

联想与IBM是两家文化完全不同的公司。从公司的发展角度来看,IBM的历史比联想长80年,文化的深度自然不能相提并论。地区上的不同也造就了文化差异,联想是以亚太区为主的公司,要接收管理IBM来自全球50多个国家的PC机构,只从文化差异的角度来看,也可看出其中的管理难度。再者,新联想在文化整合时,也凸显了文化差异问题,到底是谁要融合谁的文化？是IBM将联想变成其PC业务部,还是联想的红色文化浸染蓝色巨人？突然间被一家发展中国家的公司收购了,对原有的IBM员工的心理冲击是巨大的,如何避免员工的大规模离职并使他们认同联想的管理模式与文化特征,对联想来说存在不小的整合难度。

三、并购后整合过程分析

联想并购后整合IBM PC的过程分为三个阶段:

(一)平稳整合,保护组织能力

联想的第一阶段整合目标是保护组织能力,提出了“稳定压倒一切”的整合方针。在这一阶段中,新联想采用双运营中心,原IBM PC部被划分为联想国际,从人员待遇到渠道销售,保持不变。联想国际和联想中国两块业务各自独立运作,任命前IBM个人系统事业部总经理沃德为联想全球CEO。沃德在IBM工作多年,个性沉稳,人脉广泛,是联想实现平稳过渡的合适人选。

为了避免原IBM员工的离职,联想通过沟通愿景使他们清楚未来公司的发展方向,并承诺薪酬、职位保持不变,经过努力联想国际员工离职率不到2%。由于工作人员不变,还是原班人做营销,对客户有稳定的作用,同时,IBM派了2 000多个员工到大客户那里做工作,说明了联想的国际化公司形象。事实证明,在这方面的工作取得了成效,90%的原IBM客户看好此次收购,在随后的两个季度内销售额不但没有下降反而有所上升。与此同时,联想从部分容易整合的职能部门,如财务、法务、采购等容易形成协同效应的部门开始整合,并购后60天的时间里就实现了1 000万美元的协同效益。

联想并购IBM PC部后的2005～2006财年一季度财报显示:营业额为196亿港元,同比增长234%,净利润3.57亿港元,同比增长6%,集团整体毛利率较去年上升1.58%,达到15.3%。同时,从IBM收购的PC业务也取得增长。业绩表明,联想第一阶段整合达到预期目标。

(二)全面整合阶段,获取竞争优势

1.调整全球组织结构

联想在宣布交易之后没有急于进行大规模的组织结构整合,而是选择了分步整合,以降低震荡的风险,联想组织整合过程基于以下路径——稳定、观察、融合、提升。这样做是出于以下两点的考虑:一是联想缺乏国际性管理经验,管理能力无法向IBM有效扩散;二是第一阶段的主要目的是使联想与IBM经营稳定,保护好双方企业的资源与能力。

第二阶段，联想在稳定局面之后，通过分析决定对组织框架进行变革、融合以符合中期的“盈利性增长战略”。联想一直走的是低成本制造之路，而 IBM 则始终是高成本运营的模式，如果一切保持不变，不尽快结合联想在采购、供应链以及生产流程上的成本优势和 IBM 与英特尔、微软等主要供应商的议价能力，整合的目的和效益就难以达到，员工也会为将来的不确定性而担忧。

2005 年 10 月，联想宣布调整全球组织框架，随即将并购双方各自的产品运作、供应链和销售体系在全球范围内整合，形成统一的组织架构。具体调整内容包括：

（1）业务整合：将全球的产品和产品营销业务整合为一个新的全球产品集团，下设台式电脑和笔记本电脑两个国际业务群组，同时还设有专门的数码等其他业务、客户服务和质量控制部门。

（2）供应链整合：把供应链的各环节并购成一个新的全球供应链系统，包括采购、物流、销售支持、供应链战略规划及生产制造等全面运作。

（3）研发整合：把设在中国北京、日本大和与美国罗利的研发中心整合到一起，形成统一的全球研发架构。

（4）区域总部整合：将区域总部由三个扩展到五个，除美国、EMEA（欧洲、中东和非洲）和亚太区域总部外，还增加了中国区和印度区。

在权力划分上，中方高层控制着整个集团的战略发展决策权，外籍 CEO 拥有全球市场的运营执行权，中方团队能力能够扩散的领域就由中方控制，中方能力欠缺的领域由外方团队掌控。在组织制度上，联想开始将双方原有组织制度融合，将自身良好的制度移植到 IBM PC 部中，逐渐建立起统一的组织制度。

2. 全球供应链整合

联想任命前戴尔副总裁史密斯（Smith）为首席运营官（COO），利用其在供应链上的知识提升联想的供应链管理能力。联想将全球供应链业务转移到离制造基地和供应商更近的地方，在全球重点市场设立台式机组装厂，以便就地把产品交付顾客，建立“卓越中心”，负责联想集团的供需预测、定价、销售和产品组合策略，库存管理以及相关业绩评估等工作，随时了解世界各地个人电脑市场动态。联想引入“戴尔化”的供应链管理模式，取得了一定效果，在集中采购方面节省了成本。在学习戴尔供应链管理之后，联想创新地推出能够同时满足交易型和关系型客户需求的双模式供应链，因为 IBM 在国际市场上的客户基本上是关系型客户，所以联想希望将交易型模式扩展到世界其他市场。

3. 品牌整合

品牌的整合需要同联合后的产品结合起来，既要达到利用原有品牌的功效，也要利用新的联合产品去创造新的品牌价值，才能完全使品牌效应达到最大化。在联想并购了 IBM PC 部之后，面临如何整合品牌之间关系的问题。Lenovo 既是企业品牌又是产品品牌，而 Think 则是产品品牌，并且两者都有各自比较完善的产品结构。联想确立了三步的“双品牌”战略：第一步，保持 IBM Think 品牌的稳定；第二步，用 Think 品牌加强 Lenovo 的品牌，承诺保持 Think 品牌的高品质、创新性，从而反衬联想公司的定位；第三步，全力打造 Lenovo 产品。按照联想的设想，Lenovo 品牌的产品，主要定位于中小企业、家庭，它强调的是时尚的设计、易用性和较高的性价比；Think 产品则面向商用客户群和大型客户，稳定、身份不凡、高品质是它的主要特征。

4. 人力资源整合

在管理团队建设方面，一方面借助原有的管理团队丰富的经验与人脉帮助联想进行稳定的过渡整合，全球业务领域主要以外方为主，分别掌管全球销售、全球产品开发、全球人力资源等，另一方面高管团队的中方人员主要负责集团内部及原联想具有优势能力的领域，如财务、采购、供应链等。此外，联想还通过引进麦肯锡、敦豪、仁科等国际企业的高管以增强管理能力。联想的高额薪酬以及充分授权的发挥空间吸引了高级管理人才的加盟，高管团队的国际化有利于满足联想全球运营的需要，同时带来了不同公司的经营理念与管理风格，有利于联想的学习提高，但重要的是在学习的基础上整合创新出联想新的管理模式。

员工队伍建设方面，IBM PC 部的员工研发创新能力强，是联想得到的宝贵资源。为了稳定队伍、留住人才，在并购开始阶段采取双运营中心制，在外在满意度方面，联想承诺不裁减人员和薪酬待遇三年保持不变，增加员工的外在满意度，降低组织中的不满意度。尽管原 IBM 大中华区员工由于在工作中的成就感、企业文化与发展前景等内在满意度的降低造成离职率较高，但是位于罗利与大和的研发队伍却比较稳定，因为在 IBM 中 PC 部门是不受重视的，而联想的主营业务就是 PC，能够给员工更大的发展空间，并且联想的文化也更加具有包容性，提升了员工的内在满意度，加固了组织与员工的心理契约。

在稳定员工队伍之后，联想开始对人力资源进行整合。由于 IBM 与联想的运作模式存在较大差异，原有 IBM 员工薪酬较高，为了配合“盈利性增长”战略和“双交易模式”的实施，联想分别进行了两次海外市场大规模裁员，裁员虽然对员工的心理契约造成影响，但是有利于联想全球 PC 业务调整战略的实施，符合组织整体的长远利益，并使员工愈加明确企业战略发展的方向与组织承诺，最终提升员工满意度。

5. 市场销售渠道整合

联想并购了 IBM PC 部之后，采取了三项主要措施“深耕”中国市场：发展中小企业市场，渗透五、六级乡镇市场，挖掘大客户市场，并提出要冲破中国市场增长的“天花板”。

在新兴市场拓展方面，根据交易型客户需求的特点，联想在印度建成 1 000 余家专卖店，建立专业、覆盖面广的渠道体系，包括帮助渠道代理伙伴进行产品培训、技术培训等，建设工厂达到产品本地化，推广联想在印度的知名度。提供高性价比的产品是联想的优势能力，联想积累的市场推广能力能够转移、扩散，并且利用 IBM 在印度的工厂与渠道节省了开拓成本，这些因素使联想在印度等新兴市场获得了竞争优势。

美国市场渠道与中国有很大不同，PC 厂家没有自营店，渠道被 30City、BestBuy、Office Depot 等连锁大卖场掌控，新品牌进入比较困难。而且卖场内没有厂商人员讲解，商品就摆在架子上供人挑选，消费者需要对产品非常了解才会购买，因此品牌号召力影响很大，但是美国消费者只了解 Think 系列而不知道 Lenovo 品牌。原 IBM 团队推进联想的“双模式”并不得力，造成联想在美国市场的销售收入、盈利能力与市场份额全线下滑。为了扭转局面，联想开始调整美国市场，并将重点放在小企业市场与零售商 Office Depot 合作销售 ThinkPad 电脑。经过一系列调整，联想美国市场开始出现转机，但是如何进一步开拓交易型客户，维持 Think 品牌价值并建立联想品牌良好的形象，积累在成熟市场建立渠道的能力是联想需要思考的。

(三)建立学习型组织,创新企业文化

1. 促进双方知识的融合、创新

联想不但以开放的态度学习竞争对手,而且在此基础上创新发展自己的能力:联想不但学习惠普的渠道分销,而且创新性地在中国建立起具有特色的、难以模仿的复合型渠道体系;不仅学习戴尔的高效供应链管理,而且在中国推出独一无二的"双业务模式"供应链,以最低成本满足关系型和交易型客户需求。在并购之后,联想与 IBM PC 部原来积累的组织知识相互融合发展形成新的知识体系,是联想建立学习型组织的目标。

2. 确定联想新的核心价值观

在并购初期,联想成立了过渡时期领导团队,通过不断沟通与相互了解,学习对方的优势,理解不同国家文化特点,遵循"坦诚、尊重、妥协"原则。2005 年 1 月,由两个公司不同部门的专家组成了文化融合团队,负责收集、整理和分析来自公司各部门员工的意见,对现有的企业文化、员工渴望的企业文化以及两者之间的差距进行评估分析,并在此基础上对联想新的文化进行诠释。对调查数据分析后,两个公司的员工选择有五项是相同的,说明两个公司有相似的文化内核,最后确定了联想新的核心价值观:成就客户、创业创新、精准求实、诚信正直。

本章小结

企业并购后的整合是指当并购企业获得目标企业的资产所有权、股权或经营控制权之后进行的资产、人力资源、管理体系、组织结构、文化等企业资源要素的整体系统性安排,从而使并购后的企业按照一定的并购目标、方针和战略组织运营。并购后整合的目标在于提升企业的核心能力与实现经营协同。

企业并购后的整合模式主要有四种类型,即保护型整合、共存型整合、控制型整合和完全整合。并购后整合模式的选择取决于并购双方之间的组织独立性需求、战略依赖性需求程度的不同。依据并购双方的战略联系纽带和并购双方的企业规模,实行整合管理的重点范围及整合程度也有所不同。不同的并购模式,在并购后整合过程中,只有通过有效的企业能力管理,即保护好现有的有价值的企业能力,实现优势企业能力在并购双方组织间的充分转移或扩散,并在此基础上增强现有的企业能力和积累新的企业能力,并购才会创造价值,具有共性的三项根本性任务是:能力的保护、能力的转移与扩散及能力的发展。

并购后整合的内容大致可以分为战略整合、业务活动整合、管理活动整合、组织机构整合、人力资源整合和文化整合六个方面。企业在并购后整合过程中,应当遵循科学而有效的工作流程和方法进行,可以分为并购前期、过渡、快速实施、同化四个阶段,并购后整合经理在整合过程中起着桥梁作用,推动整体并购后整合进程。

关键术语

并购后整合　财务型并购　战略能力　人力资源整合　完全整合模式　营销型并购
资源重组　企业文化整合　生产型并购　战略整合　并购后整合风险　共存型整合模式

产品型并购　业务活动整合　组织机构整合　保护型整合模式　战略型并购　管理活动整合　运营管理整合　控制型整合模式

思考题

※ 主要的并购后整合模式有哪些？各有什么特点？

※ 并购后整合主要包括哪些方面？需哪些流程完成整体运行？

课后作业

请分析说明不同类型的并购后整合管理范围及整合程度如何体现。

第八章　并购法律环境

学习目标

◇ 了解美国并购法律体系；
◇ 了解欧盟并购法律体系；
◇ 熟悉中国企业并购法律体系及其监管。

引言：反垄断任重道远

垄断与反垄断是近年来的一个焦点话题。2007 年 9 月 17 日，欧洲初审法院维持了欧盟委员会 2004 年对全球软件业巨头美国微软公司作出的反垄断处罚决定，包括 4.97 亿欧元的反垄断罚款。在中国，2007 年 8 月 30 日，十届全国人大常委会第二十九次会议表决通过了《中华人民共和国反垄断法》（以下简称《反垄断法》），并于 2008 年 8 月 1 日起施行，讨论了十年的"企业宪法"终于出台。作为保护市场竞争、维护市场竞争秩序、充分发挥市场配置资源基础性作用的重要法律制度，可以说，《反垄断法》的出台对中国经济将发挥积极的作用，对电信、烟草、铁路、电力等垄断行业也将产生重要影响。

第一节　美国并购法律体系

一、美国企业并购立法的发展

美国关于企业并购的立法，起源较早，在《克莱顿法》、《谢尔曼法》、《联邦贸易委员会法》中皆有相关规定。根据《克莱顿法》第七条的规定，如果合并可能实质性地减少竞争，或者趋向于产生垄断，则禁止合并。《谢尔曼法》在第一条指出，如果合并导致了限制贸易的合同、联合或者共谋，则禁止合并。美国司法部在 1968 年颁布合并指南，又于 1982 年、1984 年对合并指南进行了修订并颁布了新的合并指南。在这期间，美国联邦贸易委员会在 1982 年发布了关于横向合并指南的声明。在 1968 年的合并指南中，对横向合并、纵向合并、混合合并都规定了合并企业和目标企业所允许的最大市场份额，如果超过了此份额，合并企业将受到司法部的指控。在 1984 年颁布的合并指南中，美国司法部并没有沿袭对合并形式分为横向合并、纵向合并、混合合并的三分法，而是采用两分法，将合并的形式分为横向合并与非横向合并，指出横向合并是合并政策关注的核心，对非横向合并则采取了宽容的态度。1992 年横向合并指南认为，合并是自由竞争的结果，有利于消费者而并不妨碍竞争的合并是合理的合并，对其应予以承认。

二、美国并购法律体系

(一)反垄断监管法规

反托拉斯法规定对竞争的不正当限制、垄断、图谋垄断和使用不正当的竞争方法均属违法行为。反托拉斯法作为美国政府对公司并购进行管制的工具,在历史上曾经对美国的企业并购活动发展有过重大影响。美国的反托拉斯政策主要体现在国会通过的反托拉斯法和司法部制定的兼并准则上。

美国历史上的反托拉斯法主要有以下几个:

1.《谢尔曼法》

1890 年,联邦政府通过了《谢尔曼法》(全名是《保护贸易和商业不受非法限制与垄断危害的法案》),这个法规是反托拉斯法的基础,它是保护贸易和商业不受非法限制和垄断侵害的法案。该法规定"凡是限制几个州之间的贸易或商业活动的合同,以托拉斯或其他形式进行兼并或暗中策划"都是非法的。它还规定"任何人对商业的任何部分实行垄断,或企图实行垄断,或暗中策划垄断"都是违法的。这一法案的不足之处在于没有给"限制贸易"和"垄断"下精确的定义,而把解释权交给了法院。尽管如此,作为美国第一个反托拉斯法,它从法律上禁止了竞争者联合起来控制价格,实行商业抵制和划分市场势力范围,它对于限制处于垄断或接近垄断地位的大公司势力的扩张起了重要作用。

2.《克莱顿法》

由于《谢尔曼法》的某些不足,国会于 1914 年通过了《联邦贸易委员会法》和《克莱顿法》。《联邦贸易委员会法》的目的是防止商业中的不公正竞争和不公正的行为或欺骗性行为。之所以要禁止不公正的竞争方法,是因为如果对这种不公正的竞争方法不加以限制,就有可能使企业获得垄断地位。美国根据《联邦贸易委员会法》成立了联邦贸易委员会,负责执行《联邦贸易委员会法》和《克莱顿法》。联邦贸易委员会有权调查不公正的商业行为,提供实施法令的程序,并具体决定哪些商业行为是合法的,哪些商业行为是非法的。

《克莱顿法》比较详细地解释了《谢尔曼法》没有表达的细节,它着眼于防止垄断力量的形成和积累。对兼并来说,《克莱顿法》中最重要的是第七条。它规定公司之间的任何兼并,如果"其效果可能使竞争大大削弱"或"可能导致垄断"都是非法的。《克莱顿法》后来经过《罗宾逊—帕特曼法》和《塞勒—凯弗维尔反兼并法》的修正,成为美国政府管制兼并活动最主要的法令。

3.《塞勒—凯弗维尔反兼并法》

原来《克莱顿法》的第七条只是规定禁止大公司大量购买竞争者的股票,但即使这种购买会大大削弱竞争或导致垄断,《克莱顿法》仍允许大公司购买竞争者的资产,这是《克莱顿法》的漏洞。1950 年,美国国会通过了《塞勒—凯弗维尔反兼并法》,对原来《克莱顿法》的第七条作了修正。修正后的《克莱顿法》规定:禁止任何公司购买其他公司的股票或资产,如果这种购买有可能导致竞争的大大削弱或产生垄断。

修正后的《克莱顿法》关心的是"保护竞争,而不是竞争者"。有些兼并虽然消灭了竞争者,但并没有削弱竞争,反而促进了竞争。例如两家小公司之间的兼并就有利于它们与大公司进行竞争,这种兼并对于工业的集中并不会有多大影响。又如一家濒临破产的企业,被一家经营得法的竞争对手所收购,对于前者来说,由于资源经费耗竭,除了把自己出售之外,别无出路。因此,修正后的《克莱顿法》对上述情形的兼并是允许的。

(二)证券交易法规

1. 联邦证券法规

联邦证券法规主要有七部,其中有六部在1933~1940年间生效。这些法规是:

(1)《联邦证券法》(1933)(简称SA)

《联邦证券法》规定公开发售证券需要登记以建立代表记录,准备登记文件的各方对虚假陈述或重大遗漏负有法律责任。它包含了规范公司并购活动的基本规定:①成立美国证券交易委员会(SEC),监管证券交易活动。②授权SEC在发行人违反了任何条款时取消或终止其证券登记的权利。③要求上市公司定期公布信息,公布信息的基本报表包括:10-K表,即年度报表;10-Q表,即季度报表;8-K表,即特定事件发生月份的现行报表。④规定代理人在召开每一次证券持有人会议之前,必须出具包括特定信息的代理委托书。⑤要求指定的内幕人员报告所有的证券交易,并禁止内幕人员在6个月内买卖自己公司股票。

(2)《公共事业持股公司法》(1935)(简称PUHCA)

(3)《信托债券法》(1939)(简称TIA)

(4)《投资公司法》(1940)(简称ICA)

(5)《投资顾问法》(1940)(简称IAA)

(6)《证券投资者保护法》(1970)(简称SIPA)

2.《威廉姆斯法》

1933年美国《联邦证券法》对换股要约和征集投票代理权的情形作出了要向美国证券交易委员会注册的规定,对其他形式的并购并没有作出规定。因此在1933年至1968年期间,现金形式的收购基本上处于无人监管的状态。很多上市公司在不知不觉中其控股权就被转移;中小股东对其所持有的股票的未来走势的认识较大股东来说非常落后,处于被动地位。面对这种情况,1968年,美国国会在1933年《联邦证券法》的第十三条中增加了(d)、(e),并在第十四条中增加了(d)、(e)、(f),这些章节被统称为《威廉姆斯法》,经修订后成为今天所看到的模式。该法案不仅规范了要约收购行为,还规范了公开市场直接收购目标公司股份的行为以及通过协议方式收购目标公司股份的行为。对于这些行为,《威廉姆斯法》都要求进行详细的信息披露,并通过一系列规则保障股东有充分的信息和时间作出主动的投资决策,从而保障股东得到公平的待遇。

《威廉姆斯法》要求收购的发盘人在取得目标公司股权5%或5%以上时,在10天之内向证券交易委员会和目标公司各呈递一份表格,详细描述溢价收购的条件、收购者背景、现金来源,以及收购人在接管后发展公司的计划。该法案还规定购买了其他公司5%以上股票的任何人或公司也必须在10天内提交相同的资料。该法案同时规定发盘期至少为20天,而且还应给股东15天的时间来慎重考虑其决定,若收购股份数小于应盘数额,就必须在应盘股东中按比例分配。

《威廉姆斯法》的目的不是保护上市公司的管理层,而是通过一系列的信息披露,使广大投资者在作出股票投资决策时,平等地享有与该投资决策有关的重要信息。之后各州也纷纷通过了有关的法案，但都以联邦立法作为规范。

美国法律中还有受益股权(Beneficial Ownership)的概念。受益股权即一个以上的股东直接或间接地通过任何形式的合同、协议，或达成某种默契、某种关系等，取得对某一股票的控制股权。这时将认定这些股权都由一个"受益股东"持有。

美国法律还就收购要约过程中信息披露的真实性、准确性和完整性以及惩治收购过程中的内幕交易行为作出了规定。这一系列的规定对于管理证券市场上的收购问题、保护中小投资者的权利起了很大作用。但是美国证券界、法律界的许多人士对这些规定并非十分满意。

三、美国并购法律体系中的行政性规定

在美国联邦的层面上，对并购进行管理的机构主要是联邦贸易委员会和美国司法部。美国司法部先后于1968年、1982年和1984年发布了指导控制并购标准的并购指南(为的是执行反托拉斯法，动态地掌握市场份额标准)。而1992年的并购指南是由美国联邦贸易委员会会同美国司法部联合发布的。

美国司法部1968年的并购准则主要是根据法院依据《克莱顿法》所判的主要案例而制定的。这个准则规定了一系列的用以确定禁止并购的标准，主要是考察市场份额和市场集中度，相比较而言，对纵向并购的限制要松一些，对混合并购则没有什么限制。

美国已制定的四个并购准则，在性质上与美国议会(或州议会)颁布的正式法律不同，它们在性质上属于行政性规定。由于这些并购准则随时考虑到法院审判并购案件的最新动向，因此，美国的并购政策充分体现在这四个并购准则中，从这四个并购准则中大致可以看到美国对并购进行规制的政策变迁的轨迹：(1)对并购形式从"三分法"向"两分法"变迁。(2)从有罪推定原则向无罪推定原则变迁。(3)从结构主义向非结构主义变迁。这种变化反映了以结构主义为指向的并购政策向非结构主义的并购政策转变，同时也表明在指导政府处理企业并购问题上，新的产业组织理论取代了老的产业组织理论。

四、美国并购法律体系中对跨国并购的特殊控制

美国是世界上对外资准入限制最少的国家之一，长期以来，美国对外资一直采取开放政策，对外资开放一直是美国经济领域的一项重要传统。但即便如此，外资在美国也并不是绝对自由的，外国的跨国公司在美国依然会受到不同程度的制约和限制。比如在投资行业方面，美国开放了其绝大多数行业，允许外资进入，但军事和国防工业禁止外资进入，限制外资进入的行业主要有通讯和交通业、不动产和自然资源开发业、能源和动力业、银行和保险业等。

20世纪70年代末期以后，跨国公司大举进入美国，面对潮水一样涌入的外资，单单依靠国内法已经满足不了对外国跨国公司进行监管的目的。在此背景下，美国议会于1988年正式通过了由 詹姆斯·埃克森(J. James Exon)和詹姆斯·弗罗里奥(James J. Florio)两位议员提出的《埃克森—弗洛里奥修正案》，该法案是老布什政府于1989年通过的《美国贸易与竞争综合法案》第5021段修改了1950年《国防生产法》第721节的结果，该法案授权美国总统有权中止或禁止那些确实威胁美国国家安全的外国跨国公司对美国企业的收购、合并或接管。《埃克森—弗洛里奥修正案》的具体执行部门是美国外国投资委员会(CFIUS)。《埃克森—弗洛里奥修正案》列出了在确定外国跨国公司收购对美国国家安全的影响时,总统(或被指定者)可能会考虑的因素。这些因素包括:(1)预期国家防务所需要的国内生产;(2)国内产业满足国家防务需要的力量和能力,包括人力资源、产品技术、原料及其他供应品或服务的可能性;(3)外国公民对国内产业与商业活动的控制已影响到美国保障国家安全所需的力量和能力;(4)该交易将可能导致军用物品、设备或技术出售给那些支持恐怖主义的国家,或导致导弹技术、化学与生物武器扩散;(5)该交易会使美国在影响美国国家安全领域中的技术领先地位受到潜在影响。为进一步完善《埃克森—弗洛里奥修正案》,1993 年《国家防务授权法案》第 873 段又对此作了进一步的补充,它要求在以下情况下进行调查:收购者受到外国政府的控制,或者代表外国政府进行活动;收购"可能导致在美国进行跨州商务活动的个人被控制,这种控制可能会影响美国国家安全"。根据美国总会计署的统计,在 1988 到 1999 年间,根据《埃克森—弗洛里奥修正案》向美国外国投资委员会递交通知的跨国公司在美并购案有 1 258 起,其中 17 起接受了调查(有 7 起在作出最终决定以前撤销了),被美国总统否决的只有 1 起(即中国航天技术进出口公司 1990 年 2 月被裁定从美国的一家航空部件制造商 MAMCO 撤资)。

从《埃克森—弗洛里奥修正案》的实施情况看,它存在一些缺陷,因为该法案对国家利益未作明确界定,在具体执行过程中,对其理解又过于狭隘。但作为一般的常识,在所有的工业领域,技术领域尤其是高新科技领域都会涉及国家利益,也应加强审查和控制。另外,美国 1990 年颁布了《外国直接投资和国际金融统计改进法》,以便全面了解外国跨国公司在美国投资的状况、对美国经济的影响,并为政府的科学决策提供依据,同时也为外资立法提供统计资料上的支持。1991 年美国颁布了《加强外国银行监管法》和《联邦存款保险公司改进法》,以此来加强对外资银行的监督和管理。

【案例 8 -1】

中海油竞购优尼科失败

2005 年 3 月,中国三大石油和天然气生产企业之一的中海油开始了与年初挂牌出售的美国优尼科公司(以下简称优尼科)高层的接触。在中海油向优尼科提交了"无约束力报价"后,美国雪佛龙公司(以下简称雪佛龙)提出了 180 亿美元的报价(包括承担债务)。由于没有竞争对手,雪佛龙很快与优尼科达成了约束性收购协议。6 月 10 日,美国联邦贸易委员会批准了这个协议。6 月 23 日,中海油宣布以要约价 185 亿美元收购优尼科。这是到 2005 年为止,涉及金额最大的一笔中国企业海外并购。

6 月 24 日,美国国会能源商业委员会主席乔·巴顿(Joe Barton)和拉夫·霍尔(Ralph Hall)致信布什,表示了对中海油收购优尼科的担忧,称其对美国能源和安全构成"明显威胁",要求政府保证美国能源资产不出售给中国。当日,共 41 名国会议员向布什总统提交公开信,要求严格审查中海油并购计划。6 月 30 日,美国众议院以 333 票比 92 票的压倒优势,要求美国政府中止这一收购计划,并以 398 票比 15 票的更大优势,要求美国政府对收购本身进行调查。7 月 30 日,美国参众两院又通过了能源法案新增条款,要求政府在 120 天内对中国的能源状况进行研究,研究报告出台 21 天后,才能够批准中海油对优尼科的收购。这一法案的通过基本上排除了中海油竞购成功的可能。

7月19日，雪佛龙加价到每股63.1美元，同中海油的每股67美元还有近4美元的差价，但差价尚不足以弥补"政治风险"和"时间成本"。随后，8月2日，中海油撤回收购要约。

除了自身原因，美国政府的做法也对这一并购的失败有至关重要的作用。他们认为中国政府控股中海油70%的股权，一旦并购达成，国有公司的资产为国家所操纵，更有利于中国垄断石油供给，威胁美国国家安全。

资料来源：新华网，2005年7月21日。

第二节　欧盟并购法律体系

一、欧盟的企业合并准则

在20世纪50年代，欧洲经济还处在逐步复苏阶段，企业合并问题并不凸显，一体化的程度还不够高，在欧共体条约中没有关于企业合并的法律条款。进入20世纪60年代，随着合并高潮的涌起，企业合并问题引起欧共体委员会的重视，欧共体委员会于1964年组成专家组就此展开研究，并于1966年在有关共同市场工业集中的问题的备忘录中发表了研究成果。1973年，欧共体委员会向理事会提交了《企业合并条例（草案）》，但由于成员国对企业合并的分歧，该草案一直不断地修改，直到1989年12月21日得以通过，即欧共体理事会第4064/89号规则，亦称《合并规则》。其实在这之前，对企业合并问题，欧共体一直在力图以欧共体条约第85条、第86条来判断企业合并的合理性。在1966年的备忘录中，欧共体委员会指出在设立合营企业的场合，如果经济上相互独立的企业在实施集中后继续存在，则应进一步考虑它们是否达成第85条所指的协议或共同行为。如果该协议不以永久性改变所有权为目的，而以协调在经济上保持独立的企业间的市场行为为目的，第85条可以适用。1966年的备忘录认为《欧共体条约》第86条可以适用于具有市场优势地位的企业所实施的集中行为，但适用第86条的前提是必须确认有关企业具有并滥用市场支配地位，否则，第86条不适用。滥用市场支配地位的行为是指具有市场支配地位的企业利用其市场支配地位危害竞争，损害公共利益或私人利益的行为。滥用市场支配地位的概念，长期以来一直颇具争议。这不仅在于理论研究中诸多学者观点不一，还在于各国的反垄断法中一般只使用"滥用市场支配地位"这一术语或只根据本国的情况列举滥用市场支配地位行为的若干典型表现，而不对其具体概念或定义作出规定，司法判例中一般也只是就个案的具体情况分别作出规定，对滥用市场支配地位行为的概念很少有明确的概括性的表述。在为数不多的涉及滥用市场支配地位概念的资料中，其表述也往往不一致。1989年通过的《合并规则》结束了欧共体在控制企业合并方面无法可依的局面，并取得了积极效果。理事会于1997年6月通过了第1310/97号条例对《合并规则》进行了修改。《合并规则》确立的原则是：凡是由于某种地位的创设或者强化而损害共同市场或者共同市场实质部分有效竞争的欧共体范围内的合并行为，均应被宣布为与共同市场不相吻合；但是如果公司的市场份额有限，致使合并行为与有效竞争的损害之间没有因果关系时，可以推定该合并行为与共同市场相吻合。同时，如果企业合并中不违反欧共体条约第85条、第86条的规定,参与合并的企业在共同市场或在共同市场的实质部分的市场份额均不超过25%,也应作出与共同市场相吻合的推定。在合并程序上为确保有效控制,规定公司在欧共体范围内的合并行为实施之前应履行事先告知义务,委员会被告知后有义务告诉合并企业关于合并行为是否与共同市场相吻合的裁定期限。根据《合并规则》的规定,以下两种情况下企业应得到委员会的批准。第一种情形是:有关企业在世界范围内的年度合并销售总额多于50亿欧元,且有关企业至少有两个,其中每一个在欧共体中的销售额超过2.5亿欧元,除非每一个企业在一个且仅在这个欧共体成员国中的销售额超过其在欧共体范围内总销售额的2/3。第二种情形是:有关企业在世界范围内的年度合并销售总额多于25亿欧元,且有关企业合并销售额在至少三个欧共体成员国当中的每一个超过1亿欧元,在上述的三个成员国当中的每一个,至少有两个有关的企业的销售额超过2 500万欧元,且至少有两个有关的企业中的每一个在欧共体范围内的总销售额超过1亿欧元,除非每一个企业在一个且仅在这个欧共体成员国中的销售额超过其在欧共体范围内总销售额的2/3。我们常用"兼并"这一术语来指称两个或两个以上企业的结合,或一个(或多个)企业取得对另一个(或多个)企业的控制。但《合并规则》中的措辞是"集中"。《合并规则》对集中的定义为:(1)两个或两个以上原来独立的企业的合并行为;(2)至少一个企业已经形成通过收购股权或者其他方法直接或间接地控制一个或一个以上企业的全部或部分的行为。对集中行为着重考察:一个在欧共体范畴上的集中是否与欧共体市场相兼容。那些产生或增加企业优势且该优势将严重阻碍共同市场或共同市场重要部分的有效竞争的集中行为将被看作与共同市场不吻合而将被禁止。之所以考察合并对竞争的影响是因为合并导致竞争参与者在竞争主体和资源上的重新洗牌,从而可能损害竞争。如果一项集中与共同市场不相容,则被《合并规则》所禁止。但要确定是否与共同市场相容,必须制定一项明确的标准。有人主张这种标准应当是具体而确定的,比如,应具体考察其对相关产品与地域市场的影响;也有人主张这些标准不仅涉及竞争问题,还包括产业与社会政策问题。而《合并规则》以竞争问题为基础,在难以权衡时,也可以考虑其他一些因素,如产业政策、社会、环境政策等。

二、欧盟并购法律体系对合并控制的新发展

企业合并可以优化资源配置,促进技术与经济发展,但也可能扭曲竞争,导致垄断,危及相关利益主体的利益,甚至影响国民经济的发展,更重要的是企业合并还涉及成员国经济,甚至政治利益。随着一体化进程的推进,欧盟与成员国在利益分配与再分配过程中的摩擦呈加剧趋势,欧盟公共政策的演变面临新的阻力,企业合并法的实施不断受到成员国的干涉。欧盟委员会委员指出,成员国对企业合并施加不当政治干预是欧盟企业合并法面临的最主要挑战。欧盟在《合并规则》中确立了以竞争政策为指导思想,在《合并规则》中明确阐释了确立以下原则:凡是由于某种地位的创设或者强化而损害共同市场或者共同市场实质性部分中有效竞争的欧盟范围内的合并行为,均应被宣布为与共同市场不相吻合。但是,当今世界各国,把调整产业结构作为促进经济增长的方式,因此,《合并规则》所确立的竞争政策与各成员国的产业政策有时会发生背离。尽管不能以产业调整为由损害消费者的利益及损害竞争,但各成员国通过企业合并等方式进行产业调整势在必行。所以,如何调整两者关系,在欧共体和德国都曾讨论过。在《合并规则》的适用范围

上，由于其采用了效果原则，即有关合并虽然发生在欧盟境外，但其结果却波及欧盟境内，欧盟有权利对这种合并进行审查并决定是否承认批准或者是否予以制裁。

下面以著名的波音、麦道公司诉欧盟委员会案为例说明。世界航空制造业前三名是：美国波音公司，市场份额为60%；欧洲空中客车公司，市场份额为30%；美国麦道公司，市场份额为5%。在1996年年底，波音公司用166亿美元兼并了麦道公司，合并后的企业占65%的市场份额。这项合并案得到了美国联邦贸易委员会的批准，然而欧盟委员会却禁止这项合并。欧盟委员会认为波音公司在整个飞机市场上已取得支配地位，与麦道公司的合并将加强波音公司的市场支配地位。根据《合并规则》第三条第三款：如果一项合并创设或强化了导致严重损害共同市场或者共同市场中实质性部分有效竞争的统治地位，应当被宣布为与共同市场不相吻合。波音、麦道公司的合并案导致了美国与欧盟之间的冲突。美国国防部与司法部以美国政府的名义通知欧盟，对该合并的否定将给美国的国防利益造成很大伤害，同时还将影响到美国的就业岗位。最后关头，欧盟放弃了过于严厉的干涉，有条件地批准了这项合并。这些条件是：波音公司有义务采取措施维护麦道公司在合并后10年内业务的独立性，为此欧盟委员会将任命一名独立的调查员就麦道公司的飞机业务是否保持独立性进行调查；波音公司有义务对麦道飞机进行同质量标准的维修服务；波音公司不得利用麦道公司的客户关系使这些客户转向购买波音飞机；波音公司在2007年8月1日前不得再与其他航空公司签订专供合同；波音公司将根据飞机制造公司的有关转让制造或销售喷气式飞机的"借助于国家支持"而开发出来的专利的请求与有关当事人签订非专有的、费用合理的专利许可合同；如果波音公司参与了由政府资助的研究开发有关飞行与空间技术的项目，那么在未来10年内，波音公司应当每年向欧盟委员会就参与的项目（保密者除外）作出报告；波音公司不得以不正当的方式直接或间接地影响它的供货商，导致供货商拒绝向其他大型飞机制造商供货或拒绝与其他大型飞机制造商建立联系。

从上述合并案可以看出，在经济全球化的今天，欧盟的合并法，由欧盟范围内转为全球视角，以维护、推动竞争为第一要务。同时，由于巨大型企业之间合并的出现，有关企业合并的国际合作日益重要。

【想一想】 美欧并购法律侧重点有何不同？

第三节　中国企业并购的法律监管

一、《公司法》和《证券法》

1993年12月颁布的《中华人民共和国公司法》（以下简称《公司法》）在第七章以"公司合并、分立"为题，针对公司制企业，对并购进行了有关规定，同时，还分别对股份有限责任公司和国有独资公司的产权转让与企业合并作了相关规定。

2005年，《公司法》进行了修订，其中与并购有关的修改包括：强调了公司自治，从而体现了公司章程的重要性；允许一人公司、分期注资、出资形式多样化（允许股权出资）、对外投资不受净资产百分之五十的限制；强化了控股股东及其实际控制人、董事、监事、高管人员的责任;规定重大购买、出售资产(重组)须经股东大会特别决议通过。

1998 年 12 月颁布的《中华人民共和国证券法》(以下简称《证券法》)对上市公司收购的方式、信息披露、收购双方权责关系等方面作出了一系列规定,在一定程度上扫清了上市公司收购过程中存在的部分人为障碍,初步满足了包括民营企业、自然人等在内的多元化市场主体的并购要求。《证券法》第七十九条规定,投资者持股达到百分之五时,每增减百分之五,须报告和公告,比《股票发行与交易管理暂行条例》规定的持股每增减百分之二就要公告显然宽松得多。《证券法》第八十条规定持有公司股份达到百分之三十后继续收购的,通过向证监会申请批准可豁免发出全面收购要约,免除了以往的诸多限制,降低了并购成本,将吸引更多的民间资金入市。同时,《证券法》还首次以立法的形式对国有股、法人股的流通权作出了默许,这将为证券市场并购行为向市场化方向发展奠定必要的法律基础。

2005 年,《证券法》已由中华人民共和国第十届全国人民代表大会常务委员会第十八次会议于 10 月 27 日修订通过,并于 2006 年 1 月 1 日起执行。其中涉及企业并购的法律修改包括:

1. 增加了一致行动人概念,强化收购人及其实际控制人的法律责任

将 1998 年《证券法》中的"投资者持有一个上市公司已发行的股份的百分之五时应当向国务院证监会作出书面报告和公告,每增减百分之五必须报告和公告"修订为"投资者持有或者通过协议、其他安排与他人共同持有一个上市公司已发行的股份达到百分之五时,应当在该事实发生之日起三日内,向国务院证券监督管理机构、证券交易所作出书面报告,通知该上市公司,并予公告;在上述期限内,不得再行买卖该上市公司的股票"。

法律解释了信息披露制度中的一致行动问题。一致行动是指两个以上的人(包括自然人和法人)在收购过程中,相互配合以获取或巩固目标公司控制权的行动。由于大额持股披露规则要求大股东在持股达一定比例时有报告并披露其股份增减状况的义务,并且在持股达法定比例时有强制收购的义务,因而有些收购者为了逃避这些法定义务的约束,往往采取联手共同行动来规避法律的强制性规定。如果收购立法对这种一致行动听之任之,那么信息披露制度在实际操作中将不能发挥任何作用,因此,各国的收购立法都将采取一致行动的股东所持有的股份看作为一人持有,当持股达到法定比例时须履行披露或强制收购等义务,这是上市公司收购立法中规范一致行动的基本原则,是上市公司收购制度中不可或缺的一部分。

2. 强制性全面要约收购制度改为要约方式

将 1998 年《证券法》的第八十一条"通过证券交易所的证券交易,投资者持有一个上市公司已发行的股份的百分之三十时,继续进行收购的,应当依法向该上市公司所有股东发出收购要约"修改为"通过证券交易所的证券交易,投资者持有或者通过协议、其他安排与他人共同持有一个上市公司已发行的股份达到百分之三十时,继续进行收购的,应当依法向该上市公司所有股东发出收购上市公司全部或者部分股份的要约。收购上市公司部分股份的收购要约应当约定,目标企业股东承诺出售的股份数额超过预定收购的股份数额的,收购人按比例进行收购"。

3. 延长了收购后许可再次转让的时间

将1998年《证券法》的第九十一条"在上市公司收购中，收购人对所持有的被收购的上市公司的股票，在收购行为完成后的六个月内不得转让"修改为"在上市公司收购中，收购人持有的被收购的上市公司的股票，在收购行为完成后的十二个月内不得转让"。

二、《上市公司收购管理办法》

《上市公司收购管理办法》（以下简称《管理办法》）由中国证监会发布，于2002年12月1日起正式生效。中国证监会在2006年对其进行了修订，并于2006年9月1日起开始施行。为保护中小股东的利益，《管理办法》规定了收购人持股达到收购要约触发点后继续增持的，必须发出收购要约，除非得到证监会的豁免，保证中小股东有机会分享控制权带来的溢价，有机会选择退出。根据《管理办法》及配套规范的要求，收购方在整个过程中都要做到信息披露的充分、及时和准确，使得收购对广大投资者高度透明，确保投资者在信息充分的情况下进行自主选择。为积极推进上市公司收购兼并，《管理办法》创造性地解决了要约价格的问题，从而使得上市公司要约收购成为可能。同时，还规定了五种经申请取得豁免和七种备案豁免的情形，降低了收购成本，提高了收购效率，起到了促进收购发生的作用。为提高上市公司收购兼并的质量，《管理办法》强化了中介机构在上市公司收购中的作用和勤勉尽职的责任，对不勤勉尽职的中介机构规定了严格的监管措施。此外，拓宽了收购主体的范围。《管理办法》在上述几个方面的重要突破，实际上是我们在公司收购市场化方面探索的一大突破，是对原来公司收购的一些基础性法规所作的一种更具可操作性的规则细化或补充，由此形成了上市公司收购的法律基本框架中的核心部分。法规的完善给市场带来两个最直接的后果，虚假重组、操纵市场的并购越来越没有空间，而实质性重组和战略性重组受到鼓励。这会从根本上改变中国上市公司收购的内容和形式，无疑将成为中国并购重组的分水岭，必将引领并购重组市场进入一个新的时代。

2006年8月1日，中国证监会正式对外发布修订的《管理办法》。这是完善证券市场基础建设的一项重大举措，是适应我国"十一五"规划提出的推动企业并购、重组、联合的战略要求，切实贯彻落实《证券法》的重要配套规章。新修订的《上市公司收购管理办法》自2006年9月1日起施行。中国证监会发布的《管理办法》（证监会令第10号）、《上市公司股东持股变动信息披露管理办法》（证监会令第11号）、《关于要约收购涉及的被收购公司股票上市交易条件有关问题的通知》（证监公司字〔2003〕16号）和《关于规范上市公司实际控制权转移行为有关问题的通知》（证监公司字〔2004〕1号）同时废止。与2002年12月1日起实施的老办法相比，该办法凸显了十大新看点，顺应了全流通时代的并购大潮。

1. 要约收购

对于上市公司收购中的核心问题——要约收购价格，2006年《管理办法》中作出了实质性修改，即将流通股的要约价格与市价挂钩，将要约提示性公告前30个交易日的均价作为要约价格的底限，不再打折。2006年《管理办法》规定，收购人要约收购价格不低于下列价格中较高者：（1）在提示性公告前6个月内，收购人买入该种股票所支付的最高价格；（2）在提示性公告日前30个交易日内，该种股票的每日加权平均价格的算术平均值。而此前的《管理办法》中，该项规定的第二款为在提示性公告日前30个交易日内，该种股票的每日加权平均价格的算术平均值的 90%。明确对不同要约方式下支付条件的特殊要求,部分要约可以采用现金、证券、法律允许的方式;以退市为目的的全面要约和中国证监会强制收购人发出的全面要约,必须选择现金方式。

2. 管理层收购(MBO)

2006 年《管理办法》显示,监管层对管理层收购持谨慎态度,在公司治理、批准程序、信息披露、公司估值等方面作了特别要求。在公司治理方面,要求上市公司应当具备健全且运行良好的组织机构以及有效的内部控制制度,独立董事的比例应当达到董事会成员的 1/2 以上;在批准程序上,要求 2/3 以上的独立董事赞成本次收购,经出席公司股东大会的非关联股东半数通过,独立董事应当聘请独立财务顾问出具专业意见;增加信息披露的要求,要求董事和高管人员及其亲属就其在最近 24 个月内与上市公司业务往来情况、定期报告中就管理层还款计划落实情况等予以披露;必须聘请会计师和评估师提供公司估值报告;要求财务顾问进行持续督导;管理层存在《公司法》第一百四十七条、第一百四十九条规定的不履行诚信义务情况的,禁止收购上市公司。

从上述规定中可看出,2006 年《管理办法》对 MBO 作出的要求,大大超出了对一般收购方的要求。MBO 使得上市公司控制人与管理层合二为一,其对上市公司其他股东造成潜在损害的可能性比一般收购要大。因此,对 MBO 作出更加严格的规定,有利于保护上市公司的整体利益。

3. 监管方式

对于上市公司收购活动的监管方式,2006 年《管理办法》预示了两大重要革新:(1)监管部门直接监管下的全面要约收购,变为财务顾问把关下的部分要约收购;(2)完全依靠监管部门进行的事前监管,变为适当的事前监管与强化的事后监管相结合。

根据投资者持股比例的不同,监管策略将更加多样化:持股介于 5% 到 20% 的,简要披露信息,仅须报告;持股介于 20% 到 30% 之间的,应详细披露;对成为公司第一大股东的,比照收购人的标准,应聘请财务顾问出具核查意见,监管部门对其实行事后监管,发现其不符合收购人要求的,通过并购委员会审议,监管部门可责令其停止收购,限制其表决权的行使;持股 30% 以上的,应聘请财务顾问出具核查意见,依法向监管部门报告,并履行法定要约义务或申请豁免,监管部门在 15 日内限期审核;对将会成为公司实际控制人的间接收购,一并纳入规范。

同时,单列一章规定持续监管,如收购行为完成后 12 个月内,收购人与上市公司应当在每月前 3 日内就上个月上市公司投资,购买或出售资产,关联交易,主营业务调整,董事、监事及高级管理人员的更换,职工安置,收购人履行承诺等情况向证监局报告。

4. 收购人

2006 年《管理办法》对收购人的条件提出了多种强制要求,遴选"好人"、"能人",防范惯于"空手套白狼"的收购者。同时,对出让方作出限制,严禁金蝉脱壳。对收购人而言,主要有五大规范:(1)对主体资格予以规范,收购人存在到期不能清偿数额较大的债务且处于持续状态、最近三年有重大违法行为或严重的证券市场失信行为的,禁止其收购上市公司;(2)明确界定一致行动人的范围,既作出了原则性界定,又逐一列举,将举证责任落在一致行动嫌疑人身上,促使隐藏在背后的收购人浮出水面;(3)提出足额付款要求，为避免分期付款安排导致收购人先行控制上市公司后转移上市公司资金用于收购，出现“空手套白狼”的问题，规定收购人足额付款，方可办理股份过户；(4)提出持续监管要求，除财务顾问在收购完成后的12个月内对收购人进行持续督导外，要求收购人每月向所在地证监局报告；(5)发挥地方政府作用，证监局在收到收购人的书面报告后，向上市公司所在地的省、市两级地方政府征求意见。

对作为出让方的控股股东和实际控制人而言，要求其对收购人的收购意图、实力进行调查，并将调查情况予以披露。控股股东及其实际控制人存在占用、违规担保等状况的，未消除损害之前，不得转让公司控制权；如果控制权转让所获收入仍无法消除损害，出让方应提出充分有效的履约保证，并经股东大会批准。

5. 换股收购

2006年《管理办法》明确，收购人可以有价证券作为支付手段收购上市公司。这意味着呼吁多年的换股收购首次登陆A股市场。2006年《管理办法》规定，收购人以有价证券作为支付条件，收购人聘请的财务顾问应对收购人的收购条件及该证券价值进行估值分析。允许换股收购和股票加现金收购等方式，体现了鼓励上市公司收购的立法精神，有利于活跃上市公司并购市场，发挥证券市场优化配置资源的功能。在美国，大概有70%到90%的交易是以股票加现金作为支付手段的。

6. 财务顾问

2006年《管理办法》的一个创新，就是建立财务顾问在并购前、中、后全程把关的市场约束机制。收购人必须聘请证监会认可的财务顾问，由其负责对收购人的主体资格、收购目的、实力等进行尽职调查，积极防范收购人侵害上市公司和中小股东的合法权益。

上述强制性规定，意味着一批拥有财务顾问资格的优质券商，将在未来的上市公司并购中扮演极其重要的角色，并因此分享一块大的蛋糕。虽然目前尚未明确具体的收费标准，但这些券商在上市公司并购中所提供的服务，将成为它们的一个重要收入来源。

7. 反收购战场烽烟四起

2006年《管理办法》删除了老办法第三十三条关于“收购人做出提示性公告后，目标企业董事会不得采取的六种反收购策略”的规定。全流通时代的反收购战场，势必烽烟四起。全流通时代，敌意收购将变得更为容易，因此，2006年《管理办法》不再禁止董事会提出有关反收购的议案。但该《管理办法》第八条仍规定，目标企业董事会的反收购措施，应有利于维护本公司及其股东的利益，不得滥用职权对收购设置不适当的障碍，不得利用公司资源向收购人提供任何形式的财务资助，不得损害公司及其股东的合法权益。此外，该《管理办法》第三十三条规定，收购人做出提示性公告后至要约收购完成前，目标企业除继续从事正常的经营活动或者执行股东大会已经作出的决议外，未经股东大会批准，目标企业董事会不得通过处置公司资产、对外投资、调整公司主要业务、担保、贷款等方式，对公司的资产、负债、权益或者经营成果造成重大影响。其余的反收购策略，如发行新股等，不再明文禁止。

8. 部分要约收购

2006年《管理办法》鼓励上市公司收购，在强制性全面要约收购制度的基础上，增加了部分要约制度。该办法第二十四条规定，通过证券交易所的证券交易，收购人持有一个上市公司的股份达到该公司已发行股份的 30% 时，继续增持股份的，应当采取要约方式进行，发出全面要约或者部分要约。有分析人士认为，全面要约方式，适合以退市为目的的上市公司收购（俗称私有化）；而部分要约收购，可大大降低收购成本，避免复杂的审批程序，利于活跃上市公司收购活动。同时，为防止滥用比例收购方式，2006 年《管理办法》规定了部分要约收购的下限，以要约方式收购一个上市公司股份的，其预定收购的股份比例不得低于已发行股份的 5%。

9. 豁免权部分下放股东大会

2006 年《管理办法》适度减少了监管部门审批豁免权力，将部分要约收购的豁免权下放股东大会，体现了以股东大会为核心的公司自治原则。2006 年《管理办法》第六十二条第二、三款规定，有下列情形之一的，收购人可以向中国证监会提出免于以要约方式增持股份的申请：上市公司面临严重财务困难，收购人提出的挽救公司的重组方案取得该公司股东大会批准，且收购人承诺 3 年内不转让其在该公司中所拥有的权益；经上市公司股东大会非关联股东批准，收购人取得上市公司向其发行的新股，导致收购人在该公司拥有权益的股份超过该公司已发行股份的 30%，收购人承诺 3 年内不转让其拥有权益的股份，且公司股东大会同意收购人免于发出要约。

此外，关于豁免，2006 年《管理办法》还体现了法律对国有、民营、外资公平对待的精神。该办法规定，收购人与出让人能够证明彼此具有关联关系，上市公司的实际控制人没有发生变化，可予豁免要约收购，但“不同省级的国有资产管理部门一般不被视为具有关联关系”。即对跨地区、跨部门的国有单位之间转让国有股，凡作为不同商业利益主体进行的，一般不予豁免。

10. 收购人可限期限量增持

2006 年《管理办法》允许收购人在收购完成 12 个月后，每年增持不超过 2% 的股份，并可向中国证监会申请以简易程序免除以要约方式增持股份。

在简易程序下，“中国证监会自收到符合规定的申请文件之日起 5 个工作日内未提出异议的，相关当事人可以向证券交易所和证券登记结算机构申请办理股份转让和过户登记手续”。若非简易程序，则变为“证监会在受理豁免申请后的 20 个工作日内，就收购人所申请的具体事项作出是否予以豁免的决定；取得豁免的，收购人可以继续增持股份”。

三、《上市公司并购重组财务顾问业务管理办法》

证监会 2008 年 7 月 4 日发布了《上市公司并购重组财务顾问业务管理办法》，并于 2008 年 8 月 4 日正式开始实施。

《上市公司并购重组财务顾问业务管理办法》明确对证券公司、投资咨询机构以及其他符合条件的财务顾问机构从事上市公司并购重组财务顾问业务实行资格许可管理，同时规定了财务顾问主办人的相关资格条件。

《管理办法》明确设立了财务顾问制度，将上市公司并购重组从证监会直接监管下的全面要约收购转变为财务顾问把关下的部分要约收购；将完全依靠中国证监会的事前监管转变为实施财务顾问制度下的中国证监会适当事前监管与重点强化事后监管相结合。

在此制度下，财务顾问机构切实履行其职责，真正督促并购重组活动的相关当事人自我约束、自觉规范运作、维护市场秩序和公信力，是有效发挥市场机制作用的前提和基础。《上市公司并购重组财务顾问业务管理办法》的出台，标志着上市公司并购重组财务顾问业务将正式步入规范管理的轨道，有利于充分发挥财务顾问在上市公司并购重组活动中的积极作用，促使上市公司规范运作、维护证券市场秩序和保护投资者的合法权益，是完善中国证券市场基础性制度建设的又一重大举措。

四、关于产权转让的法规

（一）国有企业产权交易

2003 年 12 月，国务院国资委与财政部联合印发了《企业国有产权转让管理暂行办法》（简称 3 号令），从此国有产权流动有了一套严格的以“进场交易”为核心的制度规范。此后产权交易机构的其他类型业务在很大程度上借鉴了该办法的规定，这个办法的影响非常大。但这一办法的不足之处也很明显，那就是没有对产权交易的具体操作办法作出规定，各地执行起来都加入了自己的想法，造成了各地规则极不统一，最终导致在这种情况下整合全国产权市场并纳入多层次资本市场体系异常困难。

（二）行政事业单位资产转让

2006 年 7 月，财政部颁布的《行政单位国有资产管理暂行办法》（简称 35 号令）和《事业单位国有资产管理暂行办法》（简称 36 号令）施行。35 号令第三十二条要求：“行政单位国有资产处置应当按照公开、公正、公平的原则进行。资产的出售与置换应当采取拍卖、招投标、协议转让及国家法律、行政法规规定的其他方式进行。”36 号令第二十八条与之相似：“事业单位国有资产处置应当遵循公开、公正、公平的原则。事业单位出售、出让、转让、变卖资产数量较多或者价值较高的，应当通过拍卖等市场竞价方式公开处置。”从表述中我们看到对产权交易同样没有具体规则上的规定，甚至对交易场合也没有明确。目前进入产权交易机构交易可以说只是“在相似性质交易上的变通”，或者说是在没有合适场所的情况下很自然地流入了产权交易市场，具体的法律法规并没有说明。

（三）非上市公司股权转让

长期以来，国家对非上市股份有限公司的股权转让一直没有制定相应的法律制度。2004 年年初，《国务院关于推进资本市场改革开放和稳定发展的若干意见》（简称国九条）出台，非上市股份有限公司的股权转让的制度框架基本形成。目前各产权交易机构热衷开展的股权托管业务实际上就是为下一步的股权交易做的准备。

（四）技术产权交易

2006 年年初颁布的《国务院关于实施〈国家中长期科学和技术发展规划纲要（2006～2020 年）〉若干配套政策的通知》提出：“推进高新技术企业股份转让工作。在有条件的地区，地方政府应通过财政支持等方式，扶持发展区域性产权交易市场，拓宽创业风险投资退出渠道。”科技部《关于加快发展技术市场的意见》更加明确提出：“积极发展技术产权交易市场。在发展较好的技术产权交易市场开展国家高新区内未上市高新技术企业股权流通的试点工作。”

综观这些政策法规我们发现：第一，没有一项专门针对产权市场并且带有操作指导性的政策法规，目前的诸多政策只是针对产权市场的一部分或者散见于综合类的政策法规条文内；第二，因为产权市场的出身和其要承担的市场责任在监管主体上有脱节，部门间的利益冲突难以协调，这让产权市场的现实定位和未来发展非常尴尬。

五、关于外资并购的法规

社会主义经济体制改革推动了我国企业并购的蓬勃发展。实践中的外资并购行为在20世纪90年代开始在我国出现。为了建立健康、有序的并购市场，规范并购行为，国家先后制定了一系列的相关法律、法规。

1995年9月，国务院办公厅转发了《国务院证券委员会〈关于暂停将上市公司国家股和法人股转让给外商请示〉的通知》（国办发〔1995〕48号），规定在国家有关上市公司国家股和法人股管理办法颁布之前，任何单位一律不准向外商转让上市公司的国家股和法人股。这是我国首次正式对外资并购的有关问题作出专门规定，外资并购因此进入长达6年的低潮期。尽管1999年的《证券法》专章规定了上市公司收购内容，1999年8月外经贸委颁布的《外商收购国有企业的暂行规定》也明确规定外商可以参与并购国有企业，但是国办发〔1995〕48号文件的限制并未解除。在2002年以前有关外资并购的法律、法规相对较少，远远滞后于外资并购的迫切需求，对外资并购的规制主要适用《中华人民共和国外资企业法》、《公司法》、《证券法》等相关法规。

国内并购和外资并购的蓬勃发展，促使我国加快外资并购的立法步伐。自2001年11月我国加入WTO以来，政府有关部委发布了一系列关于外资并购方面的办法和规定，使得外资并购在政策上的障碍逐渐消除，可操作性明显增加。2001年11月，外经贸部和证监会联合发布了《关于上市公司涉及外商投资有关问题的若干意见》，允许外商投资股份有限公司发行A股或B股和允许外资非投资公司的产业资本、商业资本通过受让非流通股的形式收购国内上市公司股权。

2002年4月1日，中国证监会发布并实施《公开发行证券的公司信息披露编报规则第17号——外商投资股份有限公司招股说明书内容与格式特别规定》，使外资发起设立上市公司进入实际操作阶段。4月起，新修订的《指导外商投资方向规定》及《外商投资产业指导目录》正式实施，根据新修订的内容，中国基本实现全方位对外开放，许多以往限制外资进入的领域开始解禁。

2002年6月，中国证监会颁布《外资参股证券公司设立规则》和《外资参股基金管理公司设立规则》。这两个规则的颁布和实施表明金融业对外开放已成定局。

2002年8月1日起，开始执行新的《外商投资民用航空业规定》，外商的投资范围扩大到现有的任何一家公共航空运输企业。10月，证监会发布《上市公司收购管理办法》，其中对上市公司的收购主体不再加以限制，外资将获准收购国内A股上市公司和非上市公司的国有股和法人股，此办法于12月1日起正式实施。11月1日，中国证券监督管理委员会、财政部、国家经济贸易委员会颁布了《关于向外商转让上市公司国有股和法人股有关问题的通知》。11月5日，中国证券监督管理委员会、中国人民银行联合发布了《合格境外机构投资者境内证券投资管理暂行办法》。11月8日，国家经济贸易委员会、财政部、国家工商行政管理总局、国家外汇管理局公布了《利用外资改组国有企业暂行规定》。

2002年12月30日，为规范对外商投资企业的管理，外经贸部、国家税务总局、国家工商行政管理总局、国家外汇管理局联合制定并发布了《关于加强外商投资企业审批、登记、外汇及税收管理有关问题的通知》。该通知对外资并购国内企业的相关审批程序和出资缴付期限作出具体规定，并自2003年1月1日起正式施行。

2003年1月2日上述四部委又联合发布了《外国投资者并购境内企业暂行规定》，自2003年4月12日起施行。该暂行规定对外资并购的形式、外资并购的原则、审查机构、审查门槛、并购程序作了较为全面的规定，是我国当时最为全面的、专门的规制外资并购的行政规章，初步奠定了我国外资并购法律规制的基础，对我国外资并购立法有标志性意义。

此后，部分与外资并购相关的规定也相继出台。国家税务总局2003年4月18日发布的《关于外国投资者出资比例低于25%的外商投资企业税务处理问题的通知》和5月28日发布的《关于外国投资者并购境内企业股权有关税收问题的通知》也主要涉及外资并购的税收处理。

2003年7月4日，中国证券监督管理委员会发布的《关于合格境外机构投资者境内证券交易登记结算业务有关问题的通知》对包括并购在内的合格境外机构投资者投资国内证券市场的登记结算方式作出了具体规定。2004年1月21日，中国证券监督管理委员会和商务部联合发布了《关于上市公司国有股向外国投资者及外商投资企业转让申报程序有关问题的通知》，试图解决包括并购在内的外资对上市公司国有股投资的审批操作程序问题。

2005年12月31日，商务部、中国证监会、国家税务总局、国家工商行政管理总局、国家外汇管理局发布的《外国投资者对上市公司战略投资管理办法》是根据2005年正式实施的我国证券市场全流通改革的进程适时发布的新规定。修订后的《公司法》和《证券法》也都对外资并购行为产生直接的影响。

2006年4月11日，国家工商行政管理总局、商务部发布了《关于外国投资者通过股权并购举办外商投资广告企业有关问题的通知》。7月11日，建设部、商务部、国家发展和改革委员会、中国人民银行、国家工商行政管理总局、国家外汇管理局《关于规范房地产市场外资准入和管理的意见》也对外资对具体行业内企业的并购行为作出了具体规定。2006年修订的《合格境外机构投资者境内证券投资管理办法》和《关于外国投资者并购境内企业的规定》均删除了原来的“暂行”二字，不但体现了对内容的修订，更让人感觉到我国关于外资并购的立法逐步稳定的趋势。

六、反垄断法

为制止垄断行为，维护市场竞争秩序，保护消费者的合法权益和社会公共利益，保障社会主义市场经济健康发展，国家制定了反垄断法。反垄断法是保护市场竞争、防止和制止垄断行为、维护市场秩序的重要法律制度。

反垄断法旨在反对垄断，反对限制竞争，保护市场主体参与市场竞争的权利，维护市场竞争秩序，营造公平有序的市场环境。反垄断法草案主要规定了禁止垄断协议、禁止滥用市场支配地位和控制经营者集中三大制度以及禁止滥用行政权力排除、限制竞争，反垄断机构，法律责任等内容。

2006年6月7日，国务院总理温家宝主持召开国务院常务会议，讨论并原则通过《中华人民共和国反垄断法（草案）》，2006年6月24日，全国人大常委会首次审议该草案，标志反垄断法开始进入立法程序。

《中华人民共和国反垄断法》已于2007年8月30日经十届全国人大常委会第二十九次会议审议通过，并于2008年8月1日起施行。

2006年颁布的《国务院关于经营者集中申报标准的规定》和2009年颁布的《国务院反垄断委员会关于相关市场界定的指南》，为我国反垄断法的实施提供了指导，提高了国务院反垄断执法机构执法工作的透明度。

【想一想】 中国并购法律规定（与美国、欧盟法律规定相比）有何特点？

第四节　案例分析——可口可乐并购汇源果汁

一、并购双方简介

（一）并购方：可口可乐公司

可口可乐公司（Coca－Cola Company）为全球最大的软饮料制造商，可口可乐是世界上最为人知的商标。可口可乐系列产品有可口可乐、健怡可口可乐、芬达、雪碧、美汁源、醒目、天与地、津美等。1886年5月，可口可乐首次面世于美国佐治亚州亚特兰大市的雅各布药店。可口可乐公司是全世界最大的饮料公司，也是软饮料销售市场的领袖，通过全球最大的分销系统，其产品畅销世界200多个国家及地区，其品牌价值已超过700亿美元。

可口可乐公司1919年9月5日在美国特拉华州成立。公司总部设在美国亚特兰大。1989年资产额82.825亿美元，雇佣职工2万多人。1960年进入美国最大的100家工业公司的行列；1983年居第48位。1960～1983年，该公司的销售额、资产额和净收入的年均增长率分别为12.2%、11.5%和12.3%。

可口可乐公司制造和分配浓缩软饮料和果汁。作为该公司主要产品的软饮料每年的销售额约占公司总销售额的80%。软饮料产品占公司总利润的88%。可口可乐美国公司是可口可乐公司最大的销售商。该公司食品部制造和销售冷冻、浓缩柑橘和各种果汁，柠檬晶，咖啡和茶。酒类部门生产和销售各种牌号的酒，主要销于美国国内市场，是美国第四大的酒类生产和销售者；该公司还生产塑料薄膜以及其他消费产品，如防臭剂、湿手巾纸等。

可口可乐公司是举世闻名的汽水大王，它在全球各地有500余种产品销售，其中可口可乐、健怡可口可乐、雪碧、芬达四大品牌在全球最畅销汽水前5位中独占4位。该公司重视国际市场，广告遍天下。它在外国就地制造，就地销售，获取厚利。1981年，该公司在国外的销售额占公司总销售额的62%，销售活动分布在145个国家和地区。在饮料、食品和其他方面，该公司在国外拥有8家子公司。在国外的装瓶厂子公司有15家，在美国特拉华州的2家子公司——可口可乐国际公司和可口可乐出口公司，参与可口可乐公司的出口活动。

可口可乐公司早在1927年就在中国天津、上海建立瓶装厂，1979年随着中国改革开放，重返中国市场，自1981年起先后在北京、大连、南京、西安、武汉、杭州、广州等地建立合资瓶装企业，并于1988年在上海建立可口可乐浓缩液厂，除使中国大陆装瓶厂摆脱使用进口浓缩液外，还出口东南亚。

（二）目标企业：汇源集团

中国汇源果汁集团有限公司（以下简称汇源集团）于1992年创立于山东省，1994年将总部迁至北京市顺义区，1998年开始向全国发展。它主营果、蔬汁及果、蔬汁饮料，是中国最大的纯果汁制造商，在国内快速发展的果汁市场中占据龙头地位，建有400多万亩的水果基地与30多家工厂，在其发展过程中，曾多次通过合资、并购与被并购方式获得跨越式成长，并于2007年2月在香港成功上市。“汇源”商标被认定为中国驰名商标，汇源产品被授予中国名牌产品称号和产品质量国家免检资格。

汇源集团累计研发和生产了500多种饮料食品。据权威调查机构AC尼尔森公布的数据，汇源100%果汁占据了纯果汁46%的市场份额，中高浓度果汁占据了39.8%的市场份额。同时，浓缩汁、水果原浆和果汁产品远销美国、日本、澳大利亚等30多个国家和地区。

汇源集团拥有100多条国际最先进的PET瓶、康美包、利乐包、怡乐屋顶包等无菌冷灌装生产线，并开创和引领了中国饮料PET瓶无菌冷灌装的新时代。汇源集团的水果原浆加工的冷破碎、浓缩果汁加工的超微过滤、饮料生产的无菌冷灌装等项工艺和技术均处于世界领先地位。汇源集团所属工厂先后通过了ISO 9001质量体系认证、HACCP（食品安全管理）体系和ISO22000质量体系认证，并获得被认为审核最严格的BRC（英国零售商协会标准）证书。

汇源集团自成立以来，带动了整个中国果汁行业的发展，引领了果汁健康消费的新时尚，促进了水果种植业、加工业及其他相关产业的现代化发展，帮助百万农民奔小康。汇源集团一贯奉行“营养大众、惠及三农”的企业使命和“取之于社会，奉献于社会”的企业宗旨，积极履行社会责任。十几年来，累计缴纳税金20多亿元，投入社会慈善、公益事业的资金、物资价值数亿元。汇源集团曾荣获“农业产业化国家重点龙头企业”、“全国工业旅游示范点”、“全国三峡工程建设先进单位”、“最具市场竞争力品牌”等各项殊荣。

2007年2月23日，汇源集团股票在香港联交所成功挂牌上市，公开认购部分共获得超额认购937倍，上市当日股价上涨66%。

表8－1　汇源果汁股权架构

持股人	持股比例
朱新礼	41%
达能	23%
公众	15%
荷兰银行	7%
华平基金	7%
富大国际	7%

二、可口可乐收购汇源案例分析

(一)可口可乐收购汇源的动机分析

可口可乐中国公关负责人李小筠透露:“此次收购动机是‘看好中国果汁饮料的发展潜力’。中国的果汁市场在蓬勃快速增长。这次收购将为我们的股东带来价值,并为可口可乐公司提供一个独特的机会以增强在中国的业务。收购汇源将给可口可乐带来互补效应。”实际上,可口可乐公司近年来一直在布局发展一系列不带气饮料,包括果汁饮料“美汁源”果粒橙及原叶茶饮料,收购汇源后可以弥补此前的“短板”。如果收购成功,则中国果汁市场将面临巨变:可口可乐公司凭借庞大的资金实力,在碳酸型饮料市场不断萎缩、健康型果汁市场不断壮大时,很可能在今后的果汁市场上一统江山,再没对手。

(二)并购案对汇源的影响

(1)汇源师夷长技以自强。汇源果汁选择与可口可乐联手,可以通过学习对方的品牌运作经验,加强市场营销,提升经营绩效,扩大市场经营能力。(2)交易完成后汇源将撤销其上市地位。汇源果汁(01886. HK)发表公告,指可口可乐旗下全资附属公司Altantic Industries,以总代价179.1957亿港元,收购汇源全部已发行股本。若交易完成,汇源果汁将撤销上市地位。(3)收购后仍继续保留汇源品牌。可口可乐公司有关负责人表示:如果成功,可口可乐会继续保留汇源品牌,可口可乐已经向汇源股份发出要约,已取得三个股东签署接受要约不可撤销的承诺,三个股东合计占有汇源66%的股份。(4)对食品饮料个股的影响:A股市场食品饮料关联的上市公司,其股价将会受到一定的刺激而上涨。乳业、酿酒业、旅游酒店业都会有一定的市场表现。

此次交易是双方强强联合、双赢的,交易后将不影响汇源集团现有果汁生产,汇源集团现有经营方式及人员等都不会发生变化。另外,目前朱新礼手上除汇源的资产外,还持有大量果园等上游原材料的资产。而果汁原料行业也是他个人相当看好的行业,未来可能形成由他旗下的原料企业向可口可乐收购的上市公司提供原料的稳定模式。受到并购消息的影响,港果汁股全线上扬飙升:果汁股出现全线上扬态势,受汇源果汁急升1.67倍的刺激,安德利果汁的股价攀升16.7%至0.63港元,为8月初以来高位;蒙牛乳业亦涨4.9%至23.65港元。

(三)可口可乐收购汇源事件进展

表8-2 可口可乐收购汇源事件进展

可口可乐收购汇源事件进展
◆ 2008年9月3日,可口可乐向汇源发出24亿美元收购要约
◆ 2008年11月19日,汇源最后一次向商务部提交补充材料
◆ 2008年11月20日,商务部正式进入反垄断调查程序
◆ 2009年3月18日,可口可乐收购汇源案未通过中国审查
◆ 2009年3月18日,可口可乐宣布不会继续收购汇源
◆ 2009年3月19日,商务部表示裁决与中国外资政策无关
◆ 2009年3月19日,外交部表示禁止并购汇源非贸易保护主义

商务部认为,此项经营者集中具有排除、限制竞争的效果,将对中国果汁饮料市场有

效竞争和果汁产业健康发展产生不利影响。鉴于参与集中的经营者没有提供充足的证据证明集中对竞争产生的有利影响明显大于不利影响或者符合社会公共利益，在规定时间内，可口可乐公司也没有提出可行的减少不利影响的解决方案，因此，决定禁止此项经营者集中。

关于对美国可口可乐公司与中国汇源果汁集团有限公司的经营者集中立案和审查的公告

中华人民共和国商务部收到美国可口可乐公司（简称可口可乐公司）与中国汇源果汁集团有限公司（简称中国汇源公司）的经营者集中反垄断申报，根据《反垄断法》第三十条，现公告如下：

一、立案和审查过程。2008年9月18日，可口可乐公司向商务部递交了申报材料。9月25日、10月9日、10月16日和11月19日，可口可乐公司根据商务部的要求对申报材料进行了补充。11月20日，商务部认为可口可乐公司提交的申报材料达到了《反垄断法》第二十三条规定的标准，对此项申报进行立案审查，并通知了可口可乐公司。由于此项集中规模较大、影响复杂，2008年12月20日，初步阶段审查工作结束后，商务部决定实施进一步审查，书面通知了可口可乐公司。在进一步审查过程中，商务部对集中造成的各种影响进行了评估，并于2009年3月20日前完成了审查工作。

二、审查内容。根据《反垄断法》第二十七条，商务部从如下几个方面对此项经营者集中进行了全面审查：（一）参与集中的经营者在相关市场的市场份额及其对市场的控制力；（二）相关市场的市场集中度；（三）经营者集中对市场进入、技术进步的影响；（四）经营者集中对消费者和其他有关经营者的影响；（五）经营者集中对国民经济发展的影响；（六）汇源品牌对果汁饮料市场竞争产生的影响。

三、审查工作。立案后，商务部对此项申报依法进行了审查，对申报材料进行了认真核实，对此项申报涉及的重要问题进行了深入分析，并通过书面征求意见、论证会、座谈会、听证会、实地调查、委托调查以及约谈当事人等方式，先后征求了相关政府部门、相关行业协会、果汁饮料企业、上游果汁浓缩汁供应商、下游果汁饮料销售商、集中交易双方、可口可乐公司中方合作伙伴以及相关法律、经济和农业专家等方面的意见。

四、竞争问题。审查工作结束后，商务部依法对此项集中进行了全面评估，确认集中将产生如下不利影响：1. 集中完成后，可口可乐公司有能力将其在碳酸软饮料市场上的支配地位传导到果汁饮料市场，对现有果汁饮料企业产生排除、限制竞争效果，进而损害饮料消费者的合法权益。2. 品牌是影响饮料市场有效竞争的关键因素，集中完成后，可口可乐公司通过控制“美汁源”和“汇源”两个知名果汁品牌，对果汁市场的控制力将明显增强，加之其在碳酸饮料市场已有的支配地位以及相应的传导效应，集中将使潜在竞争对手进入果汁饮料市场的障碍明显提高。3. 集中挤压了国内中小型果汁企业的生存空间，抑制了国内企业在果汁饮料市场参与竞争和自主创新的能力，给中国果汁饮料市场有效竞争格局造成不良影响，不利于中国果汁行业的持续健康发展。

五、附加限制性条件的商谈。为了减少审查中发现的不利影响，商务部与可口可乐公司就附加限制性条件进行了商谈。商谈中，商务部就审查中发现的问题，要求可口可乐公司提出可行解决方案。可口可乐公司对商务部提出的问题表述了自己的看法,并先后提出了初步解决方案及其修改方案。经过评估,商务部认为可口可乐公司针对影响竞争问题提出的解决方案,仍不能有效减少此项集中产生的不利影响。

六、审查决定。鉴于上述原因,根据《反垄断法》第二十八条和第二十九条,商务部认为,此项经营者集中具有排除、限制竞争效果,将对中国果汁饮料市场有效竞争和果汁产业健康发展产生不利影响。鉴于参与集中的经营者没有提供充足的证据证明集中对竞争产生的有利影响明显大于不利影响或者符合社会公共利益,在规定的时间内,可口可乐公司也没有提出可行的减少不利影响的解决方案,因此,决定禁止此项经营者集中。

本决定自公告之日起生效。

本章小结

并购的成功与否离不开法律环境对它的影响,不同国家的并购法律体系有着不同的特点。美国关于企业并购的立法起源较早,无论是在反垄断领域还是在证券交易领域都有着相应的法规,如《克莱顿法》、《谢尔曼法》、《联邦证券法》和《威廉姆斯法》等。在美国的并购法律体系中,对跨国并购有着特殊的控制。比如在投资行业方面,美国开放了其绝大多数行业,允许外资进入,但军事和国防工业禁止外资进入,限制外资进入的行业主要有通讯和交通业、不动产和自然资源开发业、能源和动力业、银行和保险业等。

欧盟的并购法律体系对合并控制有了新的发展。欧盟委员会委员指出,成员国对企业合并施加不当政治干预是欧盟企业合并法面临的最主要挑战。欧盟在《合并规则》中确立了以竞争政策为指导思想,在《合并规则》中明确阐释了确立以下原则:凡是由于某种地位的创设或者强化而损害共同市场或者共同市场中实质性部分中有效竞争的欧盟范围内的合并行为,均应被宣布为与共同市场不相吻合。

我国 2005 年颁布的《公司法》中规定重大购买、出售资产(重组)须经股东大会特别决议通过。在 2005 年颁布的《证券法》中,把强制性全面要约收购制度改为要约方式,并延长了收购后许可再次转让的时间。此外,我国还陆续出台了《上市公司收购管理办法》、《上市公司并购重组财务顾问业务管理办法》、《企业国有产权转让管理暂行办法》、《中华人民共和国反垄断法》等一系列法律法规,健全了我国的并购法律体系。

关键术语

并购法律体系　MBO　产权交易　反垄断　联邦证券法　换股收购　资产转让　谢尔曼法　威廉姆斯法　财务顾问　股权转让　克莱顿法　要约收购　反收购

思考题

※ 美国、欧盟并购法律体系各有什么特点?与中国并购法律体系有何异同?
※ 中国并购法律体系未来发展趋势如何?

课后作业

请结合案例简要论述我国并购法律体系中存在哪些问题。

第九章　并购会计与税务

学习目标

◇ 掌握购买法和权益联合法的基本会计处理；
◇ 掌握新企业会计准则下企业并购的会计处理；
◇ 了解我国企业并购的税务处理及其演化历程；
◇ 了解并购过程中的税务筹划。

引言：新企业会计准则的实施对并购重组的影响

2007年，中国资本市场股权分置改革大功告成，以股份为支付工具的收购必将风起云涌。同时，自2007年1月1日起，上市公司开始实施《企业会计准则第20号——企业合并》，该准则规定同一控制下的合并采用权益联合法，非同一控制下的合并采用购买法。历史上，中国换股合并的公司几乎都采用权益联合法，而且相当部分属于非同一控制下的合并。新企业会计准则一方面可以规范企业并购重组行为的会计处理，另一方面会给某些公司提供操纵利润的可乘之机。监管部门和注册会计师要高度警惕，应对新一轮的创造性会计手法的到来。

第一节　并购基本会计处理方法

在企业并购活动中，会计处理方法的选择是一个重要环节，直接影响并购后企业的财务状况和经营成果，进而影响并购双方利益的实现。企业并购的基本会计处理方法主要有购买法和权益联合法。

一、购买法

购买法（Purchase Method），是指并购方在对并购活动进行会计处理时，将并购视为购买目标企业的净资产或股权，同时承担企业的债务。购买法要求并购企业在并购日将被并购企业的资产、负债按公允价值计价，购买方支付的对价与被并购企业可辨认净资产（可辨认资产减去可辨认负债）公允价值的差额确认为商誉，在以后各期分摊，计入损益，或不予摊销，但定期进行减值测试或将其作为企业留存收益的减项，即期冲减所有者权益。

购买法下收购行为被视为购买。与并购方（购买方）购买一般资产相似，其基本特点是合并企业（购买方）在购买日，将被合并企业的资产和负债按公允价值计价，同时按购买价格与所取得的净资产公允价值的差额确认商誉，被合并企业的留存收益不能转入实施合并的企业，只有合并日后被合并企业所实现的收益才能包括在实施合并的企业的收益当中。

(一)购买法的经济实质

购买法将并购活动视作一项资产的购买交易,这一交易在会计处理上与购买普通资产的会计处理基本相似,即相当于以一定的价格购买被合并企业的机器、设备、厂房、存货等项目,同时承担被合并企业相应的负债。既然购买企业与购买一般资产具有相同的性质,那么需要用买入成本来计量购入企业的价值,即目标企业的资产和负债以其在被购买时的公允价值记录在收购企业的账户上,收购企业所支付的购买价格分摊到所获得的各项净资产中。

当购买价格超过所购买的资产和承担的负债的净公允价值时,就产生了商誉,商誉也就是购买方支付的对价与目标企业可辨认净资产的公允价值之差。

(二)购买法的会计处理

1. 购买日

购买日,即被购买方的净资产或经营的控制权实质上转移给购买方的日期。从购买日开始,也就是从对被购买方的控制权实质上转让给购买方的日期开始,被购买企业的经营成果即应包括在购买方的财务报表中。实际上,购买日是购买方有权控制被购买企业的财务和经营政策,以便从其业务活动中获取利益的日期。只有当保护相关各方的权益的所有必需条件均被满足时,才能认定控制权已转让给了购买方。但是,在控制权实际转让之前,并不需要根据法规结束或完成交易。在评价控制权是否实际转移时,需要考虑购买的经济实质。

2. 并购成本确认

并购成本包括为该项并购所支付的现金或现金等价物的金额,或者是在交易发生日,购买方为了取得对其他企业净资产的控制权而支付的其他购买价款的公允价值,加上任何可直接归属于该项购买的费用。

当购买涉及一项以上的交易时,购买的成本为各单项交易成本的合计数。如果购买是分阶段进行的,区分购买的日期与交易的日期就非常重要。如果对购买的核算从购买日开始,那么,应采用每一个交易日期的成本或公允价值的资料。

支付对价的方式不同,并购成本确定的方法也不同,具体如下:

(1)以现金和非现金资产作为支付对价的,并购成本应为合并对价的现金及非现金资产的公允价值。

(2)以发行的权益性证券作为支付对价的,并购成本应为发行的权益性证券在购买日的公允价值。确定所发行权益性证券的公允价值时,如果不是由于市场过于动荡或狭小而使市价不可靠,应以其公允价值,即交易当日的市价来计量。当在特定日期的市场价格不可靠,且用其他的证据和估价方法能够更好地计量公允价值时,则应考虑宣告购买条款的前后适当期间的价格波动的影响,合理采用其他的证据和估价方法。当市场不可靠或者没有牌价时,购买方所发行的证券的公允价值应参照它在购买方的公允价值中所占股份的份额,或是参照它在被购买企业的公允价值中所占股份的份额,按照两者之中较明显的一个确定。

(3)以合并发生或承担债务作为合并对价的,并购成本应为合并发生或承担债务的公允价值。因企业合并而承担的各项负债,应采用按照适用利率计算的未来现金流量的现值作为其公允价值。预期因企业合并可能发生的未来损失或其他成本不是购买方为取得对被购买方的控制权而承担的负债，不构成企业合并成本。

3. 购买资产和负债的确认

购买日，并购方要按目标企业的可辨认资产和负债的公允价值计入其资产负债表（或合并资产负债表），其支付的对价与取得（或控制）的可辨认净资产的公允价值差额，确认为商誉。

【例9-1】A公司净资产的公允价值为3 000万元。如表9-1所示，B公司的实际支付价格为3 200万元，除支付价款外未发生其他费用。B公司以3 200万元的银行存款买下了A公司所有的资产，并承担其所有的债务，购买价超过A公司净资产公允市价的200万元就为商誉。

B公司应作如下会计处理：

表9-1　**B公司应确认的资产、负债简表**

单位：万元

项目	A公司		B公司应确认价值
	账面价值	公允价值	
应收账款	600	600	600
存货	800	800	800
固定资产	1 800	2 200	2 200
商誉			200
资产总额	3 200	3 600	
应付账款和应计费用	600	600	600
所有者权益	2 600	3 000	3 200

借：应收账款　600
　　存货　800
　　固定资产　2 200
　　商誉　200
　　贷：应付账款等　600
　　　　银行存款　3 200

假如B公司支付价款2 800万元，低于A公司可辨认净资产的公允价值，首先应对A公司可辨认资产、负债的公允价值进行重新评估，假定重新评估后可辨认净资产的公允价值仍然是3 000万元，那么差额200万元直接计入当期收益。

4. 对并购前收益的确认

在购买法中，将企业合并看作一种通过转让资产、承担债务或发行股票等方式，由一个企业（购买企业）获得对另一个企业（被购买企业）净资产和经营活动控制权的行为，因而在购买日，目标企业没有留存收益项目余额，其合并利润表中仅包括收购方自购买日实现的利润，从而在合并期末的合并利润表中包含的是收购方全年的利润和目标企业在购买日后所实现的收益。

5. 并购费用的处理

合并方为进行企业合并发生的有关费用，指合并方为进行企业合并发生的各项直接相关费用，如为进行企业合并支付的审计费用、资产评估费用以及有关的法律咨询费用等，其他直接费用计入当期损益（管理费用）。但如果以发行权益性证券方式支付并购对价，则与发行权益性证券有关的佣金、手续费等直接从发行权益性证券取得的收入中扣减。合并过程中发生的其他间接费用，包括维持一个收购部门的费用，以及其他不能直接归属于此项特殊购买的核算范围的费用，均不应包括在购买的成本中，而应在发生时作为费用处理。

（三）可辨认净资产公允价值的确定

1. 可辨认净资产确认的条件

符合下列可辨认资产、负债确认条件的所购买的单项资产和负债应在购买日单独予以确认。

（1）有关的未来经济利益很可能流入或流出购买方；

（2）对购买方来说，其成本或公允价值能可靠地计量。

2. 可辨认净资产的确定方法

根据《企业会计准则第 20 号——企业合并》的规定，购买方应当按照以下规定确定合并中取得的被购买方各项可辨认资产、负债及或有负债的公允价值：

（1）货币资金，按照购买日被购买方的账面余额确定。

（2）有活跃市场的股票、债券、基金等金融工具，按照购买日活跃市场中的市场价格确定。

（3）应收款项，其中的短期应收款项，一般按照应收取的金额作为其公允价值；长期应收款项，应按以适当的利率折现后的现值确定其公允价值。在确定应收款项的公允价值时，应考虑发生坏账的可能性及相关收款费用。

（4）存货，对其中的产成品和商品按其估计售价减去估计的销售费用、相关税费以及购买方出售类似产成品或商品估计可能实现的利润确定；在产品按完工产品的估计售价减去至完工将发生的成本、估计的销售费用、相关税费以及同类或类似产成品估计出售可能实现的利润确定；原材料按现行重置成本确定。

（5）不存在活跃市场的金融工具，如权益性投资等，应当参照《企业会计准则第 22 号——金融工具确认和计量》的规定，采用估值技术确定其公允价值。

（6）房屋建筑物、机器设备、无形资产等，存在活跃市场的，应以购买日的市场价格为基础确定其公允价值；不存在活跃市场，但同类或类似资产存在活跃市场的，应参照同类或类似资产的市场价格确定其公允价值；同类或类似资产也不存在活跃市场的，应采用估值技术确定其公允价值。

（7）应付账款、应付票据、应付职工薪酬、应付债券、长期应付款等，其中的短期负债，一般按照应支付的金额确定其公允价值；其中的长期负债，应以按适当的折现率折现后的现值作为其公允价值。

（8）取得的被购买方的或有负债，其公允价值在购买日能够可靠计量的，应确认为预计负债。此项负债应当按照假定第三方愿意代购买方承担,就其所承担的义务需要购买方支付的金额作为其公允价值。

(9)取得的被购买方各项可辨认资产、负债及或有负债的公允价值与其计税基础之间存在差额的,应当按照《企业会计准则第18号——所得税》的规定确认相应的递延所得税资产或递延所得税负债,所确认的递延所得税资产或递延所得税负债的金额不应折现。

(四)商誉的处理

对商誉的会计处理主要存在三种观点,由此引出购买法下对商誉的三种不同的处理方法。

1. 将购买成本大于可辨认净资产公允价值的部分与其他生产性资产一样确认为一项资产——商誉,随着时间的推移,未来价值逐渐转化为现实的效益,所以需要将商誉在以后一定时期内按期摊销。这是基于"超额收益论",即认为商誉是被合并企业未来产生的超额收益的现值。

2. 将购买成本大于可辨认净资产公允价值的部分作为商誉确认,但不对其进行摊销,无限期保留在账面上。这是基于"好感价值论",即认为商誉产生是由于有利的商业地理位置、良好的经营管理水平和顾客对企业的好感。在企业合并后,只要企业的经营不发生大的波动,这种好感将继续存在。

3. 在企业合并时购买商誉不确认为资产,并且由于企业合并时另立新账,原有的账户关系被割断,因此作为总计价账户的商誉被一次性注销。这是"总计价账户论",即认为商誉本身不是一项单独的会生息的资产,而只是特殊的计价账户,它表明该实体各项资产合计的价值(整体价值)超过了它们个别价值的总和,应该一次性注销。

在购买法下,商誉的不同处理方法对企业合并当期以及未来期间财务会计报告产生重大的影响。2001年以前,国际上大部分会计准则规定并购产生的商誉在一定的期限内摊销,如美国是40年,商誉摊销会降低未来绩效。因此,在合并实务中,很多企业为了避免使用购买法可能产生的商誉及其对自身未来会计报告收益的影响,在选择会计处理方法时,往往想方设法地采用权益联合法。

为此,美国会计准则、国际会计准则取消了权益联合法,要求企业确认商誉,并不允许摊销,但不确认负商誉。对合并方应享有的权益大于合并成本的部分,首先应重新评估可辨认资产、负债的公允价值和合并成本,确实大于合并成本的部分直接计入当期收益。

(五)购买法应用举例

【例9-2】A公司于20×8年7月31日通过企业合并的方式收购B公司全部资产、负债,收购完成后B公司解散,A公司承接B公司全部资产及负债。在收购过程中发生收购直接费用200万元,A公司发行股票3 000万股,每股面值5元,发行时股票公允价值为每股9元,证券发行费用200万元,A公司支付B公司股东价款25 000万元。A、B公司合并前资产负债情况见表9-2。

表 9－2　A、B 公司合并前资产负债表简表

单位：万元

项目	A 公司账面价值	B 公司	
		账面价值	公允价值
货币资金	2 000	1 000	1 000
应收账款(净值)	3 000	3 000	3 000
存货	6 000	5 000	5 500
固定资产(净值)	16 000	12 000	15 000
无形资产	8 000	5 000	5 500
资产总计	35 000	26 000	30 000
应付账款	5 000	3 000	3 000
短期借款	2 000	3 000	3 000
股本	20 000	15 000	
资本公积	3 000	2 000	
留存收益	5 000	3 000	
负债及所有者权益总计	35 000	26 000	

1. A 公司发行股票核算：

A 公司发行股票 3 000 万股，发行价为 9 元/股，扣除发行费用 200 万元，A 公司股票发行总收入 $= 3\ 000 \times 9 - 200 = 26\ 800$(万元)。

A 公司账务处理如下：

借：银行存款　　26 800

　贷：股本　　15 000

　　资本公积　　11 800

2. B 公司资产、负债的入账价值：

(1) A 公司支付价款 25 000 万元，收购发生直接费用 200 万元，则 A 公司购买 B 公司的购买成本 $= 25\ 000 + 200 = 25\ 200$(万元)。

(2) 商誉计算

购买成本　　25 200

减：可辨认净资产公允价值　　24 000

商誉　　1 200

(3) A 公司共发生合并支出 25 200 万元，资产各项目应当按其公允价值计量，账务处理如下：

借：货币资金　　1 000

　应收账款　　3 000

　存货　　5 500

固定资产净值　　15 000
无形资产——商标　　5 500
商誉　　1 200
贷:应付账款　　3 000
　短期借款　　3 000
　银行存款　　25 200

3. 编制合并日的资产负债表简表如下:

表 9-3　　合并日资产负债表简表

单位:万元

项目	金额	项目	金额
货币资金	4 600	应付账款	8 000
应收账款(净值)	6 000	短期借款	5 000
存货	11 500	股本	35 000
固定资产(净值)	31 000	资本公积	14 800
无形资产——商标	13 500	留存收益	5 000
商誉	1 200		
资产总计	67 800	负债及所有者权益总计	67 800

二、权益联合法

(一)权益联合法的经济实质

权益联合法又称联营法,该方法将企业并购视为参与合并各方所有者权益的结合,其主要特点是不确认商誉,目标企业的资产、负债不是按公允价值计量,而是按原来的账面价值记录在并购方的资产负债表中,被并购企业的留存收益全部并入并购方报表,并且并购方继承被并购企业利润(包括并购前利润)。

股权联合的实质是不发生购买交易,并且继续共同承担企业合并之前就存在的风险和利益。采用权益联合法,在于使合并后的企业好似各独立企业,仍像过去一样继续经营,尽管企业现在已被共同拥有和管理。因此,在权益联合法下将个别财务报表资产、负债汇总,所有者权益变化不大,仅将所有者权益结构进行调整。合并方支付对价与获得被合并企业的净资产或控制权的差额调整合并方的所有者权益。

(二)权益联合法的会计处理

1. 合并日的会计处理需要考虑的事项

与购买法相似,权益联合法下的合并日,也是对被合并方的净资产和经营的控制权实质上转让给合并方的日期。由于权益联合法下,是将两个或两个会计主体通过权益联合形成一个会计主体,合并日合并方在编制报表时,需要按照合并的会计政策对被合并方的会计政策进行调整。类似地,参与合并的企业之间的所有交易的影响,无论发生在权益结合之前还是之后,都应在编制合并实体的财务报表时消除。

2. 合并资产和负债的确认

权益联合法要求按被合并企业资产、负债账面价值确认合并资产、负债,支付的对价与被合并企业资产、负债或控制权的差异调整所有者权益。在编制报表(或合并报表)时,一般只需将被合并方资产、负债直接加在合并方合并日资产负债表(或合并资产负债表)上即可。

3. 合并费用的处理

与权益联合法相关的支出,包括注册费、中介机构费用和合并过程中发生的咨询费,以及完成合并所需要的其他费用不计入合并成本,直接计入当期费用(管理费用)。

4. 对合并前收益的确定

在权益联合法下,合并企业在编制财务报表时,合并后企业的收益不仅包括参与合并的企业在合并发生当期合并日以后的收益,还包括合并日前的收益,在编制比较会计报表时还包括所披露的任何可比期间的财务报表项目,犹如从列报的最早期间起就已经合并在一起。

(三)权益联合法举例

【例9-3】若A公司以股票互换方式合并B公司,A公司用它的普通股购买B公司发行在外的股票,交换比例为1:1,假设这一交易符合应用权益联合法所要求的条件,交易过程中发生顾问费等10万元,除此之外未发生其他费用,交易完成后B公司注销。交易前两家公司的资产负债简表如表9-4所示。

表9-4　　A、B公司合并前资产负债表简表

单位:万元

项目	A公司账面价值	B公司账面价值
货币资金	100	30
应收账款	400	70
存货	750	400
固定资产	2 000	600
资产总计	3 250	1 100
应付账款和应计费用	750	500
股本(每股1元)	250	70
资本公积(股本溢价)	500	30
留存收益	1 750	500
股东权益	2 500	600
负债和股东权益总计	3 250	1 100

(1)交易过程中发生费用10万元,A公司账务处理如下:

借:管理费用(合并费用)　　100 000

贷:银行存款　　100 000

(2)A 公司发行 70 万股普通股股票交换 B 公司普通股股票,发行价格为每股 1 元,A 公司收购 B 公司资产、负债以账面价值入账,在合并日账务处理如下:

借:货币资金　　300 000
　　应收账款　　700 000
　　存货　　4 000 000
　　固定资产　　6 000 000
　　贷:应付账款和应计费用　　5 000 000
　　　　股本　　700 000
　　　　留存收益　　5 000 000
　　　　资本公积　　300 000

(3)A 公司合并日编制资产负债表如下:

表 9-5　　A 公司合并日资产负债表简表

单位:万元

项目	账面价值		抵销		合并后价值
	A 公司	B 公司	借	贷	
现金	100	30			130
应收账款	400	70			470
存货	750	400			1 150
固定资产	2 000	600			2 600
资产总计	3 250	1 100			4 350
应付账款和应计费用	750	500			1 250
股本(每股 1 元)	250	70			320
资本公积(股本溢价)	500	30			530
留存收益	1 750	500			2 250
股东权益	2 500	600			3 100
负债和股东权益总计	3 250	1 100			4 350

(四)权益联合法的适用条件

由于权益联合法相对于购买法能够产生较高的账面收益,所以在企业合并会计处理时采用权益联合法核算的企业相对较多,造成了权益联合法的滥用。20 世纪 60 年代,在美国几乎任何企业合并的会计处理都采用权益联合法。权益联合法的滥用造成了证券市场公司业绩波动较大,引起了越来越多的批评。在这种背景下,美国会计原则委员会(APB)1970 年出台了第 16 号意见书,规定了使用权益联合法的标准,满足以下条件才可以使用权益联合法,否则只能使用购买法:

1. 合并各方都必须是自主经营的,且在合并计划发起前的两年内不是合并另一方的子公司或分支机构；

2. 合并公司一方持有另一方公司有表决权股份不超过 10%；

3. 计划开始后一年内，合并在单一的交易中有效，或根据特别计划完成；

4. 在一方公司交换另一方公司相当大比率（90% 或更多）有表决权的股份时，仅以提供和发行普通股支付方式完成；

5. 在合并计划开始前两年，或是合并开始至完成日之间，无一方公司改变有表决权的普通股权益份额；

6. 合并公司中无一方回购有表决权股份，除非目标不是商业合并；

7. 个人普通股股东与合并中其他普通股股东的持股比例在合并前后不变；

8. 股东可行使在合并后公司中的投票权；

9. 合并后公司没有统一另外发行股份，或在日后对合并公司原股东的附加事件作出其他的考虑；

10. 合并后的公司没有直接或间接同意注销或重新购买实施合并所发行的全部或部分股票；

11. 合并后的公司没有制定有利于参与合并公司的前股东的财务安排，如利用合并过程中发行的股票为其贷款提供担保，这样的担保事实上使权益性证券的相互交换失效；

12. 合并后公司在两年内没有打算处置合并公司的重大资产，原先独立的公司在正常的商业活动中必须处置的资产或为了消除重复设施或过剩生产能力而进行处置的资产不在此限定之内。

三、购买法和权益联合法的比较

企业合并核算方法的选择，历来是会计界争论不休的焦点问题。以下将从理论基础、计价基础、会计假设、会计处理四个方面来分析购买法和权益联合法的不同。

（一）理论基础

两种方法对企业合并性质认识不同。购买法视企业合并为购买行为，是讨价还价进行公平交易，注重实际价值。用换股方式进行合并，其实质是为合并而发行股票，成为合并公司的股东。合并购买方式有两种：（1）用现金、资产方式，相当于购买资产。（2）用换股方式，实质上是为并购融资而发行股票，通过交换股票实现并购交易。股票交换只是形式，其实质是基于公允价值为实现合并而付出的代价。

权益联合法把企业并购看成经济资源的联合，特别是股票交换不能视为“购买”，因其只是双方股东间的交易，与公司主体无关，其实质是同时交换所有者的风险与报酬，使双方股权联合在一起。

（二）计价基础

这是两者之间的根本区别。购买法下被并企业的资产和负债按公允价值计价，而权益联合法是按其账面价值计价。

在购买法下，并购方收购成本要按所支付的项目的公允价值计价，对所获得的资产和承担的负债也按公允价值计价，由于这两者往往不同而容易产生并购价差，即并购商誉。而权益联合法则不改变资产和负债原有的账面价值，也不会产生商誉。

(三)会计假设

会计假设的不同是造成计价基础不同的根源。购买法下,换股合并虽未改变子公司法律主体,但它已被母公司所控制。通过合并对被并公司重组,它原有的资产收益能力和价值发生变化,即被并公司的持续经营能力受到重大影响,因而有必要进行资产的重新计价。

权益联合法下,通过股票交换实现企业合并,对被并企业的经济资源未产生影响,所有权继续存在,各自资产不变,故不影响持续经营,也不影响其计价基础。

(四)会计处理

购买法和权益联合法会计处理的差异如表9-6所示。

表9-6　购买法和权益联合法会计处理的主要差异比较

比较项目	购买法	权益联合法
取得资产、负债是否按公允价值计量	是	否
是否合并并购日前的净利润	否	是
是否确认商誉	是	否
合并发生的直接费用是否计入并购成本	否	否
编制比较会计报表是否需要对上期数调整	否	是

四、购买法与权益联合法对合并后企业的影响分析

(一)对财务状况的影响

在购买法下,并购方按照公允价值对目标企业的资产、负债进行确认,支付的购买价款与可辨认净资产的公允价值之间的差额确认为商誉;而在权益联合法下,合并方按照账面价值确认资产、负债,不确认商誉。在物价上涨或资产质量较好的情况下,公允价值通常大于账面价值。因此,在同等情况下采用购买法进行会计处理的总资产数额通常大于采用权益联合法进行会计处理的总资产数额。

(二)对经营成果的影响

购买法下资产、负债采用公允价值计量,增加资产价值,同时确认商誉,这些增加的资产需要进行摊销和进行减值测试,无论是摊销还是减值准备的计提都会减少当期的利润,并且权益联合法合并当期不仅包括合并日后被合并方实现的收益,还包括合并前合并方的收益,因此,在同等条件下购买法下的利润一般会低于权益联合法下的利润。

(三)对财务指标的影响

由于权益联合法下的资产按账面价值计量,购买法下的资产按公允价值计量,通常负债的公允价值与账面价值往往相差不大,那么在权益联合法下的净资产一般小于在购买法下的净资产。因此,在权益联合法下,利润较高,资产总额较低,净资产较低,净资产收益率、每股收益一般较高,资产负债率一般也较高;而在购买法下,利润较低,资产总额较高,净资产较高,净资产收益率、每股收益一般较低,资产负债率一般也较低。

五、对两种方法选择的争议

关于并购会计处理方法的选择,国际通行的做法是取消权益联合法,只允许采用购买

法。美国财务会计准则委员会(FASB)早在1999年就发布了取消权益联合法的公告。2001年成立的国际会计准则委员会(IASB)也要求取消权益联合法,对所有的企业并购均采用购买法核算。IASB根据日本等国企业并购中存在的无法确定购买方和被购买方的特殊情况,允许采用新起点法,而不是权益联合法。FASB和IASB取消权益联合法主要从以下角度考虑:(1)由于权益联合法不将并购视为交易,因此,没有确认并购中实际支付的全部价格,造成盈余高估、投资低估,从而夸大了并购后的投资回报率,大大降低了会计信息的决策相关性。(2)权益联合法存在利润操纵的空间,从而降低会计信息的可靠性。

购买法是一个被广泛接受的科学方法。并购会计方法选择的焦点在于是否允许采用权益联合法。对此,杨有红(2004)的看法是:

第一,权益联合法可以成为合法运用的会计方法。通过对并购历史的考察,人们不难发现,股权联合性质的并购一直是创造经济巨人的重要方式。对于权益联合法,人们担心的问题在于采用权益联合法可能存在以下两方面的利润操纵空间。一方面,将权益联合法纳入企业合并可供选择的会计方法以后,企业合并可供选择的会计方法增多,从而使报表编制者有可能通过方法的选择来操纵利润;另一方面,权益联合法运用中本身存在的利润操纵问题。一般而言,某一事项或交易可供选择的会计方法越多,利润操纵的空间越大。企业合并如此,存货计价、固定资产折旧、研究开发费用等也是这样。第一个方面的问题可以通过严格界定合并的性质、明确购买法和权益联合法的运用条件、制定可操作的权益联合法的测试步骤来解决;第二个方面的问题可以通过完善权益联合法的运作过程来解决。事实上,购买法也存在着利润操纵问题,通过准则和制度制定者们对此法的科学规范和对其运作过程的完善,购买法下的利润操纵问题已在我国得到了有效的解决。

第二,对权益联合法的运用条件作出明确、具体的规定。权益联合法与购买法最大的区别在于:在购买法下,并购前目标企业的盈利作为购买成本的构成部分,而不体现为并购方的利润;而权益联合法下,并购前的利润也并入股票发行方的利润表,从而增加股票发行方的利润。这一特点会成为并购方运用权益联合法的动机,有的企业明显是购买性质的并购,但并购方通过或明或暗的协议将购买性质的并购粉饰成股权联合性质的并购,从而达到实施权益联合法的目的。

第二节　新企业会计准则下并购会计处理

2006年3月财政部出台了一系列企业会计准则,并要求2007年1月1日起在上市公司实施,其中与并购会计处理相关的会计准则包括《企业会计准则第33号——合并财务报表》、《企业会计准则第2号——长期股权投资》以及《企业会计准则第20号——企业合并》。

随着新企业会计准则的实施,针对实施过程中出现的问题,财政部会计司又陆续出台了企业会计准则讲解、企业会计准则解释及相关的问题解答。本节以《企业会计准则第20号——企业合并》为基础结合陆续出台的相关规定,介绍我国当期并购企业的相关会计处理。

根据新企业会计准则的规定，按并购各方是否有最终控制方存在，分为同一控制下的企业合并和非同一控制下的企业合并。

一、同一控制下的企业合并

同一控制下的企业合并，是指参与合并的企业在合并前后均受同一方或相同的多方最终控制且该控制并非暂时性的（通常在合并前后一年）。

（一）会计处理原则

同一控制下的企业合并发生在最终控制方（同属于国资委控制的企业除外）控制的企业之间，对其来说合并仅仅是企业资源的内部整合，其控制的资源并未因合并发生增减变动，也未形成经济上利益的流入和流出，所以支付的合并对价与获得被合并方合并日所有者权益（或净资产）的差额调整所有者权益，不确认商誉。被合并方的资产、负债以账面价值并入合并方的资产负债表（或合并资产负债表）。

在调整合并方的所有者权益项目时，应首先调整资本公积（资本溢价或股本溢价），资本公积的余额不足冲减的，应冲减留存收益。

（二）会计政策的调整

与权益联合法相似，同一控制下的企业合并在确认合并方的净资产或获得所有者权益份额时首先应统一被合并方的会计政策，需要调整时说明理由，合并后合并方与被合并方视为同一会计主体，同一会计主体应按照相同的会计政策编制报表才能正确地反映财务状况和经营成果。当被合并方会计政策与合并方不一致时，应按照重要性原则，根据合并方的会计政策调整被合并方的会计政策，然后才能将被合并方的资产、负债并入合并方的资产负债表。

（三）合并方报表的编制

同一控制下的企业合并，应按被合并方是否存续分为控股合并和吸收合并。

在控股合并下，合并方与被合并方形成母子公司关系，合并方在合并日应编制资产负债表、利润表、现金流量表，被合并方的有关资产、负债应以其账面价值并入合并财务报表。合并方与被合并方在合并日及以前期间发生的交易，应作为内部交易，对于被合并方在企业合并前实现的留存收益（盈余公积和未分配利润之和）中归属于合并方的部分，自合并方的资本公积转入留存收益和未分配利润。合并方在编制合并日的合并利润表和合并现金流量表时，应包含合并方及被合并方自合并当期期初至合并日实现的净利润和现金流量。

编制比较会计报表时，应对前期比较会计报表数字进行调整。因合并方的有关资产、负债并入后而增加的净资产在比较会计报表中调整所有者权益项下的资本公积（资本溢价或股本溢价）。

在吸收合并下，被合并方成为合并方的一部分，吸收合并中取得的资产、负债应当按照相关资产、负债在被合并方的原账面价值入账。支付对价与取得净资产的差额调整所有者权益。在期末比较会计报表时，如需编制合并报表需要将被合并方前期的财务状况、经营成果及现金流量并入合并报表的企业。

（四）合并费用的处理

根据企业会计准则及其讲解，合并方为进行企业合并发生的有关费用，指合并方为进行企业合并发生的各项直接相关费用，如为进行企业合并支付的审计费用、资产评估费用以及有关的法律咨询费用等增量费用。同一控制下的企业合并进行过程中发生的各项直接相关费用，应于发生时费用化计入当期损益，借记“管理费用”等科目，贷记“银行存款”等科目。但以下两种情况除外：

1. 以发行债券方式进行的企业合并，与发行债券相关的佣金、手续费等应按照《企业会计准则第22号——金融工具确认和计量》的规定进行会计处理。该部分费用，虽然与筹集用于企业合并的对价直接相关，但其会计处理应遵照金融工具的原则，有关的费用应计入负债的初始计量金额。

2. 发行权益性证券作为合并对价的，与所发行权益性证券相关的佣金、手续费等应按照《企业会计准则第37号——金融工具列报》的规定处理。即与发行权益性证券相关的费用，不管其是否与企业合并直接相关，均应自所发行权益性证券的发行收入中扣减。在权益性证券发行有溢价的情况下，自溢价收入中扣除；在权益性证券发行无溢价或溢价金额不足以扣减的情况下，应当冲减盈余公积和未分配利润。

【例9-4】20×8年6月30日，B公司合并D公司，并于当日取得对D公司100%的股权，合并后D公司仍然独立经营。为合并D公司，B公司向D公司的股东定向增发1 000万股普通股（每股面值为1元）。在合并前，B公司、D公司在20×8年6月30日的资产、负债及1~6月份的损益情况如下：

表9-7　　20×8年6月30日资产负债表（简表）　　单位：元

项目	B公司	D公司	
	账面价值	账面价值	公允价值
资产：			
货币资金	20 000 000	1 800 000	1 800 000
应收账款	12 000 000	8 000 000	8 000 000
存货	30 000 000	3 200 000	4 500 000
长期股权投资	20 000 000	9 000 000	15 000 000
固定资产	36 000 000	12 000 000	20 000 000
无形资产	10 000 000	2 000 000	5 000 000
商誉			
资产总计	128 000 000	36 000 000	54 300 000
负债和所有者权益：			
短期借款	12 000 000	9 000 000	9 000 000
应付账款	20 000 000	1 200 000	1 200 000
其他负债	1 500 000	1 200 000	1 200 000
负债合计	33 500 000	11 400 000	11 400 000
实收资本	30 000 000	10 000 000	

续表

项目	B 公司	D 公司	
	账面价值	账面价值	公允价值
资本公积	30 000 000	6 000 000	
盈余公积	10 000 000	3 000 000	
未分配利润	24 500 000	5 600 000	
所有者权益合计	94 500 000	24 600 000	42 900 000
负债和所有者权益总计	128 000 000	36 000 000	

表 9－8　　20×8 年 1～6 月利润表(简表)　　单位:元

项目	B 公司	D 公司
一、营业收入	50 000 000	15 000 000
减:营业成本	40 000 000	12 000 000
营业税金及附加	300 000	100 000
销售费用	600 000	300 000
管理费用	2 000 000	600 000
财务费用	500 000	300 000
加:投资收益	1 000 000	100 000
二、营业利润	7 600 000	1 800 000
加:营业外收入	1 000 000	
减:营业外支出	500 000	
三、利润总额	8 100 000	1 800 000
减:所得税费用	2 000 000	450 000
四、净利润	6 100 000	1 350 000

假定,B 公司、D 公司在合并前后同受 A 公司控制,是 A 公司的子公司;B 公司和 D 公司合并前未发生交易;B 公司与 D 公司会计政策相同;A 公司为重新对集团业务进行整合将 B 公司和 D 公司合并。

分析:B 公司和 D 公司同受 A 公司控制,B 公司合并 D 公司为同一控制下的企业合并。取得控制权的 20×8 年 6 月 30 日为合并日。

(1)B 公司 20×8 年 6 月 30 日账务处理如下:

借:长期股权投资——D 公司　　24 600 000

　贷:实收资本　　10 000 000

　　资本公积　　14 600 000

(2)B 公司在 20×8 年 6 月 30 日需要编制合并资产负债表、合并利润表、合并现金流量表。

①B 公司长期投资与 D 公司所有者权益抵销：

借：实收资本 10 000 000
　　资本公积 6 000 000
　　盈余公积 3 000 000
　　未分配利润 5 600 000
　　贷：长期股权投资 24 600 000

②将 D 公司合并前的留存收益归属合并的部分自资本公积中转回：

借：资本公积 8 600 000
　　贷：盈余公积 3 000 000
　　　　未分配利润 5 600 000

③由于 B 公司与 D 公司未发生交易，且会计政策相同，B 公司的合并利润表、合并现金流量表仅需要将 D 公司的利润表和现金流量表相关项目相加即可。

(3) B 公司合并日的合并资产负债表、合并利润表如下：

表 9－9 合并资产负债表过程表（简表） 单位：元

项目	B 公司	D 公司	汇总金额	抵销分录		合并金额
				借方	贷方	
资产：						
货币资金	20 000 000	1 800 000	21 800 000			21 800 000
应收账款	12 000 000	8 000 000	20 000 000			20 000 000
存货	30 000 000	3 200 000	33 200 000			33 200 000
长期股权投资	44 600 000	9 000 000	53 600 000		24 600 000	29 000 000
固定资产	36 000 000	12 000 000	48 000 000			48 000 000
无形资产	10 000 000	2 000 000	12 000 000			12 000 000
商誉						
资产总计	152 600 000	36 000 000	188 600 000			164 000 000
负债和所有者权益：						
短期借款	12 000 000	9 000 000	21 000 000			21 000 000
应付账款	20 000 000	1 200 000	21 200 000			21 200 000
其他负债	1 500 000	1 200 000	2 700 000			2 700 000
负债合计	33 500 000	11 400 000	44 900 000			44 900 000
实收资本	40 000 000	10 000 000	50 000 000	10 000 000		40 000 000
资本公积	44 600 000	6 000 000	50 600 000	14 600 000		36 000 000

续表

项目	B 公司	D 公司	汇总金额	抵销分录		合并金额
				借方	贷方	
盈余公积	10 000 000	3 000 000	13 000 000	3 000 000	3 000 000	13 000 000
未分配利润	24 500 000	5 600 000	30 100 000	5 600 000	5 600 000	30 100 000
所有者权益合计	119 100 000	24 600 000	143 700 000			119 100 000
负债和所有者权益总计	152 600 000	36 000 000	188 600 000			164 000 000

表 9－10　　合并利润表(简表)　　单位:元

项目	B 公司	D 公司	汇总金额	抵销分录		合并金额
				借方	贷方	
一、营业收入	50 000 000	15 000 000	65 000 000			65 000 000
减:营业成本	40 000 000	12 000 000	52 000 000			52 000 000
营业税金及附加	300 000	100 000	400 000			400 000
销售费用	600 000	300 000	900 000			900 000
管理费用	2 000 000	600 000	2 600 000			2 600 000
财务费用	500 000	300 000	800 000			800 000
加:投资收益	1 000 000	100 000	1 100 000			1 100 000
二、营业利润	7 600 000	1 800 000	9 400 000			9 400 000
加:营业外收入	1 000 000		1 000 000			1 000 000
减:营业外支出	500 000		500 000			500 000
三、利润总额	8 100 000	1 800 000	9 900 000			9 900 000
减:所得税费用	2 000 000	450 000	2 450 000			2 450 000
四、净利润	6 100 000	1 350 000	7 450 000			7 450 000

(4)编制比较会计报表时,应对前期比较会计报表数字进行调整。由于前期 B 公司合并 D 公司尚未发生,股权投资尚不存在,因合并方的有关资产、负债并入后而增加的净资产在比较报表中调整所有者权益项下的资本公积(资本溢价或股本溢价)。

二、非同一控制下的企业合并

非同一控制下的企业合并,是指参与合并各方在合并前后不受同一方或相同的多方最终控制的合并交易。非关联方企业之间的合并一般可以认为是非同一控制下的企业合并。

非同一控制下的企业合并在购买日取得参与合并其他一方或多方控制权的合并方为购买方。

1. 购买日确定

购买日即转移控制权的日期，同时满足以下条件时，一般可认为实现了控制权的转移：

(1)企业合并合同或协议已获股东大会等内部权力机构通过。

(2)按照规定，合并事项需要经过国家有关主管部门审批的，已获得相关部门的批准。

(3)参与合并各方已办理了必要的财产权交接手续。

(4)购买方已支付了购买价款的大部分(一般应超过50%)，并且有能力、有计划支付剩余款项。

(5)购买方实际上已经控制了被购买方的财务和经营政策，享有相应的收益并承担相应的风险。

实务中确定购买日应根据合并时的具体情况，考虑影响控制权转移的相关因素，并结合合并合同或协议的约定进行判断。

2. 合并成本确定

合并成本为购买方在购买日为企业合并支付的现金、非现金资产或承担债务、发行权益性证券等的公允价值以及为企业合并发生的各项直接费用之和。通过多次交换交易实现的企业合并，合并成本为每一单项交易成本之和。

3. 会计处理原则

非同一控制下的企业合并会计处理采用购买法，即无论是购买方为企业合并支付的对价，还是获得被购买方的资产、负债均采用公允价值计量。

购买方为取得被购买方净资产控制权而付出的合并成本与被购买方可辨认净资产的公允价值的差额确认为商誉或计入合并损益。

合并成本大于获得的可辨认净资产的公允价值的差额确认为商誉。商誉在持有期间不进行摊销，期末按照《企业会计准则第 8 号——资产减值》的规定对其进行减值测试，对于可收回金额低于账面价值的部分，计提减值准备。

合并成本小于获得的可辨认净资产的公允价值的差额计入合并损益。在确认合并损益时应当对可辨认净资产的公允价值进行重新复核，复核后合并成本仍小于可辨认净资产的公允价值的金额计入营业外收入。

4. 合并方报表的编制

非同一控制下的控股合并时，购买方在购买日一般需要编制合并资产负债表，反映购买日其能够控制的资源情况。合并资产负债表将被购买方的资产、负债按公允价值并入，其股权投资成本大于并入的可辨认净资产的差额计入商誉，股权投资成本小于并入的可辨认净资产的差额计入合并当期损益，由于购买日不需要编制合并利润表，其差额在合并资产负债表中体现为留存收益。

非同一控制下的吸收合并时，购买方在购买日一般只需要将合并中取得的资产、负债按其公允价值确认，合并成本与所取得的被购买方可辨认净资产公允价值之间的差额，视情况分别确认为商誉或计入企业合并当期的损益。

5. 合并费用的处理

非同一控制下的企业合并中发生的与企业合并直接相关的费用,包括为进行合并而发生的会计审计费用、法律服务费用、咨询费用等,应当计入企业合并成本。但为进行企业合并发行的权益性证券或发行的债务相关的手续费、佣金等,该部分费用的处理原则与同一控制下的企业合并中的处理原则类似。

【例9-5】沿用【例9-4】的资料,假定B公司合并D公司,为非同一控制下的企业合并。B公司发行1 000万股股票,每股面值1元,公允价值4.5元/股,除B公司已确认的资产、负债外,不存在其他资产、负债。股票发行费等直接费用为100万元,除此之外未发生其他费用。

分析:该项合并为非同一控制下的企业合并,合并成本为1 000万股股票公允价值和100万元直接费用。

合并成本=1 000×4.5+100=4 600(万元)

合并商誉=企业合并成本-合并中取得被购买方可辨认净资产公允价值份额=4 600-4290=310(万元)

(1)合并日,B公司账务处理如下:

借:长期股权投资　　46 000 000

　贷:实收资本　　10 000 000

　　资本公积　　35 000 000

　　银行存款　　1 000 000

(2)编制D公司备查簿,将D公司资产、负债按公允价值计入备查簿,以备合并后编制报表时使用。

表9-11　　D公司资产负债表调整简表　　单位:元

项目	账面价值	调整数		公允价值
		借方	贷方	
资产:				
货币资金	1 800 000			1 800 000
应收账款	8 000 000			8 000 000
存货	3 200 000	1 300 000		4 500 000
长期股权投资	9 000 000	6 000 000		15 000 000
固定资产	12 000 000	8 000 000		20 000 000
无形资产	2 000 000	3 000 000		5 000 000
商誉				
资产总计	36 000 000	18 300 000		54 300 000
负债和所有者权益:				

续表

项目	账面价值	调整数		公允价值
		借方	贷方	
短期借款	9 000 000			9 000 000
应付账款	1 200 000			1 200 000
其他负债	1 200 000			1 200 000
负债合计	11 400 000			11 400 000
实收资本	10 000 000			10 000 000
资本公积	6 000 000		18 300 000	24 300 000
盈余公积	3 000 000			3 000 000
未分配利润	5 600 000			5 600 000
所有者权益合计	24 600 000		18 300 000	42 900 000
负债和所有者权益总计	36 000 000			54 300 000

(3)B公司在合并日编制合并资产负债表,长期投资与D公司调整后所有者权益抵销:

借:实收资本　　10 000 000
　　资本公积　　24 300 000
　　盈余公积　　3 000 000
　　未分配利润　　5 600 000
　　商誉　　3 100 000
　　贷:长期股权投资　　46 000 000

表9-12　　B公司合并资产负债表简表　　单位:元

项目	B公司	D公司	汇总金额	抵销分录		合并金额
				借方	贷方	
资产:						
货币资金	19 000 000	1 800 000	20 800 000			20 800 000
应收账款	12 000 000	8 000 000	20 000 000			20 000 000
存货	30 000 000	4 500 000	34 500 000			34 500 000
长期股权投资	66 000 000	15 000 000	81 000 000		46 000 000	35 000 000
固定资产	36 000 000	20 000 000	56 000 000			56 000 000
无形资产	10 000 000	5 000 000	15 000 000			15 000 000
商誉						3 100 000
资产总计	173 000 000	54 300 000	227 300 000			184 400 000

续表

项目	B 公司	D 公司	汇总金额	抵销分录		合并金额
				借方	贷方	
负债和所有者权益:						
短期借款	12 000 000	9 000 000	21 000 000			21 000 000
应付账款	20 000 000	1 200 000	21 200 000			21 200 000
其他负债	1 500 000	1 200 000	2 700 000			2 700 000
负债合计	33 500 000	11 400 000	44 900 000			44 900 000
实收资本	40 000 000	10 000 000	50 000 000	10 000 000		40 000 000
资本公积	65 000 000	24 300 000	89 300 000	24 300 000		65 000 000
盈余公积	10 000 000	3 000 000	13 000 000	3 000 000		10 000 000
未分配利润	24 500 000	5 600 000	30 100 000	5 600 000		24 500 000
所有者权益合计	139 500 000	42 900 000	182 400 000			139 500 000
负债和所有者权益总计	173 000 000	54 300 000	227 300 000			184 400 000

【想一想】 ①新旧企业会计准则对企业合并的会计处理有何异同?

②同一控制下的企业合并与非同一控制下的企业合并的会计处理有何异同?

第三节　企业并购的税务处理

一、美国对并购的税务处理

美国是世界上市场经济制度法规最为完善的国家之一,美国税法中对并购重组业务也有着较为完善、成熟的一套规定。美国联邦政府的税收法规是《国内收入法典》(Internal Revenue Code,IRC)。《国内收入法典》对企业的并购重组行为的税收待遇问题进行了详细的规范,并形成了较为完善的体系。

(一)区分应税交易与免税交易

根据美国《国内收入法典》,企业间的并购重组行为可分为应税交易和免税交易两类。企业的并购重组行为实质上是将企业的资产或股票进行了处置,原则上是应税行为,而免税交易只是作为该原则的例外情况而存在。

表 9－13 中,可以清晰地看到应税交易与免税交易之间的区别。

表 9-13　　应税交易与免税交易的区别

	应税交易	免税交易
收购公司	调整计税成本 净经营亏损不能结转	结转计税成本 净经营亏损结转
目标公司	当期缴纳企业所得税	递延纳税

一项交易被认定为免税交易,那么该项交易的双方将无须于当期履行纳税义务,但同时交易中转移的资产不能以其交易价格(公允价值)作为它的计税成本。因此,所谓的免税交易只是将当期的纳税义务递延到资产最终处置的时点,因此将免税交易称为纳税递延交易更为妥当。但为了阐述的方便,在不会引起歧义的情况下本书仍称之为免税交易。

(二)应税交易

1. 应税交易的确认

应税交易主要是以现金(以及流动性较高的票据等)购买目标公司的资产或股票。在应税交易中,也可能使用一部分股票作为支付手段,只不过股票支付占的比例较小,如果支付是以股票支付为主,那么这项交易就变成了免税交易了。

2. 应税交易的处理

在应税交易中,目标方需要就其所出售的每一项资产计算利得或损失。其计算方法是:将买价分配到每一项资产中,减去相应资产的调整计税价值,得到每一项资产实现的利得或损失。这时,公司确认的利得收入并没有税率上的减免,一律按照其边际税率课税。

与免税交易的结构相比,在应税交易的结构中,收购企业将被允许以实际购买价格(或总的购买价格分配到各项资产上的金额)确认各项资产的入账价值,并以此作为计提折旧的依据。

(三)免税交易

所谓的免税交易,即收购企业在对目标企业或其股东的补偿支付中,主要采用了股票这种支付手段,目标企业或股东出售的资产或股票所实现的利得或损失保留在他们收到的股票之中,因而在交易当期不予以确认。

但是,这里的“免税”并非真正意义上的免税,当目标方企业或其股东处置这笔交易中取得的收购企业的股票时,交易当期未予以确认的那部分利得或损失将最终确认,并按照当时的税率计缴纳税。因此,免税交易实际上只是纳税义务被递延了。

1. 七种免税交易结构

美国的《国内收入法典》对免税交易进行了详细的区分和定义,根据不同的交易特征,共区分了七种交易结构,即 A~G 型重组,如表 9-14 所示。[①]

---

① 秦耀林. 2004. 企业并购重组的税收立法研究[D]. 北京:北京交通大学硕士学位论文.

表 9－14　**美国《国内收入法典》规定的七种免税交易结构**

类型	内容
A 型重组	"法定的兼并或合并",这种兼并或合并不以有表决权的股票为目的
B 型重组	股票间的交换,即一个公司仅用自己的股票交换另一个公司的股票,要求在交易中必须使用有表决权的股票
C 型重组	一个公司用自己的股票购买另一个公司的资产的交易
D 型重组	一个公司将资产转移到其子公司的交易
E 型重组	公司的重资本化
F 型重组	公司性质等的变更
G 型重组	破产重组

资料来源:大卫·J. 本丹尼尔,阿瑟·H. 罗森布鲁恩. 2002. 国际并购与合资[M]. 赵锡军,等,译. 北京:中国人民大学出版社出版.

其中,A、B、C 型重组是收购性质的重组,而 D、E、F、G 型重组是单一公司的重组。

2. 收购公司的税务处理

收购者通常通过发行股票或使用库藏股来交换目标公司的资产。出于此目的的股票发行和交换属于非应税事项。

3. 目标公司的税务处理

目标公司通常仅仅用其财产来交换收购公司的股票或证券,对目标公司而言,这也不是应税事项。

4. 股东和债券持有人的税务处理

当重组的一方公司的股票或债券与这个公司(如在一个公司的重资本化中)或重组的另一方公司(如在一个收购兼并中)的股票或债券相交换时,将不必确认利得或损失。如果股东收到现金或其他财产,那么利得可能需要确认,但是数量限制为这些现金和所收到的其他财产的公允市价之和。根据这些交换是否对股利分配有影响,所实现的利得可能作为资本利得或作为股利处理。

5. 调整计税成本原则

为了递延税款而将利得或损失不予确认,这时,收购公司收购的财产的计税成本与出让方持有该财产时的计税成本是一致的;只有当在这项交易中,财产的出让方确认了利得时,收购公司收购财产的计税成本才会增加。

同样,在一项重组中,股东所收到的股票或证券的计税成本等于所换出财产的计税成本,只有当目标公司收到其他财产或现金以及确认了收入时,收购公司取得的股票或证券的计税成本才可以增加。

二、2008 年以前我国并购重组相关税务处理规定介绍

我国 1998～2000 年间对并购重组涉及的税务处理陆续出台了三个文件,对并购重组进行规范,其中比较有针对性的有:1998 年 6 月国家税务总局颁布实施的国税发〔1998〕097 号《国家税务总局关于印发〈企业改组改制中若干所得税业务问题的暂行规定〉的通知》,2000 年 6 月国家税务总局颁布实施的国税发〔2000〕118 号《国家税务总局关于企业

股权投资业务若干所得税问题的通知》,2000 年 6 月国家税务总局颁布实施的国税发〔2000〕119 号《国家税务总局关于企业合并分立业务有关所得税问题的通知》。2008 年伴随着《中华人民共和国企业所得税法》的出台,配合新企业会计准则的实施以及我国并购重组市场的新变化,2009 年 4 月 30 日财政部、国家税务总局制定了财税〔2009〕59 号《财政部、国家税务总局关于企业重组业务企业所得税处理若干问题的通知》。

总体上我国并购重组税务处理的若干规范以 2008 年为分界点,在 2008 年以前按照国税发〔1998〕097 号、国税发〔2000〕118 号、国税发〔2000〕119 号的相关规定执行。根据国税函〔2009〕55 号《国家税务总局关于做好 2008 年度企业所得税汇算清缴工作的通知》,"对新税法实施以前财政部、国家税务总局发布的企业所得税有关管理性、程序性文件,凡不违背新税法规定原则,在没有制定新的规定前,可以继续参照执行;对新税法实施以前财政部、国家税务总局发布的企业所得税有关的政策性文件,应以新税法以及新税法实施后发布的相关规章、规范性文件为准。"2008 年以后,并购重组相关税务处理应按照财税〔2009〕59 号执行。

结合国税发〔1998〕097 号、国税发〔2000〕118 号、国税发〔2000〕119 号、国税发〔2003〕60 号的相关规定,对企业并购重组相关税务处理简要列举如下:

(一)关于企业合并

根据支付对价形式的不同及非股权支付额比例的不同,分为应税合并和免税合并。合并企业支付给被合并企业或其股东的收购价款中,合并企业支付的非股权支付额不高于所支付的股权票面价值 20% 的为免税合并,反之为应税合并。

1. 应税合并

不符合免税合并的条件,被合并企业应视为按公允价值转让、处置全部资产,计算资产的转让所得,依法缴纳所得税。被合并企业以前年度的亏损,不得结转到合并企业弥补。

2. 免税合并

符合免税合并的条件,经税务机关审核确认,当事各方可按下列规定进行所得税处理:

(1)被合并企业不确认全部资产的转让所得或损失,不计算缴纳所得税。被合并企业合并以前的全部企业所得税纳税事项由合并企业承担,以前年度的亏损,如果未超过法定弥补期限,可由合并企业继续按规定用以后年度实现的与被合并企业资产相关的所得弥补。

(2)被合并企业的股东以其持有的原被合并企业的股权交换合并企业的股权,不视为股权出售、购买。被合并企业的股东换得股权的成本,须以其所持原合并企业股权的成本为基础确定。

但未交换新股的被合并企业的股东取得的全部非股权支付额,应视为股权出售,按规定计算确认财产转让所得或损失,依法缴纳所得税。

(3)合并企业接受被合并企业全部资产的计税成本,须以被合并企业原账面净值为基础确定。

3. 承担债务式合并

如被合并企业的资产与负债基本相等,合并企业以承担被合并企业全部债务的方式实现吸收合并,不视为被合并企业按公允价值转让、处置全部资产,不计算资产的转让所得。合并企业接受被合并企业全部资产的成本,须以被合并企业原账面净值为基础确定。被合并企业的股东视为无偿放弃所持有的被合并企业股权。

(二)企业分立

同企业合并一样,在分立企业支付给被分立企业或其股东的交换价款中,非股权支付额不高于支付的股权的票面价值(或支付的股本的账面价值)的20%的为免税分立,反之为应税分立。

1. 应税分立

在应税分立条件下,分立企业接受被分立企业的资产,在计税时可按经评估确认的价值确定成本。被分立企业应视为按公允价值转让其被分离出去的部分或全部资产,计算被分立资产的财产转让所得,依法缴纳所得税。

2. 免税分立

在免税分立条件下,企业分立当事各方按下列规定进行分立业务的所得税处理:

(1)被分立企业可不确认分离资产的转让所得或损失,不计算所得税。

(2)被分立企业已分离资产相对应的纳税事项由接受资产的分立企业承继。被分立企业的未超过法定弥补期限的亏损额可按分离资产占全部资产的比例进行分配,由接受分离资产的分立企业继续弥补。

(3)分立企业接受被分立企业的全部资产和负债的成本,须以被分立企业的账面净值为基础结转确定,不得按经评估确认的价值进行调整。

3. 被分立企业的股东取得分立企业的股权的成本确定

被分立企业的股东取得分立企业的股权(以下简称"新股"),如需部分或全部放弃原持有的被分立企业的股权(以下简称"旧股"),"新股"的成本应以放弃的"旧股"的成本为基础确定。如不需放弃"旧股",则其取得的"新股"的成本的确定可从以下两种方法中选择:其一,直接将"新股"总投资成本确定为零;其二,以被分立企业分离出去的净资产占被分立企业全部净资产的比例先调整减低原持有的"旧股"的成本,再将调整减低的投资成本,平均分配到"新股"上。

(三)整体资产置换

企业整体资产置换原则上应在交易发生时,将其分解为按公允价值销售全部资产和按公允价值购买另一方全部资产的经济业务进行所得税处理,并按规定计算确认资产转让所得或损失。但是以下情况例外:

在整体资产置换交易中,如果作为资产置换交易补价(双方全部资产公允价值的差额)的货币性资产占换入总资产公允价值的比例不高于25%,经税务机关审核确认,资产置换双方企业均不确认资产转让的所得或损失。企业整体资产置换交易中支付补价的一方,应以换出资产原账面净值与支付的补价之和为基础,确定换入资产的成本。企业整体资产置换交易中收到补价的一方,应以换出资产的账面净值扣除补价为基础,确定换入资产的成本。

三、2008年以后我国并购重组相关税务处理规定介绍

2009年4月财税〔2009〕59号《财政部、国家税务总局关于企业重组业务企业所得税处理若干问题的通知》将企业重组税务处理分为一般性税务处理和特殊性税务处理。当企业重组同时符合下列条件的,适用特殊性税务处理,除此以外适用一般性税务处理,具体条件如下:

第一,具有合理的商业目的,且不以减少、免除或者推迟缴纳税款为主要目的。

第二,被收购、合并或分立部分的资产或股权比例符合本通知规定的比例,即被收购、合并或分立部分的资产或股权比例不低于75%。

第三,企业重组后的连续12个月内不改变重组资产原来的实质性经营活动。

第四,重组交易对价中涉及股权支付金额符合本通知规定的比例,即重组交易对价中涉及股权支付金额不低于交易支付总额的85%。

第五,企业重组中取得股权支付的原主要股东,在重组后连续12个月内,不得转让所取得的股权。

(一)一般性税务处理

1. 资产、股权收购

(1)目标企业应确认股权、资产转让所得或损失。

(2)收购方取得股权或资产的计税基础应以公允价值为基础确定。

(3)目标企业的相关所得税事项原则上保持不变。

2. 企业合并

(1)合并企业应按公允价值确定接受被合并企业各项资产和负债的计税基础。

(2)被合并企业及其股东都应按清算进行所得税处理。

(3)被合并企业的亏损不得在合并企业结转弥补。

3. 企业分立

(1)被分立企业对分离出去的资产应按公允价值确认资产转让所得或损失。

(2)分立企业应按公允价值确认接受资产的计税基础。

(3)被分立企业继续存在时,其股东取得的对价应视同被分立企业分配进行处理。

(4)被分立企业不再继续存在时,被分立企业及其股东都应按清算进行所得税处理。

(5)企业分立,相关企业的亏损不得相互结转弥补。

(二)特殊性税务处理

1. 股权收购

在股权收购交易中,收购企业购买的股权不低于目标企业全部股权的75%,且收购企业在该股权收购发生时的股权支付金额不低于其交易支付总额的85%,可以选择按以下规定处理:

(1)目标企业的股东取得收购企业股权的计税基础,以被收购股权的原有计税基础确定。

(2)收购企业取得目标企业股权的计税基础,以被收购股权的原有计税基础确定。

(3)收购企业、目标企业的原有各项资产和负债的计税基础及其他相关所得税事项保持不变。

2. 资产收购

在资产收购交易时,受让企业收购的资产不低于转让企业全部资产的75%,且受让企业在该资产收购发生时的股权支付金额不低于其交易支付总额的85%，可以选择按以下规定处理：

(1)转让企业取得受让企业股权的计税基础，以被转让资产的原有计税基础确定。

(2)受让企业取得转让企业资产的计税基础，以被转让资产的原有计税基础确定。

3. 企业合并

企业合并，企业股东在该企业合并发生时取得的股权支付金额不低于其交易支付总额的85%，以及同一控制下且不需要支付对价的企业合并，可以选择按以下规定处理：

(1)合并企业接受被合并企业资产和负债的计税基础，以被合并企业的原有计税基础确定。

(2)被合并企业合并前的相关所得税事项由合并企业承继。

(3)合并企业弥补的被合并企业亏损的限额＝被合并企业净资产公允价值×截至合并业务发生当年年末国家发行的最长期限的国债利率。

(4)被合并企业股东取得合并企业股权的计税基础，以其原持有的被合并企业股权的计税基础确定。

4. 企业分立

在企业分立时，被分立企业所有股东按原持股比例取得分立企业的股权，分立企业和被分立企业均不改变原来的实质经营活动，且被分立企业股东在该企业分立发生时取得的股权支付金额不低于其交易支付总额的85%，可以选择按以下规定处理：

(1)分立企业接受被分立企业资产和负债的计税基础，以被分立企业的原有计税基础确定。

(2)被分立企业已分离出去的资产相应的所得税事项由分立企业承继。

(3)被分立企业未超过法定弥补期限的亏损额可按分离资产占全部资产的比例进行分配，由分立企业继续弥补。

(4)被分立企业的股东取得分立企业的股权(以下简称“新股”)，如需部分或全部放弃原持有的被分立企业的股权(以下简称“旧股”)，“新股”的计税基础应以放弃“旧股”的计税基础确定。如不需放弃“旧股”，则其取得“新股”的计税基础的确定可从以下两种方法中选择：其一，直接将“新股”的计税基础确定为零；其二，以被分立企业分离出去的净资产占被分立企业全部净资产的比例先调减原持有的“旧股”的计税基础，再将调减的计税基础平均分配到“新股”上。

对比2008年以前并购重组相关规定，国税发〔2009〕59号引入计税基础概念，规范了外资并购的税务处理，免税重组条件要求更高(被收购、合并或分立部分的资产或股权比例不低于75%)。2008年以后，并购企业要将并购原因、目的等并购所有情况以申请报告的形式报告税务局。

第四节　企业并购的税务筹划

并购是企业战略经营的一种方式，企业往往可以通过并购在不同发展阶段实现战略目标,使自身在规模经营、管理、财务上达到最佳,取得更大的竞争优势。而影响并购成功与否的关键因素之一是企业并购成本,在并购过程中,并购税收的筹划是降低并购成本需要考虑的主要问题之一。企业并购的税务筹划是指在税法要求的范围内,并购双方从税收角度对并购方案进行科学、合理的筹划和安排,尽可能减轻企业税负,从而达到降低并购成本、实现企业整体价值最大化的目的。

一、并购税务筹划的原则

并购企业并购对象、并购对价方式及其他因素不同,税收筹划也不一样,但要达到的目的和基本原则是一样的,即减少并购各方成本,实现并购效益最大化,具体原则如下①:

1. 综合考虑并购行为各环节的税务筹划要点,统筹安排,着眼于降低企业的整体税负,而非仅仅减少某一环节、某一税种的纳税额。

2. 遵循税务筹划的成本效益原则,衡量税务筹划发生的成本与取得的效益,对税务筹划的频度与程度作出合理安排。在计量税务筹划的成本时,要注意将其机会成本计算在内,比如因税务筹划方案实施而引起的其他费用的增加或某种收入的减少,就是该方案的一种机会成本。

3. 立足企业全局,考虑长远利益,综合衡量企业并购行为中税务筹划对企业经营的整体影响和长远影响。并购行为能否成功完成,除成本因素外还受其他众多内外因素的影响。而并购行为是否最终成功,关键在于并购后对目标企业的整合与战略重组。税负的减少只是理财手段之一,要与企业其他理财措施结合使用,才能发挥对企业整体的积极作用。况且企业并购行为对并购企业来说,作为一种资本经营方式,只是其众多经营管理决策及行为中的一种,并不是改变企业命运或挽救企业于危难的灵丹妙药。我们不能盲目高估企业并购的作用,也不能过分依赖企业并购行为中的税务筹划这种单一理财措施。

二、并购目标的选择

目标企业的选择是企业并购决策的重要内容,在选择目标企业时可以考虑以下与税收相关的因素,以作出合理的税收筹划②:

1. 目标企业所在行业不同,形成不同的并购类型与纳税主体属性、纳税环节、税种的筹划。若选择在同一行业的生产同类商品的竞争对手作为目标企业,是横向并购,要达到消除竞争、扩大市场份额、增加垄断实力、形成规模效应的目的。从税收角度看,由于并购后企业的经营行业不变,横向并购一般不改变并购企业的纳税税种与纳税环节的多少。从纳税主体属性上看,增值税小规模纳税人由于并购后规模的扩大,可能变为一般纳税人。并购企业若选择与企业的供应商或客户合并,是纵向并购,要达到加强各生产环节的配套,进行作业化生产的目的。对并购企业来说,由原来向供应商购货或向客户销货变成企业内部购销行为,其增值税纳税环节减少。由于目标企业的产品与并购企业的产品不同,纵向并购还可能改变纳税主体属性,增加纳税税种与纳税环节。比如,钢铁企业并购汽车企业,将增加消费税税种,由于税种增加,可以说相应纳税主体属性有了变化,企业经

---

① 杨健,钟红英. 2001. 浅谈企业并购的税务筹划[J]. 税务与经济(5).

② 杨健,钟红英. 2001. 浅谈企业并购的税务筹划[J]. 税务与经济(5).

营行为中也增加了消费税的纳税环节。并购企业若选择与自己没有任何联系的行业中的企业作为目标企业,则是混合合并。这种并购将视目标企业所在行业的情况,对并购企业的纳税主体属性、纳税税种、纳税环节产生影响。比如,钢铁企业并购房地产企业,将增加营业税税种与纳税环节。

2. 目标企业的财务状况与所得税的筹划。并购企业若有较高的盈利水平,为改变其整体的纳税地位可选择一家具有大量净经营亏损的企业作为目标企业进行并购,通过盈利与亏损的相互抵销,实现企业所得税的减免。如果合并纳税中出现亏损,并购企业还可以实现亏损的递延,推迟所得税的缴纳。但必须警惕目标企业可能给并购后整体企业带来的不良影响,特别是利润下降对其市值的消极影响及并购企业为整合目标企业而向目标企业过度提供资金造成的“整体贫血”,以防止将并购企业拖入经营困境。

3. 目标企业税收政策与并购税务筹划的关系。我国目前对高新技术企业等企业实行一系列的所得税优惠政策。并购企业可选择能享受到这些优惠政策的目标企业作为并购对象,可以一定程度上减少税负。

三、并购出资方式的选择

企业并购支付对价的形式按是否支付股权分为股权支付和非股权支付,以现金、银行存款、应收款项、本企业或其控股企业股权和股份以外的有价证券、存货、固定资产、其他资产以及承担债务等作为支付对价的形式通称为非股权支付;以本企业或其控股企业的股权、股份作为支付对价的形式称为股权支付。不同出资方式对税收的影响不同。

我国现行税法将并购重组税务处理分为一般性税务处理和特殊性税务处理。对于一般性税务处理,在并购过程中,目标企业当期确认资产、股权转让收益或损失,当期需要计算并缴纳所得税,收购方获得资产、股权按公允价值记账,公允价值入账成本可以在以后年度摊销抵减应纳税所得;当并购重组满足特殊性税务处理条件时,即作为支付对价的股权支付金额不低于其交易支付总额的85%,且受让资产或股权不低于目标企业全部资产或股权的75%时,目标企业当期可以不确认资产或股权转让收益或损失,纳税义务得以递延,收购方接受被合并企业资产或股权的计税基础以被合并企业的原有计税基础确定,合并前所得税事项由合并后企业继承。

在并购税收筹划中,通过股权支付,不需要立刻确认资产或股权转让形成的所得,并且获得并购企业股票所形成的资本利得,在出售时才需要缴纳所得税,如果被合并企业有纳税亏损,合并企业也可以用来降低税负成本。

四、并购融资方式的选择

在企业并购中,融资是决定并购成功与否的一个关键因素。并购融资方式可以分为债务融资和权益融资两类。不同融资方式的成本有较大的差异,因此在并购前要充分考虑企业的融资能力,设计合理的融资方案,使得融资的资本成本降到最低。

债务融资和权益融资在资本成本方面的一个显著的差别是,债务融资的利息支出按照税法的相关规定,可以在企业税前列支,作为财务费用扣除,而权益融资所支付的股息则只能在税后利润中进行分配,不能作为费用在税前扣除。但这并不是说债务融资的比例越大越好,因为,企业债务比重的提高会导致企业的资本结构恶化,容易使企业陷入财务危机。而如果过多地使用权益融资,则可能分散企业的控制权,过多的普通股融资会使企业无法达到平均资本成本最低的最优资本结构。因此,在进行并购融资决策时需要谨慎设计资本结构。通常情况下,可以比较企业息税前投资收益率与负债资本成本率。当息税前投资收益率高于负债资本成本率时,债务增加所带来的成本并未超过投资收益,因此单纯增加债务可以带来收益的净增加,这时可以选择债务融资;而当负债资本成本率高于息税前投资收益率时,继续增加债务会进一步降低投资的回报率,这时债务融资并不可取。

【案例 9-1】

企业并购方案选择

被兼并方甲企业是一家加工木材的厂家,经评估确认资产总额为 2 000 万元,负债总额为 3 000 万元。甲企业有一条生产前景较好的木材生产线,原值为 700 万元,评估值为 1 000 万元。甲企业已严重资不抵债,无力继续经营。合并方乙企业是一家地板生产加工企业。乙企业地板的生产加工主要以甲企业成品为主要原材料。并且乙企业(以下称乙方)具有购买甲企业(以下称甲方)的木材生产线的财力。甲方、乙方经协商,达成初步并购意向,并提出如下并购方案。

方案一:乙方以现金 1 000 万元直接购买甲方木材生产线,甲方宣告破产。

方案二:乙方以承担全部债务方式整体并购甲方。

方案三:甲方首先以木材生产线的评估值 1 000 万元重新注册一家全资子公司(以下称丙方),丙方承担甲方债务 1 000 万元。即丙方资产总额为 1 000 万元,负债总额为 1 000 万元,净资产为 0,乙方购买丙方,甲方破产。

以下将通过对三种方案下税负的分析选择并购方式。

1. 甲方的税负分析

方案一:属资产买卖行为,应承担相关税负如下:

(1)营业税和增值税。营业税和增值税有关政策规定,销售不动产要缴纳 5% 的营业税。销售木材生产线属销售不动产,应缴纳 50 万元(1 000 ×5%)营业税。转让固定资产如果同时符合以下条件不缴纳增值税:第一,转让前甲方将其作为固定资产管理;第二,转让前甲方确已用过;第三,转让固定资产不发生增值。如果不同时满足上述条件,要按 4% 缴纳增值税。在本案例中,木材生产线由原值 700 万元增值到 1 000 万元,因此,要按 4% 缴纳增值税 40 万元(1 000 ×4%)。

(2)企业所得税。企业所得税有关政策规定,企业销售非货币性资产,要确认资产转让所得,依法缴纳企业所得税。生产线原值为 700 万元,评估值为 1 000 万元,并且售价等于评估值,因此,要按照差额 300 万元缴纳企业所得税,税额为 75 万元(300 ×25%)。

因此,甲方共承担 165 万元税金。

方案二:属企业产权交易行为,相关税负如下:

(1)营业税和增值税。现行税法规定,企业产权交易行为不缴纳营业税和增值税。

(2)企业所得税。现行有关政策规定,在被兼并企业资产与负债基本相等,即净资产几乎为零的情况下,合并企业以承担被兼并企业全部债务的方式实现吸收合并,不视为被兼并企业按公允价值转让、处置全部资产,不计算资产转让所得。甲企业资产总额为2 000万元,负债总额为3 000万元,已严重资不抵债,根据上述规定,在企业合并时,被兼并企业不视为按公允价值转让、处置全部资产,不缴纳企业所得税。

方案三:属企业产权交易行为,相关税负如下:

甲方先将木材生产线重新包装成一个全资子公司,即从甲企业先分立出一个丙企业,然后再实现乙企业对丙企业的并购,将资产买卖行为转变成企业产权交易行为。

(1)营业税和增值税。同方案二,企业产权交易行为不缴纳营业税和增值税。

(2)企业所得税。可按如下两个步骤进行分析。

第一步,从甲企业分立出丙企业。企业分立的有关税收政策规定,被分立企业应视为按公允价值转让其被分离出去的部分或全部资产,计算被分立资产的财产转让所得,依法缴纳企业所得税。分立企业接受被分立企业的资产,在计税时可按评估确认的价值确定成本。甲企业分立出丙企业后,甲企业应按公允价值1 000万元确认生产线的财产转让所得300万元,依法缴纳所得税75万元。另外,丙企业生产线的计税成本可按1 000万元确定。

第二步,丙企业被乙企业合并。企业合并有关政策规定,被合并企业应视为按公允价值转让、处置全部资产,计算资产转让所得,依法缴纳企业所得税。由于丙企业生产线的资产评估价为1 000万元,计税成本也为1 000万元,因此,转让所得为零,不缴纳企业所得税。

从被兼并方甲企业所承担的税负角度考虑,方案二税负最轻,为零;其次是方案三为75万元;最后是方案一,为165万元。

2. 合并方(乙方)经济负担分析

方案一:虽然乙方只需出资购买甲方生产线,而不必购买其他没有利用价值的资产,而且不用承担甲方巨额的债务,但是,乙方要支付高额的现金(1 000万元),对乙方来说,经济压力异常巨大。

方案二:乙方需要全部购买甲方资产,对于乙方来说,没有必要;同时乙方还需要承担大量不必要的债务,因此,在经济上是不可行的。

方案三:可从如下三点分析。第一,乙方避免支付大量现金,解决了筹集现金的难点问题;第二,丙方只承担甲方的一部分债务,资产与负债基本相等,乙方购买丙方所付代价较小;第三,乙方在付出有限代价的情况下,购买了甲方有利可图的生产线,其他资产不必购买,进而增加了经济上的可行性。

从乙方经济上的可行性分析,方案三是首选,其次是方案一,最后是方案二。

综上所述,根据合并企业的支付能力分析和被兼并企业的税负承受能力分析,方案三对于并购双方来说才是最优的。

资料来源:http://www.ctax.org.cn/qyhy/ssfd/qsch/t20060518_449576.shtml

本章小结

本章介绍了并购交易中的会计处理和税务处理问题,会计处理和税务处理是并购交易中比较重要的环节,事关企业的合并报表是否公允、合法。合并方法处理的不同,直接影响企业的合并成本。自 2007 年 1 月 1 日起,上市公司开始实施《企业会计准则第 20 号——企业合并》,规定同一控制下的企业合并要运用权益联合法处理,而非同一控制下的企业合并要运用购买法处理,企业要根据实际情况选择合适的方法,遵循相关原则,并进行相应的会计处理。企业并购过程中还要注意税务处理问题,合理运用政策规定避税,进行税务筹划。

关键术语

同一控制　非同一控制　购买法　权益联合法　商誉　股权收购　现金收购　可辨认净资产公允价值　并购税务筹划　债务融资　权益融资　应税交易　免税交易　合并费用　合并财务报表

思考题

※ 企业运用购买法处理企业合并有哪些可操纵的利润空间?

※ 分析企业如何在合并时合理避税,进行税务筹划。

课后作业

搜集相关文献资料,总结购买法和权益联合法对股价影响的研究。

第十章　公司重组

学习目标

◇ 理解公司重组的内涵及其原因;
◇ 掌握公司重组方式;
◇ 掌握公司重组成功的关键因素及其应用策略。

引言:咬紧牙关向前走

随着全球化的脚步加快,竞争早已超越国界的限制,世界级公司结合充足的国际资金及人才以出乎意料的速度抢占市场。新的竞争者凭借新知识及技术的运用,用颠覆传统的商业模式造成一波波的产业质变,产业游戏规则在一夕之间全然改写。面对瞬息万变的竞争环境,过去的胜利无法保证未来的成功。许多拥有辉煌历史的企业,往往过度相信过去的成功经验而忽视主客观环境的改变,没有采取适当措施,当惊觉环境明显变化时,往往为时已晚,大势已去,原有的竞争优势不在。此时经营者会考虑继续经营还是放弃,继续经营比较艰辛,放弃则因感情因素而难以决定。这些感情因素可能包括:卖掉祖业会被亲朋好友视为败家子,卖掉自创产业则会依依不舍。卖掉后,自己失业;被合并,自己也无法担任董事长。公司被收购代表自己经营不善,让人没面子。对不起员工、供应商、客户及投资人等。所以重组的决策包含里子与面子,面子挂不住,里子也没了。若想在激烈的竞争中持续胜出,企业必须不断进行自我改造以持续维持竞争优势。简单地说,公司重组就是公司为了恢复、维持或增加竞争优势所采取的一连串大幅度的改革行动。

第一节　公司重组的原因

重组(Reconstruction)是指企业制定和控制的将显著改变企业组织形式、经营范围或经营方式的计划实施行为。

一、什么样的公司需要重组

公司重组的目的是保持竞争地位以及响应经济中的变革因素,那么什么样的公司需要重组?按经营绩效分,需要重组的公司可分为财务困境公司、绩效落后公司、营运不正常公司三类,说明如下:

(一)财务困境公司

财务困境公司是指现金流量即将或已经不足导致对债权人的承诺无法实现或难以遵守的公司。陷于财务困境的公司若不能采取有效措施恢复现金流的正常流转,则可能破产。一个公司陷入财务困境被称为流量破产,而资不抵债被称为存量破产,不管公司属于何种情形皆可能沦为被重组的对象。

(二)绩效落后公司

绩效落后公司是盈利水平连年衰退或持续落后于同业平均水平,但尚能维持正常营运的公司。如果不能采取行动以扭转形势,这类公司迟早将沦为财务困境公司。

(三)营运不正常公司

营运正常公司是营运绩效超越同业平均水平的优良公司。一般认为这类公司不需要重组。但是在复杂多变的资产世界中,处处存在着无常,昨天的成功惯性可能种下失败的种子,这也正是许多昔日成功的公司瞬间失败的常见原因,在本次全球金融海啸中百年企业瞬间瓦解的例子屡见不鲜。因此,成功的公司须精益求精,不断优化业务组合,方能立于不败之地。

【想一想】 结合实际案例分析还有什么样的公司需要重组。

二、需要重组的原因

前述将需要进行重组的公司分为三类,但是一般来说,进行公司重组的主要原因是绩效不佳,归纳其原因可以分为以下四类:

(一)战略错误

哈佛大学战略大师迈克尔·波特(Michael Porter)指出,战略就是"作选择,设定限制(何者可为,何者不可为),选择要跑的比赛,并且根据自己在所属产业中的位置量身定做一整套活动"。简单地说,战略就是要做正确的事。企业进行战略规划时,必须考虑外在环境、产业竞争、企业能力、目标愿景等因素,才能将企业带往正确的方向,塑造或强化不同于他人的竞争优势。因此,战略规划必须审视并判断产业与公司的现况及未来,是一个十分复杂、具挑战性的工作,战略规划是一门高难度的艺术。

当战略规划错误时,例如公司对市场或产品的展望过度乐观,未经审慎评估便贸然采取积极的扩张(或兼并)战略,使得营运规模呈跳跃式的成长,在基础管理能力未同步提升的情形下,极可能造成管理失控。此外,公司轻视产业环境的变化,一味固守不合时宜的经营模式,亦难以抵挡市场的力量。总之,公司如果无法认清环境变化的事实,将资源投入错误的方向,除了耗损资源外,还难以塑造自己的竞争优势,成为输家。

(二)缺乏执行力

有了高明的战略,公司是否就会成功呢?答案显然是否定的。拉里·博西迪(Larry Bossidy)与拉姆·查兰(Ram Charan)合著的《执行》一书指出:"执行就是在公司战略和现实之间一道难以察觉的鸿沟,让公司的目标往往难以达成。"许多公司的失败常可归因于执行不佳,虽然策略、愿景一大箩筐,却光说不练,通通流于口号。

相对于战略是要做正确的事,执行就是要正确地做事。公司或许有能力提出很好的战略构想,或是前所未见的营运模式,但如果无法贯彻执行,一切都是空谈。有执行力的公司必须重视塑造执行的文化,培养具备高度执行力的人才,并将执行的精神落实到公司的组织程序中,才能锻炼出执行的能力。

(三)财务结构不佳

有了清楚的策略并具备高度的执行力,但若忽视财务规划的重要性,还是有可能出现财务困境。一般而言,财务规划包括资本规划与负债结构的安排及管理,前者牵涉自有资金与总借款配置,后者则着重长、短期负债的合理性,两者对公司的财务健康有关键性的影响。

一般公司营运资金极少完全依赖股东,大多会利用财务杠杆向金融机构借款来充实营运资金。适度的财务杠杆确实可提高股东报酬率,但公司必须善加利用借款产生的投资效益来履行偿债义务。如果投资无法如预期回收,或投资报酬率低于借款成本,还本付息需求必将形成资金压力,所以财务杠杆愈高,公司的犯错容忍度愈小,且财务风险愈高。举例来说,公司扩充产能或转投资新事业属于资本支出,投资回收期较长,应以长期借款、分期摊还方式应对,不应贪图利差或图一时方便而"以短支长",避免到期续约时可能的变化,以降低财务风险,因此公司应调整其负债结构,使负债结构与资产结构保持匹配,以控制负债风险。

(四)公司治理效果不佳

由公司发展的历程观察,创业初期领导人往往身兼数职,接单、生产、资金管理一手包办。随着公司规模逐渐扩大,领导人所面临的问题愈来愈复杂,如果缺乏领导能力和管理经验,公司决策必定会出现盲点,绩效落后的机会将大大增加。此外,庞德(Pound,1988)认为大股东可能是消极的投票者,他们通过与内部人共谋而违背小股东的最大利益。在缺乏外部监督或者外部股东类型多元化的情况下,控股股东可能以其他股东的利益为代价来追求自身利益,其手段多种多样,比如证券回购、资产转移、利用转移定价进行内部交易等。这种利益侵占自然会损害公司绩效。

三、绩效不佳的症状

所谓"冰冻三尺,非一日之寒",任何公司经营成效不佳都不是一朝一夕之间发生的。绝大多数都是由小问题开始,因为没有采取必要行动而逐渐恶化,终于形成难以收拾的局面。

在前面我们提到了经营绩效不佳的原因,这也可视为公司体制不佳的原因,体制不佳再加上外力摧残,公司极容易出现问题。以下列出部分公司经营成效不佳的症状以及加速营运状况恶化的驱动因素,可供管理层及早自我检查以防患于未然。

【案例10-1】

自我体检——公司是否已有经营成效不佳症状

请检验自己的公司是否有下列经营成效不佳症状。

表10-1

项目	项目
新产品上市速度过慢	股价表现持续低于类股指数
主力产品利润下降甚至无利可图	获利能力持续落后于同业平均水平
财务预测屡次向下修正	借款利率高于市场行情
管理报告正确性及实时性不足	无法支付分期摊还的借款
注册会计师拒绝提供鉴证	高级经理人相继辞职

若没有上述症状，那么恭喜您，公司营运状况尚属良好；若有上述症状，则要注意了，下列驱动因素将加速营运状况恶化，公司重组有其迫切性的需要。

表 10－2

项目	项目
大客户订单流失	营运资金周转压力浮现
退货或保固求偿大幅增加	借款本息摊还金额大幅增加
关键政策改变对自己不利	主要客户倒账
诉讼案件败诉产生大笔赔偿费用	天灾人祸影响公司营运

第二节　公司重组的方式

公司重组是对公司所有权或控制权结构的重新安排。从资产负债表来看，公司重组影响的要素包括资产、负债和股权，因此公司重组可分为资产重组、负债重组和股权重组三类，而负债重组和股权重组又常被合并在一起称为财务重组。

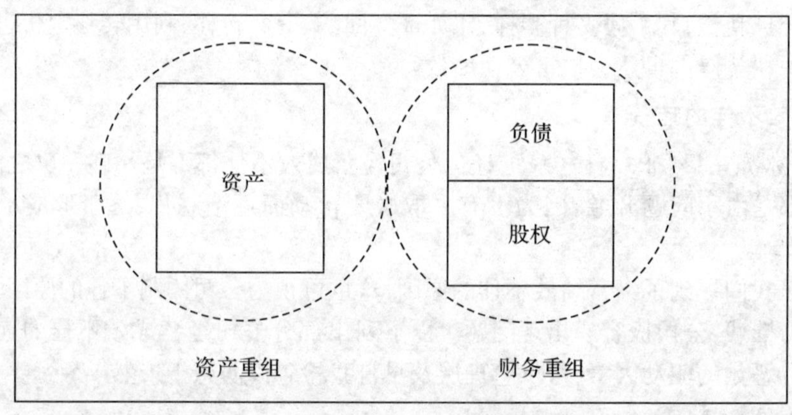

图 10－1　公司重组示意图

从实际控制人的角度来看，公司并购表现为实际控制人控制范围的扩张，而公司重组表现为实际控制人控制范围的缩小或控制范围内的调整。公司重组在控制范围内的调整可能也会采用对所控制的公司或业务进行收购或合并的方式，但这种并购与公司并购的本质不同。公司并购是不同实际控制人之间的控制权交易行为；而公司重组所涉及的收购或合并是同一控制下的收购和合并，是在同一实际控制人的主导下进行的公司之间的控制权重组行为，它所导致的是实际控制人对控制权结构的一种重新配置。

本节将讨论的重点集中在公司控制权收缩的重组方式上，并分别介绍资产重组与财务重组。

一、资产重组

资产重组是指公司将原企业的资产进行合理划分和结构调整，经过合并、分立等方式，将资产重新组合和设置，以提高经营效率。

如果公司因为经营效率不佳导致资产报酬率（ROA）过低，此时公司应针对资产组合进行重构，并将低效益的资产进行重组。低效益的资产包括非主业转投资失败的业务、过多的固定资产或闲置资产等，重组的方式包括剥离、分拆、分立、资产置换以及收购之后的资产重组等。

（一）剥离

剥离（Divestiture），也称为资产出售，是指公司将其现有子公司、部门、产品生产线、经营性固定资产组合等出售给其他公司，并取得现金或有价证券作为回报，即将公司的资产组合更换成现金或长期投资等项目。剥离目前被频繁使用，主要原因在于众多企业致力于降低多元化经营程度来加强自己的核心优势。

按照剥离是否符合公司的意愿，剥离可以分为自愿剥离（Voluntary Divestiture）和非自愿剥离（Involuntary or Forced Divestiture）。

1. 自愿剥离

自愿剥离是指当公司管理人员发现通过剥离能够对提高公司的竞争力和资产的市场价值产生有利影响时而进行的剥离。前述财务困境公司、绩效落后公司、营运不正常公司在自由意愿下皆会采用自愿剥离。

2. 非自愿剥离

非自愿剥离又称被迫剥离，是指政府主管部门或司法机构以违反《反垄断法》为由，迫使公司剥离其一部分资产或业务。经常发生的情况是，在兼并与收购活动中，政府可能认为兼并后的公司将在某一市场上造成过度的垄断或控制，损害公平竞争，从而要求公司剥离其一部分资产或业务。

按照剥离业务中所出售资产的形式，即从会计科目来看，剥离又可以分为资产（含固定资产、无形资产、闲置资产等）出售及长期投资出售。

（1）资产出售

资产出售是指仅出售公司的部门，部分厂房场地、设备等固定资产，与生产某一产品相关的全部机器设备，或是将闲置资产等出售给其他公司。单独出售无形资产比较少见，无形资产通常伴随部门出售而一并出售，但如果一个品牌很有价值，而收购方开出的收购条件非常诱人，卖家也会考虑单独出售。

（2）长期投资出售

长期投资出售是指将一个持续经营的长期投资出售给其他公司，包括转投资业务剥离和子公司剥离，这时被剥离的对象不仅包括产品生产线，还包括相关的职能部门及其职能人员，以及控制权。子公司剥离是指将一个持续经营的实体出售给其他公司，通常通过IPO的形式出售给外部投资者或者通过私人交易出售给私人投资者。依母公司对子公司的权益资产出售比例，子公司剥离又可分为少数剥离（出售比例少于50%）与多数剥离（出售比例多于50%）。

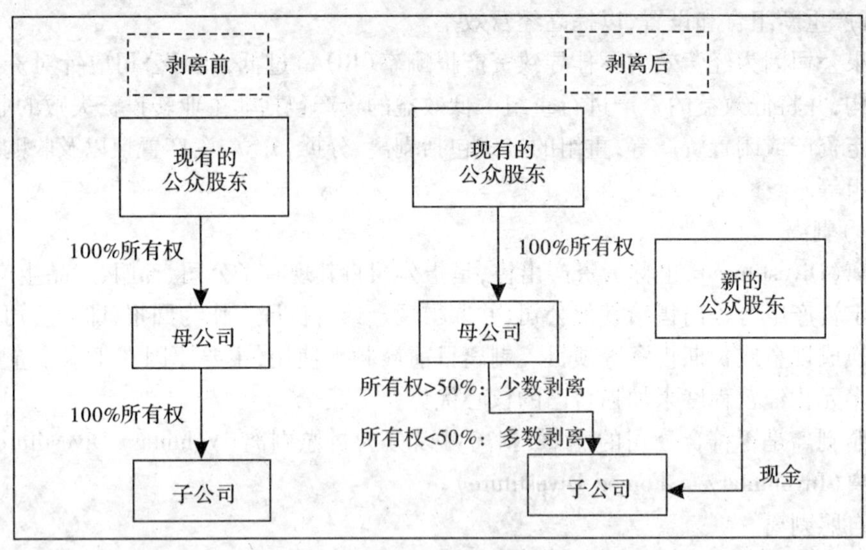

图 10－2　子公司权益资产剥离图

（二）分拆

分拆（Carve－Outs）是指母公司通过新设立子公司而转移其资产，再将子公司股权对外出售给第三方。分拆的过程中，母公司通过将其在子公司中所拥有的股份按比例分配给现有母公司的股东，从而在法律上和组织上将子公司的经营从母公司的经营中分离出去，最终出现两家独立的、股权结构相同的公司。

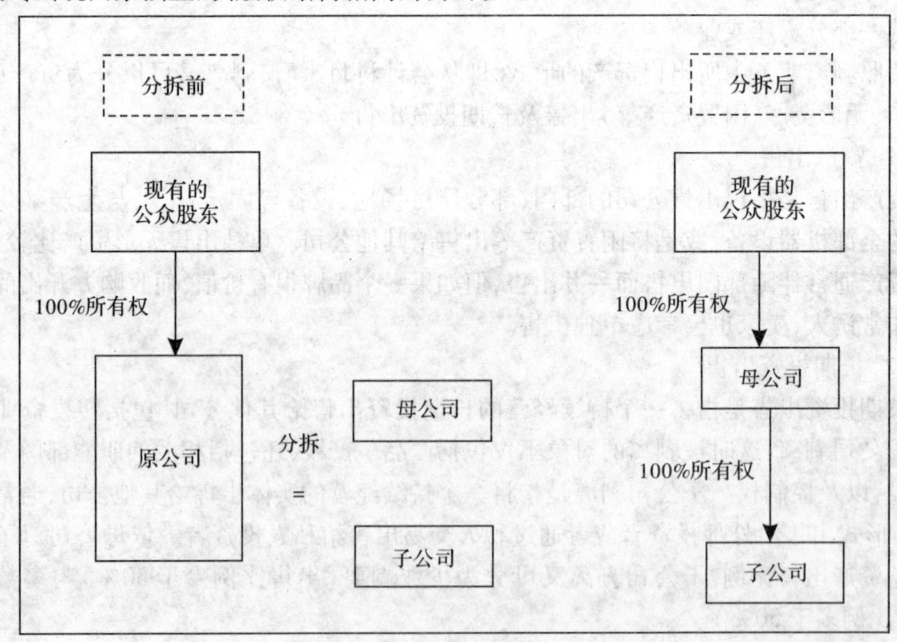

图 10－3　分拆结构图

分拆与剥离通常都会使母公司获得现金流，但分拆一般针对母公司所持有的子公司的股权，而剥离一般针对母公司所持有的资产，意义是不同的。如果一家公司通过将子公司公开发行股份（IPO）的方式将子公司分拆，使子公司成为一个新的上市公司，这种方式又被称为分拆上市。在国外成熟资本市场，分拆上市作为一种金融创新工具已成为许多企业高速扩张的重要手段。随着同仁堂于2000年10月从中国大陆1 000多家上市公司中率先分拆同仁堂科技在香港创业板上市，分拆上市在中国大陆资本市场上逐渐普及。与一般的分拆相比，分拆上市将股权出售给公众的股权购买者，可获得更高的市盈率，因此对母公司的股东往往更具吸引力。分拆上市给母公司带来的好处如下：

1. 拓宽融资渠道。由于分拆上市具有"一种资产，两次使用"的效果，因而被许多上市公司作为再融资的工具，这对融资渠道单一的中国大陆上市公司来说尤其具有吸引力。

2. 提升公司价值。分拆上市后，证券市场的价值发现功能将使母公司迅速获得超额资本利得和投资收益，使公司价值增值。

3. 聚焦核心业务。当公司业务愈来愈广泛时，往往会存在盈利水平高于企业平均水平及前景比较好的战略业务单位，其潜在价值不能被市场充分体现。通过分拆上市在使公司的业务更显清晰的同时，也为业务的专业化管理和发展创造了条件。

4. 引入新的合作伙伴。一些公司在整体资产上对策略和战略合作伙伴缺乏吸引力，但个别业务单位则因其增长潜力而可能吸引合作伙伴。因此为引入理想的合作伙伴，公司常将对方感兴趣的业务单位分拆出来，吸引新股东加盟，从而为公司扩展业务注入新的血液和活力。

5. 退出投资。由于分拆上市往往伴随着控股权的稀释，因此是许多企业逐步退出非核心业务的重要战略。

【案例10－2】

北京同仁堂分拆上市

2000年10月31日，北京同仁堂股份有限公司（以下简称同仁堂）的控股子公司北京同仁堂科技发展股份有限公司（以下简称同仁堂科技）在香港联交所创业板挂牌交易，发行价为3.28港元，上市第一天开盘价为4.00港元，最高为5.20港元，收盘价为4.30港元，比发行价高31%，成功上市。分拆是同仁堂A股的一次重大制度创新，也是中国资本市场的一次重大制度创新。

同仁堂的分拆方案乃A股公司以生产颗粒、胶囊、片剂为主体的北京同仁制药二厂、中药提炼厂及进出口分公司和科研中心等的实物资产及部分现金投入同仁堂科技，其账面价值为10 000.07万元、评估确认值为10 035.4万元，折股1亿股，占1.1亿元总股本的90.910%。此外，同仁堂以现金出资2 910 266元，折股290万股，占总股本的2.636%。

分拆上市为同仁堂带来的主要好处在于：

1. 分拆上市一旦完成，将给同仁堂带来巨大的可以变现的投资收益。同仁堂A股当初仅仅投入同仁堂科技1亿元人民币的资产和业务，每股面值1元，折合1亿股。经过半年多的资本运营，按上市首日收盘价计算，同仁堂A股所持有的1亿股同仁堂科技股票的市值已增至4.73亿元。同仁堂A股总股本为2.4亿元，流通股为6 000万元，1999年每股收益为0.58元。也就是说，此举为同仁堂A股带来每股高达1.55元的投资收益。

2. 通过分拆上市,同仁堂亦取得让同仁堂从中国走向世界所需要的经验、资源和渠道。上市后通过国际级战略投资者(如和记黄埔)的加入,同仁堂可积极与国际接轨,强强联合,优势互补,提升成长性。

资料来源:新浪财经,2000 年 11 月 2 日。

【想一想】 剥离和分拆的区别在哪里? 分别适合什么样的公司进行重组?

(三)分立

分立(Spin - Offs)是另一种企业产权裂变方式,指一个公司依法签订分立协议,不经清算程序,分设为两个或两个以上公司的法律行为。公司分立可以采取派生分立和新设分立两种形式。

1. 派生分立

派生分立也称存续分立,指一个公司按照法律规定的条件和程序,将其部分资产或业务进行分离,另设一个或数个新的公司或分支机构,原有公司继续存在的公司分立形式。

2. 新设分立

新设分立也称解散分立,指一个公司按照法律规定的条件与程序,将其资产或业务进行分割,然后分别设立两个或两个以上的新设公司,原有公司的法律主体资格消失的公司分立形式。

分立与剥离的区别在于剥离多为实施剥离的主体带来现金流,而原公司对剥离主体的控制权常需移转给接手公司或与其共享,而分立通常不会给实施分立的主体带来现金流,且原公司对分立的公司仍有控制权。

【案例 10 -3】

海南新大洲一洋药业有限公司的分立

海南新大洲控股股份有限公司(以下简称新大洲)是一家以摩托车和煤电化经营为主体的股份制企业,1994 年股票在深圳证券交易所挂牌上市。

海南新大洲一洋药业有限公司(简称新大洲一洋药业)为新大洲转投资的生物制药企业,股权已于 2002 年转让给琼山国资公司,以下即以新大洲一洋药业于 2001 年分立的案例为例。

2000 年 1 月 1 日,海南新大洲药业有限公司与扬州一洋制药有限公司合并重组,重组后更名为海南新大洲一洋药业有限公司,2000 年 6 月 16 日在国家工商行政管理局核准注册登记成立。新大洲一洋药业投资总额与注册资本均为人民币 10 250 万元,其中新大洲出资 4 220 万元,持有 41.2% 的股权。鉴于产品、营销网络等方面的原因,该公司成立后经营状况恶化,根据新大洲于 2001 年 8 月 9 日召开的第三届董事会第十二次会议上通过的《关于调整公司部分控(参)股公司的议案》,2001 年 11 月 26 日新大洲一洋药业第一届董事会第六次会议决议同意公司进行分立,分立的资料如下:

表 10-3 新大洲一洋药业的分立状况

项目	说明
分立形式	以存续分立的形式分立。海南新大洲一洋药业有限公司为存续公司,新设立扬州一洋制药有限公司。在获得政府有关部门批准后存续公司更名为海南新大洲药业有限公司。
分立基准日	2001 年 11 月 30 日。
分立后两公司股东构成	海南新大洲药业有限公司(以下简称存续公司)投资总额和注册资本均为人民币 5 000 万元。其中:本公司出资 4 220 万元,持有 84.4% 的股权;香港远升国际有限公司出资 780 万元,持有 15.6% 的股权。同时,本公司出让 470 万元的股权(占注册资本的 9.4%)给香港远升国际有限公司,转让后本公司出资为 3 750 万元,持有 75% 的股权,香港远升国际有限公司出资为 1 250 万元,持有 25% 的股权。 扬州一洋制药有限公司(以下简称新设公司)投资总额和注册资本均为人民币 5 250 万元。其中:高邮市粮食工业有限公司出资 2 780 万元,持有 52.95% 的股权;韩国一洋药品株式会社出资 2 470 万元,持有 47.05% 的股权。 分立后两公司注册资本额之和与分立前公司注册资本额相等。
财产分割	依据 2002 年 1 月 14 日新大洲一洋药业第一届董事会第七次会议决议通过的《关于财产分割清单、债权债务承继清单编制说明及公司分立基准日期后事项处理办法的议案》,存续公司承继分立基准日新大洲一洋药业海南公司会计账簿记载的财产以及债权债务,新设公司承继分立基准日新大洲一洋药业高邮公司会计账簿记载的财产以及债权债务,存续公司与新设公司各自实际承继的净资产与各方股东在新大洲一洋药业按持股比例计算应得到的净资产不一致时,由分立后的两个公司以互相增(减)往来账款的方式调整。通过上述分割和调整,存续公司和新设公司各自的资产总额、负债总额和净资产总额以及两公司各自的净资产占分割前全部净资产的比例如表 10-4 所示。
期后事项	公司分立基准日以后,因公司持续经营导致分割给新设公司的应收账款和发出商品的增减变化,其增减变化以新设公司增减对存续公司的债务,存续公司增减对新设公司的债权方式调整。自董事会通过《关于财产分割清单、债权债务承继清单编制说明及公司分立基准日期后事项处理办法的议案》次日起,存续公司不再回收分割给新设公司的应收账款。分立期间的会计凭证、财务报表按属地原则分别由存续公司和新设公司依据会计制度的规定妥善保管。

表 10-4 新大洲一洋药业分立后的财务状况 单位:人民币万元

项目	存续公司	新设公司	合并数
资产总额	6 382.6	5 544.2	11 325.6
负债总额	2 616.1	1 592.5	3 607.4
净资产	3 766.5	3 951.7	7 718.2
比例	48.8%	51.2%	100%

资料来源:海南新大洲控股股份有限公司董事会公告,2002 年 3 月 12 日。

(四)资产置换

资产置换(Asset Swap)是指以自己的资产交换另一家公司的资产,资产置换包括整体资产置换和部分资产置换两种形式。整体资产置换是指一家企业以其经营活动的全部或其独立核算的分支机构与另一家企业的经营活动的全部或其独立核算的分支机构进行整体交换,资产置换双方企业都不解散。资产置换后往往公司的产业结构将得以调整,资产状况将得以改善。

国税发〔2000〕118 号文件规定企业整体资产置换原则上应在交易发生时,将其分解为按公允价值销售全部资产和按公允价值购买另一方全部资产的经济业务进行所得税处理,并按规定计算确认资产转让所得或损失。

近年来资产置换在市场上如火如荼地进行,成功者不少,然而也不乏失败的案例。公司作为资产置换的主体,业绩表现多半较差,希望通过优质资产的注入扭转颓势,因此资产置换成功的关键在于注入资产的质量。

【案例 10-4】

上市公司资产置换如火如荼

资产置换频繁

WIND 数据统计显示,除去上市公司与股东之间以资抵债、债务剥离外,2006 年共有 90 家上市公司进行了资产置换(包括发行股份购买资产),涉及金额高达 803.86 亿元。根据证监会的行业划分标准,进行资产置换的上市公司以制造业居多,这些公司大部分业绩较差,所处行业竞争激烈,利润率低下。其中:机械、设备、仪表类的上市公司多达 20 家;石油、化学、塑胶、塑料类的上市公司有 11 家;金属、非金属制造的上市公司有 8 家。

在上市公司资产置换的标的物中,除部分新增定向发行股份收购母公司资产外,上市公司置出的资产基本上以股权和实物资产为主,同时还有不少的债权,这实质上也是上市公司债务重组的一环;而置入的资产也是以股权和实物资产为主,少数则是现金。对资产置换的主体来说,2006 年参与资产置换的绝大多数是上市公司自身的资产,仅有两家是针对上市公司控股参股公司进行的,分别是国际实业和银基发展。

通过对上市公司盈利情况进行分析可以看出,进行资产置换的多数公司此前业绩水平一般,其中还有 20 家上市公司被特别处理或实施了退市风险警示。统计显示,进行资产置换的上市公司 2006 年第三季度每股收益超过 0.1 元的上市公司仅 18 家,仅占总数的 20%;而业绩亏损的上市公司有 26 家,占比为 28.9%。事实上,除部分钢铁、资源类公司新发行股份与大股东进行优质资产置换外,业绩优良的上市公司进行资产置换的并不多见。

WIND 的统计还表明,资产置换的金额超过上市公司资产总额 30% 的上市公司家数约占总数的 40%,其中有 15 家资产置换金额超过总资产的 50%,6 家资产置换金额超过了总资产。在进行资产置换的 90 家上市公司中,置换金额超过亿元的共有 55 家,其中上海汽车的交易金额最高,达 214.03 亿元。另外有 10 家上市公司的资产置换金额超过 10 亿元。由于相关上市公司的资产置换都在去年下半年进行,因而资产置换后相关公司的业绩变化备受投资者关注。

重演乌鸡变凤凰神话

资产重组是证券市场永恒的主题,而资产置换更是重组的关键所在。经过资产置换的ST江纸和*ST金岭,2006年净利润分别同比增长1 242%和较上年增加15 855.78万元。这两家已披露年报的上市公司仅仅是2006年进行资产置换的90家上市公司中的冰山一角。

资产置换是一种特殊的资产重组方式。在股权分置改革前,相当一部分控股股东通过与上市公司进行以劣换优的资产置换侵占上市公司资源。在股权分置改革完成后,原来的非流通股股东不仅获得了在未来股权可以充分流动的权利,更重要的是股改后限售流通股的价格得到了大幅度提升,这大大提高了大股东将优质资产注入上市公司的积极性。

同时,一些绩效差的公司或未股改公司也需要通过注入新资产的方式才能被拯救。

2006年是ST江纸发生重大转折的一年。截至2006年6月30日,该公司的资产总额为14 516.76万元,净资产为-11 936.56万元,资产负债率为182%,处于严重的资不抵债状态。但重组使ST江纸几乎一夜之间"乌鸡变凤凰",主营业务也由造纸变更为房地产开发和销售。2006年ST江纸实现净利润6 993.27万元,同比增长1 242%。

同样,*ST金岭也变成了一只"会下蛋的鸡"。2004~2005年连续两年亏损的*ST金岭,在经过整体资产置换、定向增发和股改后,业绩发生大反转,主营业务从陶瓷和造纸变为铁矿开采及铁精粉、铜精粉等的生产、销售。2006年,*ST金岭实现净利润6 866.23万元。在股本增加6 200万股的情况下,*ST金岭每股收益由2005年的-0.39元变为0.21元,加权平均每股收益0.25元。

置入资产的质量是关键

证券市场对上市公司的置换行为能够作出解读。对于置换后具备扭亏或业绩大幅提升空间的上市公司资产置换行为,投资者作出了积极的正面反应;而对于控股股东注入水分资产、置换出上市公司优质资产的行为,投资者会作出负面的反应。但是资产置换是否会直接改变上市公司的命运,投资者的看法不一。

联合证券的分析师认为,上市公司资产置换的行为实质上是大股东对相关上市公司无私的赞助,而置入资产的质量则视大股东的实力而定,也与置入资产的行业背景有关,一些垄断性的或具有盈利前景的资产置入方能为上市公司带来业绩的重大改善。

一些具有垄断性质的资产置入,能够使上市公司业绩明显提升。2006年7月1日,资产置换方案实施后,原水股份的主营业务将从原水生产供应和污水处理,转变为自来水生产销售和污水处理。数据显示,新置入的资产对原水股份2006年第三季度的业绩提升大有裨益。

而香江控股在进行资产置换后,其业绩并未发生明显好转并呈现滑坡的趋势。置入香江控股的大部分资产盈利大幅下滑,公司前景令人担忧。

更令人吃惊的是,寄希望于资产重组获得新生的ST寰岛显然被"忽悠"了一把,刚刚置入上市公司的汉鼎光电由于主要资产及生产经营存在严重问题,后续经营能力不确定,ST寰岛无奈之下发布"退货"公告。

资料来源:证券时报,2007年2月10日。

【想一想】 ①以上几种公司重组方式的主要区别是什么？

②结合具体案例说明公司应如何选择重组方式。

(五)收购之后的资产重组

交易的产生通常需要有买卖双方,交易的项目不外乎资产与股权。收购业务通常由买方负责。从收购的方式来看,收购业务可分为资产收购和股权收购。资产收购即由收购公司购买目标企业全部或部分资产,但不承受负债;股权收购即由收购公司和目标企业股东协商出让所持股票或在公开市场上购买持股,至于收购何种项目完全看买方的意图,而不论收购何种项目,收购之后就是资产重组。对目标企业的资产,收购方可能采用不同资产重组的手法来达成其目的。在收购业务完成之后,收购方可能采用下列手法进行资产重组:

1. 以剥离的方式出售部分目标企业的资产或业务以取得所需要的现金回报;
2. 淘汰不具效率的业务以提升整体竞争力;
3. 通过剥离公司原有部分资产或业务的方式来避免受到反托拉斯法的起诉;
4. 以剥离的方式来纠正一项草率的甚至是错误的收购业务;
5. 以分拆的方式针对新公司加以重组以提升实力;
6. 以资产置换的方式将资产去芜存菁。

从被收购的角度看,在目标公司受到来自其他公司的收购威胁时,可能会采用剥离掉"皇冠上的明珠"的方式,来抵制收购方的收购意图。

资产重组和收购两种业务之间存在着上述种种联系,其中的关联性不限于单向,而是双向的,并且常有着不同的动因和不同的目的,需要采用不同的分析手段和实施方法。

二、财务重组

财务重组是要控制公司的财务风险并对财务结构进行改善,以确保公司可以在财务稳定的状况下进行长期的业务改善。如果财务结构不佳确实是公司业绩不好的主因,财务重组就是公司重组的首要任务;即使财务结构不佳不是公司业绩不好的原因,但由于公司在营运不佳的情况下,财务状况极可能早已恶化,在进行公司重组时也要审查财务资源及能力,才有余力改善绩效。总而言之,财务重组是公司重组必经的过程,必须在第一时间启动,并且限期完成。财务重组一般分为债务重组和股权重组,以下分别讨论。

(一)债务重组

债务重组又称债务重整,是指债务人发生财务困难时,通过提出营运改善计划与债务偿还计划来说服债权人,进而达成债务重组的目的。如果债权人对公司的继续经营与发展充满信心,可以本着友好协商的原则,以展现营运改善能力与偿债能力为前提,在法律的监督下,就债务的推迟偿还作出安排。一般来说,这对双方皆有利,如果公司可以摆脱困境,扭亏为盈,债权人也将受益。如果双方分歧很大,无法达成协议,负债公司可能就不得不进行破产清算,双方皆受损。债务重组一般分为两种方式:

1. 调整债务清偿条件

公司若因获利能力衰退或交易条件改变,导致营运现金及还本付息能力下降或不足,必须主动与金融机构或债权人沟通,说明现状,并根据短、中、长期财务预测及现金流量估算资金需求,以争取银行支持并同意变更债务清偿条件,包括延长还款期限、降低利率、免去应付未付的利息、减少本金等。

2. 改善财务结构

企业负债结构若与其资产配置不符，或是过度依赖短期额度，便应进行财务结构改善以改善体制，并根据中、长期偿债能力，调整其长、短期借款比例。一般改善财务结构的方法如下：

(1)以非现金(现金包括库存现金和银行存款，下同)资产清偿全部或部分债务。

(2)修改债务清偿条件，包括延长还款期限、降低利率、免去应付未付的利息、减少本金，或免除部分负债等。

(3)债务人通过发行权益性证券清偿全部或部分债务。发行权益性证券用于清偿全部或部分债务，在法律上有一定的限制。例如，按照我国《公司法》规定，公司发行新股必须具备一定的条件，只有在满足《公司法》的规定的条件后才能发行新股。

可单独也可采用组合方式使用以上三种方法清偿全部或部分债务。在正式进行债务重组前，公司须对本身所拥有的筹码进行盘点，以与债权人协商时使用，以下就相关要点分别进行说明。

(1)可承担债务估算

在进行债务重组时，公司通常需要针对本身可以承担的债务进行估算，以便选择适当的重组方式，以及调整金额。此外债权人(尤其是银行)在考虑是否接受公司提出的债务清偿条件调整时通常会考虑公司可以承担的债务，如果提出的条件超过本身可以负担的程度，则债权人不容易接受，唯有公司提出的方案与债权人的认知达成共识，彼此才有协调的机会，才能最终创造双赢的局面。公司出现无法承担负债的情况常发生在下列情形中：

①负债规模已超过公司可以负担的程度；

②在债务偿还的过程中突然暂时性出现无法偿付的情形。

除了公司本身偿还整体债务外，也需要针对现金流量预测进行审阅，以确认在未来是否存在任何依靠递延支出与提前收账仍然无法解决的现金缺口。假如这种情况是无法避免的，那么公司需要与债权人(通常是金融机构)协商以取得暂时性的融资，或是重新安排债务的偿还期限，以避免资金缺口的发生。

为了估算公司可承担的债务，可采用利息保障倍数(公司息税前利润与利息费用之比)或是负债除以未计利息、税项、折旧及摊销前的利润(EBITDA)作为指标，并与其他同业公司进行比较，以了解本公司在产业中所处的地位。当然在指标采用的同时，必须将任何会扭曲该指标数值的因素消除，并以公司未来(如3个年度)预估的资料来估算数值，以便排除非经常性的干扰因素。

要将每个指标界定出范围来判断公司可承担债务的范围并不容易，因为这将受到下列因素的影响，表10－5举例说明其关系。

①债务偿还的条件。债务偿还期限越短，公司即将偿还的金额越大，公司承担的压力越大。

②利率。利率低的时候，利息保障倍数或者数值表现佳，但是负债除以EBITDA有可能超过范围。

③资本支出的水平及(或)营运资金的投资数额。假如公司属于高资本支出或是高营运资金需求的行业,由于大笔资金将用于这两个项目,所以可承担债务能力相对较弱。

表 10-5 可承担债务估算的示例

指标范例	5 年期贷款	7 年期贷款
负债除以 EBITDA	2.25~3.00	2.75~3.75
利息保障倍数(年利率 7%)	3.00~3.50	2.00~2.75
利息保障倍数(年利率 10%)	2.00~2.50	1.50~2.00

(2)担保品审查

担保品审查的目的在于了解公司目前仍有多少担保品可以作为与债权人谈判的筹码。当债务重组进行时,假设要增加贷款额度,债权人(尤其是金融机构)将会根据公司可以提供多少担保品来判断自身的保障程度,以决定是否接受协商,因此公司有必要就自己的担保品状况进行审查。

由于担保品的价值大多依靠资产评估决定,而资产评估的决定因素之一是估价师对该资产价值的掌握程度,因此公司应将有利于资产升值的要素数据提供给估价师作为参考,以缩短账面数据与现实情况的差距。担保品审查的步骤如下:

①进行资产评估,除公司自有资产,另可审查子公司可否提供投资或保证等协助;

②进行负债评估,除目前负债外,还审查各银行对债权的主张关系以及对担保品的主张态度;

③依照债权人顺位审查资金流入各主体的情形。

担保品审查一般基于两种不同的假设前提:破产清算与继续经营。破产清算时公司(或评估的资产)价值是以清算价值或残余价值计算的;继续经营时则假设公司全体(或部分)持续营运,而担保品的部分也继续营运,此种情况通常价值较高。不论采取何种假设,将资产价值扣除已作为担保的部分即可得知尚可提供多少担保品。

此外,担保品的处分成本视情况须由担保品价值中扣除,因此对担保品的价值来说也有重要的影响。处分成本的估算受众多因素的影响,例如:担保品处分变现的难易度;业务与担保品的特性;业务及担保品所位于的地理区域;处分过程牵涉到的法令及程序的复杂度;专业人员的参与程度;债权人的数目以及先后顺序。

【案例 10-5】

梅雁水电与债务人达成债务重组协议

广东梅雁水电股份有限公司(以下简称梅雁水电,股票代码 600868)的前身是广东梅雁企业集团,公司组建于 1990 年,是一个多元化综合的企业集团公司,主要业务为水力发电、建筑、铜箔生产及螺旋藻养殖等。

2007 年 10 月 17 日,梅雁水电发布董事会决议公告,对债务重组事项进展进行了通报。公告表示,公司目前已收回应收建筑工程款项约 1.9 亿元,尚余应收建筑工程款项 8.41 亿元,为了进一步加快应收款的清收,公司已拟出债务重组方案。

债务重组方案为梅雁水电与债务人梅县东方房地产开发有限公司签订"债务重组意向书"，梅雁水电将按照公允价值，接收梅县东方房地产开发有限公司持有的梅县洁源水电有限公司3亿股股权，用于抵偿其所欠4家公司各项建筑工程款项3.7亿余元以及所欠公司的债务约1.07亿元。

此外，梅雁水电与控股股东广东梅雁实业投资股份有限公司（以下简称梅雁实业）签订了"债务重组意向书"。根据意向书，作为控股股东的梅雁实业将位于梅县新县城的800亩土地，按评估价格置换梅县梅雁基础工程有限公司及梅县梅雁建筑工程有限公司建筑工程应收款约2.9亿元。

为了优化公司资产结构，提升持续经营能力，经与控股股东梅雁实业等单位沟通，梅雁水电将对公司资产结构进行调整。梅雁水电与梅雁实业及李新云签订"股权置换意向书"，梅雁实业及李新云将所持有的广东梅县梅雁矿业有限公司100%的股权按照公允价值置换梅雁水电所持有的梅雁旋窑水泥、梅县梅雁电解铜箔、广梅县梅雁TFT液晶显示器几家公司的全部或部分股权。与此同时，梅雁实业还将所持有的梅县洁源水电8 900万股股权置换梅雁水电所持有的梅县梅雁螺旋藻养殖有限公司的股权。

资料来源：证券之星，2007年12月。

（二）股权重组

股权重组是指企业对股权结构以及资本结构的重新安排。其中，股权结构重组是指股东、股东持股比例、股份级别等方面的变更。股权结构重组常见的形式包括：股权转让，即公司的股东将其拥有的股权或股份的部分或全部转让给他人；增资扩股，即公司向社会募集股份，新股东投资入股或原股东增加投资扩大股权，从而增加公司的资本。另外，如管理层收购、员工持股计划、股份回购及双重股份资本重组皆为股权重组的方法。

在股权结构重组时，有时会将股权与债务进行置换，此时便牵涉资本结构重组。资本结构重组，又称资本重组，指股权与债务结构的重组。资本重组的目的常常是使公司的资本结构更稳健。资本重组往往涉及一种融资工具代替另一种融资工具，比如将优先股转换为债券以改变资本结构。资本重组的原因很多，可能是防御敌意接管、进行税收筹划，或者是风险投资者的退出策略。发达资本市场常见的资本重组方式包括杠杆化资本重组、交换发行等。

股权结构重组及资本结构重组的手法很多，以下针对管理层收购、员工持股计划、股份回购、双重股份资本重组、杠杆化资本重组及交换发行进行说明。

1. 管理层收购

管理层收购发源于英国，是指目标公司的经理层或管理层利用杠杆融资或股权交易收购本公司股份的行为。通过收购，企业的经营者变成了企业的所有者，公司所有权结构、公司控制权和资产结构都发生了改变，进而重组目标公司。

管理层收购的一种重要的变体是职工经理人融资收购（MEBO），即原有企业的职工和管理人员共同出资买下公司，从而改变公司的所有权结构。此情况可能出现在公司经营不善，原有股东对公司前景不看好的时候，而管理层与职工仍然希望公司继续经营，并寻求资金协助把股份从原有股东手中买下。

在现代企业管理制度的公司治理结构中，所有权和经营权分离是一种先进的制度，但是其中产生的代理成本衍生出许多经营者与所有者的争端，通过管理层收购重新将所有权和经营权集中到高级管理层手中，将剩余索取权和剩余控制权整合，以使管理层取得公司的控制权，借此管理层可由企业经营的成果中得到更多的利益。

【案例10－6】

京山轻机管理层收购完成，董事长控股公司

京山轻机(000821)是中国最大的纸箱、纸盒包装机械生产和出口基地，年产各类瓦楞纸板生产线180余条。随着京山轻机管理层收购的完成，这例被视为内地首例管理层利用借贷资金实施管理层收购的案例终于完成。

京山轻机公开数据表明，1998～2008年，累计派发红利(股利)3亿元，累计净利润5.8亿元。截至2008年年底，公司净资产11.24亿元。其中，有5.96亿元是从股市募集的。与上述数字相印证的是，京山轻机1998年上市后，10年来，收入从4亿元增加到5.2亿元(2004年主营收入最高为6.1亿元)，但利润从9 200万元下降到528万元，10年来收入缓慢增长，但利润加速下滑。公司上市时毛利率为33%，2002年为19%。此后，毛利率基本稳定在20%左右，然而费用率持续上升使得净利率节节下降。作为国内最大的瓦楞纸板包装机械生产商，上市11年的京山轻机，却陷入长不大的怪圈，也使得管理层收购有机会成功。

尽管对管理层收购争议很大，但由于会议现场京山县国资局局长亲自宣读文件，同意京山轻机管理层收购，投资者对集体企业出身的京山轻机管理层持谅解态度，予以放行。

作为京山轻机实际控制人的京山宏硕投资有限公司(以下简称宏硕投资)通过收购京山轻机所持京源科技41.80%的股权，成为其第一大股东，并间接持有京山轻机25.79%的股份，宏硕投资的实际控制人，也就是京山轻机董事长孙友元由此成为京山轻机的实际控制人。

根据公告，此次收购花费9 100万元，除自有资金4 600万元外，均来自京山县农村信用合作联社的并购贷款。京山轻机表示，宏硕投资已分别于2009年6月23日将4 600万元、7月3日将4 500万元，合计9 100万元支付给京山轻机，宏硕投资持有京源科技股份比例随即增至51%，且目前工商变更手续也已近完成。

过去10多年，京山轻机始终都是以最保守的思路发展，很少向银行贷款；产业上也很保守，从未想过收购公司，对产业进行整合。就连国内最大的竞争对手广东肇庆机械厂倒闭时，京山轻机也没有设法收编，结果肇庆机械厂员工创办了三个工厂与京山轻机竞争。不过，京山轻机目前的态度已明显发生变化，将利用收购兼并的渠道，在目前行业十分低潮的时期，整合国内瓦楞设备行业。

资料来源：聂春林. 2009－06－17. 瓦楞纸板包装机械龙头MBO收官京山轻机并购战略突围[N]. 21世纪经济报道.

2. 员工持股计划

员工持股计划(Employee Stock Ownership Plans，ESOP)属于一种报酬计划，目的是激励员工努力工作，吸引人才，起到留人的作用。通过让员工持有股票，使员工享有剩余索取权和拥有经营决策权。员工持股计划本质上是一种福利计划，适用于公司所有雇员，由公司根据工资级别或工作年限等因素分配本公司股票。

在我国，因为各个企业基本上存在着较为健全的工会组织，所以员工持股会作为社团

法人托管运作、集中管理的形式。员工持股管理委员会或理事会作为社团法人进入董事会参与按股份分享红利，是一种新型股权形式。

员工持股计划被广泛用于各种各样的公司重组活动中，包括辅助对私人公司进行的并购、资产剥离、挽救濒于倒闭的公司以及反接管防御。美国西北航空公司便是实施员工持股计划从而起死回生的例子。有些公司甚至将员工持股计划作为公司融资的一种手段。从公司重组角度看，员工持股计划的用途主要可归纳为：

(1)实行资本积累，是公司筹资的一种手段；

(2)防止敌意收购；

(3)公司平稳放弃与让渡经营不理想的子公司；

(4)实现公司所有权向雇员的转移。

【案例10－7】

美国西北航空公司的员工持股案

美国西北航空公司是20世纪90年代美国航空业中亏损最严重的企业，曾被两个私营投资者收购后进行了管理改革，但仍未摆脱亏损而濒临破产。若当时公司破产，便会导致三个严重后果：

1. 以公司净资产偿还债务，银行和其他债权人的利益将要受到损失；

2. 一大批飞行员、技师和空姐面临失业；

3. 如果申请破产保护，必然会影响正常营业，因为公司的主要航线和客户在亚洲国家，东方人对破产难以接受，大型企业破产在美国的影响也很大。

最初，西北航空公司希望通过资产重组来挽救企业，经股东、雇员和银行之间的多次协商，达成了关于延期偿还债务、暂停支付货款等的重组协议。然而重组并没有使公司摆脱困境，1993年12月公司负债高达47亿美元，公司面临空前的生存危机。在这种情况下，西北航空公司的股东、债权人、职工在1993年决定实行员工持股以图拯救公司。

西北航空公司的债权人、股东、职工代表(飞行员、技师、空姐三个工会成员)三方经过激烈的谈判，在相互妥协的基础上达成了调整股权结构、实行员工持股、加强公司管理、挽救企业的协议，该协议的核心内容是实行员工持股计划。计划的具体内容如下：

1. 降低工资转而购买股权，即在1994～1996年内，本公司职工以自动降低工资的方式购买公司30%的股权。

2. 降低工资幅度按年薪档次划分。由于公司职工的收入差异很大，降薪幅度不能一刀切，而是根据年薪档次区别对待：年薪在1.5万元以下的员工工资不降低，而年薪在2万元以上的员工工资则进行5%到20%的降低，年薪越高，降低幅度越大。

3. 延期偿还企业债务。

4. 公司保证回购员工股票，2003年债务全部偿还后，如果雇员想卖出股票，公司有义务从雇员手中全部回购股票。

实行员工持股计划后，公司不但迅速扭亏为盈，而且成为股票增值很快的上市公司。当股票增值到每股24美元时，已完全能补偿所减少的雇员工资，而持续增值使持股雇员的收入大为增加。

该公司的成功经验带给我们四点启示：

1. 股权结构的变化有利于公司治理的优化，该公司的员工持股占公司总股本的30%，对公司及其他股东产生重大的制约作用。

2. 员工持股的可转让性强。在该公司，雇员持有的股票为有投票权的特殊优先股，职工股年股息率为5%，可由优先股转为普通股，并可以在股市上自由转让，利于职工消除后顾之忧，热心参与该计划。

3. 职工股的投票权由托管机构代理行使，提高了行权效率。该公司的职工股托管机构每年向职工通报股票数量与市价，在每次召开股东大会前，托管机构把股东大会上要表决的问题发到职工手中，职工填好意见后交给托管机构，由托管机构根据职工意见行使投票权。

4. 员工进入董事会，真正发挥主人翁的决策权。在该公司，由于雇员持股的比例较高，雇员中有3人直接进入共有15人的公司董事会，能够充分地代表员工股东的意愿，维护员工股东的权益。

资料来源：杜小勇. 2007. 论员工持股的理论渊源与法律制度的完善[OL]. 北大法律信息网.

3. 股份回购

股份回购(Stock Repurchase)是指公司出于特定目的将已发行在外的股份重新购回的行为。与公司控制权相关的是，股份回购减少了流通在外的普通股数量，从而降低了接管威胁。

股份回购在西方发达国家被普遍运用，是成熟资本市场上实施反收购策略的重要工具和武器。其原因在于：

(1)股份回购可降低流通在外股数，原来大股东的持股比重则会相应提高，其控股权自然会得到加强。

(2)股份回购并减资后可提高每股市价，增加每股盈利，从而提升公司股价，抬高收购的门槛。

(3)如果公司的资产负债率较低，在进行股份回购后，可提高资产负债率，更有效地发挥财务杠杆效应，以增强公司的未来盈利预期。

(4)公司现金储备比较充裕，就容易成为被收购的对象，在此情况下公司动用现金进行股份回购，可以降低现金部位，减少被收购的可能性，这是反收购技术中的“焦土战术”；公司可以直接以高出市价很多的价格公开回购本公司股份，促使股价飙升，以击退其他的收购者，从而达到反收购的目的。

【案例10-8】

天音通信控股股份回购

天音通信控股股份有限公司(000829)1996年12月成立，现拥有摩托罗拉、诺基亚、三星、索尼爱立信等知名品牌手机的全国一级代理权，并已成为摩托罗拉、诺基亚的战略合作伙伴，现已成为中国规模最大、最具影响力的移动通信产品分销商之一。2008年11月17日，公司股东大会批准回购方案，根据相关规定在中国证券登记结算有限责任公司设立了回购专用账户,2008 年 12 月 3 日公司公告回购报告书,回购正式实施。

回购规划:

本次回购分两期进行,第一期回购在股东大会通过后 1 个月内完成,即第一期回购截止日期为 2008 年 12 月 17 日;第二期回购在股东大会通过后 6 个月内完成,即第二期回购截止日期为 2009 年 5 月 17 日。

回购结果:

第一期回购:公司一共在二级市场上回购 3 588 900 股,占公司总股本的 0.378%,购买的最高价为 3.49 元/股,购买的最低价为 3.36 元/股,支付总金额为 12 416 326 元(含印花税、佣金)。

第二期回购:由于第二期回购期间公司股价一直运行于回购最高限价(3.50 元/股)上方,因此公司董事会未对第二期股份回购作出具体安排,公司第二期回购股份总数为 0 股,支付回购资金额为 0 元。

回购实施完毕公司股份变动情况如表 10－6 所示。

表 10－6　股份回购前后股权结构的变化

	回购前		回购后	
限售流通股	46 011 943	4.84%	46 011 943	4.86%
流通股	904 478 049	95.16%	900 889 149	95.14%
总股本	950 489 992	100%	946 901 092	100%

资料来源:天音通信控股股份有限公司关于股份回购实施完毕的公告,2009 年 5 月 18 日。

4. 双重股份资本重组

双重股份资本重组指的是企业创造了(通常在招股时)另一级别的普通股,这种普通股拥有较低的表决权,但有较高的股利支付权。举例来说,公司在招股中提供 A、B 双重级别的普通股,A 级股票每股有一票表决权,但是股利率较高;B 级股票的股利率较低,但是每股可能拥有 5 票或 10 票的多重表决权。公司亦可通过将有限表决权股票按比例分配给现有股东创造这种新型普通股来达成股权重组的目的。

通过双重股份资本重组,控股股东或管理层可以增加控制权,以便实施长期计划。这就减轻了每季提供可观的业绩报告的压力。另外一个原因是在长期计划产生实质性绩效改善之前,控股股东可以掌握高比例的表决权而进行接管防御。这个"集权控制"将能阻碍其他人成为潜在的合并者、收购者,或者发生其他控制权转化。

双重股份资本重组在西方比较盛行,但在亚洲并不常见,英资的太古集团(0019.HK)曾采用过分设 A、B 类股票的方案,但由于公司小股东希望"同股同权"而作罢,直到百度采取此计划才再度引起讨论。

双重股份资本重组的实行需要得到股东的批准,而较高的股利和股票未来价格较高的前景会促使股东同意这样的提案。

【案例 10－9】

百度牛卡计划

美国东部时间 2005 年 8 月 5 日上午 11 时许，全球最大的中文搜索引擎公司——百度在线网络技术有限公司（以下简称百度，纳斯达克代码为 BIDU）在纳斯达克正式上市，发行 4 040 402 股美国存托凭证股票，融资 1.09 亿美元。每股美国存托凭证股票代表一股 A 类普通股。开盘价为 66 美元/股，比发行价 27 美元/股高出 39 美元。当日一开盘，股价便一路狂飙，不到三个小时即突破了每股 100 美元，之后的一小时又直冲过 150 美元，当天收盘价为 122.54 美元，是发行价的 454%。

为了使原始股东在董事会表决重大事务（这些重大事务包括董事选举、重大公司交易、兼并投资、出售公司资产、聘用 CEO 等）的时候具有极大的表决权和影响力，本次上市方案中百度规划了“牛卡计划”，即百度股份将分成 A、B 两类股票。A 股就是流通股，B 股则是法人股和优先股，也包括股票期权。而“牛卡计划”的微妙之处就在于每股的表决权上：A 类股票表决权每股为 1 票，创始人所持股份为 B 类股票，其表决权每股为 10 票。这两类股票的投资回报率完全一样，只有在表决的时候，B 类股票的表决权才会乘以 10。并且（更为关键和重要的）该计划还规定，一旦 Google 或其他收购方买下 B 类股票（即原始股份），B 类股票立即转为 A 类股票，权重变为原来的 1/10。

表 10－7　　　　百度上市前后股权变化

<table>
<tr><th rowspan="2">股东性质</th><th rowspan="2">股东名称</th><th colspan="3">股权比例</th></tr>
<tr><th>IPO 前</th><th colspan="2">IPO 后</th></tr>
<tr><td rowspan="2">创始人</td><td>李彦宏</td><td>25.8%</td><td>22.9%</td><td rowspan="4">合计 38%</td></tr>
<tr><td>徐勇</td><td>8.2%</td><td>7%</td></tr>
<tr><td rowspan="2">高管</td><td>其他高管</td><td>3.7%</td><td rowspan="2">8.1%</td></tr>
<tr><td>普通员工</td><td>5.5%</td></tr>
<tr><td rowspan="5">其他机构投资者</td><td>DFJ</td><td>28.1%</td><td>25.8%</td><td rowspan="5">合计 49.5%</td></tr>
<tr><td>Intergrity Partners</td><td>11%</td><td>9.7%</td></tr>
<tr><td>Penin - sula Capital Fund</td><td>10.1%</td><td>8.5%</td></tr>
<tr><td>IDG</td><td>4.9%</td><td>3.2%</td></tr>
<tr><td>Google</td><td>2.6%，投资 499 万美元</td><td>2.3%</td></tr>
<tr><td>上市公募</td><td>公众股东</td><td>0</td><td>12.5%</td><td>合计 12.5%</td></tr>
<tr><td></td><td>合计</td><td>100%</td><td colspan="2">100%，共 3 232 万股</td></tr>
</table>

所有在公司上市前股东们持有的股份均为原始股，由于百度 IPO 比重很小（12.5%），因此 Google 直接或间接承接 IPO 股份（即 A 类股票）并无太大影响；如果

Google 收购原始股份，因为该条款中明确规定，一旦原始股被出售，即从 B 类股转为 A 类股，权重立即变为原来的 1/10。那么根据 IPO 后的股权结构，Google 只拥有 2.3% 的股权，因此推算即使绝大部分股份均被 Google（或其他潜在的恶意收购者）收购，但只要李彦宏等创始人大股东所持股份在 11.3% 以上，即可获得公司的绝对控制权。而事实上李彦宏一人持股即达 22.9%，所以除非他愿意卖掉百度，否则通过“牛卡计划”的设计，任何人想通过收购来有效控制百度都将失败。

通过“牛卡计划”，李彦宏可以把百度牢牢控制在自己手中。凭借自己在中国互联网搜索引擎市场上的影响力，和 Google 这个巨头周旋。

资料来源：维基百科。

5. 杠杆化资本重组

杠杆化资本重组（Leveraged Recapitalization）是公司通过引进（通常通过举债或是股权投资）外部的资金，在维持既有股东或少数股东的权益的前提下，针对公司股权结构进行调整，来创造流动性。当某些私有公司的股东需要出场，或是公司认为股价无法反映公司价值时，杠杆化资本重组的手法常被运用，通过融资来收购股权以进行股权重组。

杠杆化资本重组的使用有基本的先决条件，即公司必须有足够的举债能力，这包含了以资产或现金流量为基础的融资。因此如果公司举债程度高，那么采用杠杆化资本重组就要特别注意。

由于杠杆化资本重组的典型情况是发行大量债务，用债务融资筹措大量资金，结果会形成一个产权比率（负债总额/股东权益总额）甚至高达 5∶1 的高杠杆公司。一般公司常用此手法来抵御敌意并购，以借来的资金支付现有股东大量的现金股利（现金股利的数量甚至可能超过股票先前的市场价格），以降低公司的吸引力。但是私人股本集团常据此让自己投资组合中的企业背上额外债务，从而吸走大额派息分红，以缩短回报期限，使得杠杆化资本重组成为被人质疑的再融资手段。例如，福特（Ford）汽车以 150 亿美元的价格将美国汽车租赁集团赫兹（Herts）卖给了以克杜瑞（Clayton Dubilier & Rice）公司为首的三家私人股本集团组成的收购团。赫兹新东家在收购该业务的短短 6 个月之后，就给自己派发了 10 亿美元的股息，这恶化了该公司的财务状况。

杠杆化资本重组也可运用在兼并和接管上，针对资本结构和财务杠杆进行重新安排。根据中国关于合并的税务及会计法规，当合并中有超过 85% 的支付是股权支付时，该合并在税务上将被认定为免税交易，在会计处理上可采用权益联合法，即以账面价值作为计价基础。所以虽然杠杆化资本重组的本质和杠杆收购、管理层收购是一样的，但是财务处理能符合相关法令的规定，使杠杆化资本重组不被认为是控制权变更的交易，因而目标公司资产负债的会计基础可以保持不变。也就是说，目标公司的历史账面价值不必调整。与此不同的是，一般杠杆收购和管理层收购就需要作为收购行为进行会计处理，资产和负债，包括商誉，会被重新调整为公允价值。

【案例 10－10】

杠杆化资本重组的操作——KKR 收购安费诺

安费诺公司在美国《商业周刊》“2005 全球 IT 企业 100 强”中排名第 60 位，是世界著名的接插件制造商,产品主要用于通讯、有线电视、商业和军事航空电子,其子公司 Times Fiber 是世界第二大有线电视同轴电缆生产商。

德·乔治(DeGeorge)家族为安费诺公司大股东,而 1987 年劳伦斯·德·乔治(Lawrence J. DeGeorge)取得安费诺公司后便一直担任公司主席,并于 1991 年将公司在纽约证券交易所上市。上市后,DeGeorge 家族合计拥有安费诺公司约 30% 的有投票权股份,为第一大股东。从经营业绩看,在 1997 年 1 月宣布并购计划前,公司各项收入、利润指标始终保持稳健增长,经营性现金流充裕。

1996 年,80 岁的 DeGeorge 打算退休并将持有的股份变现,但又不希望把公司交给竞争对手或者不懂经营的人,1996 年年末,在与一些潜在的买家沟通后,DeGeorge 选中了 KKR。KKR 一向只对能够产生稳定现金流、负债率低、资金充足的公司感兴趣,安费诺公司正好符合他们的要求。而 KKR 的方案也符合 DeGeorge 的要求:他们希望保留大部分现有管理团队,并希望公司能在财务杠杆压力下发挥更大的潜力。

1997 年 1 月 23 日,安费诺公司董事会投票通过了 KKR 提出的收购议案。包括承担安费诺公司的当前债务在内,本次交易总价格约 15 亿美元。交易结构如下:

1. 安费诺公司要约收购已发行的 4 400 万美元的 A 股普通股的 90%,所有安费诺公司股东有权以 26 美元/股(安费诺收盘价为 23.125 美元)的价格将股票变现。假如接受要约的股份少于 90%,KKR 同意把 440 万美元股份(4 400 万美元的剩余 10%)按比例分配给每一个希望保留股票的股东,并以现金补齐这些股东目前持股和 440 万股股份之间的差额。也就是说,如果股东投票结果是愿意保留超过 440 万已发行股份,那么 440 万股将在那些投保留票的股东间按比例分配,其余所有股份将获得现金。

2. 由 KKR 及有限合伙人(包括 KKR 1996 基金)专门为本次收购成立壳公司 NXS 收购公司。以 KKR 为首的财团通过对该公司的一系列股本金注入,并通过为安费诺公司安排一系列债务资本,为这次收购提供资金。根据协议,财团将提供 3.74 亿美元的股本金,其余资金来自垃圾债券发行及纽约银行、银行家信托银行(Bankers Trust)和大通曼哈顿银行的银行债务。

3. 在杠杆收购过程中,由于目标企业债务急剧增加,原债权人的利益可能受到侵害。为避免原债权人的反对,KKR 同意安费诺公司先行偿还全部的 1 亿美元 10.45% 优先票据和 9 500 万美元 12.75% 次级债。1997 年 4 月 15 日,安费诺公司开始对 12.75% 债券进行要约收购,要约至 1997 年 5 月 19 日失效。截至失效,全部 9 500 万美元中有 9 373.4 万美元接受要约。

4. NXS 收购公司并入安费诺公司,安费诺公司的法人地位得到保留("新安费诺")。全部 NXS 收购公司的股份按比例转换成 13 116 955 股"新安费诺"普通股,注销全部公司库藏股、由母公司或其关联公司持有的及由 NXS 收购公司持有的原安费诺股份。

5. 安费诺公司同意支付"分手费":假如交易在 1997 年 6 月 30 日前不能完成,或者安费诺公司股东大会否决了该项交易,或者其他任一收购者购买超过 20% 的公司股份,安费诺公司将支付 KKR 3 750 万美元作为补偿。

6. 更换管理层。在安费诺收购案中,KKR 通过认股权方式对管理层进行了激励。此外,KKR 采用了"杠杆化资本重组"的方法,使目标公司资产负债的会计基础可以保持不变，目标公司不必因商誉摊销而减少未来收益，这使金融买家更容易以高价出售，目标公司原股东也可以更快、更经济地变现。

资料来源：中国信息报，2007 年 7 月 4 日。

6. 交换发行

交换发行（Exchange Issue）是向一种或多种级别的证券赋予权力或期权，从而可以用这些证券的部分或全部来换取发行公司持有的不同级别的证券。

在一般的兼并重组交易中，如同要约收购中的回购一样，交换发行通常的发行期是 1 个月。为了促使证券持有者进行交易，所提供的交换条款必须包含市场价值高于交换发行宣布前市场价值的新证券。

交换发行的例子之一就是可交换债券，其含义是上市公司股票的持有者通过抵押其持有的股票给托管机构，并发行以抵押股票为交换标的的公司债券，该债券的持有人在将来的某个期间内，能按照债券发行时约定的条件，用持有的债券换取发债人抵押的上市公司股权。2008 年 10 月中国证监会发文规定，符合条件的上市公司可用无限售条件的股票质押进行融资。

可交换债券事实上是可转换债券的一种拓展，最主要的差别是债券持有人最终能转换的股票标的不同。可转换债券最终能够转换为债券发行公司的股票，而可交换债券却只能转换为可交换债券发行公司持有的其他公司的股票。

【案例 10－11】

健康元取得可交换债券发行申请首单

为缓解股东资金困境，减少其抛售股票的动力，丽珠集团（000513）大股东健康元（600380）公告称拟发行不超 7 亿元的可交换公司债券，中国首例可交换债券发行申请单由健康元取得。

健康元本次可交换债券募集资金将用于美罗培南原料药及制剂的 COS（欧洲药典适用性证书）与 FDA（美国食品和药物管理局）认证，偿还部分银行贷款及补充流动资金。健康元可交换债券发行条款整理如表 10－8 所示。

表 10－8　**健康元可交换债券发行条款整理**

项目	内容
发行方	健康元（600380）
发行规模	≤7 亿元
发行期限	≤6 年
发行方式	向丽珠集团全体 A 股股东按一定比例优先配售，优先配售后的剩余部分向其他有意向认购的投资者发售，不向公司股东配售
担保方式	公司以其持有的部分丽珠集团无限售 A 股股票及其孳息（包括资本公积转增股本、送股、分红、派息等）为本次公开发行可交换公司债券提供质押担保

续表

项目	内容
初始换股价格	以不低于公告募集说明书日前20个交易日丽珠集团A股股票均价和前一个交易日丽珠集团A股股票均价为基准,上浮一定比例
换股起止日期	自本次可交换公司债券发行结束之日起24个月后的第一个交易日(含当日)起,至可交换公司债券到期日止的期间为换股期
向下修正条款	换股期内,20/20≤80%
回售条款	36个月后,30/30≤60%
提前赎回条款	36个月后,30/30≥140%

资料来源:国金证券研究所。

分析健康元发行的可交换债券,其好处如下:

(1)以低成本筹集了资金:可交换债券融资成本还是比信贷融资成本要低一些。发债金额不超过用于交换股票前20个交易日均价计算市值70%的规定,意味着上限是七折,相比银行信贷具有一定的优势。

(2)以一定溢价比率卖出丽珠集团的股份:丽珠集团的股价越高,健康元用于质押的A股将会越少,所以可交换债券对丽珠集团的股价有一定维护作用,或许还会有向上的想象空间。

(3)虽降低对丽珠集团的持股,但对控制权的影响冲击有限:此次可交换债券的锁股期为2年,也就是,即便是健康元减持丽珠集团的股票,也必须等到2年以后,而这段期间健康元或许可通过增持丽珠B股来维持持股比例,因此可降低对丽珠集团控制权的影响。

但是在发行条款的规划上,健康元采取较为严苛的条件,对自己有利,但对债权人相对不利,也可能影响到认购意愿:

(1)可交换债券的锁股期长达24个月,而一般可转换债券的股期只有6~12个月,降低了可交换债券的价值;

(2)可交换债券的向下修正及回售条款较可转换债券苛刻,对债券持有人而言是不利的。

(三)破产

破产(Bankruptcy)简单地说是无力偿付到期债务。具体地说,指企业长期处于亏损状态,不能扭亏为盈,并逐渐发展为无力偿付到期债务的一种企业失败。企业失败可分为经营失败和财务失败两种类型,财务失败又分为技术上无力偿债和破产,而破产是财务失败的极端形式。

一般而言,公司面临破产时的处理方式有两种:公司重组或公司清算(Liquidation)。公司重组就是本章所探讨的重点,在此不再说明;公司清算是指永续经营公司的终止,也就是说公司解散后,为最终了结现存的财产和其他法律关系,依照法定程序,对公司的财产和债权债务关系进行清理、处理和分配,以了结其债权债务关系,从而消灭公司法人资格的法律行为。公司财产按残值处理后,依照已确定的优先级分配给债权人,其后若有剩余则再分配给股东。公司除因合并或分立而解散外,其余原因引起的解散,均须经过清算程序。公司清算的种类包括:

(1)普通清算:指公司依法自行组成清算组,按法定程序进行的清算。

(2)特别清算:指公司在普通清算过程中,出现了显著的障碍或发现其债务有超过其实有资产的可能时,依法由法院和债权人进行直接干预和监督的清算。

(3)破产清算:指公司因不能清偿到期债务被宣告破产后,由法院组织清算组对公司财产进行清理、估价、处理和分配,并最终消灭公司法人资格的清算。在破产清算中,法院和公司债权人直接参与公司清算。

【案例10-12】

三鹿破产清算拍卖还债,三元受让拍卖资产

三鹿集团是一家位于中国河北省石家庄市的中外合资企业,主要业务为奶牛饲养、乳品加工生产,主要经营产品为奶粉,其控股方是持股56%的石家庄三鹿有限公司,合资方为纽西兰恒天然集团,持股43%。

三鹿集团曾是中国最大的奶粉制造商。2008年9月,三鹿集团因涉嫌生产、销售伪劣产品造成"肾结石娃娃",被中国卫生部勒令停产整顿,市场上尚存的三鹿牌婴幼儿奶粉也已全部下架停售。

截至2008年10月31日,经财务审计和资产评估,三鹿集团资产总额为15.61亿元,总负债为17.62亿元,净资产为-2.01亿元。12月19日,三鹿集团又借款9.02亿元付给全国奶协,用于支付患病婴幼儿的治疗和赔偿费用。2008年12月,三鹿集团净资产(不包括10月31日以后企业新发生的各种费用)为-11.03亿元,已经严重资不抵债。

2008年12月18日,石家庄市中级人民法院根据债权人石家庄市商业银行和平路支行的申请,裁定受理了对三鹿集团的破产清算申请,并于12月26日至31日审查债权人申请。法院指定的管理人为三鹿商贸公司,三鹿商贸公司为三鹿集团100%的控股子公司,此次不在破产清算之列。

2009年2月12日,石家庄市中级人民法院发出民事裁定书,正式宣告三鹿集团破产。河北省三家拍卖公司13日发出公告,受石家庄三鹿集团股份有限公司管理人委托,定于2009年3月4日在石家庄市中级人民法院联合公开拍卖三鹿集团的部分财产。三鹿集团公开拍卖的财产主要有四部分,采用整体组包方式拍卖:

■ 三鹿集团的土地使用权、房屋建筑物、机器设备等可持续经营的有效资产;

■ 三鹿集团所持有的新乡市林鹤乳业有限公司98.8%的投资权益;

■ 三鹿集团所持有的唐山市三鹿乳业有限公司70%的投资权益;

■ 三鹿集团所持有的石家庄市君乐宝乳业有限公司16.97%的投资权益。

3月4日,在石家庄三鹿集团股份有限公司破产财产拍卖会上,北京三元集团有限责任公司与河北三元食品有限公司组成的联合竞拍体以6.165亿元竞得三鹿集团核心企业财产及其持有的河南新乡市林鹤乳业有限公司98.8%的投资权益,并签署了成交确认书,三元完成受让三鹿拍卖资产。

第三节　公司重组成功的战略

公司重组是个大型项目，牵涉的范围极广，因此执行前对重组的战略与要素必须有所掌握，来推动重组的成功。公司重组包含了人的要素、技术的要素，以及项目管理的要素。如何取得利益相关者的支持与协助，以达成人的成功，在执行时如何采取相关的技巧以建立成功的要素，达成技术上的成功，在面对众多的要素时如何透过项目管理的技巧，达成项目管理上的成功，皆是缺一不可的成功关键，以下就这几个要项分别探讨。

一、取得利益相关者支持与协助

进行公司重组时，将会面对众多与重组有关的人（简称利益相关者），这些人与这个项目的利害关系不同，因此需要依据每个人关心的利益点进行沟通，以取得支持与协助。以下列出相关的项目利益相关者与影响他们的因素。

表 10－9　项目利益相关者与影响因素

利益相关者	驱策因素	抗拒因素
执行官	确认公司的永续经营	不认为公司存在问题 保护个人在公司的生涯
	避免个人名声受损	相信自己表现称职并且具备适当的技能
一般员工	被认为恪尽职责	相信问题皆在管理阶层的控制中
	保护个人的名声	并未意识到任何问题或不相信存在问题
	避免产生对个人有负面影响的负债	影响力有限
债权人	针对问题进行了解	对目标公司传递的讯息理解有偏差
	将坏账或损失的风险降到最低	担心使客户感到不舒服
投资人	避免投资产生损失	相信问题皆在管理阶层的控制中
	保障投资收入的持续产生	他们能产生的影响力有限

二、建立成功的技术要素

公司重组是非常注重执行程序的一项工作，为使各项工作能够有条理地依序推动，下列要点需切实注意：

（一）取得首席执行官的支持

公司重组某种程度上算是对公司的“破坏后的建设”，因此首席执行官必须对这个项目的执行非常清楚，并且全力支持。某些公司重组的范围可能只涵盖特定的事业部，因此只要取得事业部执行官的支持就可以，但是你必须确认他的影响力是可以持续的，否则一旦影响力改变，这个项目的推动将很可能陷入困境。

如何将首席执行官的资源引进这个项目全靠个人判断，但是首席执行官一定要根据（或提出）公司未来的愿景，并在此指导下，将项目推动过程中的任务依照轻重缓急提供指导,如果没有这种战略性指导,那么公司重组的项目范畴将可能太过广泛而不易管理。

项目推动的同时也必须掌握会影响首席执行官的潜在政治性与情绪性因素,这些因素将会影响首席执行官的态度与决策,进而影响项目的推动。

(二)选取适当的专业团队成员

进行公司重组时,为了让重组的成效能够展现,选取适当的专业团队成员共同推动项目是有必要的。在团队成员的选择上,不一定所有成员都需要是高级经理人,可以是对公司重组相关业务范围的知识能立即反应,并且对重组的态度是正向的成员。一般公司如果不具备公司重组的专业知识,在公司重组初期可以借助外部顾问的协助。这除了可以指导团队成员具备相关的技能外,也可以补充专业人员不足的缺口。

(三)强而有力的领导

在公司重组时,需要一名强而有利的项目领导人来推动项目的进行,这个人需要得到首席执行官的充分信任与授权。

(四)具有执行能力的团队

公司重组需要执行团队有在特定时间内完成项目的承诺与决心,而在特定时间内完成项目所带来的压力与工作量相对很大,所以没有充分的资源协助,项目失败的风险将来自于缺乏执行力导致的进度落后,团队成员必须有此认识。

(五)系统化的执行步骤

快速达成目标的背后隐含着对细部项目进行精简,因此有系统且审慎地判断以选择最有效率的方法是有必要的,这个目标的达成须依靠系统规划的执行步骤,并且将这些步骤化为项目管理的步骤且逐一推动与审查。

三、完善的项目管理技能

项目管理作为20世纪90年代才发展起来的新领域,已成为现代管理学的重要分支,并越来越受到重视。运用项目管理的知识和经验,可以极大地提高和改善管理人员的工作效率。完善的项目管理技巧是公司重组成功的关键,下列范畴建议在规划时列入考虑:

(一)项目日程与关键路径

在项目执行前,管理者必须要将规划的项目执行日程取得项目参与者的同意,如有疑义也可及早沟通与协调。在实际规划时,建议对一些要紧的项目工作多预留时间弹性,以预防因为此部分时间延误造成对项目的影响,进而影响整体项目的进度。当有多项彼此独立的工作同时进行时,规划各项工作独立时程表有助于对项目的整体推动,但是必须确认当这些工作汇集时,通过整体安排来确认结合后的时间安排是恰当的。里程碑(Milestone)是用来决定特定工作进度的有用工具,但是它必须是可以清楚界定并且是可以衡量的。

(二)计划执行的工作要项

在公司重组工作中,必须依靠经验来决定哪些工作是达成目标所需要的,因此在规划时必须针对各项工作仔细琢磨,并且对这些工作执行时牵涉的人、事、时、地、物以及如何执行具有初步的概念掌握。当然世事难料,计划常赶不上变化,因此执行时多半不会全部依照规划的工作项目进行,规划时需预留些许弹性来应对突发性变化。

(三)团队成员组合、职责

在前面已针对团队最佳成员的选取原则进行了介绍,在实际执行时如果这些最佳人选临时无法参与,这时候便需要针对可能产生的负面结果进行管理,通过工作项目或方式的重新安排来降低冲击与影响。另外,清楚地定义工作责任也可以降低因为重复安排或忽略工作所带来的危机,这种方式特别适用于在团队中对所推动的工作并不清楚,但却能推动任务的特定成员。

(四)任务简报

一旦项目的资源与责任皆被确定后,项目经理应该对团队成员的任务进行简短说明,目的在于确认所有团队成员对任务目标、运行时间及里程碑是否了解,对自己扮演的角色与责任是否清楚。这个时候,工作任务、工作结果要求以及预算分配也需要进行沟通。

本章小结

公司重组是公司为了恢复、维持或增加竞争优势,所采取的一连串大幅度的改革行动,因此财务困境公司、绩效落后公司、营运不正常公司等三类公司都可以通过重组来改善现状并追求卓越。当公司计划进行重组时应该先了解自己重组的方向以便对重组项目进行规划。

常见的公司重组形式包括资产重组及财务重组。资产重组包括剥离、分拆、分立、资产置换以及收购之后的资产重组;财务重组的形式包括债务重组及股权重组,其中股权重组的形式有管理层收购、员工持股计划、股份回购、双重股份资本重组、杠杆化资本重组及交换发行。当无力偿付到期债务时,破产是可以选择的一条路,此时面临的便是清算。

公司重组是个大型项目,任务、人、风险等,牵涉的范围都极广,因此执行前对成功的战略与要素必须有所掌握,要取得利益相关者的支持与协助,以达成人的成功,在执行时要采取相关的技巧以建立成功的要素,达成技术上的成功,在面对众多的要素时要通过项目管理的技巧,达成项目管理上的成功,皆是缺一不可的成功关键。

关键术语

公司重组　非自愿剥离　资产置换　员工持股计划　资产重组　分拆　财务重组　股份回购　资产报酬率　分立　债务重组　双重股份资本重组　剥离　派生分立　股权重组　杠杆化资本重组　自愿剥离　新设分立　管理层收购　交换发行　公司清算

思考题

※ 公司在哪些情况下需要进行重组?

※ 公司重组成功的关键策略有哪些?

课后作业

公司重组的主要方式有哪些?请结合具体案例说明如何选择合适的重组方式。

参考文献

北京交通大学中国企业兼并重组研究中心. 2009. 企业并购与重组. 上海国家会计学院世界银行贷款课程开发项目.

陈安. 1999. 国际投资法学[M]. 北京:北京大学出版社.

陈斌. 2006. 公司并购中的律师尽职调查[J]. 律师实务(10).

陈刚. 2009－04－11. 杠杆收购基金拖累阿波罗管理公司[N]. 中国证券报.

程飞. 2007. 我国上市公司要约收购研究[D]. 上海:华中师范大学.

崔爱泳. 2004. 我国企业并购法律问题探悉[D]. 北京:首都经济贸易大学.

丁宁. 2005. 试论我国外资并购法律体系的建立与完善[J]. 黑龙江对外经贸(1).

董刚,张薇. 2004. 我国公司并购法律的评价及建议[J]. 黑龙江省政法管理干部学院学报(3).

弗雷德 威斯通 J,马克 L 米切尔,哈罗德 马尔赫林 J. 2006. 接管、重组与公司治理[M]. 张秋生,张海珊,陈扬,译. 北京:北京大学出版社.

干春晖. 2004. 并购实务[M]. 北京:清华大学出版社.

郭跃显,李惠军. 2007. 中小企业融资结构与模式研究[M]. 哈尔滨:哈尔滨工程大学出版社.

黄嵩,李昕旸. 2008. 兼并与收购[M]. 北京:中国发展出版社.

黄伟. 2009. 企业并购中的资产评估问题探讨[J]. 现代商业(24).

胡国晖. 2007. 企业境外上市动机——理论和实证研究[M]. 北京:经济管理出版社.

贾春峰. 2001. 文化力启动经济力——21 世纪企业战略新思维[M]. 北京:中国经济出版社.

蒋正爽. 2004. 论我国外资并购法律制度[D]. 北京:对外经济贸易大学.

琚马力. 2009. 中铝联姻力拓失败的原因及经验教训分析[J]. 皖西学院学报(8).

李涤非,颜蓉,罗新宇. 2009. 企业并购实务[M]. 上海:上海交通大学出版社.

李光明. 2005. 企业价值评估理论与方法研究[D]. 北京:中国农业大学.

李红雷,郑祺恺. 2005. 企业合并中购买法与权益联合法比较[J]. 合作经济与科技(7).

李蝴蝶. 2007. 中国企业在美国实施海外并购的法律环境研究[D]. 北京:对外经济贸易大学.

李琪. 2005. 企业并购定价及交易策略研究[D]. 天津:天津大学.

李善民,王彩萍. 2005. 基于价值创造的资产剥离——深圳万科股份有限公司案例研究[J].广州市财贸管理干部学院学报(4).

李耀华,崔黎娜.2008.论我国上市公司并购的法律解读[J].科技信息(22).

梁燕君,张会刚.2007.中国企业海外并购跨文化整合的方法[J].经济界(1).

林曦.2008.企业并购法律问题探析[J].企业家天地(4).

刘军.2003.企业购并人力资源管理工作应注意的几项工作[J].经济管理(7).

刘明.2008.妥善处理中国企业海外并购中的政治因素[J].商场现代化(20).

刘媛媛.2006.企业并购后的跨文化整合研究[D].北京:对外经济贸易大学.

卢小玲.2006.我国公司并购法律现状及立法思考[J].经济师(3).

陆俊.2006.并购交易中的律师尽职调查实务研究[D].复旦大学.

罗孝智,唐丽子.2008.关于完善中国企业境外并购法律环境的思考和建议[J].交通部管理干部学院学报,18(2).

马克 L 塞罗沃.2001.协同效应的陷阱——公司购并中如何避免功亏一篑[M].杨炯,译.上海:上海远东出版社.

马克思 M 哈贝,佛里茨 克劳格,麦克 R 塔姆.2003.并购整合:并购企业成功整合的七个策略[M].张一平,译.北京:机械工业出版社.

缪代文.2001.中国企业并购的程序[J].成人高教学刊(4).

帕特里克 A 高根.2004.兼并、收购与公司重组[M].朱宝宪,吴亚君,译.北京:机械工业出版社.

潘立韫.2001.企业并购的协同效应分析[D].北京:北方交通大学.

彭清华,高材林,黄冠华.2000.投资银行学概论(上)[M].北京:中国金融出版社.

漆彤.2006.跨国并购的法律规制[M].武汉:武汉大学出版社.

齐寅峰,李礼.2007.中国企业投资融资运作与管理——基于问卷调查与公开数据的研究[M].北京:经济科学出版社.

钱弘道.2000.现代金融核心——投资银行产业发展分析[M].北京:经济科学出版社.

秦耀林.2005.企业并购重组的税收立法研究[D].北京:北京交通大学.

卿松.2006.公司价值评估方法新论[D].厦门:厦门大学.

任印华.2006.论中国企业海外并购法律风险及对策[J].法制与社会(23).

萨德沙纳姆 P S.1998.兼并与收购[M].胡海峰,等,译.北京:中信出版社.

宋宏.2007.跨国大并购中国企业的应对与博弈[M].合肥:安徽人民出版社.

孙慧,王雪青.2000.企业并购与投资银行业[J].中国软科学(1).

孙黎.1994.公司收购战略[M].北京:中国经济出版社.

谭丽.2008.基于经营协同效应分析上汽与南汽的合并[J].现代经济(10).

汤欣.2001.公司治理与上市公司收购[M].北京:中国人民大学出版社.

唐清林.2005.企业并购法律实务[M].北京:群众出版社.

宛如馨.2007.我国公司并购法律规制探析[J].法制与社会(6).

王东,张秋生.2004.企业兼并与收购案例[M].北京:清华大学出版社.

王国峰.2002.企业并购的法律调整[J].经济论坛(5).

王建文.2005.上市公司的要约收购研究[D].上海:同济大学.

王银凤,刘和平.2005.2004年欧盟并购监管制度改革介评[J].华东经济管理(3).

王瑜.2005.论公司跨国并购的法律适用[J].江苏商论(8).

吴国萍.2004.中国企业并购法律环境初探[J].广西师范大学学报(哲学社会科学版)(4).

吴玲.2005.企业并购的协同效应分析[D].成都:西南财经大学.

吴琪,白源.2005.中国企业实施海外并购跨文化整合的方法与技巧[J].中国企业家(2).

吴晓求.2002.公司并购原理[M].北京:中国人民大学出版社.

许承光.2003.公司并购的法律问题与对策[J].江汉论坛(5).

亚历山德拉 里德 拉杰科斯.2001.并购的艺术:整合[M].丁慧平,孙先锦,译.北京:中国财政经济出版社.

杨健,钟红英.2001.浅谈企业并购的税务筹划[J].税务与经济(5).

杨有红.2004.并购会计处理:购买法与权益结合法[J].新理财(3).

叶军凌.1997.企业并购中的投资银行[J].冶金经济与管理(3).

叶林,林甲生.2005.浅议我国企业并购法律规制[J].巢湖学院学报(6).

殷醒民.2002.欧盟的企业合并政策——经济学与法律分析[M].上海:复旦大学出版社.

尹豪.2006.中国企业并购的价值研究[D].南京:河海大学.

于欣.2006.发达国家跨国并购立法与司法实践——欧美并购法律横向比较[J].发展(9).

张斌,韩坤.2005.并购的流程和操作[J].新浪潮(1).

张丽英,张秋生,王立春.2007.并购融资决策模型研究[J].数量经济技术经济研究(6).

张秋生,王东.2001.企业兼并与收购[M].北京:北京交通大学出版社.

郑琰.2004.中国上市公司收购监管[M].北京:北京大学出版社.

《中国企业并购年鉴》编委会.2006.中国企业并购年鉴2005[M].北京:人民邮电出版社.

钟筱红.2000.跨国并购的法律问题研究[J].财经科学(S1).

周琳.2006.企业并购中的资源协同机理研究[D].北京:北京交通大学.

朱宝宪.2006.公司并购与重组[M].北京:清华大学出版社.

A Kraus, R Litzenberger. 1973. A State - Preference Model of Optimal Financial Leverage [J]. Journal of Finance,28(4):911 -922.

Alexander G, Benson P G, Kampeyer J. 1984. Investigating the Valuation Effects of Announcements of Voluntary Corporate Sell - offs[J]. Journal of Finance,39(2):503 -517.

Bergh D. 1997. Predicting Divestiture of Unrelated Acquisitions: An Integrative Model of Ex ante Conditions[J]. Strategic Management Journal, 18(9): 715 – 731.

Boot A. 1992. Why Hang on to Losers? Divestitures and Takeovers [J]. Journal of Finance, 47(4): 1401 – 1423.

Bowman E, Singh H. 1993. Corporate Restructuring: Reconfiguring the Firm[J]. Strategic Management Journal, 14(Special Issue): 14 – 15.

Brauer M. 2005. Resource Allocation in Divestments of High – technology Businesses: A Process Perspective[D]. University of St. Gallen.

Burch T, Nanda V. 2003. Divisional Diversity and the Conglomerate Discount: Evidence from Spin – offs[J]. Journal of Financial Economics, 70(3): 69 – 98.

Chang S J, Singh H. 1999. The Impact of Modes of Entry and Resource Fit on Modes of Exit by Multi – business Firms[J]. Strategic Management Journal, 20(11): 1019 – 1035.

Chatterjee S, Harrison J, Bergh D. 2003. Failed Takeover Attempts, Corporate Governance and Refocusing[J]. Strategic Management Journal, 24: 87 – 96.

Datta A. 2003. Divestiture and Its Implications for Innovation and Productivity Growth in US Telecommunications[J]. Southern Economic Journal, 69(3): 644 – 658.

Datta S, Datta M, Raman K. 2003. Value Creation in Corporate Asset Sales: The Role of Managerial Performance and Lender Monitoring[J]. Journal of Banking & Finance, 27(2): 351 – 375.

Donaldson L. 1994. Corporate Restructuring: Managing the Change Process from Within [M]. Boston: Harvard Business School Press.

Duhaime I, Grant J. 1984. Factors Influencing Divestment Decision – making: Evidence from a Field Study[J]. Strategic Management Journal(5): 301 – 318.

Fluck Z, Lynch A W. 1991. Why Do Firm Merge and Then Divest? A Theory of Financial Synergy[J]. Journal of Business, 72(3): 319 – 346.

Franco Modigliani, Merton H Miller. 1958. The Cost of Capital, Corporation Finance and the Theory of Investment[J]. American Economic Review, 48(6): 261 – 297.

Franco Modigliani, Merton H Miller. 1963. Corporation Income Taxes and the Cost of Capital: A Correction[J]. American Economic Review, 53(3): 433 – 443.

Fred Weston J, Samuel C Weaver. 1998. Mergers and Acquisitions [M]. New York: McGraw – Hill.

Gertner R, Powers E, Scharfstein D. 2002. Learning about Internal Capital Markets from Corporate Spin – offs[J]. Journal of Finance, 57(6): 2479 – 2506.

Gopinath C, Becker T. 2000. Communication, Procedural Justice, and Employee Attitudes: Relationships under Conditions of Divestitures[J]. Journal of Management, 26(1): 63 – 83.

Graebner M, Eisenhardt K M. 2004. The Seller's Side of the Story: Acquisition as Courtship and Governance as Syndicate in Entrepreneurial Firms[J]. Administrative Science Quarterly,49(3):366 - 403.

Jesen M C, Mecking W H. 1976. Theory of the Firm:Managerial Behavior, Agency Costs and Ownership Structure[J]. Journal of Financial Economics(3):305 - 360.

John C Michaelson. 2005. 资本运作黑魔方[M]. 崔宁,陈丹,等,译. 北京:清华大学出版社.

Merton H Miller. 1977. Debt and Taxes[J]. Journal of Finance,32(2):261 - 276.

William K Smith. 1985. Handbook of Strategic Growth through Mergers and Acquisitions [M]. New York:Prentice - Hall.

Zhang Qiusheng. 2005. Asia Pacific Advances in Mergers and Acquisitions[M]. Monmouth Junction:Science Press USA Inc.